المحاسبة الحكومية

الأستاذ الدكتور

خالد شحادة الخطيب

دكتوراه دولة بالمحاسبة والضرائب – فرنسا

جامعة ديجون

الأستاذ الدكتور

محمد خالد المهايني

دكتوراه فلسفة في المحاسبة الحكومية – سوريا

جامعة دمشق

الطبعة الأولى

2008

دار وائل للنشر

رقم الايداع لدى دائرة المكتبة الوطنية : (2008/4/1214)
الخطيب ، خالد
المحاسبة الحكومية / خالد شحادة الخطيب ، محمد خالد المهايني .
- عمان ، دار وائل ، 2008 .
(412) ص
ر.إ. : (2008/4/1214)
الواصفات: المحاسبة الحكومية
* تم إعداد بيانات الفهرسة والتصنيف الأولية من قبل دائرة المكتبة الوطنية
****
رقم التصنيف العشري / ديوي : 657.8
ISBN 978-9957-11-757-3 (ردمك)

* المحاسبة الحكومية
* الأستاذ الدكتور خالد الخطيب - الأستاذ الدكتور محمد المهايني
* الطبعـــة الأولى 2008
* الطبعـــة الثانية 2010

* جميع الحقوق محفوظة للناشر

دار وائــل للنشر والتوزيع
* الأردن - عمان - شارع الجمعية العلمية الملكية - مبنى الجامعة الاردنية الاستثماري رقم (2) الطابق الثاني
هـاتف : 00962-6-5338410 - فاكس : 00962-6-5331661 - ص. ب (1615 - الجبيهة)
* الأردن - عمـان - وسـط البـلد - مجمـع الفحيص التجـاري- هـاتف: 00962 6 4627627
www.darwael.com
E-Mail: Wael@Darwael.Com

الفهـــرس

مقدمــــة

أفرز التطور المتسارع الذي يشهده عالمنا اليوم في مفاهيم الإدارة العلمية حاجات متعددة لا بد من إشباعها، ويعد التخصص والتكامل من السمات الرئيسة لهذا التطور.

كما أن عملية النمو في أي مجتمع من المجتمعات لا بد لها من تضافر عوامل عديدة، ويعد من أهم هذه العوامل تنسيق الجهود وتضافرها وتوجيهها لهذه الغاية، وهذا ما دفع علماء الاقتصاد والمالية إلى البحث عن أساليب ووسائل جديدة لتطوير الأدوات المستخدمة من قبل الحكومات لتحقيق أهداف التنمية. إذ برزت مبادئ ومفاهيم حديثة لإعداد الموازنة العامة للدولة، لاسيما في العقود الثلاثة الأخيرة من القرن الماضي، ولا زال البحث والدراسة مستمرين في هذا الاتجاه.

ففي حين كانت الموازنة العامة للدولة تمثل جانبين للانفاق العام والإيرادات العامة يمثل تفاضلهما العجز أو الفائض السنوي، وتمسك حساباتها على الأساس النقدي، فقد تحولت إلى موازنة تضم في جانبيها الأصول والخصوم وحسابات للنتيجة، وبذلك اقتربت في تبويبها والرقابة عليها، وتقويم أداء النشاط الحكومي، ومسك حساباتها من الأساليب المطبقة في محاسبة موازنات المشاريع الاقتصادية.

كما زاد اهتمام المنظمات المهنية بمعايير المحاسبة الحكومية، نتيجة صدور المعايير الدولية لمحاسبة القطاع العام التي تعنى بالمعايير المحاسبية المطبقة على حسابات الحكومة والمنشآت غير الربحية، بعد أن كانت تلك المنظمات المهنية تركز اهتمامها على المعايير الخاصة بمحاسبة الوحدات الاقتصادية ومشاريعها، وذلك نظراً لتزايد الاهتمام بالموازنة العامة للدولة وتوسع وظائفها وأهدافها، وبالتالي ضرورة إيلاء الاهتمام بالمعايير اللازمة لمسك حساباتها والرقابة على أداء النشاط الحكومي نظراً لمنعكساته على المتغيرات الإجمالية للاقتصاد الوطني.

وبذلك فقد توسعت أهداف المحاسبة الحكومية، لتشمل تحليل البرامج والأنشطة الحكومية المختلفة المخطط لها سواء في الخطط قصيرة الأجل (الموازنة العامة) أو الخطط طويلة الأجل، والاهتمام بتحسين الأداء والرقابة على المال العام وإدارته، إضافة إلى معالجة معاملات الحكومة المالية محاسبياً، وما رافق ذلك من ثورة في عالم الاتصالات والمعلومات، وأتمتة العمل الحكومي، وبالتالي ازدادت الحاجة إلى تطوير الخدمات التي تقدمها المحاسبة الحكومية.

يتناول هذا الكتاب مفهوم المحاسبة الحكومية والمنشآت غير الربحية وأهدافها ووظائفها، ونظراً لأن المحاسبة الحكومية تعنى بمسك حسابات النفقات والإيرادات للموازنة العامة للدولة، فقد تناول البحث في هذا الكتاب الموازنة العامة للدولة إعداداً وتنفيذاً ورقابة، ومراحل تطورها، ولإيضاح العلاقة وأوجه الشبه والاختلاف بين المحاسبة الحكومية وبين كل من المحاسبة المالية والمحاسبة القومية، فقد تناول البحث في هذا الكتاب الربط والتحليل بين فروع المحاسبة المذكورة.

فضلاً عن دراسة نظرية المحاسبة في كلٍ من المشروعات الاقتصادية والوحدات الحكومية لاسيما بعد التطور المهم والتحول من النظرية التقليدية للأموال المخصصة إلى محاسبة الاعتمادات المخصصة والانتقال في أسس التسجيل والقياس في المحاسبة الحكومية من الأساس النقدي إلى أساس الاستحقاق أو أساس الاستحقاق المعدل، كما يشمل هذا الكتاب الأسس المحاسبية التي يمكن الاعتماد عليها في المحاسبة الحكومية، وطريقة معالجة عمليات الحكومة، وإعداد التقارير والقوائم المالية وفقاً لكل من تلك الأسس.

وأخيراً فقد تناولنا في هذا الكتاب إلقاء الضوء على الناحيتين العملية والتطبيقية، لاسيما فيما يتعلق بالمعالجة المحاسبية للنفقات والإيرادات في الموازنة العامة، إضافة إلى دراسة مستفيضة للنظام المحاسبي الحكومي وآلية تطبيقه.

ويأمل المؤلفون أن يقدّم هذا الكتاب إضافة علمية حقيقية وفائدة للدارسين في الجامعات والمعاهد، وكذلك للعاملين في وزارة المالية والمسؤولين الماليين ومحاسبي الإدارات في الجهات العامة للدولة.

والله الموفق

المؤلفان

الفصل الأول

مفهوم المحاسبة الحكومية
والمنشآت غير الربحية

المبحث الأول

نشأة المحاسبة الحكومية وتطورها

تشكل الموازنة العامة بإيراداتها ونفقاتها المادة الأولية للمحاسبة الحكومية، كما تُعَدُّ نتائج المحاسبة الحكومية مادة أساسية وضرورية لإعداد تقديرات النفقات والإيرادات العامة ولعمليات التخطيط المالي. وبذلك يتبين مدى تأثُّر المحاسبة الحكومية بالتشريعات المالية من جهة، وقوانين الموازنة السنوية من جهة أخرى. كما تتضح لنا العلاقة الوثيقة بين كلٍ من المحاسبة الحكومية من جهة، وبين الموازنة العامة للدولة والتشريعات المالية من جهة أخرى.

ولا تقتصر العلاقة بين المحاسبة الحكومية والموازنة العامة للدولة على مرحلة معينة، وإنما تلازمها في جميع مراحلها. فالتطبيق العملي للمحاسبة الحكومية يعكس جميع التصرفات المالية للدولة في مجالي الإنفاق والجباية، ويساعد في الرقابة على تنفيذها من خلال الدورات المستندية الموضوعة بشكل ملائم ومدروس من أجل هذه الغاية. لذلك يمكن القول: إن النظام المحاسبي يجب أن يؤمن سهولة تتبع تحصيل الإيرادات في الوقت الملائم وبشكل كامل من جهة، وسهولة تأمين التمويل الملائم للمشروعات الملحوظة في الموازنة العامة، والاستخدام الفعّال للأموال العامة في مجالي الخدمات والاستثمار من جهة أخرى.

وإذا كانت العلاقات المالية والنفقات والإيرادات العامة تشكل الجوهر الأساسي الذي تدور حوله التشريعات المالية فإن هذه الأخيرة تؤثر بشكل مباشر على النفقات والإيرادات العامة والتي تعد بدورها المادة الأولية التي تتعامل بها المحاسبة الحكومية.

وقد عرفت المجتمعات القديمة بعض القواعد التي نُظمت على أساسها علاقاتها المالية والتي كانت حجر الزاوية في ظهور علم المحاسبة وتطوره عامة والمحاسبة الحكومية على وجه الخصوص.

ارتبطت نشأة المحاسبة الحكومية وظهورها بعاملين أساسيين:

العامل الأول: نشأة المحاسبة، وتطورها بأسلوبها الحديث، ولاسيما في القرن الخامس عشر، حيث ظهرت أولى المؤلفات حول استخدام القيد المزدوج في إيطاليا نتيجة للنهضة التجارية في شمال إيطاليا والمعاملات التجارية مع بلدان حوض

البحر الأبيض المتوسط. حيث تأثرت المعاملات المحاسبية بهذا الانتعاش الاقتصادي.

والعامل الثاني: ظهور الدولة بمفهومها الحديث، وانفصال السلطة التشريعية عن السلطة التنفيذية، وظهور الموازنة العامة بشكلها العلمي، والحاجة إلى فرض الرقابة على جباية الأموال العامة وإنفاقها. كانت انكلترا الدولة السباقة لوضع موازنتها العامة بالمفهوم الحديث. ومن ثم اقتبستها فرنسا وبنتها على أسس علمية واضحة، وبعدها انتقلت الفكرة إلى سائر البلدان المتقدمة.

إلاّ أن هذا لا يعني تجاهل الأنظمة المالية التي كانت تقوم على بعض القواعد والأصول في الدولة القديمة. فقد عرفت بعض القواعد والأصول المتعلقة بجباية الأموال وإنفاقها في العصور القديمة عند نشوء الدولة، وهذا ما أشارت إليه بعض مؤلفات "أرسطو" و "أفلاطون". أما العرب فلم يكن لديهم أي نظام مالي قبل الإسلام. فمع الفتوحات الإسلامية تم اقتباس بعض القواعد والأصول المالية من تلك الدول التي افتتحوها، وأصبح لديهم "بيت المال" الخاص بالدولة في عهد الخليفة عمر بن الخطاب، ونظمت أمور الجباية دون الإنفاق حيث كان للخلفاء مطلق الحرية في التصرف بالأموال.

وبعد نشأة المحاسبة الحكومية وثبوت قواعدها وأصولها النظرية والعملية كان لا بد أن تتطور ككل فروع المحاسبة وذلك تبعاً لتطور وظائف الدولة وتدخلها في الحياة الاجتماعية والاقتصادية. وانطلاقاً من ذلك كانت تُعَرَّف بحسب الغاية منها: فهي تبعاً لهذه النظريّة "مجموعة المبادئ والأسس والقواعد التي تهدف إلى المساعدة في فرض الرقابة المالية والقانونية على موارد الدولة المالية ونفقاتها"، أي هي الإطار الذي يرافق عمليات إثبات الموارد المالية للدولة وتحصيلها وصرفها. وكانت المحاسبة الحكومية آنذاك ترمي إلى تحقيق الغرض الأساسي وهو الرقابة الفعالة من الناحية القانونية على موارد الدولة ونفقاتها. وبذلك اقتصرت موضوعات المحاسبة الحكومية على إيجاد القواعد المحاسبية التي تنظم عمليات الجباية والصرف وضمان التوازن بينهما.

ومع تطور مفهوم الدولة ومفهوم الموازنة العامة بعد الحرب العالمية الأولى ولاسيما بعد الأزمة الاقتصادية العالمية، أخذت الدولة تتدخل في الشؤون الاقتصادية وتهيمن على بعض قطاعاتها، إضافة إلى تنظيم الأمور الاجتماعية. وبهذا تحولت الدولة من المفهوم التقليدي أي من مفهوم الدولة الراعية إلى المفهوم الحديث، أو ما يسمى بالدولة "المتدخلة" وهذا بدوره أدى إلى تطور أسس المحاسبة الحكومية وقواعدها مرافقة بذلك تطور مفهوم الدولة عامة، وعلم المالية والموازنة العامة خاصة. إذ أصبحت المحاسبة الحكومية الأداة الأكثر أهمية في تأمين المعلومات من

أجل إعداد الخطط المالية للدولة، وتقديم البيانات اللازمة لأغراض التحليل المالي على مستوى الدولة لاتخاذ قرارات ترشيد الإنفاق العام وخلق نوع من التوازن بين الإنفاق الاستهلاكي وبين الإنفاق الاستثماري.

المبحث الثاني

تعريف المحاسبة الحكومية وماهيتها

تعددت تعاريف المحاسبة الحكومية تبعاً للمدارس الفكرية وآراء الباحثين والمؤلفين، فقد عرف "كهولر" المحاسبة الحكومية بأنها "المبادئ والتقاليد والإجراءات المرتبطة بالمحاسبة عن المحليات والمحافظات والوحدات الحكومية القومية وتتصف هذه المحاسبة في الماضي بالتسجيل في السجلات والقوائم المالية لحسابات الموازنة ومراعاة القيود القانونية أو الإدارية المفروضة على الإنفاق، وتسجيل الالتزامات. وينظر إلى كل منها حالياً على أنها مواصفات اختيارية. وفي السنوات الأخيرة فإن طريقة المحاسبة على أساس الاستحقاق أصبحت تحل تدريجياً محل النماذج القديمة".

كما عرفتها هيئة الأمم المتحدة بأنها "تختص بقياس (تبويب وتقويم) ومعالجة وتوصيل ومراقبة وتأكيد صحة المتحصلات والنفقات والأنشطة المرتبطة في القطاع الحكومي ".

ويمكن تعريف المحاسبة الحكومية بأنها "مجموعة من الإجراءات المحاسبية تتم وفقاً للتشريعات المالية من حيث إثبات الإيرادات ونفقات الدولة وتصنيفها وتلخيصها، وإعداد التقارير المالية، ورفعها إلى الجهات المختصة ".

كما يمكن وصفها بأنها عمليات إثبات الموارد الحكومية وتحصيلها وصرفها ثم تقديم التقارير الدورية عن تلك العمليات ونتائجها للجهات المختلفة.

وفي تعريف آخر فإن المحاسبة الحكومية "هي مجموعة القواعد والإجراءات الخاصة بتنفيذ الموازنة العامة للدولة، وهذه الأخيرة لا تخرج من جهة عن كونها اعتمادات ينبغي صرفها في الأغراض المخصصة، كما أنها من جهة أخرى، تمثل إيرادات ينبغي تحصيلها وتُخضِع كلاً من إجراءات الصرف والتحصيل لقوانين وتشريعات قائمة تفسرها وتوضحها مجموعة من القواعد الصادرة لأجهزة الصرف والتحصيل التي تحدد طريقة القيد في السجلات المحاسبية المعمول بها في جميع الوحدات الحكومية".

وعرفها القانون المصري رقم (127) لسنة 1981 في المادة الثانية بأنها "القواعد التي تلتزم بها الجهات الإدارية في تنفيذ الموازنة العامة للدولة وتأشيراتها وتسجيل العمليات المالية التي تجريها وتبويبها، وقواعد الرقابة المالية قبل الصرف

ونظم الضبط الداخلي وإظهار وتحليل النتائج التي تعبر عنها المراكز المالية والحسابات الختامية لهذه الجهات حيث تعطي صورة حقيقية لها.

أما التعريف التقليدي للمحاسبة الحكومية فيرى بأن "المحاسبة الحكومية تتمثل في مجموعة من المبادئ العلمية والأسس والقواعد والأساليب الفنية التي تهدف إلى فرض رقابة مالية وقانونية على موارد الحكومة المالية ونفقاتها، وكذلك على سلطات الصرف المفوضة إلى الموظفين التنفيذيين وذلك عن طريق إمداد الجهات المعنية بالبيانات المالية المتعلقة بالنشاط الحكومي أو النشاط العام".

أورد أحد المؤلفين الفرنسيين عدة تعاريف للمحاسبة الحكومية، ومن هذه التعاريف: "إن المحاسبة الحكومة تتكون من القواعد التي تعرض بموجبها الحسابات العامة للدولة". وهنالك تعريف آخر بأن "المحاسبة الحكومية هي مجموعة الموضوعات التي تدخل في اختصاص الإدارة المركزية للأموال العامة".

إن نظرة معمقة للتعريفات السابقة تقود إلى حقيقة مفادها أن المحاسبة الحكومية هي عبارة عن أداة مهمة للإدارة الحكومية تساعدها في السيطرة على عمليات الجباية والإنفاق. هذا الأمر يتفق فيه جميع المؤلفين وجميع المدارس والمذاهب المحاسبية. من جهة أخرى إن جميع هذه التعاريف تغفل حقيقة أن المحاسبة الحكومية هي إحدى فروع المحاسبة التي تنطبق عليها فروضها ومبادئها وذلك بما يتلاءم مع طبيعتها .

فعلى الرغم من التباين بين تنظيمات قطاع الأعمال الهادف إلى تحقيق الربح سواء من ناحية أشكالها القانونية أو من ناحية الأنشطة التي تمارسها، فهي تخضع لنمط محاسبي واحد نتيجة لتجانس أهدافها، متبلورة في مؤشر عام يمكن قياسه محاسبياً، ألا وهو الربح. أما في التنظيمات التي تنتمي إلى قطاع الأعمال فتوجد صعوبات تحول دون وجود مؤشر كمي يمكن أن يكون قاسماً مشتركاً لها، فضلاً عن التباين والتنوع الشديد بين هذه التنظيمات مما انعكس بدوره على طبيعة نظامها المحاسبي.

وتقتضي حاجات التخطيط الاقتصادي القومي قياس الدخل القومي والناتج القومي ودخل الفرد وغيرها من المؤشرات التي تفيد أيضاً في عملية توزيع الدخل القومي وإعادة توزيعه، إذ يمكن استخدام الموازنة العامة كوسيلة لتحقيق مثل هذه الأهداف، وتؤدي المحاسبة القومية دوراً مهماً في هذا المجال من أجل قياس المؤشرات السابقة الذكر.

وبصرف النظر عن نوعية التنظيمات أو طبيعة النشاط الذي تقوم به فهي تتعامل مع موارد اقتصادية تخصص لإنجاز غرض معين. ومن المعروف أن

صدور قرار تخصيص الموارد الاقتصادية يُعَدُّ نقطة البداية لعمل أي نظام محاسبي، ويترتب على صدور مثل هذا القرار نشأة وحدة محاسبية تكون مواردها موضوعاً للقياس والاتصال المحاسبي، ويسري هذا المفهوم على موارد اقتصادية يتم تخصيصها سواء أكانت في نطاق تنظيم قائم أم في نطاق عملية تجارية واحدة، وسواء أتم التخصيص بوساطة الأفراد بغرض الاستثمار للحصول على عائد مالي أم بمعرفة الحكومات لإشباع حاجات عامة.

والمحاسبة كنظام للمعلومات لها أهدافها العامة، ولا تختلف هذه الأهداف باختلاف أنواع التنظيمات أو أشكالها القانونية أو طبيعة أنشطتها.. فطبقاً للدراسة التي أعدتها جمعية المحاسبة الأمريكية "A A A" حددت هذه الأهداف بأنها توفير معلومات لعدة أغراض هي:

(أ) اتخاذ القرارات فيما يتعلق باستخدام الموارد النادرة.

(ب) الإدارة والرقابة الفعالة للموارد المادية والبشرية المخصصة للتنظيم.

(جـ) المحافظة على الموارد التي توجد تحت تصرف الإدارة.

(د) الإسهام في فعالية التنظيمات كافة سواء أكانت تسعى للربح أم لا.

وبصرف النظر عن شكل التقارير المالية التي ينتجها أي نظام محاسبي ومضمونها فهي يجب أن تخضع عند إعدادها للمعايير المحاسبية المتعارف عليها، فالمعلومات التي تتضمنها هذه التقارير يجب أن تكون ملائمة وذات أهمية وقابلة للمقارنة، وقابلة للفهم ويمكن الاعتماد عليها.

على الرغم من عمومية أهداف التقارير المالية، ونمطية المعايير التي تستخدم في إعدادها، إلا أن شكل التقارير التي تصدر عن قطاع الأعمال ومضمونها، يختلف عن تلك التي تصدر عن القطاعات الأخرى.

استناداً إلى ما تقدم يمكن حصر الوحدات المحاسبية في ثلاثة أنواع وذلك تماشياً مع أنواع التنظيمات وهي:

-   وحدات محاسبية في تنظيمات تنتمي إلى قطاع الأعمال الهادف إلى تحقيق الربح.

-   وحدات محاسبية في تنظيمات لا تنتمي إلى قطاع الأعمال وتهدف إلى تقديم خدمات عامة.

-   وحدات محاسبية في المستوى القومي الهادف إلى رسم السياسات العامة.

وبذلك فإن النظام لمحاسبي في أي بلد من البلدان يتكون من ثلاثة أنظمة فرعية وهي:

- النظام المحاسبي للتنظيمات التي تنتمي إلى قطاع الأعمال.
- النظام المحاسبي للتنظيمات التي لا تنتمي إلى قطاع الأعمال أو النظام المحاسبي الحكومي.
- النظام المحاسبي القومي.

بما أن الأنواع المختلفة للمحاسبة مثل المحاسبة المالية -المحاسبة الإدارية- محاسبة التكاليف- المحاسبة الضريبية وغيرها تدخل في تكوين النظم المحاسبية فإنه في كثير من الأحيان يتم التسوية والخلط بين أنواع المحاسبة وفروعها.

وهكذا يمكن القول إن المحاسبة الحكومية هي إحدى فروع المحاسبة لها نظامها المحاسبي الخاص بها الذي يعدُّ جزءاً من النظام المحاسبي في الدولة من جهة، والذي يستخدم فيه أنواع المحاسبة المختلفة من جهة أخرى.

فأنواع المحاسبة هي عناصر ضرورية لا يمكن الاستغناء عنها في أي فرع من فروع المحاسبة وهي ركيزة النظام المحاسبي. بينما فروع المحاسبة هي قطاعات أو مجالات مستقلة عن بعضها بعضاً تستخدم فيها كل أنواع المحاسبة أو بعضها.

يمكن ملاحظة ذلك بوضوح مع تطور الموازنة العامة للدولة، من موازنة البنود والرقابة، إلى موازنة البرامج والأداء، الأمر الذي استدعى ضرورة استخدام محاسبة التكاليف والمحاسبة الإدارية إلى جانب المحاسبة المالية في الحسابات الحكومية بهدف استخراج تكاليف الوحدات والخدمات المقدمة من قبل الدولة ومقارنتها وتحليل البيانات المالية الحكومية بهدف قياس الكفاءة والأداء.

بعد هذا التفريق يمكننا أن نضع التعريف التالي للمحاسبة الحكومية:

"المحاسبة الحكومية هي إحدى فروع المحاسبة أو جزء من النظام المحاسبي تستخدم فيها أنواع المحاسبة المختلفة لتسجيل الأحداث الاقتصادية سواء على مستوى الموازنة العامة للدولة أو على مستوى الدوائر المالية والهيئات ذات الطابع الإداري، وتحليل البيانات والرقابة على التغيرات النوعية والكمية لإعداد الموازنة وتنفيذها ".

المبحث الثالث

طبيعة النشاط الحكومي وخصائصه

من المفروض أن النشاط العام للجهاز الإداري الحكومي لا يهدف إلى تحقيق الربح، وإنما يهدف إلى تأدية الخدمات العامة لمجموع أفراد الشعب لتحقيق الرفاهية الاقتصادية والاجتماعية، فالخدمات الأساسية التي تقدمها الدولة لمواطنيها من أمن ودفاع وعدل بوساطة أجهزتها الإدارية ولو مقابل رسوم معينة لا تعادل بالضرورة قيمة هذه الخدمات المقدمة.

ولا يهدف أصلاً إلى تحقيق أرباح للدولة أو لأجهزتها الإدارية المتخصصة، وينطبق ذلك أيضاً على الخدمات الأخرى التي تقدمها الدولة للمجتمع، كخدمات التعليم والصحة والمواصلات والخدمات الاجتماعية المختلفة وغيرها فهي لا تهدف إلى تحقيق الربح حتى لو كانت مقابل رسوم أو بدلات رمزية لا تغطي في معظم الحالات تكلفة هذه الخدمات.

يتولى مهام النشاط العام الحكومي الوحدة الإدارية الحكومية التي تعرَّف بأنها " مجموعة من الموجودات والموارد النقدية المخصصة لأداء خدمة عامة " .

ويمكن تعداد خصائص الوحدة الإدارية الحكومية بما يلي:

- لا تهدف إلى تحقيق الربح.

- لا يوجد علاقة سببية بين إيراداتها ونفقاتها.

- تفتقر إلى وجود رأس مال.

- يتم تحديد النفقات المخصصة لها من خلال الفترة المالية مسبقاً في الموازنة العامة.

ومع تطور دور الدولة من الدور التقليدي في تقديم الخدمات العامة الأساسية إلى التدخل في النشاط الاقتصادي وإقامة المشروعات الإنتاجية والخدمية إضافة إلى دورها في تقديم الخدمات العامة للمواطنين، فقد تطور النشاط الحكومي من خلال المؤسسات العامة ذات الطابع الاقتصادي التي تشرف عليها الدولة وأصبحت هذه المؤسسات العامة التي تهدف إلى تحقيق الربح إضافة إلى وظيفتها الاجتماعية في إشباع الحاجات العامة وفق خطط التنمية الاقتصادية والاجتماعية، تخضع إلى

بعض القوانين الاقتصادية الخاصة بها، وتنظم أمورها المحاسبية وفق أحكام المحاسبة المالية، وترتبط مع المحاسبة الحكومية ومع موازنة الدولة فيما يختص بتمويلها وفوائضها وفق قاعدة الصوافي التي سندرسها بصورة مفصلة في الأبحاث القادمة.

وبذلك فإنه أصبح من الضروري التمييز بين النشاط الحكومي الذي يهدف إلى تأدية خدمات عامة سواء بمقابل أو دون مقابل، والنشاط الحكومي الذي يهدف إلى مزاولة نشاط اقتصادي بأسلوب مباشر أو غير مباشر، وذلك نظراً لاختلاف الخصائص المميزة لكل نوع من أنواع هذه الأنشطة وما قد يترتب على ذلك من اختلاف أسس قواعد وإجراءات المحاسبة الملائمة لكل منهما. فالنشاط الحكومي الذي لا يهدف إلى تحقيق الربح أصلاً، لا يجوز استخدام مقاييس الربح لتقويم أدائه ولا بد من استخدام معايير أخرى ملائمة لقياس كفاية هذا الأداء، في حين أن النشاط الاقتصادي الحكومي الذي يهدف إلى تحقيق الربح لا بد أن يعد مقياس الربحية معياراً مهماً في قياس كفاية الأداء وتحقيق الأهداف.

ونظراً لأن النشاط العام الحكومي يتمثل أصلاً في خدمات دون مقابل أو بمقابل رمزي يقل كثيراً عن التكلفة فإنه يترتب على ذلك عدم وجود علاقة مباشرة بين الإيرادات والمصروفات الخاصة بكل فرع من فروع ذلك النشاط، وبالتالي عدم إمكان تطبيق مبدأ مقابلة الإيرادات بالنفقات على النحو المتبع في حسابات المشروع الاقتصادي، واعتماد مبدأ عمومية المصروفات والإيرادات لفترة زمنية محددة، وهي سنة مالية في نظام حسابات الحكومة بدلاً عنه. وتتم مقابلة هذه الإيرادات والنفقات عن طريق توازن الموازنة العامة سنوياً.

ولما كانت ممارسة النشاط الحكومي العام تتطلب تأمين الموارد المالية اللازمة لتغطية اعتمادات الإنفاق فقد اقتضت الضرورة مساهمة جميع أفراد المجتمع في تغطية أعباء هذه الخدمات، وتوفير الموارد المالية اللازمة عن طريق جباية الضرائب والرسوم، أو حتى بالاقتراض من المؤسسات والمصارف المحلية والدولية لتغطية تكاليف الخدمات العامة ومشاريع التنمية التي يستفيد منها جميع أفراد الشعب، وبالنظر إلى ضرورة استمرار النشاط العام الحكومي وما يتطلب ذلك من توفير موارد مالية لمتطلبات الإنفاق العام، فإن ذلك لا يمنع من تحديد فترات محاسبية لمدة سنة مالية مثلاً كما هو الحال في محاسبة النشاط الاقتصادي، وبذلك تضمنت دساتير الدول عدّ السنة المالية الفترة المحاسبية الملائمة لحسابات الحكومة، وأصبحت الدولة تقوم بتقدير اعتمادات الإنفاق العام لموازنتها عن سنة مالية مقبلة، ثم تحدد بعد ذلك حجم الموارد اللازمة لتمويل هذه الاعتمادات على أساس سنوي

لتأمين موارد سنوية ومتجددة تكفل استمرار النشاط العام الحكومي، وتقديم الخدمات العامة للمواطنين.

وتجدر الإشارة إلى أن خصائص النشاط العام الحكومي التي تختلف عن خصائص النشاط الاقتصادي للمشروعات، أدت إلى عدم ضرورة تحديد رأس مال لكل فرع من فروع النشاط العام أو لكل وحدة إدارية حكومية التي تمارسه طبقاً للمفاهيم المحاسبية المعروفة، وإنما يتم تخصيص مبلغ محدد من المال لكل وحدة من الوحدات الحكومية، ولكل فرع من فروع النشاط يوزع على بنود الإنفاق المختلفة سنوياً ، كما أن طبيعة خصائص النشاط الحكومي أدت إلى عدم إمكان إعداد ميزانيات وحسابات ختامية للوحدات الحكومية التي تمارس هذا النشاط العام لانتفاء هدف تحقيق الربح على عكس قواعد المحاسبة التقليدية ويستعاض عنه بإعداد حساب ختامي للدولة يظهر في نهاية السنة المالية الوفر أو العجز النقدي، كما ظهرت الحاجة إلى مسك حسابات الحكومة وفق قواعد ومبادئ نظرية الأموال المخصصة واللجوء إلى مبدأ الموازنات التقديرية لتحديد اعتمادات الإنفاق العام وتحديد مصادر الإيرادات اللازمة لتمويلها في بداية كل سنة مالية، وتوفير الحسابات والسجلات وأساليب الرقابة والتقارير الدورية لأعمال الرقابة المالية والقانونية للتأكد من أن الاعتمادات تم صرفها في الأوجه المخصصة لها تلك الاعتمادات وفي حدودها، ووفقاً للوائح والقوانين والأنظمة النافذة، فضلاً عن ظهور الحاجة إلى تأمين الوسائل والأدوات واستخدام المعايير النمطية لتقويم أداء النشاط الحكومي وتحليل آثاره ومنعكساته على الاقتصاد الوطني.

المبحث الرابع

وظائف المحاسبة الحكومية وأهدافها

1- وظائف المحاسبة الحكومية:

تتحدد الأهمية التي تشغلها المحاسبة الحكومية بكونها تُظهر جميع عمليات تشكل الإيرادات العامة وإنفاقها. وللتعرف على جوهر المحاسبة الحكومية لا بد من تحديد الوظائف التي تؤديها، إذ أن جوهر المادة يظهر من خلال وظائفها، ويمكن أن نذكر منها الوظائف الرئيسية التالية:

- تسجيل تفاصيل المعاملات المالية التي تتم في الإدارات الحكومية.

- الرقابـــة عـــلى الأمـــوال العامـــة، وكشـــف أي تلاعـــب أو تزويـــر أو خطـــأ فيها.

- حصر ما يستحق للدولة على الأفراد من ضرائب ورسوم أو أي إيرادات أخرى.

- توفير البيانات اللازمة لمتابعة تنفيذ الموازنة العامة للدولة بمقارنة الواردات المحصّلة فعلاً والاستخدامات المصروفة مع تقديرات الموازنة العامة ودراسة الانحرافات (الفروقات) واتخاذ ما يلزم لمعالجة ذلك.

- معرفة المركز المالي للدولة.

- دراسة اقتصادية لنشاطات الدوائر الحكومية ومحاولة ترشيد النفقات.

- تيسير تقديم البيانات التي تحتاج إليها المستويات الإدارية المختلفة في الدوائر الحكومية كوزارة المالية مثلاً أو وزارة الصناعة أو الزراعة..... وغيرها وذلك في المواعيد المحددة حتى تستطيع في ضوء ما تستخلصه من هذه البيانات من مؤشرات واتخاذ الإجراءات أو إصدار القرارات المناسبة في الوقت المناسب.

2- أهداف المحاسبة الحكومية:

تبرز أهداف المحاسبة الحكومية -كغيرها من فروع المحاسبة الأخرى بتوفير وتقديم البيانات المالية المتعلقة بالنشاط الحكومي إلى الجهات المهتمة بالبيانات عن هذا النشاط وهي:

– الموظفون الإداريون في الوحدات الإدارية الحكومية: حيث أن لتهيئة البيانات المالية لهذه الفئة أهمية كبيرة في تنسيق معاملاتهم اليومية والقيام بواجباتهم بصورة صحيحة وقانونية، حيث تساعد على إعداد الموازنات التقديرية للوحدات الإدارية الحكومية تمهيداً لإعداد الموازنة العامة للدولة.

– السلطة التشريعية: التي تحتاج إلى البيانات المالية بهدف الرقابة على مدى التزام السلطة التنفيذية بالصرف في حدود الاعتمادات المرصدة لها، ومدى تقيدها بالصلاحيات المالية التي خولت لها من قبل السلطة التشريعية.

– المستثمرون ورجال الأعمال: حيث يتأثر نشاط استثمار هذه الفئة لرؤوس أموالهم بالوضع المالي للدولة، ولذلك فإن البيانات التي تعرضها الحسابات الحكومية لها أهميتها الكبرى في دراسة أسس الاستثمار وتنسيقها.

– فئات أخرى كالباحثين مثلاً: حيث يحتاجون لهذه البيانات لمتابعة دراساتهم وتحليلاتهم للوضع المالي والاقتصادي للدولة نظراً للعلاقة المباشرة بين الوضع المالي والاقتصادي العام ومنعكساته على الوضع المالي لأفراد المجتمع.

إضافة إلى ذلك فإن للمحاسبة الحكومية أهدافاً أخرى يمكن أن نعددها فيما يلي:

– تقدير ما ينتظر أن تحصل عليه الوحدات الحكومية من إيرادات خلال الفترة المالية المقبلة، والنفقات المقدرة لها خلال الفترة نفسها.

– التسجيل الكامل لجميع معاملات النشاط الحكومي.

– تثبيت البيانات اللازمة لتوضيح طبيعة الالتزامات والمعاملات المالية.

– التثبت من صحة القيود المحاسبية في السجلات باتباع أسلوب القيد المزدوج في التسجيل.

– إثبات ما تحصل عليه الحكومة فعلاً من إيرادات وما تنفقه من مصروفات خلال الفترة نفسها.

− سهولة تحضير الحساب الختامي للدولة وإعداده.

− أن يكون تبويب المصروفات والإيرادات في الموازنة العامة الأساس الذي يجب أن يتبـع في تنظيـم السجلات الحسابية في الدولة، حيث أن دقة الأرقام المقدرة للموازنـة العامـة للدولـة تستنـد إلى حد بعيد على دقة البيانات التي يعرضها النظام المحاسبي.

− توفير نظام رقابة داخلية محكم يمكّن الجهات المسؤولة من مراقبة الوحدات الإدارية الحكوميـة المختلفة بالنسبة إلى المبالغ المصروفة ومدى التقيّد بحدود الاعتمادات المخصصـة ومنع ارتكـاب الأخطاء والاختلاس، وكشف ما يقع من تجاوزات ومخالفات فوراً.

− تتبع تنفيذ الموازنة العامـة للدولة عـن طريـق الـواردات المحصّلة والاعتمادات المصروفة مـع تقديرات الموازنة العامة ودراسة الفروق والانحرافات ومعرفة أسبابها واتخـاذ القرارات اللازمـة بشأنها في الوقت المناسب.

المبحث الخامس

الإطار النظري للمحاسبة الحكومية، وآفاق تطورها

يستعرض هذا البحث بالدراسة مدى انسجام المحاسبة الحكومية مع المفاهيم والفروض والمبادئ المحاسبية، وآفاق تطورها.

أولاً- المفاهيم المحاسبية:

إن لتحديد المفاهيم والمصطلحات دوراً كبيراً في المحاسبة، لاسيما عند صياغة الإطار النظري. وتعدُّ مصطلحات المحاسبة الحكومية ومفاهيمها جزءاً من مفاهيم المحاسبة، فمصطلح الإيرادات يعني مجموعة الأموال التي تحصل عليها الوحدة، سواء كانت هذه الوحدة منشأة اقتصادية هادفة للربح أم هيئة عامة ذات طابع إداري تهدف إلى تقديم خدمات عامة، ولتمييز إيرادات الأخيرة تم الاتفاق على تسميتها بالإيرادات العامة. وكذلك الأمر بالنسبة إلى النفقات العامة.

وفي كلتا الحالتين تتم مقابلة الإيرادات بالنفقات للتوصل إلى النتيجة، ففي المنشآت الاقتصادية تمثل النتيجة الربح أو الخسارة، وفي الوحدات الإدارية تمثل النتيجة العجز أو الفائض.

ثانياً- الفروض المحاسبية:

1- فرض الوحدة المحاسبية:

إن فرض الوحدة المحاسبية ضروري: سواء أكان في المنشآت الهادفة إلى الربح أم في الوحدات الحكومية ذات الطابع الإداري. فالوحدة المحاسبية هي وحدة اقتصادية أو إدارية وإن الاختلاف في تحديد طبيعة الوحدة المحاسبية في كل من فروع المحاسبة ينبع أصلاً من الاختلاف في أهداف هذه الوحدات.

فالوحدات التي تهدف إلى الربح تتمتع عادة بالشخصية المعنوية أو الطبيعية، ولها رأس مال محدد، والغرض من المحاسبة الحكومية هنا قياس الربح. أما الوحدة المحاسبية الحكومية فليس لها شخصية معنوية مستقلة، وليس لها بالتالي استقلال مالي وإنما هي عبارة عن الأموال المخصصة لنشاط معين.

2- فرض استمرار الوحدة المحاسبية:

إن فرض استمرار الوحدة المحاسبية يعدُّ مهماً سواء في المنشآت الاقتصادية أم في الوحدات الإدارية. فالمحاسبون في المنشآت الاقتصادية يقومون بإعداد الحسابات الختامية في نهاية كل دورة، على الـرغم مـن أن ذلك يؤثر على موضوع الإفصاح لتحديد نتائج الأعمال ولو بشكل قريب من الواقع مع فرض أن الوحدة مستمرة. ولا يعني هذا أن المنشأة ستظل قائمة بصفة دائمة، ولكن يعني أنها سوف تظل قائمة لمـدة كافيـة لتنفيذ الخطط الموضوعة.

أما في المحاسبة الحكومية، فإن استمرار الوحدة المحاسبية نابع من سببين:

أ- إن الحكومة وعند إنشاء مثل هذه الوحدات تريد لها الاستمرار في تقـديم الخـدمات للمجتمـع دون مقابل، أو مقابل رسوم لا تغطي التكلفة.

ب- إن هذه الوحدات، ومن أجل تحقيق أهدافها، تقوم بتنفيذ الخطط الموضوعة لها بشكل مسـبق والملحوظة في الخطط المتوسطة والطويلة الأمد، وهذا يضفي عليها نوعاً من الاستمرار النسبي.

3- فرض القياس النقدي:

لكي يتمكن المحاسبون من قياس النتائج والاستمرار في إثبات العمليات وتصوير الحسابات واستخراج البيانات، فإنهم يفترضون أن وحدة النقد تُعَدُّ وحدة قياس نمطية ملائمة. ولكن هناك بعض المعلومات الضرورية لإعطاء صورة شاملة عن المنشأة أو حول الجهاز التنفيـذي الـذي يقـوم بإنفاق الأمـوال العامـة وتنفيذ الموازنة، يكون من الصعب التعبير عنها في صورة نقد. من أمثلة ذلك المعلومات حول كفاءة الإدارة ومردودية النفقات. وتُعَدُّ مثل هذه المعلومات مهمة، لذلك لا بد من إرفاق مثل تلك المعلومات على شكل ملاحظات تُكمل القوائم المالية أو الحساب العام الإجمالي لتنفيذ الموازنة.

وتستخدم العملات المحلية كوحدة قياس نقدية. وحتى تقوم بـدورها كوحـدة قيـاس نمطيـة مفيـدة يجب ألا تتغير قيمتها بمرور الزمن. ويصعب تحقيق هذا الهدف في الوقت الحاضر نظراً للارتفاع المسـتمر في الأسعار في جميع أنحاء العالم. إن ارتفاع الأسعار والاتجاهـات التضخميـة السـائدة تـؤدي إلى انخفـاض قيمة العملات، ويؤدي هذا بطبيعة الحال إلى جعل فرض القياس النقدي من أكثر الأمور التي تثير الجدل في الفكر المحاسبي.

وكلما أدى التضخم إلى زيادة أسعار السلع والخدمات زيادة كبيرة فإن قيمة العملات تنخفض ويصبح فرض القياس النقدي أضعف الفروض المحاسبية أو أقلها دقة. وقد حاولت بعض الهيئات حل المشكلة عن طريق الإفصاح عن الأرقام الواردة في القوائم المالية ومدى أثر الأسعار عليها. ولا تقل آثار هذه المشكلة في المحاسبة الحكومية أهميةً عن غيرها من فروع المحاسبة، وتظهر واضحة من خلال ملاحظة انخفاض كمية الخدمات المقدمة من قبل الوحدات الحكومية الممولة عن طريق الموازنة العامة للدولة. فمثلاً إن أي ارتفاع في أسعار الأجهزة الطبية وأسعار الأدوية سوف يؤثر سلباً على كمية الخدمات المقدمة من قبل المشافي الحكومية إذا لم يلحظ ذلك في الاعتمادات المخصصة. وبهدف إيجاد حل لمثل هذه المشكلات فإن الحكومات التي ترغب في المحافظة على مستوى الخدمات المقدمة فإنها تأخذ التطور النسبي للأسعار والتزايد السكاني المتوقع بالحسبان عند إعداد تقديرات الموازنة العامة للدولة.

4- فرض الفترات المحاسبية:

ينطبق هذا الفرض على المحاسبة عامة وعلى جميع فروعها. كما أنه لا يمكن الوصول إلى نتائج دقيقة سواء في كل من قطاع الأعمال و القطاع الحكومي، إلا إذا تحققت الأهداف المتوخاة بشكل كامل. ولا يتم ذلك إلا بعد تنفيذ الخطط، وبالتالي يحتاج إلى وقت طويل أي عند انتهاء منشآت الأعمال من أعمالها أو تنفيذ الحكومة لخططها، ولكن أصحاب المنشآت والحكومة لا تستطيع الانتظار حتى تتم أعمال التصفية من أجل الحصول على نتائج دقيقة، وبالتالي فإن فرض الفترات المحاسبية بتقسيم حياة الوحدة إلى فترات محددة -و غالباً ما تكون سنة-، ضرورية في كل فروع المحاسبة. ففي المحاسبة الحكومية تنبع ضرورة هذا التقسيم من ضرورة مقابلة الإيرادات العامة بالنفقات العامة لمعرفة نتائج تنفيذ الموازنة وقياس أداء الوحدات الحكومية التي تقدم خدمات للمجتمع.

ثالثاً- المبادئ المحاسبية:

1- مبدأ التكلفة التاريخية:

لم تلبث بعض الهيئات المحاسبية التي حاولت التخلي عن هذا المبدأ بالعودة إليه والدفاع عنه وذلك بسبب كبر حجم المشكلات المتعلقة باستخدام البدائل التي اقترحتها لتحل محله. وتُعدُّ التكلفة الأساس السليم للمحاسبة عن الأصول والخدمات المشتراة أو المباعة، حيث يتم إثباتها في الدفاتر على هذا الأساس. ولكن يبقى الفرق الوحيد بين منشآت الأعمال والوحدات الحكومية في أن الأخيرة تعدُّ

الأموال المنفقة من أجل الحصول على أصول أو خدمات مصروفات نهائية تخصم من الاعتمادات وذلك لانتفاء الغرض من توزيع هذه التكلفة على السنوات التي ستستفيد منها.

ويبرر المحاسبون استخدام التكلفة التاريخية كأساس للمحاسبة في جميع عناصر الأصول والخصوم بأن هذه التكلفة تكون عادة محددة أو يمكن تحديدها، وأن استخدام أي أساس آخر غير التكلفة التاريخية سيواجه بمشكلة تحديد قيمة الأصل أو الالتزام خاصة في حالات عدم البيع أو التنازل. وهناك انتقادات عديدة لهذا المبدأ وخاصة في حالات ارتفاع الأسعار التي أصبحت ظاهرة العصر الحديث وعند احتساب الاستهلاكات مما يؤثر على نتائج قياس الدخل.

يُعَدُّ هذا المبدأ أكثر ملاءمة في المحاسبة الحكومية حيث ينتفي غرض قياس الدخل، وبالتالي فإن الوحدات الحكومية لا تقيم وزناً للقيمة الاستبدالية أو البيعية إذ تُعَدُّ عملية انتقاء الأصول عبارة عن إنفاق للأموال العامة وتُحمّل قيمة الأصل كاملة على سنة الشراء. وعند البيع تدخل هذه القيمة كإيراد يخص سنة البيع دون إجراء أي مقارنة بين سعر الشراء وسعر البيع.

2- مبدأ تحقق الإيرادات ومقابلتها مع المصروفات:

من المعروف أن الإيراد يتحقق في منشآت الأعمال عند تحقق عملية البيع، ويتم مقابلته بمصروفات تلك الفترة أو المصروفات التي تتعلق بتلك الفترة لتحقيق مبدأ الفصل بين الدورات المحاسبية؛ لكن في المحاسبة الحكومية على الرغم من أهمية فصل الإيرادات والنفقات الخاصة بالدورات المحاسبية عن بعضها بعضاً فإن تحقيق هذا المبدأ على غاية من الصعوبة من جهة، وإن تحقيقه يحتاج إلى تكاليف إضافية من جهة أخرى.

ففي منشآت الأعمال تتم مقابلة الإيرادات بالنفقات على أساس استحقاق كل منها ولكن في الوحدات الحكومية فإن الحكومات المختلفة في البلدان المختلفة تطبق أسساً متعددة من أجل هذه المقابلة، نذكر منها أساس الاستحقاق المعدل والأساس النقدي . ونرى أن الأساس الأخير هو الأكثر ملاءمة للمحاسبة الحكومية على الرغم من الانتقادات التي وجهت إليه والتي من أهمها أن مقابلة الإيرادات التي تم تحصيلها في الدورة المحاسبية مع النفقات الفعلية في هذه الدورة أمر بعيد عن الموضوعية والصحة. ويبرر مؤيدو الأساس النقدي ذلك بقولهم:

- أن الحكومة تهدف من تحصيل الإيرادات القيام بتغطية النفقات وبالتالي فإن مقابلة إيرادات ونفقات تتعلق بدورة واحدة ليس عملية ضرورية.

- التكاليف المرتفعة لمثل هذه المقابلة.

- تعقيد السجلات من وراء تطبيق أساس الاستحقاق.

3- مبدأ التجانس:

من أجل الحصول على معلومات قابلة للمقارنة، لا بد من أن تكون منتجات النظم المحاسبية متجانسة . ففي منشآت الأعمال إذا أظهرت القوائم المالية الخاصة بفترة محددة أرباحاً زائدة عن الفترة السابقة يكون من الممكن افتراض أن العمليات في هذه الفترة كانت أكثر ربحية.

ولكن في الحالات التي يحدث فيها تغيير في المبادئ المحاسبية المتبعة، فإن هذه الأرباح الزائدة قد تكون نتيجة لهذا التغيير وليس بسبب تحسّن الأداء. ومن هنا فإن الاستخدام المتجانس للمبادئ المحاسبية بالنسبة لنفس المنشأة يُعَدُّ أمراً ضرورياً لإجراء المقارنة بين الفترات المحاسبية كذلك الأمر بالنسبة إلى المحاسبة الحكومية كي تبقى المعلومات الناتجة عن النظام المحاسبي الحكومي قابلة للمقارنة لا بد من أن تكون متجانسة. ولا يعني ذلك أنه ليس باستطاعة الحكومة العدول عن استخدام بعض المبادئ ولكن يجب الإشارة إلى ذلك في التقرير المالي النهائي لقطع حسابات الحكومة. إذ أن المبادئ المحاسبية عرضة للتغير نتيجة للتغيرات في البيئة والظروف التي تعمل فيها المحاسبة؛ ولكن التطبيق السليم لمبدأ التجانس يعني أنه يمكن إجراء تغيير في الطرق والأسس المحاسبية المتبعة طالما أن لهذا التغيير ما يبرره، مع الإفصاح عن هذا بصورة ملائمة وتوضيح أثر ذلك على نتائج السنة التي يحدث فيها التغيير.

4- مبدأ الإفصاح الكامل:

يتطلب هذا المبدأ أن تكون البيانات أو القوائم المالية كاملة حيث تشمل المعلومات الضرورية كافة للتعبير الصادق، فإذا ترتب على حذف أو استبعاد بعض المعلومات أن تصبح القوائم المالية مضلّلة، فإن الإفصاح عن مثل تلك المعلومات يصبح ضرورياً.

فبالنسبة لمنشآت الأعمال تشمل القوائم المالية المنشورة في الوقت الحاضر الملاحظات والمذكرات التوضيحية التي تُعَدُّ جزءاً أساسياً من القوائم المالية. وينبغي أن تكون المعلومات الواردة في تلك المذكرات التوضيحية مكملة للمعلومات الواردة في صلب القوائم المالية، ولا ينبغي أن تستخدم كوسيلة لتصحيح بعض المعلومات الخاطئة الواردة في تلك القوائم.

أما بالنسبة إلى المحاسبة الحكومية فإن الحساب العام الإجمالي لتنفيذ الموازنة العامة يجب أن يحتوي على معلومات مفصلة حول النفقات الفعلية والإيرادات الفعلية. فإذا كانت الإيرادات تحتوي على مساعدات مالية خارجية يجب ذكرها بالتفصيل مع ذكر أوجه الإنفاق لكي يعطي الحساب صورة واضحة عن تنفيذ الموازنة، كما يجب أن يعد الحساب بما يتلاءم مع تبويب الموازنة العامة من أجل خدمة أغراض المقارنة. كما أن تقرير الحساب الختامي للموازنة يجب أن يظهر أسباب الانحراف وتبريرها والسياسات المالية للدولة ومدى تحققها.

ولا يسري مبدأ الإفصاح الكامل على الأحداث والوقائع التي حدثت خلال السنة المالية فحسب، وإنما يمتد إلى الأحداث التي تقع بين فترتي انتهاء العام المالي وإعداد الحساب العام الإجمالي ونشره. ومن أمثلة ذلك التغيرات التي تطرأ على القوانين والأنظمة المالية والضريبية وإيجاد مطارح جديدة للدخل، لما لهذه المعلومات من أثر مهم على السياسات المالية التي تتخذها الحكومة.

5- مبدأ الموضوعية:

كما في المحاسبة في قطاع الأعمال، كذلك الأمر في المحاسبة الحكومية ينبغي أن تعتمد على أدلة موضوعية كلما كان ذلك ممكناً. إن المستندات التفصيلية المرفقة التي توضح تفاصيل العمليات المختلفة تمثل أدلة واضحة وقوية يمكن فحصها عن طريق اختيار الأدلة والحقائق التي تثبت وجودها.

وقد ذكرنا سابقاً أن التكلفة التاريخية تمثل بياناً موضوعياً يمكن التحقق منه بسهولة ويساعد التمسك به على ضمان المعلومات المحاسبية من أي انحياز من جانب من يقوم بإعدادها.

6- مبدأ الأهمية النسبية:

يرتبط هذا المبدأ بالإفصاح بشكل كبير. حيث يُعدُّ الإفصاح أمراً مهماً بالنسبة إلى العناصر الأساسية وذات القيمة الكبيرة، وبالتالي فإن هذه العناصر يجب معالجتها بعناية وحكمة على خلاف الموضوعات ذات القيمة القليلة التي يمكن معالجتها بإحدى الأساليب الملائمة والاقتصادية.

فمثلاً في المحاسبة الحكومية يجب معالجة الإيرادات الناجمة عن الدخل بعناية كبيرة لما لهذا العنصر من أثر كبير على إيرادات الموازنة من جهة، وعلى ردود فعل المكلفين من جهة أخرى.

أما الرسوم التي تفرض على بعض المعاملات وتحصل بشكل أسهل عن طريق إصدار الطوابع فهي ذات أهمية أقل نسبياً من الضرائب لسهولة فرضها وتحصيلها.

7- مبدأ الحيطة والحذر:

ويستخدم هذا المبدأ في المحاسبة الحكومية عند إجراء التقديرات الأولية لإيرادات الموازنة العامة ونفقاتها، حيث يجب عدم إظهار الإيرادات بشكل أكبر مما هو متوقع فعلاً من أجل تحقيق التعادل مع النفقات العامة المتوقعة. إن التطبيق السليم لمبدأ الحيطة والحذر يعني اختيار الطرق المحاسبية التي لا تؤدي إلى تخفيض أو زيادة النفقات والإيرادات وبالتالي التأثير على الموازنة العامة. ومن الأمثلة العملية على الحيطة والحذر تقدير الإيرادات للعام المقبل بحدودها الدنيا. إذ يُعَدُّ التحفظ بمنزلة المرشد في الحالات التي يكون فيها الشك ناتجاً عن اختيار قيمتين ناتجتين عن بديلين في التقدير.

بسبب التباين في فهم وتفسير واتباع القواعد والإجراءات والمفاهيم والمبادئ المحاسبية، في كل من التنظيمات التي تهدف إلى الربح وتلك التي لا تهدف إليه، لذلك لا بد من توضيح أسبابه وبيان سبل تطوير المحاسبة الحكومية :

أ- تتبع التنظيمات التي تهدف إلى الربح في حساباتها أساس الاستحقاق ، بينما في المحاسبة الحكومية غالباً ما يطبق الأساس النقدي، حيث يثبت في حساب السنة المالية جميع ما تحصله الوحدة الحكومية من واردات وما تصرفه من نفقات خلال هذه السنة بغض النظر عما إذا كانت هذه الواردات أو النفقات تخص السنة الحالية أو السابقة أو اللاحقة، وتطبيقاً لهذا الأساس تلغى في نهاية السنة المالية جميع وفورات الاعتمادات (غير المستعملة) والتي لم تصرف لغاية 12/31، حيث لا داعي للاحتفاظ بها لمقابلة ما قد يكون قد نشأ من التزامات خلال السنة المالية ولم تصرف قيمتها حتى نهاية السنة التي تخصها. وكذلك الحال بالنسبة إلى الواردات فإن ما يتحصل منها بعد انتهاء السنة المالية التي تخصها والتي استحقت فيها يضاف إلى حساب واردات السنة التي تم التحصيل الفعلي فيها.

ونتيجة لذلك لا يمكننا عَدُّ الواردات المستحقة لسنة مالية معينة ديناً على الأفراد أو الشركات المختلفة وإضافتها إلى واردات تلك السنة، كما يتبع عادة في أساس الاستحقاق، بالإضافة إلى بساطة ذلك ووضوحه فإن النظام المحاسبي القائم على الأساس النقدي يعطي صورة حقيقية للوضع النقدي للحكومة، كما يساعد على إقفال الحسابات وإعداد الحساب الختامي بسرعة وبوقت أقل من

غيره من الأسس المحاسبية الأخرى، وقد أخذ المشرّع السوري بهذا الاتجاه، حيث نصت على ذلك صراحة فقرات المادة الأولى من النظام المحاسبي للهيئات العامة ذات الطابع الإداري.

ويتراوح الأسلوب المطبق في الوحدات الحكومية في الدول المختلفة بين الأساس النقدي البسيط وأساس الاستحقاق المتطور الذي يعمل على تحديد التكلفة الحقيقية لوحدة العمل. وكما ذكر سابقاً ما زال الأساس النقدي يطبق بشكل كبير وفي معظم الدول على الرغم من أنه لا يوفر سوى الحد الأدنى من المعلومات المالية التي يمكن الحصول عليها. وهكذا فإن مبدأ الدورية في المحاسبة الحكومية يجب أن يفهم على أساس مقابلة الإيرادات العامة والنفقات العامة بصورة دورية ومهما اختلف الأساس المتبع في القياس.

ب- تفرق التنظيمات التي تهدف إلى الربح بين المصروفات الإيرادية والرأسمالية، وكذلك بين الإيرادات العادية والإيرادات الرأسمالية، فتحمل المصروفات الإيرادية وترحل الإيرادات إلى قائمة الدخل، حيث تعدّ حسابات وسيطة للتوصل إلى نتيجة الأعمال، بينما تظهر آثار المصروفات الرأسمالية في الميزانية. ويرجع ذلك إلى أن الخلط بين هذين النوعين يؤدي إلى إيجاد أخطاء في قياس نتيجة أعمال السنة المالية، فإذا عَدَدنا بعض المصروفات الرأسمالية إيرادية ترتب على ذلك إخفاء بعض الأرباح وتكوين احتياطي سري حيث تظهر الأرباح بأقل من حقيقتها، كما ينعكس ذلك على المركز المالي   ولا تظهر عناصر الموجودات على حقيقتها. وعلى العكس من ذلك فإن عَدَّ بعض المصروفات الإيرادية رأسمالية يؤدي إلى ظهور أرباح صورية، وفي هذه الحالة إذا قام المشروع بتوزيع الأرباح فإن جزءاً من رأسماله سيظهر في صورة أرباح، وفي كلتا الحالتين لا تمثل الميزانية المركز المالي الحقيقي للمشروع.

أما المحاسبة الحكومية فلا تفرق بين النفقات الإيرادية والرأسمالية، ولا تفرق بين الإيرادات العادية والإيرادات الرأسمالية، وإن كانت النفقات والإيرادات في الموازنة العامة تظهر موزعة بين جارية ورأسمالية، والسبب في ذلك هو أن الوحدات الحكومية لا تمسك حسابات لأصولها وممتلكاتها بغرض تحديد مصروف الاستهلاك الذي يخص كل فترة مالية على أنه عبء على الإيراد، بالإضافة إلى ذلك فإن الحسابات الختامية في الحكومة تهدف إلى معرفة نتيجة تنفيذ الموازنة العامة، فيما يتعلق بالواردات المحصلة والنفقات المصروفة، حتى تتمكن السلطة التشريعية من تحقيق الرقابة القانونية والمالية في هذا المجال، لاسيما فيما يتعلق بالمساءلة الإدارية والمالية. ونحن نعتقد أن تطبيق مثل هذه القواعد (تحديد

مصروفات اهتلاك الأصول الثابتة) يساعد على تحقيق رقابة على كفاية الاستخدام لهذه الأصول من خلال تحديد تكلفة الخدمات المقدمة من قبل الوحدات الإدارية، ومقارنتها مع قيمة الخدمات المقدمة.

وفي حين يعد الاستهلاك أحد عناصر التكلفة في التنظيمات الهادفة للربح فإن الوحدات الحكومية لا تطبق الاستهلاك على أصولها وذلك لأن عملية استبدال هذه الأصول يتم بأموال مخصصة في الموازنة العامة وليس عن طريق تشكيل مخصصات لهذا الغرض، ولذلك لا تمسك لها حسابات وإنما سجلات بيانية وهذا ما يضعف الرقابة على هذه الأموال.

ولما كانت موارد معظم الدول في أغلب الأحيان محدودة وأقل مما تحتاجه للإنفاق في المجالات المختلفة، فإن الإدارة الحكومية تحتاج إلى معلومات وحقائق مالية واقتصادية على جميع المستويات حتى تتمكن من اتخاذ القرارات ورسم السياسات المناسبة على أسس مالية سليمة تكون أساساً للتخطيط والتنسيق والرقابة على الموازنة لتحقيق الكفاية في توزيع الموارد بالنسبة إلى البرامج والأنشطة الحكومية، وتعد أنواع المحاسبة المختلفة ضرورية لأي إدارة مسؤولة حتى تكون فعالة ومنتجة، وبمعنى آخر تعتمد الإدارة عامة على التقارير والبيانات المالية التي تزودها بها المحاسبة لأهداف التخطيط والبرمجة واختيار البدائل المناسبة من بين الخيارات المتاحة، وإعداد الموازنات وقياس الكفاية الإنتاجية والإنجازات والرقابة وفعالية الإدارة، في استخدام الموارد المتوافرة لديها. بالإضافة إلى ذلك فإن قياس الفعالية أصبح أمراً مهماً وضرورياً لتقييم الإدارة ومدى نجاحها في استخدام الموارد المتاحة في الوصول إلى الأهداف المطلوبة للوحدة أو البرنامج.

وحتى تحقق الحكومة الرقابة الفعالة على البرامج والأنشطة الحكومية من حيث تحديد التكلفة وقياس النتائج على أسس علمية حديثة فلا بد من استخدام أساليب ونظم محاسبة التكاليف من أجل قياس الكفاية الإنتاجية والمنفعة وخاصة بالنسبة إلى المشروعات والبرامج الإنمائية حيث توزع الموارد على الأنشطة المختلفة على أساس حسابات التكلفة، وذلك بعملية تجميع عناصر التكلفة وتبويبها في سجلات خاصة لكل برنامج لتتبع التكلفة النهائية لها.

وإذا كانت الحكومات تهدف إلى تحقيق المنفعة القصوى باستخدام مواردها المحددة في تنفيذ البرامج المختلفة التي تقوم بها فلا بد من استخدام مدخل المحاسبة الإدارية وتطويرها بما يتلاءم مع حاجات الإدارة والرقابة وتحديد المسؤولية واتخاذ القرارات ورسم السياسات والتحليل الاقتصادي وقياس الكفاية الإدارية والإنتاجية.

إن التقييم الشامل والعام للوحدات الإدارية الحكومية هو أنها وجدت لكي تزود أفراد المجتمع ببعض الخدمات العامة لتلبي بعض احتياجات المواطنين. وبغض النظر عن كبر حجم الخدمات المقدمة أو صغرها فإنه يمكن القول إن قيمة هذه الخدمات يجب أن تساوي نفقات التشغيل وتكاليفه هذا من جهة، ومن جهة أخرى يجب أن يؤمن النظام المحاسبي رقابة فعالة على استخدام الأموال العامة للعمل على التقليل من الهدر الذي يمكن أن يقع خلال تنفيذ الموازنة.

وهكذا يمكن القول إن الاتجاهات الحديثة في تطوير المحاسبة الحكومية يجب أن يبدأ باستخدام قواعد الموازنة الصفرية وتطبيقها في إعداد الموازنة العامة للدولة مما يؤدي بدوره إلى تحسين الإنفاق وترشيده في المجالات الأكثر منفعة وجدوى . وهذا يتطلب جهوداً كبيرة من القائمين على عملية إعداد الموازنة فلا بد أولاً من إيجاد كادر مدرب يستطيع أن يقوم بإعداد مختلف البدائل في تنفيذ جميع المشروعات ومن ثم دراسة هذه البدائل وتكلفتها وتحليل جميع عناصرها وهذا يتطلب دراية وخبرة في مجال محاسبة التكاليف والتحليل الاقتصادي وأغلب الظن أن هذه المشكلة هي الأولى التي تقف أمام البدء بتطبيق هذا النوع من الموازنات ليس في بلدنا فقط وإنما في أغلب البلدان النامية.

والخطوة اللاحقة لاستخدام نظام الموازنة الصفرية لا بد أن تكون الاستقلال المحاسبي واعتماد القيد المزدوج وتكامل الدورة المحاسبية على مستوى نشاط الوحدة المحاسبية الواحدة وهذا يوفر الظروف العملية الكاملة للتدريب المتكامل على أعمال المحاسبة الحكومية بصيغة مشابهة للتدريب على أعمال المحاسبة في قطاعات الأعمال، كما أن برامج التدريب يمكن أن تتوسع مع تقدم مستوى المتدربين لتشمل الحالات المعقدة كقيود التسويات وإعداد الحسابات الختامية والمركز المالي. وبالطبع إن تنفيذ الخطوات المذكورة أعلاه لا بد أن يسبقها وضع دليل حسابات موحد لجميع الوحدات الحكومية الإدارية لكي نتمكن من توحيد هذه البيانات في المستويات العليا من جهة، ولكي نتمكن من استخدام الحاسبات الالكترونية من جهة أخرى على مستوى الوحدة الحكومية المستقلة محاسبياً أولاً، وعلى مستوى الوحدات الحكومية المركزية ثانياً.

والخلاصة فإن تطوير النظام المحاسبي الحكومي يجب أن يعتمد على ما يلي:

- تحديد موقع المحاسبة الحكومية في النظام المحاسبي ووضع تعريف دقيق لها.

- تطوير نظام الموازنة العامة على أنها المادة الأولية للمحاسبة الحكومية.

– تطبيق مبدأ الاستقلال المحاسبي للوحدات الحكومية الإدارية وإدخال الحاسبات الإلكترونية في الوحدات الكبيرة نسبياً.

– تطوير النظام المحاسبي من خلال استخدام مبادئ محاسبة التكاليف والمحاسبة الإدارية في عمليات التقدير والتحليل وتحديد التكلفة وإعداد الموازنات.

– إصدار التقارير المالية الحكومية بشيء من الإفصاح حتى يتمكن مستخدموها من بناء القرار السليم والسديد عند تحليلها.

المبحث السادس

الجهات المستفيدة من المحاسبة الحكومية

إن الجهات المستفيدة بشكل رئيسي من بيانات المحاسبية الحكومية هي:

1- <u>السلطة التشريعية :</u>

تُقدَّم البيانات المحاسبية للسلطة التشريعية ضمن التقارير التي تطلبها خلال الفترة المالية، وتعتمد السلطة التشريعية أيضاً على القوائم المالية المنشورة بنهاية الفترة المالية. إضافةً إلى التقارير التي تقدمها الجهات الرقابية الخارجية إلى السلطة التشريعية، وتُمكّن هذه المعلومات السلطة التشريعية من:

أ- الرقابة على السلطة التنفيذية، ومدى تقيُّدها بقانون الموازنة العامة للدولة.

ب- تقييم أداء السلطة التنفيذية.

ج- المساءلة عن أية انحرافات بين المنفَّذ وبين تقديرات الموازنة العامة للدولة.

د- التخطيط المستقبلي وإقرار خطط الموازنات العامة المقبلة.

2- <u>السلطة التنفيذية:</u>

تعتمد السلطة التنفيذية على التقارير والقوائم المالية التي تُعَدّ بنهاية كل فترة مالية، بالإضافة إلى التقارير الدورية والبيانات المحاسبية التي تطلبها وبالطريقة والوقت الذي تريد. وتُمكِّن البيانات المحاسبية السلطة التنفيذية من:

أ- تحديد الأنشطة والخدمات العامة لكل فترة مالية.

ب- رقابة أداء الوحدات الإدارية الحكومية ومتابعتها واتخاذ القرارات المناسبة لتقويمه.

ج- تقييم الإدارات العليا لأداء الدوائر الحكومية التابعة لها.

د- إعداد خطة الموازنة العامة للدولة.

3- الجهات الرقابية:

تُمكِّن البيانات المحاسبية الجهات الرقابية من أداء مهامها. وتُقسم الجهات الرقابية إلى رقابة داخليـة، وخارجية، وشعبية، وذاتية.

آ- رقابة داخلية:

تُقدم البيانات المحاسبية للجهات الرقابية الداخلية، دورياً وعند الطلب، وبنهاية الفتـرة الماليـة ضمن القوائم المالية الختامية. وتتبع الجهات الرقابية الداخلية للسلطة التنفيذية.

تتأكد الجهات الرقابية الداخلية من صحة إثبات العمليات المالية الحكومية، والمستندات المؤيدة لكل عملية، وانسجام المعلومات المحاسبية مع القوانين والأنظمة والتعليمات، ومع المبادئ المحاسبية المتعارف عليها.

ب- رقابة خارجية:

يتولى ديوان المحاسبة في الأردن باعتباره وكيل السلطة التشريعية، أعمال الرقابـة الخارجيـة علـى أنشطة الوزارات والدوائر الحكومية والمؤسسات العامة الرسمية والمجالس البلدية والقروية.

وقد صدر قانون ديوان المحاسبة رقم (28) لعام 1952 استناداً لأحكام المادة /119/ من الدسـتور الأردني والتي تنص على ما يلي:

"يشكل بقانون ديوان المحاسبة لمراقبة إيراد الدولة ونفقاتها وطرق صرفها"

ج- رقابة شعبية:

يتأكد المواطنون من مدى قيام السلطة التنفيذية بمهامها وانسجام ذلك مـع قانـون الموازنـة العامـة المُقَر من قبل ممثليهم في مجلس النواب. وتعتمد هذه الرقابة على البيانات المحاسبية الحكومية المنشورة. ويعد مجلس النواب حلقة وصل بين الشعب والحكومة.

د- رقابة ذاتية:

تُعَدُّ أهم أنواع الرقابات وأكثرها فاعلية. ويسعى فيها كل موظف إلى أداء عمله على أتم وجه بـدوافع وقيم ذاتية.

4- المستثمرون:

يعتمد المستثمر على البيانات المحاسبية، إلى جانب معلومات وبيانات أخرى، لاتخاذ قراره الاستثماري. وتتضمن البيانات المحاسبية معلومات عن قوة مركز الحكومة المالي، ونسبة النمو الاقتصادي، وحجم المديونية، وقدرة الدولة على السداد....... وتتضمن البيانات الأخرى معلومات عن قوانين تشجيع الاستثمار، والاستقرار السياسي للبلد، وتَوفّر المواد الخام، وكفاءات المواطنين......

5- الجمهور:

يُراقب الجمهور السلطة التنفيذية من خلال البيانات المحاسبية الحكومية المنشورة. إذ تُطمئن البيانات المحاسبية الحكومية دافعي الضرائب على إنفاق أموالهم كما هو مقرر من ممثليهم (مجلس النواب)، وهذا يساعد على زيادة الوعي الضريبي.

6- الباحثون والدارسون:

تُساعد تحليلات الباحثين والدارسين، للبيانات المحاسبية الحكومية، ذوي العلاقة، في اتخاذ قراراتهم الاقتصادية. وتهدف الأبحاث والدراسات للبيانات المحاسبية الحكومية إلى تطوير القوانين الحكومية وتقييم الأداء وتحسين التخطيط.

الفصل الثاني

نظرية المحاسبة في كل من المشروعات الاقتصادية،
والوحدات الحكومية

المبحث الأول
نظرية المحاسبة في المشروعات الاقتصادية

1- **نظرية الملكية الشخصية "نظرية حقوق أصحاب المشروع":**

تعالج العمليات المالية في المشروعات الفردية وشركات الأشخاص (الوحدات الاقتصادية التي تقوم على الاعتبار الشخصي وتدار بوساطة الملاك) لأن هذه النظرية تركز على مالكي المشروع أكثر مـن تركيزها على المشروع نفسه مما يؤدي إلى عَدَ:

– موجودات المشروع ملكاً لصاحب المشروع.

– مطلوبات المشروع تمثل التزامات ً على صاحب المشروع .

معادلة الميزانية حسب هذه النظرية:

صافي حقوق الملكية = إجمالي الأصول – إجمالي الخصوم

أي إيراد يؤدي إلى زيادة صافي حقوق الملكية.

وأي مصروف يؤدي إلى نقصان صافي حقوق الملكية.

صافي حقوق الملكية آخر المدة– صافي حقوق الملكية أول المدة = صافي ربح (خسارة) الفترة المالية.

يهدف المشروع الاقتصادي إلى تعظيم الربح أي إلى زيادة صافي حقوق الملكيـة وفقاً لمفهـوم هـذه النظرية، وبناءً على ذلك يتركز اهتمام المحاسبة حسب هذه النظرية على قياس الموجودات والالتزامات الخاصة بالمشروع من أجل الوصول إلى أثر العمليات المالية خلال فتـرة (سنة) علـى صافـي حقـوق الملكية (ثروة المالكين).

كما أن رأس المال يمثل معظم حقوق الملكية عادة، إذن فإن هذه النظرية توفر المعلومات اللازمة عـن رأس المال للحفاظ عليه وتسمى "التنمية".

2- **نظرية الشخصية المعنوية:**

- ظهرت هذه النظرية نتيجة لاتساع ملكية المشروع وإنفصالها عن الإدارة، حيث ركزت على المشروع نفسه يعدّ شخصية مستقلة ذات كيان مادي أو معنوي.
- وفقاً لهذه النظرية فإن هيكل رأس المال يمثل أموال المستثمرين الذين هم: المالكون والدائنون، وبناء عليه فإن:

معادلة الميزانية: الأصول (الموجودات) = المطاليب

= حقوق الملكية + الدائنون.

فالموجودات هنا ملك للمشروع وليس لأصحابه.

أما المطاليب فتمثل التزاماً على الموجودات حيث تقسم إلى قسمين تبعاً لذلك هما:

أ- حقوق المساهمين في الموجودات.

ب- حقوق الدائنين في الموجودات (وتُعدُّ التزامات محددة على المشروع).

تبعاً لهذه النظرية فإن الهدف الرئيسي للمشروع هو إنتاج الدخل (وبالتالي فإن المحاسبة ستركز على تحديد الدخل المتاح للمستثمرين (المساهمين والدائنين) باستخدام قائمة الدخل.

وفي ظل هذه النظرية فإنه يمكن التوصل إلى صافي الربح أو صافي الخسارة عن طريق المقابلة بين الإيرادات والمصروفات وبالتالي فإن:

صافي الربح يُعدُّ زيادة في قيمة موجودات المشروع، وإن صافي الخسارة يُعَدُّ نقصاً فيها. كما أن رأس المال يمثل عنصراً أساسياً في مجموعة الالتزامات.

هل تنطبق نظريات المحاسبة المالية على الوحدة الإدارية الحكومية؟

تتمحور نظريات المحاسبة المالية حول نقطتين رئيسيتين هما:

أ- تشغيل البيانات المالية للتوصل إلى صافي ا لربح أو صافي الخسارة.

ب- رأس المال هو عنصر أساسي لا بد من توفره في أي وحدة اقتصادية.

وبناءً عليه فإن النظام المحاسبي لأية وحدة اقتصادية يجب تصميمه لإنتاج البيانات المالية وكيفية تشغيلها وأسس قياس أنشطتها وعرض نتائج أعمالها.

ولمّا كانت الوحدة الإدارية الحكومية لا تهدف إلى تحقيق الربح ولا تستمد مواردها من رأس المال، فقد فشلت هذه النظريات في تشغيل أعمال الوحدة الإدارية الحكومية وقياسها وإظهارها لأن هدف الوحدة الحكومية هو تقديم الخدمات للجمهور. ولذلك لا يوجد تركيز على إيراداتها ومصروفات كل دائرة ومقارنة بينهما (المهم تحقيق خدمة أو فلسفة إدارية تتبناها الدولة).

الوحدات الإدارية الحكومية تقسم إلى:

أ-   وحدات تحصيلية: وتكون الإيرادات أكبر من النفقات ومثال ذلك دائرة ضريبة الدخل.

ب-   وحدات غير تحصيلية: وتكون الإيرادات أقل من النفقات ومنها وزارة الداخلية، الخارجية ......الخ.

لو افترضنا إمكانية تطبيق هذه النظريات على الوحدة الحكومية الإدارية فإنه سيحدث ما يلي:

• المقارنة بين الإيرادات والمصروفات (النفقات) عن كل وحدة إدارية غير منطقية لكل إدارة (بسبب عدم وجود علاقة بين النفقات كتضحية في سبيل تحقيق الإيرادات).

• رأس المال مورد أساسي في الوحدات الاقتصادية بينما لا يوجد رأس مال للوحدات الحكومية . وبالتالي فإن عملية تشغيل البيانات التي تقوم عليها هذه النظريات غير سليمة النتائج إن طبقت على الوحدة الحكومية.

المبحث الثاني

نظرية الأموال المخصصة في الوحدات الحكومية

(النظرية التقليدية)

تبنت المحاسبة الحكومية التي تستخدم في حسابات الموازنة العامة للدولة نظرية مستقلة نظراً لاختلاف أهداف الحكومة التي تقدم خدمات عامة للشعب لا تهدف إلى تحقيق الربح على عكس المشروعات الاقتصادية التي تهدف بشكل رئيسي إلى تحقيق الربح.ويعتمد تفسير الأساس العلمي للمحاسبة في الوحدات الإدارية الحكومية على نظرية الأموال المخصصة، فالوحدة الإدارية الحكومية ليست لها شخصية معنوية مستقلة لأن الشخصية المعنوية هي للدولة بأكملها وليس لديها مفهوم صافي الربح والمركز المالي المعروف في النشاط الخاص، كما أنها لا تمتلك رأس مال بالمفهوم المتعارف عليه وبما أن نشاطها يتوقف على ما يخصص لها من اعتمادات في الموازنة العامة للدولة لتحقيق أغراض وأهداف محددة وصيانة المال العام باتباع الأنظمة والقوانين واللوائح الحكومية فإن نظرية الأموال المخصصة تتلاءم وتتواءم مع خصائص الوحدة الإدارية الحكومية.

وقد ظهرت هذه النظرية عام 1951 حيث قامت اللجنة القومية للمحاسبة الحكومية في الولايات المتحدة الأمريكية، والتي عُدَت فيما بعد نظرية تقليدية للمحاسبة الحكومية، بإصدار نظرية الأموال المخصصة أساساً علمياً للمحاسبة في الوحدات الإدارية. وتتميز الآثار المحاسبية العلمية لهذه النظرية التقليدية بما يلي:

- التقليل من أهمية نظرية الشخصية المعنوية المستقلة.
- التركيز على الناحية الإحصائية في إظهار نتائج النشاط الاقتصادي للوحدة المحاسبية.
- وضع تعريف للوحدة المحاسبية أكثر شمولاً.

وطبقاً لتلك النظرية تعرف **الوحدة المحاسبية:**

"بأنها تمثل: مجموعة من الأصول والموارد لتأدية نشاط معين حيث يكون استخدام تلك الأصول والموارد مقيداً لتحقيق الغرض الذي خصصت من أجله".

وترتكز نظرية الأموال المخصصة على المبادئ التالية:

- **الأصول:** يتم النظر إلى الأصول على أساس أنها مجموعة من الموارد والإمكانات أو الخدمات الاقتصادية المجمعة لدى الوحدة المحاسبية لاستخدامها في تحقيق أهدافها، وتشتمل الأصول من الوجهة النظرية على مجموع الإيرادات المقدرة.

- **الخصوم:** وتمثل قيوداً على استخدام أصول الوحدة المحاسبية ومواردها، وبذلك تشتمل الخصوم على إجمالي الاعتمادات.

- **الإيرادات والمصروفات:** تعد الإيرادات والمصروفات تدفقات نقدية من الوحدة المحاسبية وإليها، حيث تؤدي نتيجتها الصافية إلى التوازن الحسابي ولا يوجد حساب يمكن أن يرحل إليه الفرق بين الإيرادات والمصروفات، كما أن أصول الوحدة الإدارية تصفى في نهاية السنة ولا ترحل من سنة إلى أخرى. كذلك ترحل زيادة الإيرادات على المصروفات إلى الخزينة العامة في نهاية كل سنة.

- **معادلة الموازنة:** وتكون المعادلة كالتالي:

الأصول والموارد المخصصة= القيود على استخدام تلك الأصول والموارد.

- **الاهتمام بالناحية الإحصائية في التقارير المحاسبية:**

تهتم نظرية الأموال المخصصة بالناحية الإحصائية اهتماماً كبيراً في توفير المعلومات التي تساعد على الحكم على كفاية تلك الوحدات.

- **المبادئ والإجراءات:** قامت اللجنة القومية للمحاسبة الحكومية في الولايات المتحدة الأمريكية سنة1951 بوضع مجموعة من المبادئ والإجراءات كما يلي:

أ- المبادئ العلمية:

- أن يبرز نظام حسابات الحكومة مدى التزام الوحدة بالقوانين واللوائح والإجراءات الإدارية.

- السند القانوني أقوى من السند المحاسبي فيما يختص بالقواعد الملائمة للتطبيق في نظام حسابات الحكومة.

- أن يقوم نظام حسابات الحكومة على مبدأ القيد المزدوج، ويجب أن يشتمل في المجموعة الدفترية على دفتر أستاذ عام يتم فيه تسجيل العمليات كافة على أساس ملخص بجانب مجموعة من السجلات المساعدة.

- أن يتم تقسيم الاعتمادات بما يتطابق مع التقسيم المتبع في الموازنة العامة للدولة.

- أن تتوافر لكل اعتماد من الاعتمادات مجموعة متوازنة من الحسابات.

- إعداد سجل تاريخي لتفاصيل المعاملات المالية والحسابات التي تنص على إعدادها التعليمات الموضوعة لمتابعة تنفيذ الموازنة حيث يعد مشروع الموازنة بعد اعتماده جزءاً لا يتجزأ من النظام المحاسبي للوحدة الإدارية.

- لا توجد علاقة سببية بين مصادر المتحصلات أو قيمها التي تمثل إيرادات الوحدة الإدارية والمصروفات التي تمثل تكلفة الحصول على هذه الإيرادات.

- يجمع الأساس المتبع في إمساك الحسابات بين الأساس النقدي وأساس الاستحقاق.

- لا تتبع الوحدات الإدارية مبدأ حساب الاهتلاك للأصول الثابتة نظراً لأن الأغراض التي يتم من أجلها حساب الاهتلاك في الوحدة الاقتصادية، لا تتوافر في الوحدات الإدارية للأسباب التالية:

  • يتم تعريف الأصل في المحاسبة التجارية بأنه "مجموعة من الخدمات المتجمعة التي يقتنيها المشروع بقصد استغلالها في عملياته الإنتاجية"، وعليه يعد الاهتلاك نفقة من نفقات إنتاج الإيرادات.

  أما إيرادات الوحدات الإدارية الحكومية فهي المتحصلات المستحقة قانوناً لتلك الوحدات، وليس هناك ارتباط بين تلك الإيرادات والأصول.

  • يعد حساب الاهتلاك، من الناحية التمويلية، وسيلة لتجنيب جزء من الربح لتكوين المال اللازم لتمكين المشروع من استبدال الأصل الثابت، عندما يستهلك أو يتقادم، بأصل آخر له الطاقة الإنتاجية نفسها، أما الوحدات الإدارية فيتم استبدال أصولها الثابتة أو تجديدها، وتمول من الاعتمادات المالية المخصصة لهذه الغاية في موازنتها.

- عند إعداد المركز المالي للمشروع الصناعي أو التجاري يعد استبعاد الاهتلاك المجمع من القيمة الدفترية للأصل بمثابة تقويم دفتري لذلك الأصل.

- أن يلبي النظام المحاسبي احتياجات الجهات المختلفة من البيانات المحاسبية.

ب- الإجراءات:

– أن يتم تسجيل الارتباطات (عقد النفقة) خصماً على الاعتمادات المحددة.

– أن يتوافر لكل وحدة إدارية مجموعة مستندية تشمل:

- مجموعة من المستندات والنماذج.
- مجموعة دفاتر القيد الأولي.
- مجموعة دفاتر القيد النهائي.
- القوائم المالية.
- التعليمات المحاسبية.

– أن يتم إعداد التقارير المالية عن النشاط المالي للوحدات الحكومية، في تقارير دورية تاريخية أو تخطيطية.

– أن يتوافر نظام للمراقبة الداخلية يهدف إلى تجزئة الواجبات التي يقوم بها الموظفون بشكل دقيق طبقاً لخطة مرسومة بما يساعد الوحدة المحاسبية على المحافظة على الأصول التي تتكون منها، والتحقق من صحة البيانات المحاسبية المتعلّقة بها، وبما يساعد على تلافي وقوع الأخطاء المقصودة واكتشاف تلك الأخطاء فور وقوعها، والعمل على تصحيحها....

المبحث الثالث

محاسبة الاعتمادات المخصصة في المحاسبة الحكومية

(النظرية الحديثة)

أولاً- شمول النظرية ومضمونها:

نظراً لأهمية الموازنة العامة للدولة في حياة الدول في تقديم الخدمات العامة للشعب وعملية التنمية، وضرورة ترشيد الإنفاق العام، وتخفيض عجز الموازنة، فقد تركز اهتمام المنظمات المهنية للمحاسبة في إصدار المعايير الدولية للمحاسبة الحكومية، بعد أن كان هذا الاهتمام ينحصر ـ في المحاسبة المالية المطبقة في المشروعات الاقتصادية. وقد صدرت تلك المعايير بدءاً من عام 1987، وبذلك ظهرت النظرية الحديثة لمحاسبة الاعتمادات المخصصة التي حلت محل النظرية التقليدية للمحاسبة الحكومية.

تقوم نظرية الأموال المخصصة على أن تخصص مجموعة من الموارد لتأدية نشاط معين، ويكون استخدام هذه الموارد مقيداً بالغرض الذي تخصص من أجله.

فيستخدم لفظ موارد أو اعتمادات للتعبير عن الأموال التي تخصص لتحقيق غرض معين، ويستخدم لفظ استخدامات للتعبير عن الأنشطة التي تنفق فيها هذه الموارد وفقاً للقيود التي تفرض على استخدامها.

أما الإيرادات والمصاريف طبقاً لهذه النظرية فهي تعبر عن التدفقات المالية من الوحدة الإدارية وإليها.

فالإيرادات العامة ليس مصدرها جهود الوحدة الإدارية في الإنتاج والبيع، ولكن مصدرها ما تفرضه الدولة من ضرائب ورسوم، والمصاريف لا تمثل تكلفة جهود الوحدة في سبيل الحصول على إيراد، ولكنها مجموعة من الموارد التي تعدها الدولة للإنفاق منها على الخدمات العامة وفقاً للقوانين واللوائح المالية والمنشورات والتعليمات الحكومية، ومن ثم فلا يوجد ارتباط بين ما تُحصّله الوحدة الإدارية من إيرادات، وبين ما تقوم بصرفه من اعتمادات.

فالوحدة الإدارية تودع ما تحصله من إيرادات في الخزينة العامة للدولة، وتسحب ما يلزمها من أموال للإنفاق العام من الاعتمادات التي تودعها وزارة

المالية لحسابها في المصرف. وبذلك يمكن تحديد السمات الرئيسية للوحدة الإدارية الحكومية من وجهة نظر المحاسبة الحكومية.

1- ليس لهذه الوحدة شخصية معنوية مستقلة فنشاطها ليس مستقلاً، ولكنه نشاط مرتبط بالتعليمات المالية لوزارة المالية.

2- أنها وحدة لا تهدف إلى تحقيق الربح.

3- لا يوجد رأس مال مستثمر للوحدة، ولكن نشاط الوحدة يعتمد على الموارد النقدية المتجددة سنوياً والتي تحددها تقديرات موازنة الدولة.

4- إن إيرادات الوحدة ومصاريفها عبارة عن تدفقات مالية من الوحدة وإليها.

ولذلك فإن مهمة المحاسبة عن هذه الوحدة تتمثل في الآتي:

أ- مهمة رقابية هدفها المحافظة على المال العام تتمثل في التجميع التاريخي للبيانات المتعلّقة بالنشاط الحكومي باستخدام دفاتر إحصائية تصمم حيث تتلاءم مع طبيعة النشاط الحكومي، وإثبات حقوق الحكومة وموجوداتها في حسابات ودفاتر خاصة، واتباع قواعد المراقبة الداخلية، ومراجعة التقارير الدورية التي تعدها الوحدات الإدارية على فترات منتظمة بهدف التحقق من قانونية التصرفات المالية للوحدات الحكومية.

ب- توفير البيانات اللازمة لاتخاذ القرار المناسب في الوقت المناسب، والمساعدة في إعداد الموازنات العامة للسنوات المقبلة.

ومن المبادئ الأساسية المتعارف عليها في المحاسبة المالية وفي المحاسبة الحكومية، الموضوعية والأهمية النسبية والتحفظ والثبات والإفصاح وغيرها، ومع ذلك فإن عديداً من المضامين لها مفاهيم مختلفة عند تعريفها في المحاسبة الحكومية عنها في المحاسبة المالية.

على الأقل هناك سبعة عناصر أساسية يجب فحصها في هذا الصدد وهي:

1- <u>الوحدة المحاسبية:</u>

تم تعريف **المال في المحاسبة الحكومية** على أنه "وحدة محاسبية ومعنوية لها مجموعة محاسبية متوازنة تسجل الموارد النقدية وغيرها وكل الالتزامات والاحتياطيات والاستحقاقات والحقوق التي تم تخصيصها لغرض أداء نشاط معين أو تحقيق أهداف معينة وفقاً للقوانين الخاصة أو اللوائح"، فكل مال يمثل مجموعة متوازنة من الحسابات أي يكون له أستاذ عام يعكس الالتزامات على الأصول

ورصيد الاعتماد والإيرادات والمصاريف، وبالتالي فإن مصطلح المال كما تم تعريفه يختلف لدرجة كبيرة عن ذلك المصطلح المستخدم في المحاسبة المالية.

ففي المحاسبة المالية يعد المال ببساطة جزءاً من إجمالي أصول المشروع وليس وحدة محاسبية مستقلة وعلى الرغم من تنوع أنشطة الوحدة المحاسبية فإن تقاريرها المنشورة تعد كوحدة واحدة أو وحدة محاسبية، ومن ناحية أخرى نجد الجهة الإدارية تعد عدة تقارير على أساس عدة أموال موجودة بها.

وعلى الجهة الإدارية الحصول على أموال من مصادر معينة وإنفاقها في أغراض محددة وفقاً للقيود والقواعد المفروضة بالقانون، وتتنوع الاعتمادات المخصصة لوحدة محاسبية معينة بأنشطة الوحدة وطرق تمويلها والمواد القانونية الخاصة بها.

2- الموازنة:

تستخدم الموازنة بوساطة الجهات الإدارية كأداة للتخطيط والرقابة وقياس الأداء، وتدخل ضمن الإطار العام للحسابات، وللموازنة في المحاسبة الحكومية الأهداف نفسها كما في المحاسبة المالية مع وضوح التركيز على جانب الرقابة.

ويوجد عاملان آخران يميزان المحاسبة الحكومية هما:

- الجانب الخاص بالمصاريف في الموازنة العامة يصبح قانوناً بمجرد صدوره وموافقة الجهات التشريعية عليه.

- جزء كبير من إيرادات الموازنة يبنى على مفردات يمكن تحقيقها بدقة مثل تجديد رخص المباني.

وبالتالي ففي تحديد الإيرادات نجد درجة كبيرة من التأكد والتي تزيد من دقة الموازنة، ويرجع الاعتراف بالإيرادات والمصاريف في الإطار العام للمحاسبة الحكومية إلى هذه الدقة، ووفقاً لذلك تتم معالجة الإيرادات على أنها محققة وتعالج المصاريف على أنها مستحقة في وقت إعداد الموازنة ويتم تسجيلها، أيضاً فإن الفرق بين إيرادات الموازنة العامة ومصاريفها يجعل مديناً أو دائناً لحساب رصيد الاعتماد، وعند قيد اليومية يتم افتراض أنه لحساب الموازنة إشارة عكس الحسابات الفعلية، على سبيل المثال، الإيرادات المقدرة تكون أرصدتها مدينة والمصاريف تكون أرصدتها دائنة.

ويمكن أن يسجل لكل اعتماد إيرادات ومصاريف الموازنة لأغراض الرقابة، ولا يتم استخدام هذه الحسابات للقروض طويلة الأجل أو للأصول الثابتة.

وفي نهاية الفترة المالية فإن جميع القيم المقدرة في حسابات الموازنة بدفتر الأستاذ والقيم الفعلية في الحسابات الخاصة بالأستاذ العام يتم إقفالها في حساب موازنة الاعتماد.

من ناحية أخرى، فقد بدأت العديد من الجهات الإدارية بتطبيق ما يوازي المحاسبة الإدارية لديها، فموازنات الحكومة عادة ما تنشأ على أساس الاعتمادات، وهي تستخدم للرقابة على المصاريف ولمنع زيادتها عن الاعتمادات المخصصة، وقد بدا واضحاً في السنوات الأخيرة أن مضامين الرقابة على التكاليف والوصول إلى أدنى مستوى من التكلفة وقياس الأداء أصبحت محل اهتمام الجهات الإدارية إذا وجدت رغبة في تقديم خدمة أفضل لدافعي الضرائب بدرجة أكبر من الكفاءة أو بأقل تكلفة من العناصر المستخدمة، ومن الخطوات المهمة في استخدام هذا المضمون يتمثل في استخدام موازنة البرامج والأداء، وهي ترتبط بتحديد أهداف البرامج وإعداد الاعتمادات على أساس البرامج، والذي يُمكّن من القياس فيما بعد لمدى تحقيق الأهداف، ويدل استخدام هذا النوع من الموازنات على التعرف على أهمية وظيفة إعداد التقارير الداخلية للإدارة بوساطة الجهات الإدارية.

3- أسس التسجيل المحاسبي:

تتبع معظم الوحدات الهادفة إلى الربح أساس الاستحقاق، في حين تتبع المحاسبة الحكومية عدداً من أسس التسجيل (نقدي، استحقاق، استحقاق معدل)، وتتم التوصية باستخدام أساس الاستحقاق كلما أمكن ذلك؛ وذلك كونه يسمح بمقابلة أكثر دقة بين الإيرادات والمصاريف الخاصة بالفترة المحاسبية إلاّ أنه لا يستخدم بشكل كامل في الممارسة العملية.

4- الاهتلاك:

يعد الاهتلاك في المحاسبة الحكومية إجراء يجب أن لا يسجل في الحسابات ما لم يتم تجنيب نقدية لاستبدال الأصول التي يتم اهتلاكها، فإذا ما تم تجنيب النقدية للاهتلاك يعد في هذه الحالة نفقة يتم إعداد موازنة لها.

أما في المحاسبة المالية فإن الاهتلاك هو عملية توزيع تكلفة الأصل على الفترات التي استفادت منه، وعلى العكس، فإن الأصول الثابتة في الجهات الإدارية لا تؤدي إلى تحقيق إيراد.

والهدف الأساسي من الاهتلاك في المحاسبة المالية هو تحديد الدخل، ونظراً لأن الجهات الإدارية لا تهتم بتحديد الدخل ومقابلة الإيرادات بالمصاريف فإن عملية الاهتلاك لا تخدم غرضاً معيناً.

وقد يحتسب الاهتلاك للمساعدة في اتخاذ القرارات الإدارية الداخلية مثل تحديد سعر البيع لتغطية التكاليف، ومع ذلك فإن حساب الاهتلاك للأغراض الإدارية يجب أن لا يدخل في الإطار العام للحسابات المالية في الجهة الإدارية.

5- العمليات التي يتم تسجيلها:

تعتمد المحاسبة المالية في تسجيل الأحداث على وجود عملية لها مستند، وعلى عكس ذلك، فإن الجهات الإدارية تسجل قيم الموازنة في الحسابات الرسمية قبل حدوث العمليات مع طرف آخر خارج الوحدة الإدارية.

يضاف إلى ذلك، أن الجوانب المختلفة للعملية الواحدة لا يتم تسجيلها بالضرورة في مكان واحد، وإنما توزع على الاعتمادات أو الوحدات المحاسبية المكونة داخل الجهة الإدارية.

6- الالتزامات الضريبية:

إن الجهات الإدارية معفاة من ضريبة الأرباح وغيرها، ويؤدي ذلك إلى تحررها في تصميم الأنظمة المحاسبية، وتطبيق أسس المحاسبة دون القيود التي تفرضها قوانين الضرائب، فالجهات الإدارية ليست بحاجة إلى اتخاذ إجراءات حماية رأس مال الوحدة، وإتباع المبادئ المحاسبية التي تؤدي إلى تخفيض ضرائب الأرباح التي قد تؤثر على القوائم المالية.

7- القيم الجارية:

لا تهتم المحاسبة الحكومية باستخدام القيم الجارية أو السوقية أو الاستبدالية لأصولها الثابتة وإظهارها في حساباتها وقوائمها، وذلك على عكس الجدل الدائر في المحاسبة المالية، حيث تتم المطالبة بإظهار هذه القيم بهدف تحسين قياس الدخل، ونظراً لكون الجهات الإدارية لا تهتم بقياس الدخل فإن الأساس الوحيد للتقييم المتبع في القوائم المالية في الجهات الإدارية الحكومية هو الأساس التاريخي.

ولأجل توضيح أشمل لنظرية الاعتمادات المخصصة سيتم (في المباحث القادمة) افتراض مجموعة من العمليات في مجلس إحدى المدن، لأن تطبيق النظرية في مجالس المدن أو البلديات يكون أكثر شمولاً وأقل تعقيداً حيث يندر وجود وحدات حكومية تحاسب عن جميع الأموال باستثناء بعض مجالس المدن.

ثانياً- الهيكل التنظيمي للقطاع الحكومي العام وقطاعاته الفرعية:

إن تقسيم الاقتصاد إلى قطاعات يعزز فائدة الحسابات لأغراض التحليل الاقتصادي من خلال تجميع الوحدات المؤسسية المتشابهة في الأهداف وأنواع السلوك مع بعضها.

وبما أن الأهداف الاقتصادية ووظائف السلوك للوحدات الحكومية تختلف بشكل كبير عن غيرها، حيث أنها تنظم وتمول توفير سلع وخدمات غير سوقية، بما في ذلك الخدمات الفردية أو الاجتماعية، للأسر وللمجتمع، لذلك تتكبد نفقات على الاستهلاك النهائي، كما أنها تعمل في مجال الإنتاج غير السوقي، وغير معنية بتوزيع وإعادة توزيع الثروة والدخل عن طريق الضرائب وغيرها من التحويلات، إضافة إلى أنها تضم صناديق الضمان أو التأمين الاجتماعي.

ويتألف القطاع الحكومي العام بشكل رئيسي من وحدات الحكومة المركزية وحكومات الولايات والحكومات المحلية إضافة إلى صناديق الضمان الاجتماعي التي تقوم الوحدات الحكومية بفرضها والسيطرة عليها.

ويمكن تقسيم القطاع الحكومي إلى قطاعات فرعية، ويتوقف هذا التقسيم على نوع التحليل المرغوب، واحتياجات واضعي السياسات، وتوافر البيانات والظروف الاقتصادية والترتيبات المؤسسية داخل البلد، ولا يمكن عَدُّ أية طريقة لتقسيم القطاع الحكومي إلى قطاعات فرعية طريقة مثالية لجميع الأغراض في جميع البلدان، لذلك يوصي بطرق بديلة للتقسيم.

وتخصص جميع الوحدات الحكومية بما فيها صناديق الضمان الاجتماعي للقطاع الحكومي العام.

وفيما يلي عرض للهيكل التنظيمي للقطاع الحكومي العام وقطاعاته الفرعية، كما هو صادر عن هيئة الأمم المتحدة على سبيل المثال :

1- الحكومات كوحدات مؤسسية:

يمكن أن توصف الوحدات الحكومية، عامة، بأنها أنواع فريدة من الكيانات القانونية تنشأ بقرارات سياسية، ولها سلطات تشريعية وقضائية وتنفيذية على وحدات مؤسسية أخرى في منطقة معينة. وتتجلى الوظائف الرئيسية الحكومية، بوصفها وحدات مؤسسية، بتولي مسؤولية توفير السلع والخدمات للمجتمع أو للأُسر، وتمويلها من الضرائب أو الإيرادات الأخرى، وإعادة توزيع الدخل والثروة بوساطة التحويل، والعمل بالإنتاج غير السوقي. وبصورة عامة:

أ- لدى الوحدة الحكومية عادة سلطة تدبير الأموال عن طريق جباية الضرائب أو التحويلات الإجبارية من الوحدات المؤسسية الأخرى.

ب- تنفق الوحدات الحكومية عادة ثلاثة أنواع من الإنفاق النهائي:

- تقوم الفئة الأولى من النفقات على توفير خدمات جماعية مجانية للمجتمع، مثل الإدارة العامة والدفاع والصحة العامة....الخ، وتغطى تكاليفها من الضرائب العامة أو الإيرادات الأخرى.

- تقوم الفئة الثانية من النفقات على توفير سلع وخدمات مجانية، أو بأسعار غير ذات دلالة اقتصادية، إلى الأسر، وتتحمل الحكومة هذه النفقات بشكل مدروس وتمولها من الضرائب أو الإيرادات الأخرى تحقيقاً لأهدافها الاجتماعية والسياسية، كما يمكن فرض رسوم على الأفراد المستفيدين من تلك السلع والخدمات.

- وتتألف الفئة الثالثة من أموال محولة تدفع إلى وحدات مؤسسية أخرى، معظمها من الأسر، بهدف إعادة توزيع الدخل أو الثروة.

ويمكن أن توجد في البلد الواحد عدة وحدات حكومية في حال وجود مستويات مختلفة للحكومة: حكومة مركزية، حكومة ولاية، حكومة محلية، وبالإضافة إلى ذلك تشكل صناديق الضمان الاجتماعي وحدات حكومية.

الوحدات الحكومية بوصفها وحدات منتجة:

يمكن للوحدات الحكومية، شأنها في ذلك شأن الأسر، أن تملك وتدير مشاريع ليس لها شخصية اعتبارية تقوم بإنتاج السلع والخدمات بدلاً من شراء هذه السلع والخدمات من المنتجين في السوق وباستثناء بعض الخدمات الجماعية، كالإدارة العامة والدفاع، يصعب تصنيف بعض أنواع الإنتاج، كإنتاج الخدمات التعليمية والصحية، مثلاً، على أنها من حيث الجوهر خدمات حكومية حصراً، وإن كانت تنتجها في الغالب وحدات حكومية.

وعندما ترغب وحدة حكومية بالتدخل في مجال الإنتاج، فإنه توجد أمامها ثلاثة خيارات:

أ- يمكنها أن تنشئ شركة عامة تكون قادرة على السيطرة على سياستها العامة، بما في ذلك التسعير والاستثمار.

ب- يمكنها أن تنشئ مؤسسة غير هادفة للربح تسيطر عليها وتمولها بصورة رئيسية أو كلية.

ج- يمكنها أن تنتج السلع والخدمات بنفسها في منشأة تملكها وليست منفصلة قانوناً عن الوحدة الحكومية.

غير أنه إذا كانت هناك منشأة حكومية أو مجموعة منشآت حكومية تعمل في إنتاج نفس النوع تحت إدارة مشتركة، وتقوم بما يلي:

أ- تتقاضى أسعاراً ذات دلالة اقتصادية لمنتجاتها.

ب- تُشغّل وتدار بطريقة مشابهة لتشغيل الشركة وإدارتها.

ج- تمسك مجموعة كاملة من الحسابات تمكن من تعيين وقياس فوائضها التشغيلية وادخاراتها وأصولها وخصومها.

فيجب معاملتها كأنها شبه شركة تعامل بوصفها وحدات مؤسسية مستقلة عن الوحدات الحكومية التي تملكها، وهي تصنف وتقسم إلى قطاعات ، وقطاعات فرعية بالطريقة نفسها التي تعامل بها الشركات العامة.

ولكي يعامل المشروع معاملة شبه شركة، فإنه يجب أن تسمح الحكومة لإدارة المشروع بقدر كبير من السلطة للتصرف ليس فقط فيما يتعلق بإدارة عملية الإنتاج، ولكن أيضاً في استخدام الأموال، ويجب أن تتمكن أشباه الشركات الحكومية من الاحتفاظ بأرصدتها العاملة وائتمانها التجاري، وتتمكن من تمويل رأس المال كلاً أو جزءاً من مدخراتها الخاصة أو احتياطيات الاهتلاك، أو عن طريق الاقتراض. و لا يشكل فائض التشغيل الصافي لشبه الشركات الحكومية عنصراً من عناصر إيرادات الحكومة، ولا تقيد حسابات الحكومة سوى تدفقات نقل الدخل ورأس المال الفعلية أو المحتسبة بين شبه الشركة والحكومة.

بالإضافة إلى توريد السلع والخدمات غير السوقية للجمهور، فإنه يمكن أن تشمل هذه الوحدات وحدات حكومية منتجة تورّد سلعاً وخدمات غير سوقية إلى وحدات حكومية أخرى لأغراض الاستهلاك الوسيط أو إجمالي تكوين رأس المال الثابت، مثال ذلك مصانع الذخيرة، والمطابع الحكومية، ووكالات النقل، ووكالات الحاسوب والاتصالات، وما يماثلها، وتستطيع الوحدات الحكومية من حيث المبدأ أن تكون منتجة سوقية أيضاً.

2- صناديق الضمان الاجتماعي:

تشكل صناديق الضمان الاجتماعي أنواعاً خاصة من الوحدات المؤسسية التي يمكن أن توجد على أي مستوى من مستويات الحكومة -حكومة مركزية، أو حكومة ولاية، أو حكومة محلية، ومن الضروري قبل التعريف بصناديق الضمان الاجتماعي تقديم وصف موجز لبرامج التأمين الاجتماعي عامة، ويقصد ببرامج

التأمين الاجتماعي أن توفر منافع اجتماعية لأفراد المجتمع، أو لمجموعات الأفراد، كمستخدمي مشروع ما مثلاً، من أموال يأتي معظمها من مساهمات التأمين الاجتماعي. كما أن برامج الضمان الاجتماعي هي برامج تأمين اجتماعي تغطي المجتمع ككل أو قطاعات كبيرة منه وتفرضها وتسيطر عليها وحدات حكومية، وهي تنطوي بوجه عام على مساهمات إلزامية يدفعها المستخدمون أو أرباب العمل أو كلاهما معاً. وتغطي برامج الضمان الاجتماعي العديد من الأوجه، فقد تكون على شكل استحقاقات نقدية أوعينية لكبار السن أو لحالات العجز البدني أو الوفاة، أو لورثة المتوفى، وفي حالات المرض والولادة والإصابة في أثناء العمل والبطالة، وعلاوة الأسرة والعناية الصحية، وما شابه ذلك...، ولا توجد عادة صلة مباشرة بين مقدار الاشتراك الذي يدفعه الفرد ومقدار المخاطر التي يتعرض لها، ويجب تمييز برامج الضمان الاجتماعي عن برامج التقاعد أو غيرها من برامج الضمان الاجتماعي التي تقرر بالاتفاق المتبادل بين أرباب العمل والعمال، وتكون المنافع فيها مرتبطة بمقدار المساهمة أو الاشتراك.

ويمكن تمييز صناديق الضمان الاجتماعي بأنها تنظم بصورة مستقلة عن الأنشطة الأخرى للوحدات الحكومية وتحتفظ بأصولها وخصومها بصورة مستقلة أيضاً عن أصول الوحدات الحكومية وخصومها، وهي وحدات مؤسسية منفصلة لأنها صناديق مستقلة، ولها أصولها وخصومها الخاصة بها وتدخل في معاملات مالية لحسابها الخاص، غير أن الترتيبات المؤسسية فيما يتعلق بالضمان الاجتماعي تختلف من بلد إلى آخر، وقد تصبح في بعض البلدان مندمجة اندماجاً وثيقاً بأموال الحكومة الأخرى حيث يصبح موضع تساؤل فيما إذا كان يجب معاملتها بوصفها قطاعاً فرعياً مستقلاً، وقد تتوزع المبالغ التي تجمع وتدفع على سبيل اشتراكات ومنافع ضمان اجتماعي عن قصد لتحقيق أهداف السياسة الحكومية التي ليست لها صلة مباشرة بمفهوم الضمان الاجتماعي كمشروع لتوفير الحماية الاجتماعية لأفراد المجتمع، وقد ترفع أو تخفض للتأثير على مستوى الطلب الكلي في الاقتصاد. وما دامت الصناديق مشكلة بصورة مستقلة فإنه يجب معاملتها كوحدات مؤسسية مستقلة في النظام.

3- القطاع الحكومي العام:

يتألف القطاع الحكومي من مجموعة الوحدات المؤسسية المقيمة التالية:

أ‌- جميع وحدات الحكومة المركزية أو حكومة الولاية أو الحكومة المحلية.

ب-جميع صناديق الضمان الاجتماعي على كل مستوى من مستويات الحكومة.

ج- جميع المؤسسات غير الهادفة إلى الربح المنتجة غير السوقية التي تسيطر عليها وتمولها بصورة رئيسية وحدات حكومية.

ولا يشمل هذا القطاع الشركات العامة حتى وإن كان رأسمال هذه الشركات مملوكاً بكامله لوحدات حكومية، ولا يشمل أيضاً أشباه الشركات التي تملكها وتسيطر عليها وحدات حكومية، غير أن المشروعات التي ليس لها شخصية اعتبارية التي تملكها وحدات حكومية وليست أشباه شركات تبقى أجزاء لا تتجزأ من تلك الوحدات، ولذلك أن تُشمل بالقطاع الحكومي العام.

4- القطاعات الفرعية للقطاع الحكومي العام:

يُقترح في النظام طريقتان بديلتان لتقسيم القطاع الحكومي العام إلى قطاعات فرعية، وإحدى هاتين الطريقتين هي كما يلي:

الطريقة الأولى هي:

أ- الحكومة المركزية.

ب- حكومة الولاية.

ج- الحكومة المحلية.

د- صناديق الضمان الاجتماعي.

والطريقة البديلة هي:

أ- الحكومة المركزية بالإضافة إلى صناديق الضمان الاجتماعي التي تعمل على مستوى الحكومة المركزية.

ب- حكومة الولاية بالإضافة إلى صناديق الضمان الاجتماعي التي تعمل على مستوى حكومة الولاية.

ج- الحكومة المحلية بالإضافة إلى صناديق الضمان الاجتماعي التي تعمل على مستوى الحكومة المحلية.

ويتوقف الخيار بين الطريقتين لتقسيم القطاع إلى قطاعات فرعية، بصورة رئيسية على حجم صناديق الضمان الاجتماعي داخل البلد المعني أو أهميته، وعلى الطريقة التي تدار بها، ففي بعض البلدان ربما لا يوجد مستوى حكومة وسيط حقيقي بين الحكومة المركزية والحكومة المحلية، وفي هذه الحالة لا يميز القطاع الفرعي المسمى " حكومة الولاية ". يتألف القطاع الفرعي المسمى الحكومة

المركزية من الوحدة أو الوحدات المؤسسية التي تتكون منها الحكومة المركزية بالإضافة إلى المؤسسات غير الهادفة إلى الربح التي تسيطر عليها الحكومة المركزية وتمولها بصورة رئيسية.

تمتد السلطة السياسية للحكومة المركزية على إقليم البلد بكامله، ولذلك تملك الحكومة المركزية سلطة فرض الضرائب على جميع الوحدات المقيمة وغير المقيمة العاملة بالأنشطة الاقتصادية داخل البلد، وتشمل مسؤولياتها السياسية الدفاع الوطني والعلاقات مع الحكومات الأجنبية، وتسعى إلى ضمان عمل النظام الاجتماعي والاقتصادي بكفاءة بوساطة التشريعات واللوائح الملائمة، وكذلك العمل على حفظ الأمن والنظام، وهي مسؤولة عن تقديم الخدمات الجماعية لفائدة المجتمع ككل، ولهذا الغرض تتحمل نفقات الدفاع والإدارة العامة، ويمكن أن تتكبد أيضاً نفقات توفير خدمات كالتعليم والصحة لفائدة الأسر بالدرجة الأولى، وربما تحوّل أموالاً إلى وحدات مؤسسية أخرى -الأسر المعيشية، والمؤسسات غير الهادفة إلى الربح، والشركات، ومستويات الحكومة الأخرى.

وتمثل الحكومة المركزية قطاعاً فرعياً كبيراً ومعقداً في معظم البلدان، وهي تتألف بوجه عام من مجموعة مركزية من الأقسام أو الوزارات تشكل وحدة مؤسسية واحدة إلى جانب وحدات مؤسسية أخرى في كثير من البلدان، وقد تكون الوزارات مسؤولة عن إنفاق مبالغ كبيرة في إطار الموازنة الإجمالية للحكومة، ولكنها، مع ذلك ليست وحدات مؤسسية مستقلة، كما أن كل وزارة ليست في حد ذاتها قادرة على امتلاك أصول أو تحمل الالتزامات "الخصوم" أو الدخول في معاملات ......الخ، أي ليست مستقلة عن الحكومة المركزية ككل. وليس من الممكن تجميع إيرادات وحسابات تراكمية أو موازنات مجدية أو مفيدة من الناحية التحليلية لكل وزارة على حدة كما لو كانت كياناً قانونياً بمفرده. وبالإضافة إلى ذلك فإنه ربما تكون هناك وكالات تابعة للحكومة المركزية ذات صيغة قانونية مستقلة على قدر كبير من الاستقلال الذاتي، وقد تكون لها سلطة تقديرية على حجم وتكوين نفقاتها، وربما يكون لها مصدر إيرادات مباشر، كضرائب مخصصة لها، وتنشأ مثل هذه الوكالات غالباً لأداء وظائف محددة كبناء الطرق أو توفير الخدمات الصحية أو التعليمية على أساس غير سوقي، وينبغي معاملة هذه الوكالات على أنها وحدات مؤسسية مستقلة إذا كانت تمسك مجموعة كاملة من الحسابات ولكنها تشكل جزءاً من القطاع الفرعي المسمى "**الحكومة المركزية**" إذا استوفت المعايير المذكورة سابقاً.

وأخيراً تجدر الإشارة إلى أن صناديق الضمان الاجتماعي تعامل في النظام على أنها وحدات مؤسسية مستقلة على كل مستوى من مستويات الحكومة، وإن كانت أموالها في بعض البلدان تدمج جزئياً مع الحكومة، غير أن اعتبار صناديق الضمان الاجتماعي وحدات مؤسسية مستقلة، لا يمنعها من أن تدرج في نفس القطاع الفرعي الذي توجد فيه الوحدات الحكومية المرتبطة بها، وهي مدرجة على هذا النحو في الطريقة البديلة لتقسيم القطاع الحكومي العام إلى قطاعات فرعية.

- حكومة الولاية:

يتألف القطاع الفرعي المسمى حكومة الولاية من حكومات الولايات التي هي وحدات مؤسسية مستقلة بالإضافة إلى المؤسسات غير الهادفة إلى الربح التي تسيطر عليها حكومات الولايات وتمولها بصورة رئيسية.

إن حكومات الولايات هي وحدات مؤسسية تمارس بعض وظائف الحكومة على مستوى أدنى من الحكومة المركزية وأعلى من الوحدات المؤسسية الحكومية التي توجد على المستوى المحلي، وهي وحدات مؤسسية تمتد سلطاتها المالية والتشريعية والتنفيذية على الولايات ذات الاستقلال الإداري (ولايات منفردة)، وقد توصف هذه "الولايات" بأوصاف مختلفة في كل بلد، ففي بعض البلدان، ولاسيما البلدان الصغيرة، لا توجد ولايات منفردة ولا حكومات ولايات، غير أنه في البلدان الكبيرة، وخاصة منها التي لها دساتير اتحادية، يمكن أن تعطى حكومات الولايات صلاحيات ومسؤوليات كبيرة.

ولحكومة الولاية عادةً سلطة مالية لفرض الضرائب على الوحدات المؤسسية المقيمة أو التي تمارس نشاطاً اقتصادياً أو تجري معاملات في منطقة اختصاصها (وليس في مناطق أخرى)، وينبغي لحكومة الولاية، لكي يعترف بها كوحدة مؤسسية مستقلة، أن تكون قادرة على امتلاك الأصول، وتدبير الأموال، وتَحمُّل الالتزامات "الخصوم"، ويجب أيضاً أن تكون مخولة بصلاحية إنفاق أو تخصيص الضرائب كلاً أو بعضاً، أو الإيرادات الأخرى التي تقوم بتحصيلها وفقاً لسياستها الخاصة، وفي حدود القواعد العامة للقانون النافذ في البلد، وإن كانت بعض التحويلات التي تتلقاها من الحكومة المركزية مقيدة بأغراض معينة، وينبغي أيضاً أن تكون قادرة على تعيين المسؤولين فيها بصورة مستقلة عن أية سيطرة إدارية خارجية، وإذا كانت الوحدة الإقليمية تعتمد اعتماداً كلياً على أموال الحكومة المركزية التي تفرض على الوحدة الإقليمية الأساليب التي يجب أن تنفق بموجبها تلك الأموال على الصعيد الإقليمي، فيجب معاملتها باعتبارها وكالة تابعة للحكومة المركزية لا وحدة مؤسسية مستقلة.

وتتميز حكومات الولايات -في حال وجودها- بأن سلطتها المالية تمتد على مناطق جغرافية واسعة في البلد وذلك لأغراض سياسية أو إدارية، وفي بضع البلدان يوجد أكثر من مستوى حكومي واحد بين الحكومة المركزية وأصغر وحدة مؤسسية حكومية على المستوى المحلي.

ويمكن لحكومة الولاية أن تملك شركات أو تسيطر عليها، تماماً كما تفعل الحكومة المركزية، وكذلك يمكن أن يكون لديها وحدات تعمل بالإنتاج السوقي، وفي هذه الحالة ينبغي أن تعامل الوحدات المنتجة ذات الشأن بوصفها أشباه شركات حيثما بررت ذلك عملياتها وسجلاتها المحاسبية، ويمكن أيضاً أن توجد نظم ضمان اجتماعي على مستوى الولاية، وهي تعامل بوصفها وحدات مؤسسية مستقلة.

- الحكومة المحلية:

يتألف القطاع الفرعي المسمى الحكومة المحلية من الحكومات المحلية التي هي وحدات مؤسسية مستقلة بالإضافة إلى المؤسسات غير الهادفة إلى الربح التي تسيطر عليها وتمولها بصورة رئيسية الحكومات المحلية، ووحدات الحكومة المحلية، هي وحدات مؤسسية تمتد سلطاتها المالية والتشريعية والتنفيذية على أصغر المناطق الجغرافية المميزة لأغراض إدارية وسياسية، ويكون نطاق سلطتها على أيّ حال أصغر بكثير من سلطة الحكومة المركزية أو الحكومات الإقليمية، ويمكن أن تخول أو لا تخول بسلطة فرض الضرائب على الوحدات المؤسسية المقيمة في مناطقها، وغالباً ما تعتمد اعتماداً كبيراً على المنح والأموال المحولة من مستويات حكومية أعلى، وربما تعمل أيضاً بمنزلة وكيل للحكومة المركزية أو الحكومات الإقليمية، غير أنها، لكي تعامل معاملة الوحدات المؤسسية المستقلة فإنه يجب أن تملك أصولاً، وتدبر أموالاً، وتتحمل الالتزامات "الخصوم" بالاقتراض على حسابها الخاص، ويجب كذلك أن تكون لديها سلطة تقديرية على الطريقة التي تنفق بها هذه الأموال . كما ينبغي أيضاً أن تكون قادرة على تعيين المسؤولين فيها، ومستقلة عن السيطرة الإدارية الخارجية، وحقيقة أنها يمكن أن تعمل أيضاً بمنزلة وكيل للحكومة المركزية أو حكومة الولاية إلى حد ما لا تمنعها من أن تعامل بوصفها وحدات مؤسسية مستقلة، بشرط أن تكون قادرة أيضاً على تدبير بعض الأموال وإنفاقها بمبادرة منها وعلى مسؤوليتها الخاصة.

ونظراً لأن الحكومة المحلية هي أكثر الوحدات الحكومية اتصالاً بالوحدات المؤسسية المقيمة في ناحيتها، فهي غالباً ما توفر سلسلة عريضة من الخدمات للسكان المحليين، وقد يمول بعضها بأموال محولة من مستويات حكومية أعلى، وينبغي معاملة المسارح والمتاحف وما يماثلها....، التي تقدم سلعاً وخدمات للجمهور على أساس سوقي، بوصفها أشباه شركات عندما يكون ذلك ملائماً، أما

الوحدات التي تقدم خدمات كالتعليم والصحة على أساس غير سوقي فتبقى جزءاً لا يتجزأ من وحدة الحكومة المحلية التي تنتمي إليها.

- صناديق الضمان الاجتماعي:

يتألف القطاع الفرعي المسمى صناديق الضمان الاجتماعي من صناديق الضمان التي تعمل على جميع مستويات الحكومة، وصناديق الضمان الاجتماعي كما بيّنا سابقاً هي برامج ضمان اجتماعي تغطي المجتمع ككل أو قطاعات كبيرة منه وتفرضها وتسيطر عليها وحدات حكومية.

- الطريقة البديلة لتقسيم القطاعات إلى قطاعات فرعية:

إن الطريقة البديلة لتقسيم القطاع الحكومي إلى قطاعات فرعية هي ضم صناديق الضمان الاجتماعي العاملة على كل مستوى من المستويات الحكومية إلى الوحدات الحكومية المناظرة لها والمؤسسات غير الهادفة إلى الربح التي تمولها وتسيطر عليها الحكومة والموجودة في ذلك المستوى الحكومي، وكلتا الطريقتين البديلتين المقترحتين هي لتلبية احتياجات تحليلية مختلفة، ولا يمكن الحكم مسبقاً أي الطريقتين أنسب للتطبيق في بلد معين، فالأمر يتوقف على مدى حسن تنظيم صناديق الضمان الاجتماعي وأهميتها ومدى استقلال إدارتها عن الوحدات الحكومية المرتبطة بها، فإذا كانت إدارة صناديق الضمان الاجتماعي مندمجة اندماجاً وثيقاً مع المتطلبات قصيرة الأجل أو متوسطة الأجل للسياسة الاقتصادية العامة للحكومة، حيث تعدل الاشتراكات في الصناديق والاستحقاقات التي تدفعها عن قصد لما فيه مصلحة السياسة الاقتصادية العامة، فعندئذٍ يصبح من الصعوبة، نظرياً على الأقل، التمييز بشكل واضح بين إدارة الضمان الاجتماعي وبين الوظائف الاقتصادية الأخرى للحكومة، وبخلاف ذلك، ربما توجد صناديق الضمان الاجتماعي في بعض البلدان بصورة بدائية جداً. وفي كلتا الحالتين يصعب تبرير معاملة صناديق الضمان الاجتماعي باعتبارها قطاعاً فرعياً مستقلاً على قدم المساواة مع الحكومة المركزية وحكومة الولاية والحكومة المحلية، ومن الأنسب استخدام الطريقة البديلة للتقسيم التي تضم بموجبها هذه الصناديق إلى الوحدات الحكومية المناظرة في كل مستوى حكومي.

ثالثاً - الأموال والحسابات في الوحدات الحكومية:

1) أنواع الأموال:

تقسم الأموال إلى:

أ-   الأموال الحكومية (الأموال الرئيسية البارزة):

Governmental Funds (Emphasizing Major Funds)

-   المال العام The General Funds

-   أموال الإيراد المخصص Special Revenue Funds

-   أموال المشاريع الرأسمالية Capital Projects Funds

-   أموال خدمة الدين Debt Service Funds

-   أموال دائمة Permanent Funds

ب- أموال الملكية Proprietary Funds

-   أموال المرافق العامة (الأموال الرئيسية البارزة).

(Enterprise Funds (Emphasizing Major Funds)

-   أموال الخدمة الداخلية Internal Service Funds

ج- أموال الأمانة والوحدات المكونة المماثلة

Fiduciary Funds and Similar Component Units

-   أموال أمانة الراتب التقاعدي (ومنافع موظف أخرى)

Pension (and other Employee Benefit) Trust Funds

-   أموال أمانة الاستثمار Investment Trust Funds

-   أموال أمانة الغرض الخاص Private – Purpose Trust Funds

-   أموال الوكالة Agency Funds

أ-   الأموال الحكومية Governmental Funds:

تصنف الأموال الحكومية إلى:

* **المال العام The General Funds**

يعرف بأنه المال الذي يخصص للمحاسبة عن كل العمليات التي لا تتم المحاسبة عنها في مال آخر. ويظهر هذا التعريف أهمية هذا المال باعتباره المسؤول عن تشكيلة واسعة من النشاطات المستمرة، وعن الخدمات الحكومية الأكثر أهمية. في حين تخصص باقي الأموال الحكومية للمحاسبة عن أحداث أو مشاريع معينة.

* **أموال الإيراد المخصص Special Revenue Funds**

تخصص للمحاسبة عن مصادر إيراد معينة، تخصص قانوناً للإنفاق منها على أغراض محددة (بخلاف أموال المشروعات الرأسمالية وأموال أمانة الغرض الخاص). ومن الأمثلة على هذه الأموال تخصيص الرسوم المدرسية لبرامج تعليمية، أو خدمات مكتبية، وتخصيص إيراد مواقف السيارات العامة لتنظيم السير، وتخصيص إيرادات ضرائب المحروقات لسلامة البيئة. وتخصيص الإيرادات الناتجة من بيع حيوانات حديقة الحيوان لشراء حيوانات جديدة.

* **أموال المشاريع الاستثمارية Capital Projects Funds**

تخصص للمحاسبة عن المصادر المالية التي تستخدم للحصول على المشاريع الرأسمالية الأساسية (باستثناء ما يتم بواسطة أموال الملكية، أو أموال الأمانة). مثل إقامة المباني وتجهيزها وبناء الطرق وغيرها من المشاريع التي تستلزم تكاليف كبيرة، ويتطلب إنشاؤها فترة زمنية طويلة نسبياً. أما المشاريع الرأسمالية ذات التكلفة المنخفضة نسبياً، والتي يمكن حيازتها خلال فترة زمنية قصيرة نسبياً فتتم المحاسبة عنها كنفقات في الأموال الأخرى التي تحتاج إلى مثل هذه التسهيلات، بينما يتم المحاسبة عنها كأصول في أموال الملكية. وقد يتم حيازة الأصول الرأسمالية عن طريق شرائها جاهزة، أو يتم إنشاؤها بمعرفة الوحدة الحكومية باستخدام المصادر المادية والبشرية المتاحة لديها، أو يعهد بالمشروع إلى شركة مقاولات لتتولى تنفيذه. وأحياناً يتم حيازة هذه الأصول بأكثر من طريقة من هذه الطرق. فقد تتولى الوحدة الحكومية إنشاء جزء من الأعمال، ويعهد بالجزء الآخر إلى إحدى شركات المقاولات.

- **أموال خدمة الدين Debt Service Funds**

تخصص للمحاسبة عن المصادر التي يتم تجميعها بغرض تسديد أقساط القروض طويلة الأجل، والفوائد المستحقة لكل سنة مالية. ما عدا القروض التي يتم المحاسبة عنها في الأموال المقترضة. وفي حال عدم إنشاء مال لخدمة الدين يتولى المال العام مهمة خدمة الدين، وعندئذ تندرج في موازنة المال العام الإيرادات المقدرة المتوقع تحصيلها، والاعتمادات اللازمة للوفاء بأقساط الديون وفوائدها.

- **الأموال الدائمة Permanent Funds**

تستخدم للإبلاغ عن المصادر المقيدة قانوناً، بحيث يستخدم الدخل المتولد عن المبلغ الأصلي وليس المبلغ الأصلي في دعم برامج الحكومة، المفيدة للحكومة والمواطنين (ولا تتضمن الأموال الدائمة أموال أمانة الغرض الخاص، التي تستخدم في الحالات المطلوب فيها من الحكومة إنفاق المبلغ الأصلي والدخل المتولد عنه، لمصلحة أفراد، أو منظمات خاصة، أو حكومات أخرى).

ب- **أموال الملكية Proprietary Funds**

تصنف أموال الملكية إلى:

- **أموال المرافق العامة Enterprise Funds**

تستعمل أموال المرافق العامة للإبلاغ عن أي نشاط يقدم السلع أو الخدمات للمستعملين الخارجيين بمقابل. ويتم الإبلاغ عن أي نشاط كأموال مرافق عامة رئيسية إذا توفر فيه أحد المعايير التالية:

- إذا كان تمويل النشاطات يتم عن طريق دين مضمون برهن الإيرادات الصافية من أجور ورسوم النشاطات، أو مضمون بالثقة الكاملة والسمعة الحسنة لعلاقة الحكومة أو الوحدات المكونة (قد تكون بعض الديون مضمونة بجزء من الإيرادات الخاصة، وهنا يجب الانتباه إلى أن يتم دفع هذه الديون من إيرادات النشاطات فقط).

- إذا كانت القوانين والتعليمات تتطلب لتقديم الخدمات استرداد تكلفة النشاطات، بما فيها التكلفة الرأسمالية (مثل الاستهلاك أو خدمات الدين) من الأجور والرسوم بدلاً من الضرائب أو الإيرادات المماثلة.

- إذا كانت أسعار الأجور والرسوم تحدد بحيث يتم استرداد التكلفة بما فيها التكاليف الرأسمالية (مثل الاستهلاك أو خدمات الدين).

ومن أمثلة المرافق العامة الرئيسة: مرافق الكهرباء، والغاز، والنقل العام، والمطارات، والمرافئ، والمستشفيات، والجسور التي تفرض عليها ضريبة عبور، وغيرها.

- **أموال الخدمة الداخلية Internal Service Funds**

تستخدم أموال الخدمة الداخلية للإبلاغ عن أي نشاط يزود سلع أو خدمات إلى الأموال الأخرى، أو أقسام أو وكالات الحكومة الأساسية ووحداتها المكونة، أو إلى الحكومات الأخرى، على قاعدة استرداد التكلفة "Cost – Reimbursement Basis". ولا تستعمل أموال الخدمة الداخلية إلا إذا كانت الحكومة مشاركة ومسيطرة على النشاط. وفيما عدا ذلك يذكر النشاط كأموال مرافق عامة. ومن أمثلة أموال الخدمة الداخلية إنشاء وحدة تتخصص بشراء المعدات المكتبية مركزياً، وتتولى بيعها إلى الوحدات الحكومية الأخرى. وإنشاء وحدة تتخصص بإصلاح وصيانة سيارات الحكومة، ووحدة أخرى تتخصص في طباعة النماذج والاستمارات والسجلات الحكومية. وقد يقوم مال الخدمة الداخلية بنشاطات صناعية إضافة إلى النشاطات الخدمية، مثل إنتاج الاسفلت، أو المطابع المركزية، أو القيام بنشاطات مالية كإنشاء وحدة للتأمين، تتخصص بتوفير تأمين ذاتي ضد المخاطر، التي قد تتعرض لها أصول الوحدات الحكومية الأخرى.

ج- أموال الأمانة والوحدات المكونة المماثلة

Fiduciary Funds and Similar Component Units

تستعمل أموال الأمانة للمحاسبة عن الأصول التي يعهد بها إلى أحد الوحدات الحكومية التي تعمل كأمين، أو وكيل عن أفراد، أو تنظيمات، أو وحدات حكومية، أو أموال تابعة لنفس الوحدة الحكومية. لذلك لا تستخدم أموال الأمانة في دعم البرامج الخاصة للحكومة.

وتتضمن أصناف أموال الأمانة ما يلي:

- **أموال أمانة الراتب التقاعدي (ومنافع موظف أخرى):**

Pension (and other Employee Benefit) Trust Funds

تستعمل للإبلاغ عن المصادر المعهود بها كأمانة ومطلوبة للأعضاء والمستفيدين مـن خطط منافع الراتب التقاعدي المحددة، أو خطط المساهمة المحددة، أو خطط المنافع الأخرى لما بعد التوظيف، أو خطط منافع الموظف الأخرى.

- **أموال أمانة الاستثمار:** Investment Trust Funds

تستعمل للإبلاغ عن الأموال التي تحصل عليها الحكومة من الغير بهدف استثمارها، وتحقيق ربح للطرفين.

- **أموال أمانة الغرض الخاص** Private – Purpose Trust Funds :

تستعمل للإبلاغ عن الأموال التي تحصل عليها الحكومـة مـن الغـير. ويكون المبلغ الأصلي والدخل المتولد عنه قابلاً للإنفاق لمصلحة الأفراد أو منظمات خاصة، أو حكومات أخرى.

- **أموال الوكالة** Agency Funds :

تستعمل للإبلاغ عن المصادر التي تكون فيها الحكومة وكيلة عن الغـير. وتكون أصول مـال الوكالة تساوي التزاماته.

ويستخدم أحياناً مال الوكالة كحساب تصفية لتوزيع المصادر المالية إلى الأموال الأخرى، أو الحكومات، بالإضافة إلى الوحدات الأخرى، مثال: تجمـع ضريبـة ملكيـة المقاطعـة، وتبقـى المبالغ في مال الوكالة إلى أن يتم توزيعها على أموال المقاطعـة، والحكومـات الأخرى ضمـن المقاطعة.

يلاحظ من خلال عرض ما نص عليه المبدأ الثاني أنه حدد أحد عشر نوعاً من الأموال مصنفة في ثلاث مجموعات هي: الأموال الحكومية، وأموال الملكية، وأموال الأمانة.

وتقسم الأموال الحكومية بدورها إلى خمسة أنواع من الأموال هي: المال العام- أموال الإيراد المخصص- أموال المشاريع الرأسمالية- أموال خدمـة الـدين- الأمـوال الدائمـة. وتمـول الأنـواع الأربعة الأولى بصفة أساسية من الضرائب والرسوم وأية مصـادر سيادية أخرى بالإضافة إلى القروض طويلة الأجل. ومثل هذه المصادر تحصل سنوياً من مصادرها، وتخصص سنويـاً عـن طريق الموازنة العامة في شكل اعتمادات للإنفاق منها إما على أغراض عامة كما هو الحال في المال

العام، أو على أغراض محددة كما في الأموال الثلاثة الأخرى. ومن أهم خصائص هذه الأموال أنها قابلة للإنفاق، ولذلك يسري عليها مفهوم المال الوارد بالمبدأ الأول. وتتباين هذه الأموال فيما بينها من ناحية دورة عملياتها واستمرارها. فالمال العام وأموال الإيراد المخصص تعمل على أساس سنوي ولذلك تقفل حساباتها الاسمية في نهاية كل سنة مالية. وتبدأ العمليات من جديد في السنة التالية، أما أموال المشاريع الرأسمالية وأموال خدمة الدين فيتوقف استمرار وبقاء المال حتى ينجز الهدف منه. إلا أن ذلك لا يحول دون إعداد تقارير مالية تفصح عن نتائج العمليات والمركز المالي لكل مال في نهاية السنة المالية.. أما بالنسبة للأموال الدائمة فتختلف عن باقي الأموال الحكومية في أن المبلغ الأصلي المقدم من الغير غير قابل للإنفاق ولكن الدخل المتولد عنه قابل للإنفاق في دعم برامج الحكومة، ولذلك صنفت هذه الأموال ضمن الأموال الحكومية بعد أن كانت تصنف قبل صدور المعيار رقم (34) كأموال أمانة غير قابلة للإنفاق ضمن أموال الأمانة.

أما أموال الملكية فهي تعتمد على مصادرها الذاتية التي تتولد من رؤوس أموالها غير القابلة للإنفاق، ولذلك لا يسري عليها مفهوم المال الوارد في المبدأ الأول، وإنما يطبق عليها النظام المحاسبي المطبق في قطاع الأعمال. وبالتالي فهي تقوم بالمحاسبة عن كافة أصولها وتلتزم بكافة التزاماتها على عكس الحال في الأموال الحكومية.

وتشتمل أموال الملكية على نوعين من الأموال هما: أموال المرافق العامة، وأموال الخدمة الداخلية. والفرق بينهما في أن الأولى تبيع خدماتها إلى أفراد المجتمع، وأحياناً إلى أموال أخرى تابعة للوحدة الحكومية أو الحكومات الأخرى، وذلك بهدف تحقيق الأرباح. في حين يقتصر نشاط أموال الخدمة الداخلية على بيع السلع وتقديم الخدمات إلى الوحدات الحكومية الأخرى، أو أموال أخرى وأقسام   أو وكالات الحكومة الأساسية ووحداتها المكونة، أو الحكومات الأخرى دون أفراد المجتمع. وطبقاً لذلك لا يعتبر تحقيق الربح هدفاً أساسياً فيها.

وصنفت أموال الأمانة بشكل واضح مفرقة بين أربعة أنواع من الأموال هي: أموال أمانة الراتب التقاعدي (ومنافع موظف أخرى)- أموال أمانة الاستثمار- أموال أمانة الغرض الخاص- أموال الوكالة.

2) عدد الأموال Number of Funds

يختلف عدد الأموال التي تنشئها الوحدة الحكومية من دولة إلى أخرى باختلاف النظام الاقتصادي والسياسي من ناحية، وباختلاف طبيعة المصادر السيادية من ناحية أخرى. مع الأخذ بعين الاعتبار ضرورة أن يكون عدد الأموال في حده الأدنى وبما يتسق مع المتطلبات العملية والقانونية، لأن الإسراف في عدد الأموال يؤدي إلى التعقيد وعدم المرونة، بالإضافة إلى عدم كفاءة الإدارة المالية.

يلاحظ من خلال عرض المبدأ الثالث أنه نص على تحديد عدد الأموال في حده الأدنى وبما يتسق مع المتطلبات العملية والقانونية، وهذا يسري فقط على الأموال الحكومية التي يختلف عددها من دولة إلى أخرى وفقاً للنظام الاقتصادي والسياسي السائد في كل دولة، ويتفق المبدأ الثالث مع مبدأ العمومية الذي يحكم إعداد الموازنة العامة، وهو يعني عدم تخصيص مصادر معينة لمقابلة نفقات معينة، وإنما توجيه المصادر العامة إلى المجالات المختلفة حسب أهميتها النسبية.

3) أهداف التقارير المالية الحكومية:

Objective of Governmental Financial Reporting

يجب أن تسعى التقارير المالية الحكومية إلى تحقيق الأهداف التالية:

أ- تزويد مستخدميها بالمعلومات والبيانات الضرورية لتمكينهم من تقييم أداء الحكومة وإنجازاتها لأغراض المساءلة.

ب- تقديم البيانات والمعلومات للتأكد من أن الإيرادات الجارية السنوية تغطي كافة النفقات الجارية السنوية لمختلف الخدمات، وفي هذا المجال يجب أن تتضمن التقارير المالية ما يلي:

- بيانات عن الخدمات المقدمة للمواطنين في الفترة المالية الحالية، مقابل مبالغ سيدفعونها في الفترات المالية اللاحقة.

- بيانات عن المصادر المالية المتراكمة من فترات مالية سابقة والمستخدمة في تقديم الخدمات في الفترة المالية الحالية.

- بيانات عن إيرادات الفترة المالية الحالية غير الكافية لتغطية نفقات الخدمات الجارية، إضافة إلى بيان مدى مساهمة هذه الإيرادات في زيادة المصادر المالية المتراكمة.

ج- تقديم البيانات والمعلومات عن مدى التزام الحكومة بالاعتمادات المخصصة في قانون الموازنة العامة، إضافة إلى بيان مدى التزامها بالتشريعات المالية الأخرى.

د- تقديم البيانات والمعلومات عن تكلفة ونوعية وحجم النشاطات الحكومية المنجزة.

ه- تقديم البيانات والمعلومات للمساعدة في تقييم نتائج نشاطات الحكومة السنوية من خلال:

- تقديم البيانات المتعلقة بمصادر واستخدامات الأموال، إذ يجب أن توضح التقارير المالية التدفقات النقدية الخارجة على أساس الربط بين الوظائف وأهدافها، وبيان التدفقات النقدية الداخلة على أساس مصدرها ونوعها، بالإضافة إلى بيان المدى الذي يمكن للتدفقات النقدية الداخلة من مواجهة التدفقات النقدية الخارجة.

- تقديم البيانات والمعلومات عن طريق تمويل الحكومة لأنشطتها ومتطلبات السيولة النقدية.

- تقديم البيانات والمعلومات الضرورية التي تمكن من معرفة الوضع المالي للحكومة، وفيما إذا كانت نتائج الفترة المالية المعنية ذات أثر إيجابي أو سلبي على الوضع المالي.

و- تقديم البيانات والمعلومات لبيان مستوى الخدمات المقدمة من الحكومة وقدرتها على مواجهة مختلف الالتزامات في تاريخ استحقاقها، وذلك عن طريق المعلومات والبيانات التي تعكس الوضع المالي للحكومة، ومصادرها المالية والتزاماتها الفعلية والمتوقعة.

ولما كانت الضرائب بأنواعها والقروض بأنواعها من المصادر المالية الرئيسية للحكومة، فإن التقارير والقوائم المالية يجب أن تتضمن بيانات ومعلومات كافية وتفصيلية عن هذين المصدرين.

ز- تقديم البيانات والمعلومات عن الأصول المالية وغير المالية في حوزة الحكومة، بمعنى إظهار الأصول المتداولة والأصول طويلة الأجل التي يمكن الاستفادة منها لأكثر من فترة مالية والتي ستساهم في تقديم الخدمات لفترات لاحقة للفترة المالية المعنية، وهذه البيانات تساعد مستخدمي التقارير المالية على معرفة حجم التكوين الرأسمالي للحكومة على المدى القصير والمدى الطويل.

ح- يجب أن تفصح التقارير والقوائم المالية عن الوضع القانوني والمحددات التعاقدية ذات العلاقة بالمصادر والمخاطر الممكن مواجهتها نتيجة انخفاض أو خسارة بعض هذه المصادر.

وتجدر الإشارة إلى أن الأهداف السابقة يتطلب تحقيقها أن يؤخذ بعين الاعتبار مستخدمي التقارير المالية والقرارات التي سيتخذونها، ومن ثم التعرف على البيانات التي يحتاجونها تمهيداً لاتخاذ الإجراءات المناسبة حول تحديد إطار التقارير المالية ومحتوياتها.

4) الفئات المستفيدة من التقارير المالية الحكومية:

Categories Benefited From Governmental Financial Reporting

حدد مجلس معايير المحاسبة الحكومية في المعيار الأول الصادر عنه الفئات المستفيدة من التقارير المالية الحكومية في ثلاث مجموعات هي:

أ- المواطنون:

يهتم المواطنون بالبيانات المالية الحكومية التي تساعدهم على اتخاذ القرارات الخاصة بالتمويل الشخصي. كما يطمئن دافعي الضرائب من خلالها على إنفاق أموالهم كما هو مقرر من ممثليهم (مجلس النواب)، وهذا يساعد على زيادة الوعي الضريبي.

ب- السلطة التشريعية والجهات الرقابية:

تساعد البيانات المالية الحكومية السلطة التشريعية في:

- الرقابة على السلطة التنفيذية، ومدى تقيدها بالقوانين والأنظمة المالية.
- تقييم أداء السلطة التنفيذية.
- المسآلة عن أية انحرافات مهما كان حجمها.
- التخطيط المستقبلي، وإقرار خطط الموازنات العامة المقبلة.

وتساعد البيانات المالية الحكومية الجهات الرقابية في:

- التأكد من صحة إثبات العمليات المالية الحكومية، والمستندات المؤيدة لكل عملية، وانسجام المعلومات المحاسبية مع القوانين والأنظمة والتعليمات، ومع المبادئ المحاسبية المتعارف عليها.

- تحقيق رقابة فعالة على أموال الحكومة، ومتابعة أداء الأجهزة التنفيذية لمسؤولياتها من الناحية المالية.

ج- المستثمرون والمقرضون:

يهتم المستثمرون (المحليون والأجانب) بالبيانات المالية الحكومية بهدف التوصل إلى قرار استثماري مناسب، إذ أنهم يستطيعون من خلال هذه البيانات التعرف على الوضع المالي للحكومة، وحجم الالتزامات التي عليها، والسيولة النقدية المتوفرة لمواجهة هذه الالتزامات والقيام بعمليات تشغيل أنشطتها، واستمرارية التمويل للخدمات التي تقدمها ...الخ.

ويهتم المقرضون بدراسة الأحوال المالية للحكومة، ومدى قدرتها على الوفاء بالتزاماتها وخدمة ديونها.

يلاحظ مما سبق تعدد الفئات المستفيدة من التقارير المالية الحكومية، مع اختلاف حاجاتهم من التقارير. وهذا يفرض على معدي تلك التقارير تحديد احتياجات الفئات المستفيدة من التقارير المالية الحكومية قبل إعدادها.

الفصل الثالث

أسس التسجيل والقياس والقيود المحاسبية في المحاسبة الحكومية (النظرية الحديثة)

المبحث الأول

أسس التسجيل المحاسبي وتطبيقاتها في المحاسبة الحكومية

تستخدم الوحدات الهادفة إلى تحقيق الربح أساس الاستحقاق في عملية التسجيل والقياس المحاسبي وذلك من أجل قياس الربح بشكل دوري ليساعد ذلك في اتخاذ القرار. ولا زال هـذا الاتجاه سائداً ولكن تقوم هذه الوحدات بإعداد قائمة التدفقات النقدية إلى جانب القوائم التـي تعد علـى أساس الاستحقاق والغاية من ذلك التعرف على مصادر النقدية وأوجه استخدامها في المنشأة لمعرفة مدى اعتماد المنشأة على عملياتها الجارية في تمويل الأنشطة المختلفة.

أسس التسجيل في المحاسبة الحكومية:

توجد ثلاثة أسس رئيسية لتسجيل عمليات الإنفاق العام الحكومي وتحصيل الإيرادات العامة:

- الأساس النقدي.

- أساس الاستحقاق.

- أساس الاستحقاق المعدّل.

يتم اختيار الأساس المحاسبي الذي يستخدم في كل دولة وفق عدة معايير منها أنواع البيانات المالية اللازمة ومدى فائدتها لتلبية حاجات الرقابة المحاسبية، وإدارة الأموال العامة، وكذلك مستوى تطور المحاسبة في الدولة، وأسلوب استخدام الحاسبات الالكترونية في إثبات حركة الأموال العامة.

وسنعرض فيما يلي لمحات عن مضمون كل من الطرق السابقة.

1- الأساس النقدي:

يتم وفق هذا الأسلوب، إثبات العمليات المالية للدولة عند قبض الأموال النقدية أو دفعها، سواء أكانت المقبوضات أم المدفوعات تخص السنة المالية التي أجريت فيها، أو تتعلق بالسنوات المالية الماضية، وسواءً أكان ما يتعلق منها بشراء السلع والخدمات الجارية أم بالحصول علـى السـلع الرأسمالية مـن قبـل الدولة.

ونتيجة تطبيق هذه الطريقة، فإن مبالغ الاعتمادات التي لم تدفع حتى نهاية السنة المالية، تلغى ولا يعتد بها، لأن التزامات الدولة التي لم تسدد، سيتم تأديتها في السنة المالية التالية. وكذلك الأمر فإن الإيرادات يتم إثباتها عند قبضها فعلاً خلال السنة أو السنوات المالية التالية لفترة تحقق هذه الإيرادات، حتى وإن كانت مستحقة وغير مقبوضة خلال السنة المالية التي تعود إليها.

وقد أوضح دليل المحاسبة الحكومية الصادر عن منظمة الأمم المتحدة أنه قد جرى بصورة تقليدية مسك حسابات الحكومة وفق الأساس النقدي تلبية للمتطلبات المحاسبية، وفضلاً عن ذلك فهو أبسط أسلوب لمسك الحسابات الحكومية. ويسهل تطبيق هذه الطريقة موضوع سرعة قطع حسابات الموازنة العامة، ثم رقابة تنفيذها من قبل أجهزة الرقابة ومن قبل السلطة التشريعية.

ولكن توجد بعض العيوب لاستخدام الأساس النقدي وهي:

- يقضي تطبيق هذه الطريقة وجود كثير من الوقائع المالية الضرورية التي تساعد على إعداد المركز المالي السليم، والنتائج الصحيحة للنشاط الحكومي.
- إن تداخل تدفقات إيرادات وإنفاق كل سنة مع السنوات المالية التالية لا يوضح بصورة دقيقة الإمكانات المالية للدولة.
- إن الأساس النقدي ليس نظاما" للمحاسبة الحكومية، لأنه يركز اهتمامه فقط على جوانب العمليات التي تتجسد في قبض أموال نقدية ودفعها.
- تثير طريقة الأساس النقدي صعوباتٍ كبيرةً في الوصول إلى تتبع إجمالي الإنفاق العام على المشروعات، التي يتطلب تنفيذها رصد اعتمادات مالية لها لعدة سنوات مالية.

2- أساس الاستحقاق:

تسجل حسب هذه الطريقة الإيرادات العامة والنفقات العامة للدولة على أساس تاريخ استحقاق الإيراد للدولة وتاريخ ثبوت الالتزام المالي عليها، وذلك بصرف النظر عن تاريخ السداد الفعلي لهذه الالتزامات أو التحصيل الفعلي للإيرادات المحققة.

تعتمد هذه الطريقة على فكرة الشخصية المالية المستقلة لكل سنة مالية على حدة، ويقتضي تطبيق هذه الطريقة بقاء حسابات السنة المالية المنصرمة مفتوحة خلال فترة تسمى "بالفترة أو المدة المتممة" تسجل فيها الإيرادات والنفقات التي ستتم، والتي تعود إلى اللسنة المالية ذات العلاقة.

تمتاز طريقة أساس الاستحقاق بالميزات التالية:

- تعطي صورة حقيقية عن الحقوق والالتزامات الحكومية.
- تتيح هذه الطريقة القيام بمقارنة بين إيرادات السنوات المتتالية ونفقاتها.
- تسهل هذه الطريقة إعداد التقديرات عن الفترة المالية القادمة.
- تساعد طريقة أساس الاستحقاق على فصل العمليات الإيرادية والعمليات الرأسمالية.

وكذلك فإن لطريقة الاستحقاق بعض الانتقادات التي يمكن توجيهها دون أي انتقاص من دقة هذه الطريقة:

- تحتاج هذه الطريقة إلى عدد أكبر من الأجهزة الإدارية لمسك الحسابات الحكومية خلال الفترة المتممة وبالتالي تكلفتها كبيرة نسبياً.
- تؤخر هذه الطريقة قطع حسابات الموازنة العامة للسنة المنصرمة، حتى تتم عملية تسوية الحقوق المالية والالتزامات المالية التي لمّا تسدد.

3- أساس الاستحقاق المعدّل:

بيّنت وقائع تطبيق الطرق السابقة لإثبات العمليات المالية للدولة بصورة عملية، أنه قد لا يتبع أساس الاستحقاق الكامل، إذ أن بعض الهيئات العامة ذات الطابع الإداري قد تسير على أساس طريقة الاستحقاق بالنسبة إلى بعض الأبواب المهمة لإيرادات الموازنة العامة، ولكنها في الوقت نفسه تطبق طريقة الأساس النقدي بالنسبة إلى الأبواب الأخرى.

فضلاً عن ذلك، فإن بعض الوحدات الإدارية الحكومية التي تسير على طريقة أساس الاستحقاق بالنسبة لإنفاقها، قد يصعب عليها تنفيذ ذلك بالنسبة لبعض أوجه الإنفاق التي لا يوجد لها اعتماد مفتوح في السنة الجارية، و إلا ّ فإنها ترتكب مخالفة لقانون الموازنة الذي ينص على أنه لا يجب تحمل الإنفاق إلا إذا رصد له اعتماد في الموازنة العامة للدولة.

وبالمقابل، فإنه قد ينظم إلى جانب السجلات الخاصة بالمحاسبة الحكومية الممسوكة وفق طريقة الأساس النقدي سجلات أخرى مساعدة تمكن من عرض النتائج بشكل يقارب نتائج طريقة أساس الاستحقاق، بمعنى أن حسابات طريقة الأساس النقدي تعدل في النهاية لإدراج مبالغ تخص السنة المالية، على الرغم من أنها لم تقبض أو تدفع خلالها. ويمكن أيضاً تحميل السنة المالية المنصرمة بالإنفاق

العائد لها والذي لم يتم صرفه وتسجيله في حسابات خارج الموازنة (حسابات الأمانات).

مقارنة الطرق الثلاث:

يتبين لنا من التحليل السابق أن طريقة أساس الاستحقاق هي أفضلها لأنها تتيح إمكان القيام بمقارنات دقيقة لموازنات السنوات المتتالية وفي الوقت نفسه تحقق هذه الطريقة رقابة أكثر شمولاً على الإيرادات العامة والإنفاق العام. ولكنها في الوقت نفسه أيضاً تحتاج إلى جهاز إداري ومحاسبي متخصص يتولى مسك حساباتها وسجلاتها.

أما طريقة الأساس النقدي، فهي وإن اتصفت بالمرونة والسرعة في قطع حسابات الموازنة العامة، إلاّ أنها لا تتيح تطبيق مبدأ فصل الحقوق والالتزامات المالية العائدة إلى لسنوات المتتالية، وبالتالي نتيجة تداخل هذه الحقوق والالتزامات، لا يستطيع المحلل المالي للعمليات الحكومية دراسة الوضع المالي الحقيقي للدولة في كل سنة بمفردها .

وقد أوضح دليل المحاسبة الحكومية الصادر عن الأمم المتحدة أن أهمية استخدام طريقة أساس الاستحقاق تختلف حسب طبيعة العمليات الممولة. إذ أنه في حالات عديدة -كما هو الحال بالنسبة إلى الإنشاءات- يكون لحساب تكلفة العمليات أهمية كبيرة حتى يمكن تقييم البرامج ونتائجها تقييماً سليماً، بينما يمكن في برامج أخرى استخدام طريقة الاستحقاق المعدل بل حتى طريقة الأساس النقدي، دون الإخلال بمبادئ الرقابة المالية أو الوضع المالي الحقيقي للدولة.

حالات عملية على أسس التسجيل في المحاسبة الحكومية:

مثال:

فيما يلي البيانات المتعلقة بإحدى الموازنات لعام 2007(مقدرة بملايين الدولارات الأمريكية) :

البيـان	مخصصات الموازنة	المتحقق	المنفذ فعلاً
ضرائب	180	183	177
رسوم	192	189	183
المجموع	372	372	360

البيـــان	مخصصات الموازنة	المتحقق	المنفذ فعلاً
رواتب وأجور	60	57	57
نفقات جارية	120	114	111
نفقات تحويلية	90	87	84
نفقات رأسمالية	102	99	96
المجموع	372	357	348

وكانت ميزانية الخزينة بتاريخ 1/1/ 2007 (مقدرة بملايين الدولارات الأمريكية) كما يلي:

ميزانية الخزينة 1/1/ 2007

60	مصرف مركزي	15	قروض خارجية
15	سلف	30	قروض داخلية
		15	أمانات
		15	فائض تراكمي
75		75	

المطلوب:

إثبات العمليات والقيود المتعلقة بالنفقات والإيرادات وإعداد الحسابات، وإعداد ميزانية الخزينة في 12/31/ 2007 وفق الأسس الثلاثة(الأساس النقدي، أساس الاستحقاق المعدل، أساس الاستحقاق).

الحـــل:

1- وفق الأساس النقدي:

360 من حـ/ المصرف المركزي

360 إلى حـ/ الإيرادات العامة

360 من ح/ الإيرادات العامة
360 إلى الحساب الختامي للدولة

348 من ح/ النفقات العامة
348 إلى ح/ المصرف المركزي

348 من الحساب الختامي للدولة
348 إلى ح/ النفقات العامة

الحساب الختامي للدولة

348	ح/ النفقات العامة	360	ح/ الإيرادات العامة
12	ح/ الفائض التراكمي		
360		360	

12 من الحساب الختامي للدولة

12 إلى ح/ الفائض التراكمي

ح/ الفائض التراكمي

27	رصيد 12/31	15	رصيد 1/1
		12	الحساب الختامي للدولة
27		27	

ح/ المصرف المركزي

60	رصيد 1/1	348	ح/ النفقات العامة
360	ح/ الإيرادات العامة	72	رصيد 12/31
420		420	

ميزانية الخزينة كما تظهر في 31/12/ 2007

قروض داخلية	15		المصرف المركزي	72	
قروض خارجية	30		سلف	15	
أمانات	15				
فائض تراكمي	27				
	87			87	

2-وفق أساس الاستحقاق المعدل:

360   من ح/ المصرف المركزي

360   إلى ح/ الإيرادات العامة

360   من ح/ الإيرادات العامة

360   إلى الحساب الختامي للدولة

من المذكورين

57   ح/ الرواتب والأجور

114 ح/ النفقات الجارية

87 ح/ النفقات التحويلية

99 ح/ النفقات الرأسمالية

إلى المذكورين

348 ح/ المصرف المركزي

3   ح/ النفقات الجارية (التزامات)

3   ح/ النفقات التحويلية (التزامات)

3   ح/ النفقات الرأسمالية (التزامات)

357 من الحساب الختامي للدولة

إلى المذكورين

57 ح/ الرواتب والأجور

114 ح/ النفقات الجارية

87 ح/ النفقات التحويلية

99 ح/ النفقات الرأسمالية

من المذكورين

3 ح/ النفقات الجارية (التزامات)

3 ح/ النفقات التحويلية (التزامات)

3 ح/ النفقات الرأسمالية (التزامات)

9 إلى ح/ احتياطي الالتزامات

تشكيل احتياطي الالتزامات

9 من ح/ المصرف المركزي (التزامات)

9 إلى ح/ المصرف المركزي

ح/ المصرف المركزي (عام)

60	رصيد 1/1		348	مذكورين	
360	ح/ الإيرادات العامة		9	ح/ المصرف المركزي (التزامات)	
			63	رصيد 12/31	
	420			420	

الحساب الختامي للدولة

357	مذكورين		360	ح/ الإيرادات العامة	
3	ح/ الفائض التراكمي				
	360			360	

3 من الحساب الختامي للدولة

3 إلى ح/ الفائض التراكمي

ح/ الفائض التراكمي

		15	رصيد 1/1
18	رصيد 12/31	3	الحساب الختامي للدولة
18		18	

ميزانية الخزينة كما تظهر في12/31

63	المصرف المركزي	15	القروض الخارجية
15	السلف	30	القروض الداخلية
		15	الأمانات
		18	الفائض التراكمي
78		78	

3- وفق أساس الاستحقاق:

من المذكورين

360 من ح/ المصرف المركزي

6 من ح/ الضرائب المستحقة

6 من ح/ الرسوم المستحقة

372 إلى ح/ الإيرادات العامة

372 من ح/ الإيرادات العامة

372 إلى الحساب الختامي للدولة

357 من ح/ النفقات العامة

إلى المذكورين

348 ح/ المصرف المركزي

3 ح/ النفقات الجارية المستحقة

3 ح/ النفقات التحويلية المستحقة

3 ح/ النفقات الرأسمالية المستحقة

357 من الحساب الختامي للدولة

357 إلى ح/ النفقات العامة

15 من الحساب الختامي للدولة

15 إلى ح/ الفائض التراكمي

ح/ الفائض التراكمي

30 رصيد 12/31	15 رصيد 1/1
	15 ح/ الحساب الختامي للدولة
30	30

ح/ المصرف المركزي

60 رصيد 1/1	348 ح/ النفقات العامة
360 ح/ الإيرادات العامة	72 رصيد 12/31
420	420

ميزانية الخزينة الرئيسة كما تظهر في12/31

72	المصرف المركزي	15	القروض الخارجية
15	السلف	30	القروض الداخلية
12	الإيرادات المستحقة	15	الأمانات
		30	الفائض
		9	النفقات المستحقة
99		99	

الإيرادات المستحقة:

الضرائب المستحقة	6
الرسوم المستحقة	6
	12

المصروفات المستحقة:

النفقات الجارية المستحقة	3
النفقات التحويلية المستحقة	3
النفقات الرأسمالية المستحقة	3
	9

مثــــال :

فيما يلي البيانات المتعلقة بإحدى الموازنات لعام 2007(مقدرة بملايين الدولارات الأمريكية):

البيـان	مخصصات الموازنة	المتحقق	المنفذ فعلاً
ضرائب	270	294	291
رسوم	180	186	183
المجموع	**450**	**480**	**474**

البيـان	مخصصات الموازنة	المتحقق	المنفذ فعلاً
رواتب وأجور	90	102	102
صيانة وإصلاحات	75	60	57
مَبانٍ وإنشاءات	210	207	204
بريد وبرق وهاتف	60	57	57
المجموع	435	426	420

وكانت ميزانية الخزينة المركزية بتاريخ 1/1/ 2007 (مقدرة بملايين الدولارات الأمريكية) كما يلي:

ميزانية الخزينة المركزية بتاريخ 1/1/ 2007

90	المصرف المركزي	30	القروض الخارجية
12	السلف	30	القروض الداخلية
		21	الأمانات
		21	الفائض التراكمي
102		102	

وتمت العمليات التالية خلال العام:

1- استردت سلف بمقدار (6) مليون دولار

2- سددت أمانات بمقدار (9) مليون دولار

3- سددت نصف القروض الداخلية ونصف القروض الخارجية .

المطلوب:

إثبات العمليات وفق الأساس النقدي والاستحقاق المعدل والاستحقاق.

الحـــل:

1- وفق الأساس النقدي:

474 من ح/ المصرف المركزي

474 إلى ح/ الإيرادات العامة

474 من ح/ الإيرادات العامة

474 إلى الحساب الختامي للدولة

420 من ح/النفقات العامة

420 إلى ح/ المصرف المركزي

420 من الحساب الختامي للدولة

420 إلى ح/ النفقات العامة

6 من ح/ المصرف المركزي

6 إلى ح/ السلف

9 من ح/ الأمانات

9 إلى ح/ المصرف المركزي

من المذكورين

15 من ح/ القروض الداخلية

15 من ح/ القروض الخارجية

30 إلى ح/ المصرف المركزي

ح/ المصرف المركزي

90	رصيد 1/1	420	ح/ النفقات العامة
474	ح/ الإيرادات العامة	9	ح/ الأمانات
6	ح/ السلف	15	ح/ القروض الداخلية
		15	ح/ القروض الخارجية
		111	رصيد 12/31
570		570	

الحساب الختامي للدولة

420	ح/ النفقات العامة	474	ح/ الإيرادات العامة
54	ح/ الفائض التراكمي		
474		474	

54 من الحساب الختامي للدولة

54 إلى ح/ الفائض التراكمي

ح/ ميزانية الخزينة كما تظهر في 12/31

111	المصرف المركزي	15	القروض الداخلية
6	السلف	15	القروض الخارجية
		12	الأمانات
		75	الفائض التراكمي
117		117	

2- أساس الاستحقاق المعدل:

474 من ح/ المصرف المركزي

474 إلى ح/ الإيرادات العامة

474   من ح/ الإيرادات العامة

474   إلى الحساب الختامي للدولة

من المذكورين

102   ح/ الرواتب والأجور

60   ح/ الصيانة والإصلاحات

207   ح/ المباني والإنشاءات

57   ح/ البريد والبرق والهاتف

إلى المذكورين

420   ح/ المصرف المركزي

3   ح/ الصيانة والإصلاحات (التزامات)

3   ح/ المباني والإنشاءات (التزامات)

من المذكورين

3   ح/ الصيانة والإصلاحات (التزامات)

3   ح/ المباني والإنشاءات (التزامات)

6   إلى ح/ احتياطي الالتزامات

6   من ح/ المصرف المركزي (التزامات)

6   إلى ح/ المصرف المركزي (عام)

6   من ح/ المصرف المركزي

6   إلى ح/ السلف

9   من ح/ الأمانات

9   إلى ح/ المصرف المركزي

من المذكورين

15   من ح/ القروض الداخلية

15   من ح/ القروض الخارجية

30   إلى ح/ المصرف المركزي

426   من الحساب الختامي للدولة

إلى المذكورين

102   ح/ الرواتب والأجور

60   ح/ الصيانة والإصلاحات

207   ح/ المباني والإنشاءات

57   ح/ البريد والبرق والهاتف

ح/ المصرف المركزي

90	رصيد 1/1	420	المذكورين
474	ح/ الإيرادات العامة	9	ح/ الأمانات
6	ح/ السلف	15	ح/ القروض الداخلية
		15	ح/ القروض الخارجية
		6	ح/ المصرف المركزي (التزامات)
		105	رصيد 12/31
570		570	

الحساب الختامي للدولة

426	المذكورين	474	ح/ الإيرادات العامة
48	ح/ الفائض التراكمي		
474		474	

48 من الحساب الختامي للدولة

48 إلى ح/ الفائض التراكمي

ميزانية الخزينة كما تظهر في 12/31

105 المصرف المركزي	15 القروض الخارجية
6 السلف	15 القروض الداخلية
6 المصرف المركزي (التزامات)	12 الأمانات
	6 احتياطي (الالتزامات)
	69 الفائض التراكمي
117	117

3- أساس الاستحقاق:

من المذكورين

474 ح/ المصرف المركزي

3 ح/ الضرائب المستحقة

3 ح/ الرسوم المستحقة

480 إلى ح/ الإيرادات العامة

480 من ح/ الإيرادات العامة

480 إلى الحساب الختامي للدولة

426 من ح/ النفقات العامة

إلى المذكورين

420 ح/ المصرف المركزي

3 ح/ الصيانة والإصلاحات المستحقة

3 ح/ المباني والإنشاءات المستحقة

426   من الحساب الختامي للدولة

426   إلى ح/ النفقات العامة

6   من ح/ المصرف المركزي

6   إلى ح/ السلف

9   من ح/ الأمانات

9   إلى ح/ المصرف المركزي

من المذكورين

15   من ح/ القروض الداخلية

15   من ح/ القروض الخارجية

30   إلى ح/ المصرف المركزي

ح/ المصرف المركزي

ح/ القروض الخارجية	15		رصيد 1/1	90	
ح/ القروض الداخلية	15		ح/ السلف	6	
ح/ النفقات العامة	420		ح/ الإيرادات العامة	474	
ح/ الأمانات	9				
رصيد 12/31	111				
	570			570	

الحساب الختامي للدولة

ح/ الإيرادات العامة	480		ح/ النفقات العامة	426	
			ح/ الفائض التراكمي	54	
	480			480	

54 الحساب الختامي للدولة

54 إلى ح/ الفائض التراكمي

ميزانية الخزينة كما تظهر في 12/31

111	المصرف المركزي	15	القروض الخارجية
6	السلف	15	القروض الداخلية
6	الإيرادات المستحقة	12	الأمانات
		75	الفائض التراكمي
		6	النفقات المستحقة
123		123	

مثـــال:

فيما يلي تفاصيل الإيرادات والنفقات خلال السنة المالية 2007 (مقدرة بملايين الدولارات الأمريكية):

البيـان	مخصصات الموازنة	المتحقق	المنفذ فعلاً
رسوم	240	192	186
ضرائب	132	135	129
المجموع	**372**	**327**	**315**

البيـان	مخصصات الموازنة	المتحقق	المنفذ فعلاً
الرواتب والأجور	60	57	57
النفقات الجارية	120	117	114
النفقات التحويلية	45	39	36
النفقات الرأسمالية	147	135	126
المجموع	**372**	**348**	**333**

وكانت ميزانية الخزينة في 1/1/ 2007 (مقدرة بملايين الدولارات الأمريكية) كما يلي:

ميزانية الخزينة كما تظهر في 1/1/ 2007

60	المصرف المركزي	15	القروض الخارجية
9	السلف الممنوحة	30	القروض الداخلية
		15	الأمانات
		9	الفائض التراكمي
69		69	

المطلوب:

1- إثبات البيانات المتعلقة بتنفيذ الموازنة وفقاً للأسس الثلاثة (النقدي، الاستحقاق المعدل،الاستحقاق) علماً بأن المقبوضات والمدفوعات كافةً تمت عن طريق المصرف المركزي.

2- تصوير الحسابات اللازمة .

3- تصوير ميزانية الخزينة الرئيسة بتاريخ 12/31/ 2007.

الحـــل:

1- وفق الأساس النقدي:

315 من حـ/ المصرف المركزي

315 إلى حـ/ الإيرادات العامة

إثبات الإيرادات العامة

315 من حـ/ الإيرادات العامة

315 إلى الحساب الختامي للدولة

إقفال حـ/ الإيرادات العامة

333 من ح/ النفقات العامة

333 إلى ح/ المصرف المركزي

إثبات النفقات العامة

333 من الحساب الختامي للدولة

333 إلى ح/ النفقات العامة

إقفال ح/ النفقات العامة

ح/ المصرف المركزي

60	رصيد 1/1	333	ح/النفقات العامة
315	ح/ الإيرادات العامة	42	رصيد 12/31
375		375	

ح/ الإيرادات العامة

315	الحساب الختامي للدولة	315	ح/ المصرف المركزي
315		315	

ح/ النفقات العامة

333	ح/ المصرف المركزي	333	الحساب الختامي للدولة
333		333	

الحساب الختامي للدولة

333	ح/ النفقات العامة	315	ح/ الإيرادات العامة	
		18	ح/ الفائض أو العجز التراكمي	(عجز)
__333__		__333__		

18	من ح/ الفائض أو العجز التراكمي	
	18	إلى الحساب الختامي للدولة

إقفال الحساب الختامي للدولة

ح/ الفائض أو العجز التراكمي

18	الحساب الختامي للدولة	9	رصيد 1/1
		9	رصيد 12/31
__18__		__18__	

ميزانية الخزينة كما تظهر في 12/31

42	المصرف المركزي	15	القروض الخارجية
9	السلف الممنوحة	30	القروض الداخلية
9	العجز التراكمي	15	الأمانات
__60__		__60__	

2- وفق أساس الاستحقاق المعدّل:

315	من ح/ المصرف المركزي	
	315	إلى ح/ الإيرادات العامة

إثبات الإيرادات حسب الأساس النقدي

من المذكورين

57   ح/ الرواتب والأجور

117   ح/ النفقات الجارية

39   ح/ النفقات التحويلية

135   ح/ النفقات الرأسمالية

إلى المذكورين

333   ح/ المصرف المركزي

3   ح/ النفقات الجارية (التزامات)

3   ح/ النفقات التحويلية (التزامات)

9   ح/ النفقات الرأسمالية (التزامات)

من المذكورين

3   ح/ النفقات الجارية (التزامات)

3   ح/ النفقات التحويلية (التزامات)

9   ح/ النفقات الرأسمالية (التزامات)

15   إلى ح/ احتياطي الالتزامات

إقفال حسابات الالتزامات

15   من ح/ المصرف المركزي (التزامات)

15   إلى ح/ المصرف المركزي

احتجاز مبلغ لمواجهة الالتزامات

ح/ المصرف المركزي (عام)

المذكورين	333		رصيد 1/1	60	
ح/المصرف المركزي (التزامات)	15		ح/ الإيرادات العامة	315	
رصيد 12/31	27				
	__375__			__375__	

ح/ المصرف المركزي (التزامات)

15 المصرف المركزي (عام)	15 رصيد 12/31
15	15

315 من ح/ الإيرادات العامة

315 إلى الحساب الختامي للدولة

إقفال ح/ الإيرادات العامة

348 من الحساب الختامي للدولة

إلى المذكورين

57 ح/ الرواتب والأجور

117 ح/ النفقات الجارية

39 ح/ النفقات التحويلية

135 ح/ النفقات الرأسمالية

33 من ح/ الفائض أو العجز التراكمي

33 إلى الحساب الختامي للدولة

إقفال الحساب الختامي للدولة

ح/ الإيرادات العامة

315 الحساب الختامي للدولة	315 ح/المصرف المركزي
315	315

الحساب الختامي للدولة

348 المذكورين	315 ح/ الإيرادات العامة
	33 ح/الفائض أو العجز التراكمي (عجز)
348	348

ح/ الفائض أو العجز التراكمي

33 الحساب الختامي للدولة	9 رصيد 1/1
	24 رصيد 12/31
33	33

ميزانية الخزينة كما تظهر في 12/31

27 المصرف المركزي (عام)	15 القروض الخارجية
9 السلف الممنوحة	30 القروض الداخلية
24 العجز التراكمي	15 الأمانات
15 المصرف المركزي (التزامات)	15 احتياطي الالتزامات
75	75

3- وفق أساس الاستحقاق :

من المذكورين

315 ح/ المصرف المركزي

6 ح/ الرسوم المستحقة

6 ح/ الضرائب المستحقة

327 إلى ح/ الإيرادات العامة

إثبات الإيرادات العامة

327 من ح/ الإيرادات العامة

327 إلى الحساب الختامي للدولة

إقفال الإيرادات العامة

348 من ح/ النفقات العامة

إلى المذكورين

333 ح/ المصرف المركزي

3 ح/ النفقات الجارية المستحقة

3 ح/ النفقات التحويلية المستحقة

9 ح/ النفقات الرأسمالية المستحقة

إثبات النفقات العامة

348 من الحساب الختامي للدولة

348 إلى ح/ النفقات العامة

إقفال ح/ النفقات العامة

21 من ح/ الفائض أو العجز التراكمي

21 إلى الحساب الختامي للدولة

إقفال الحساب الختامي للدولة

ح/ الإيرادات العامة

المذكورين	327		الحساب الختامي للدولة	327	
	327			327	

ح/ النفقات العامة

الحساب الختامي للدولة	348		المذكورين	348	
	348			348	

ح/ المصرف المركزي

ح/ النفقات العامة	333		رصيد 1/1	60	
رصيد 12/31	42		ح/ الإيرادات العامة	315	
	375			375	

ح/ الفائض أو العجز التراكمي

21	الحساب الختامي للدولة	9	رصيد 1/1
		12	رصيد 12/31 (العجز التراكمي)
21		21	

الحساب الختامي للدولة

348	ح/ النفقات العامة	327	ح/ الإيرادات العامة
		21	ح/ الفائض أو العجز التراكمي (عجز)
348		348	

ميزانية الخزينة كما تظهر في 12/31

42	المصرف المركزي	15	القروض الخارجية
9	السلف الممنوحة	30	القروض الداخلية
6	الرسوم المستحقة	15	الأمانات
6	الضرائب المستحقة	3	النفقات الجارية المستحقة
12	العجز التراكمي	3	النفقات التحويلية المستحقة
		9	النفقات الرأسمالية المستحقة
75		75	

مثـــال:

إليك البيانات التالية المتعلقة بعام 2007 (مقدرة بملايين الدولارات الأمريكية):

البيـان	مخصصات الموازنة	المتحقق	المنفذ فعلاً
رسوم مختلفة	345	348	342
ضرائب مختلفة	300	297	300
المجموع	**645**	**645**	**642**

البيـان	مخصصات الموازنة	المتحقق	المنفذ فعلاً
رواتب وأجور	90	87	87
مباني وإنشاءات	150	147	144
صيانة التجهيزات والسيارات	108	105	99
البريد والبرق والهاتف	120	117	105
النفقات التحويلية	177	150	144
المجموع	645	606	579

وكانت ميزانية الخزينة في 1/1/ 2007 (مقدرة بملايين الدولارات الأمريكية) على النحو التالي:

ميزانية الخزينة بتاريخ 1/1/ 2007

105	المصرف المركزي	30	القروض الخارجية
6	السلف الممنوحة	45	القروض الداخلية
		30	الأمانات
		6	الفائض التراكمي
111		111	

وقد تم خلال العام ما يلي:

1- تسديد نصف القروض الخارجية.

2- تسديد (15) مليون دولار من القروض الداخلية.

3- ازدادت الأمانات بمقدار (6) مليون دولار.

4- انخفضت السلف بمقدار (3) مليون دولار.

المطلوب:

إثبات العمليات المتعلقة بتنفيذ الموازنة، وإعداد الحسابات اللازمة، وميزانية الخزينة بتاريخ 12/31/ 2007 حسب الاحتمالات التالية:

1- أن الدولة تستخدم الأساس النقدي.

2- أن الدولة تستخدم أساس الاستحقاق المعدّل.

3- أن الدولة تستخدم أساس الاستحقاق.

الحـــل:

1- وفق الأساس النقدي:

15   من ح/ القروض الخارجية

15   إلى ح/ المصرف المركزي

إثبات تسديد نصف القروض الخارجية

ح/ القروض الخارجية

15	ح/ المصرف المركزي		30	رصيد 1/1	
15	رصيد 12/31				
30			30		

15   من ح/ القروض الداخلية

15   إلى ح/ المصرف المركزي

إثبات تسديد 15 مليون دولار من القروض الداخلية

ح/ القروض الداخلية

15	ح/ المصرف المركزي		45	رصيد 1/1	
30	رصيد 12/31				
45			45		

6 من ح/ المصرف المركزي

6 إلى ح/ الأمانات

إثبات ازدياد الأمانات

ح/ الأمانات

		30	رصيد 1/1
36	رصيد 12/31	6	ح/ المصرف المركزي
36		36	

3 من ح/ المصرف المركزي

3 إلى ح/ السلف الممنوحة

إثبات انخفاض السلف الممنوحة

ح/ السلف الممنوحة

6	رصيد 1/1	3	ح/ المصرف
		3	رصيد 12/31
6		6	

642 من ح/ المصرف المركزي

642 إلى ح/ الإيرادات العامة

إثبات الإيرادات العامة

579 من ح/ النفقات العامة

579 إلى ح/ المصرف المركزي

إثبات النفقات العامة

ح/ المصرف المركزي

105	رصيد 1/1	15	القروض الخارجية
6	ح/ الأمانات	15	القروض الداخلية
3	ح/ السلف الممنوحة	579	ح/ النفقات العامة
642	ح/ الإيرادات العامة	147	رصيد 12/31
756		756	

642 من ح/ الإيرادات العامة

642 إلى الحساب الختامي للدولة

إقفال ح/ الإيرادات العامة

ح/ الإيرادات العامة

642	الحساب الختامي للدولة	642	ح/ المصرف المركزي
642		642	

579 من الحساب الختامي للدولة

579 إلى ح/ النفقات العامة

إقفال ح/ النفقات العامة

ح/ النفقات العامة

579	ح/ المصرف المركزي	579	الحساب الختامي للدولة
579		579	

63 من الحساب الختامي للدولة

63 إلى ح/ الفائض أو العجز التراكمي (فائض)

إقفال الحساب الختامي للدولة

الحساب الختامي للدولة

579 ح/ النفقات العامة	642 ح/ الإيرادات العامة
63 ح/ الفائض أو العجز التراكمي	
(فائض)	
642	642

ح/ الفائض أو العجز التراكمي

	6 رصيد 1/1
69 رصيد 12/31 (الفائض التراكمي)	63 الحساب الختامي للدولة
69	69

ميزانية الخزينة الرئيسة كما تظهر في 12/31

147 المصرف المركزي	15 القروض الخارجية
3 السلف الممنوحة	30 القروض الداخلية
	36 الأمانات
	69 الفائض التراكمي
150	150

2- وفق أساس الاستحقاق المعدّل:

15 من ح/ القروض الخارجية

15 إلى ح/ المصرف المركزي

تسديد نصف القروض الخارجية

ح/ القروض الخارجية

15	ح/ المصرف المركزي	30	رصيد 1/1
15	رصيد 12/31		
30		30	

15 من ح/ القروض الداخلية

15 إلى ح/ المصرف المركزي

إثبات تسديد (15) مليون دولار من القروض الداخلية

ح/ القروض الداخلية

15	ح/ المصرف المركزي	45	رصيد 1/1
30	رصيد 12/31		
45		45	

6 من ح/ المصرف المركزي

6 إلى ح/ الأمانات

إثبات ازدياد الأمانات

ح/ الأمانات

		30	رصيد 1/1
36	رصيد 12/31	6	ح/ المصرف المركزي
36		36	

3 من ح/ المصرف المركزي

3 إلى ح/ السلف الممنوحة

إثبات انخفاض السلف الممنوحة

ح/ السلف الممنوحة

6 رصيد 1/1	3 ح/ المصرف
	3 رصيد 12/31
6	6

642 من ح/ المصرف المركزي

642 إلى ح/ الإيرادات العامة

إثبات الإيرادات العامة

من المذكورين

87 ح/ الرواتب والأجور

147 ح/ المباني والإنشاءات

105 ح/ صيانة التجهيزات والسيارات

117 ح/ البريد والبرق والهاتف

150 ح/ النفقات التحويلية

إلى المذكورين

579 ح/ المصرف المركزي

3 ح/ المباني والإنشاءات (التزامات)

6 ح/ صيانة التجهيزات والسيارات (التزامات)

12 ح/ البريد والبرق والهاتف (التزامات)

6 ح/ النفقات التحويلية (التزامات)

إثبات النفقات المتحققة

من المذكورين

3	ح/ المباني والإنشاءات (التزامات)	
6	ح/ صيانة التجهيزات والسيارات (التزامات)	
12	ح/ البريد والبرق والهاتف (التزامات)	
6	ح/ النفقات التحويلية (التزامات)	
27	إلى ح/ احتياطي الالتزامات	

27	من ح/ المصرف المركزي (التزامات)	
27	إلى ح/ المصرف المركزي (عام)	

642	من ح/ الإيرادات العامة	
642	إلى الحساب الختامي للدولة	

إقفال حساب الإيرادات العامة

606 من الحساب الختامي للدولة

إلى المذكورين

87	ح/ الرواتب والأجور	
147	ح/ المباني والإنشاءات	
105	ح/ صيانة التجهيزات والسيارات	
117	ح/ البريد والبرق والهاتف	
150	ح/ النفقات التحويلية	

إقفال حسابات النفقات العامة

36 من الحساب الختامي للدولة

36	إلى ح/ الفائض أو العجز التراكمي	

إقفال الحساب الختامي للدولة

الحساب الختامي للدولة

606 مذكورين	642 ح/ الإيرادات العامة
36 ح/ الفائض التراكمي	
642	642

ح/ المصرف المركزي

105 رصيد 1/1	15 ح/ القروض الخارجية
6 ح/ الأمانات	15 ح/ القروض الداخلية
3 ح/ السلف الممنوحة	579 المذكورين
642 ح/ الإيرادات العامة	27 ح/ المصرف المركزي (التزامات)
	120 رصيد 12/31
756	756

ح/ الفائض أو العجز التراكمي

42 رصيد 12/31	6 رصيد 1/1
	36 الحساب الختامي للدولة
42	42

ميزانية الخزينة كما تظهر في12/31

120 المصرف المركزي (عام)	15 القروض الخارجية
3 السلف الممنوحة	30 القروض الداخلية
27 المصرف المركزي (التزامات)	36 الأمانات
	27 احتياطي الالتزامات
	42 الفائض التراكمي
150	150

3- وفق أساس الاستحقاق:

15 من حـ/ القروض الخارجية

15 إلى حـ/ المصرف المركزي

تسديد نصف القروض الخارجية

حـ/ القروض الخارجية

15 حـ/ المصرف المركزي	30 رصيد 1/1
15 رصيد 12/31	
30	30

15 من حـ/ القروض الداخلية

15 إلى حـ/ المصرف المركزي

إثبات تسديد 15 مليون دولار من القروض الداخلية

حـ/ القروض الداخلية

15 حـ/ المصرف المركزي	45 رصيد 1/1
30 رصيد 12/31	
45	45

6 من حـ/ المصرف المركزي

6 إلى حـ/ الأمانات

إثبات ازدياد الأمانات

حـ/ الأمانات

36 رصيد 12/31	30 رصيد 1/1
	6 حـ/ المصرف المركزي
36	36

3 من ح/ المصرف المركزي

3 إلى ح/ السلف الممنوحة

إثبات انخفاض السلف الممنوحة

السلف الممنوحة

6 رصيد 1/1	3 ح/ المصرف
	3 رصيد 12/31
6	6

من المذكورين

642 ح/ المصرف المركزي

6 ح/ الرسوم المختلفة المستحقة

إلى المذكورين

645 ح/ الإيرادات العامة

3 ح/ الضرائب المختلفة المدفوعة مقدماً

606 من ح/ النفقات العامة

إلى المذكورين

579 ح/ المصرف المركزي

3 ح/ المباني والإنشاءات المستحقة

6 ح/ صيانة التجهيزات والسيارات المستحقة

12 ح/ البريد والبرق والهاتف المستحقة

6 ح/ النفقات التحويلية المستحقة

645 من ح/ الإيرادات العامة

645 إلى الحساب الختامي للدولة

إقفال ح/ الإيرادات العامة

الإيرادات العامة

645 ح/ الختامي للدولة	645 المذكورين
645	645

606 من الحساب الختامي للدولة

606 إلى ح/ النفقات العامة

إقفال ح/ النفقات العامة

ح/ النفقات العامة

606 مذكورين	606 الحساب الختامي للدولة
606	606

الحساب الختامي للدولة

606 ح/ النفقات العامة	645 ح/ الإيرادات العامة
39 ح/ الفائض التراكمي	
645	645

39 من الحساب الختامي للدولة

39 إلى ح/ الفائض أو العجز التراكمي

إقفال الحساب الختامي للدولة

ح/ الفائض أو العجز التراكمي

45 رصيد 12/31	6 رصيد 1/1
(الفائض التراكمي)	39 ح/ الختامي للدولة
45	45

ح/ المصرف المركزي

105 رصيد 1/1	15 ح/ القروض الخارجية
642 المذكورين	15 ح/ القروض الداخلية
6 ح/ الأمانات	579 ح/ النفقات العامة
3 ح/ السلف الممنوحة	147 رصيد 12/31
756	756

ميزانية الخزينة كما تظهر في 12/31

147 المصرف المركزي	15 القروض الخارجية
3 السلف الممنوحة	30 القروض الداخلية
6 الرسوم المستحقة	36 الأمانات
	3 الضرائب المختلفة المدفوعة مقدماً
	6 صيانة التجهيزات والسيارات المستحقة
	3 المباني والإنشاءات المستحقة
	12 البريد والبرق والهاتف المستحقة
	6 النفقات التحويلية المستحقة
	45 الفائض التراكمي
156	156

المبحث الثاني

المعالجة والقيود المحاسبية لمحاسبة الاعتمادات المخصصة

أولاً- المحاسبة عن الأموال الحكومية:

أ- المحاسبة عن المال العام:

تبوب الإيرادات المقدرة في الموازنة بشكل عام،وفقاً لمصدرها وتبوب الاعتمادات وفقاً للوظائف والبرامج المتوقع إنجازها، وتشمل الإيرادات المقدرة مثلاً، رسوم التراخيص والتصاريح، الإيرادات المتبادلة بين الوحدات الحكومية، الإيرادات مقابل خدمات، الغرامات والمصادرات، والإيرادات الأخرى. أما الاعتمادات فتشمل: الإدارة العامة للحكومة، الأمن العام، الأشغال العامة، الرعاية الصحية والرفاهة، النظافة والرعاية الاجتماعية، المحافظة على الموارد الطبيعية، النفقات المتبادلة بين الوحدات الحكومية، والاعتمادات الأخرى.

لتوضيح كيفية تسجيل الموازنة السنوية في السجلات المحاسبية للمال العام، تم افتراض أن مجلس إحدى المدن اعتمد الموازنة السنوية التالية للمال العام عن السنة المالية التي تنتهي في 12/31/ 2007:

موازنة مجلس المدينة

موازنة المال العام عن السنة المالية التي تنتهي في 12/31/ 2007

البيـــان	المبلغ (دولار)	المبلغ (دولار)
الإيرادات المقدرة		
الضرائب العقارية	1050000	
الضرائب والرسوم الأخرى	210000	
مجموع الإيرادات المقدرة	1260000	
موارد مالية أخرى مقدرة	15000	
الإجمالي		1275000

		يطرح الاعتمادات
	705000	للإدارة العامة
	<u>510000</u>	للإدارات الأخرى
	1215000	إجمالي الاعتمادات
	<u>15000</u>	استخدامات مالية أخرى مقدرة
<u>1230000</u>		**المجموع**
45000		**فائض الموازنة (زيادة الإيرادات عن الاعتمادات)**

وبعد إقرار الموازنة تسجل بياناتها في دفتر اليومية العامة الخاص بالمال العام بتاريخ 1/1/ 2007 وفقاً للقيد التالي:

من المذكورين

1260000 ح/ الإيرادات المقدرة

15000 ح/ الموارد المالية الأخرى المقدرة

إلى المذكورين

1215000 ح/ الاعتمادات

15000 ح/ الاستخدامات المالية الأخرى المقدرة

45000 ح/ رصيد مال الموازنة (فائض الموازنة)

1- يمكن عَدُّ حسابي الإيرادات المقدرة والموارد المالية الأخرى المقدرة بمنزلة أصول وهمية، لأنهما يشتملان على موارد يتوقع تسلمها بوساطة المال العام خلال السنة المالية، ولا يُعَدُ هذان الحسابان من الأصول الحقيقية لأنهما لا يتلاءمان مع تعريف الأصل وهو" منافع اقتصادية محتملة تم الحصول عليها أو تخضع لسيطرة وحدة معينة كنتيجة لعمليات أو أحداث وقعت في الماضي"، ويعني ذلك أن هذين الحسابين في جوهرهما يُعَدّان من الحسابات التذكيرية (النظامية)، ومثل هذه الحسابات تفيد في أغراض الرقابة فقط ولذلك فهي تقفل

بعد إصدار القوائم المالية للمال العام عن السنة المنتهية بتاريخ 12/31 /2007.

2- يشتمل حساب الموارد المالية الأخرى المقدرة على العناصر التي لا تعد من حسابات الإيرادات، مثال ذلك المبالغ المتوقع تحصيلها من بيع العقارات والمعدات، وكذلك المبالغ المتوقع تحويلها من أموال أخرى.

3- يمكن النظر إلى حسابي الاعتمادات والاستخدامات المالية كالتزامات وهمية لأنهما يعكسان تعهد السلطة التشريعية بإنفاق موارد المال العام كما تم التصريح بها في الموازنة السنوية، ولا يُعَدّ هذان الحسابان من الالتزامات الحقيقية لأنهما لا يتلاءمان مع تعريف الالتزام بأنه "تضحية بمنافع اقتصادية تنشأ من تعهد وحدة معينة بأن تحول أصول أو تقدم خدمات إلى وحدات أخرى في المستقبل نتيجة لعمليات أو أحداث تمت في الماضي"، ولذلك يُعَدُّ هذان الحسابان بمنزلة حسابات تذكرية (نظامية) تفيد في أغراض الرقابة فقط، ولذلك فهي تقفل بعد إصدار القوائم المالية للمال العام عن السنة المنتهية في 12/31 /2007.

4- يشتمل حساب الاستخدامات المالية الأخرى المقدرة على التحويلات النقدية إلى الأموال الأخرى لأنها لا تعد من عناصر النفقات.

5- يشتمل حساب رصيد مال الموازنة (فائض الموازنة) على الفرق بين الحسابات المدينة والدائنة التي تضمنها قيد إثبات بيانات الموازنة في اليومية العامة، وبالرغم من أن هذا الرصيد يشبه حسابات حقوق الملكية التي تظهر في ميزانيات تنظيمات قطاع الأعمال، إلاّ أنه لا يعكس أي حقوق للملكية على أصول المال العام. وفي نهاية السنة المالية يقفل حساب رصيد مال الموازنة عن طريق إجراء قيد عكسي للقيد الخاص بإثبات بيانات الموازنة.

والجدير بالذكر أن قيد اليومية العامة المتعلق بإثبات بيانات الموازنة السنوية الخاصة بالمال العام يدعمه قيود تفصيلية لترحيلها إلى دفتر الأستاذ الفرعية المتعلقة بالإيرادات والاعتمادات.

ويمكن القول إن الموازنات في أي وحدة حكومية غالباً ما تثبت في السجلات المحاسبية المتعلقة بالأموال الحكومية الخمسة المذكورة آنفاً، وقد يتطلب الأمر أيضاً تسجيل بيانات الموازنة المتعلقة بأموال الأمانة القابلة للإنفاق، ولكن يتوقف ذلك على شروط منح الأمانة.

ويترتب على تسجيل بيانات الموازنة تسهيل عملية إعداد القوائم المالية ومقارنة حسابات الإيرادات والنفقات الفعلية مع البيانات المقدرة في الموازنة.

الارتباطات ورقابة الموازنة:

تهدف محاسبة الارتباطات إلى التحقـق مـن أن نفقـات الوحدة الحكوميـة تـتم وفقـاً للاعتمادات المخصصة بمعرفة السلطة التشريعية في الدولة، ويطبـق هذا الأسـلوب عـلى المـال العـام، وأمـوال الإيراد المخصص، وأموال المشاريع الرأسمالية، وأموال رسوم التحسينات، فإذا أصدر أحـد هـذه الأمـوال أمـر شراء مواد ومهمات إلى أحد الموردين أو طلب الحصول على خدمات من أحد المتعهدين، فعندئذٍ يسجل قيد في دفتر اليومية العامة على النحو التالي:

من ح/ الارتباطات

إلى ح/ رصيد المال المخصص للارتباطات

وعندما تتسلم الوحدة الحكومية فاتورة المهمات التي وردت أو الخدمات التي قدمت، تسجل عملية الدفع مع إلغاء قيد الارتباطات بقيد معاكس كما يلي:

- استلام المهمات التي صدر عنها أمر شراء:

من ح/ النفقات

إلى ح/ أذون الدفع المستحقة

- إلغاء قيد الارتباط السابق بعد استلام المهمات وسداد قيمتها:

من ح/ رصيد المال المخصص للارتباطات

إلى ح/ الارتباطات

مثــال:

أصدر المال العام أمر شراء مهمات إلى أحد الموردين بقيمة 718110 دولار وبعـد فـترة وردت فاتورة المهمات بقيمة 613770 دولار:

- تسجيل قيد الارتباط:

718110   من ح/ الارتباطات

718110 إلى ح/ رصيد المال المخصص للارتباطات

استلام المهمات التي صدر عنها أمر شراء:

613770   من ح/ النفقات

613770 إلى ح/ أذون الدفع المستحقة

– إلغاء قيد الارتباط السابق بعد استلام المهمات وسداد قيمتها:

718110   من ح/ رصيد المال المخصص للارتباطات

718110 إلى ح/ الارتباطات

يتضح من القيدين السابقين أن هناك فرقاً بين قيمة الفاتورة وقيمة أمر الشراء الصادر عن الوحدة الحكومية، ويرجع ذلك إلى عدة أسباب منها التغيرات في الأسعار، أو تكاليف النقل، والجدير بالذكر أن الارتباط هو وسيلة تذكيرية أو تنظيمية للتأكد من عدم زيادة النفقات عن الاعتمادات المخصصة للسنة المالية. وليس من الضروري إجراء قيد الارتباطات لعمليات الإنفاق العادية مثل الرواتب والأجور ومصاريف الإيجار والمنافع العامة.

وبالعودة إلى المثال السابق عن مجلس المدينة وبافتراض أن الميزانية العمومية المتعلقة بالمال العام كانت في 2006/12/31 على النحو التالي:

المال العام لمجلس المدينة
الميزانية العمومية في 2006/12/31

البيـــان	المبلغ (دولار)	المبلغ (دولار)
الأصول		
النقدية	240000	
مخزون المهمات	60000	
إجمالي الأصول		300000
الالتزامات ورصيد المال		
أذون الدفع المستحقة		120000
رصيد المال		

رصيد مخصص لمخزون المهمات	60000	
رصيد غير مخصص	120000	
		180000
إجمالي الالتزامات ورصيد المال		300000

يلاحظ أن رصيد المال المخصص لمخزون المهمات يشبه الأرباح المحتجزة المخصصة في تنظيمات قطاع الأعمال، ولذلك فإن مبلغه يعد محجوزاً من رصيد المال، ومن ثم فهو غير قابل للإنفاق أو التخصيص عند اعتماد الموازنة الجديدة لسنة 2007 وذلك بمعرفة السلطة التشريعية.

وبافتراض أنه بالإضافة إلى بيانات الموازنة المشار إليها آنفاً، حدثت العمليات التالية في المال العام لمجلس المدينة عن السنة المالية المنتهية بتاريخ 31/12/ 2007:

1- تم ربط ضرائب ملكية على المكلفين قدرها 1080000 دولار، ويتضمن هذا المبلغ 21000 دولار ديوناً مشكوكاً في تحصيلها.

2- بلغت ضرائب الملكية المحصلة من المكلفين 975000 دولار، وهناك إيرادات أخرى محصلة بمبلغ 153000 دولار.

3- تقرر إعدام ضرائب ملكية قدرها 19500 دولار.

4- صدرت أوامر شراء مهمات إلى الموردين بمبلغ 540000 دولار.

5- بلغ إجمالي نفقات العام 1140000 دولار منها 135000 دولار استخدمت في شراء مهمات، و 525000 دولار سبق الارتباط به بمبلغ 532500 ضمن أوامر الشراء التي صدرت خلال العام بمبلغ إجمالي وقدره 540000 دولار.

6- وردت فاتورتان عن مستلزمات سلعية وخدمية حصل عليها المال العام من مال الخدمة الداخلية بمبلغ 30000 دولار ومن مال المرافق العامة بمبلغ 45000 دولار.

7- بلغت أذون الدفع المسددة خلال العام 1155000 دولار، وتم سداد مبلغ 37500 دولار إلى مال المرافق العامة، ومبلغ 21000 دولار إلى مال الخدمة الداخلية.

8- بلغت التحويلات النقدية إلى مال خدمة الدين 16500 دولار وسيستخدم هذا المبلغ في سداد فوائد السندات العامة واسترداد السندات المستحقة.

9- تسلم المال العام مبلغ (75000) دولار من مال المرافق العامة كمساهمة بدلاً من الضرائب العقارية المستحقة عن هذه المرافق.وقد تضمن هذا المبلغ 15000 دولار دعم.

10- بلغت تكلفة المهمات المستخدمة خلال العام مبلغ (120000) دولار.

11- عدت ضرائب الملكية التي لم تحصل حتى انتهاء السنة المالية ضرائب متأخرة.

12- خصص مجلس المدينة مبلغ (37500) دولار من رصيد المال غير المخصص لاستبدال أجهزة ومعدات في السنة المالية التالية.

هذا، وبعد تسجيل بيانات الموازنة في دفتر اليومية العامة كما أوضحنا آنفاً، سوف تثبت العمليات المالية السابقة في السجلات المالية للمال العام في مجلس المدينة عن السنة المالية المنتهية في 12/31/ 2007.

وفيما يلي عرض لبعض الملاحظات التي ترد في معرض تطبيق محاسبة الاعتمادات (الأموال) المخصصة انتقالاً من الميزانية السابقة 2006/12/31 إلى الميزانية اللاحقة 12/31/ 2007 من خلال الاستفادة من بيانات الموازنة:

المال العام لمجلس المدينة

اليومية العامة

1- إثبات استحقاق الضرائب العقارية مع تقدير الجزء المشكوك في تحصيله:

1080000 من حـ/ مكلفي الضرائب الجارية

إلى المذكورين

21000 حـ/ مخصص ضرائب جارية مشكوك

في تحصيلها

1059000 حـ/ الإيرادات

2- إثبات ضرائب الملكية وكذلك الإيرادات الأخرى المحصلة نقداً :

1128000 من ح/ النقدية

إلى المذكورين

975000 ح/ مكلفي الضرائب الجارية

153000 ح/ الإيرادات الأخرى

إذا كانت بعض عناصر الإيرادات لا تستجيب لأساس الاستحقاق، فيجب أن تسجل وفقاً للأساس النقدي انسجاماً مع أساس الاستحقاق المعدل، أما الضرائب وأي إيرادات أخرى تحصل مقدماً خلال السنة المالية فيجب أن تسجل في حساب الالتزامات.

وإذا كان هناك عجز نقدي في المال العام قبل تحصيل الضرائب العقارية، فيمكن الحصول على قرض قصير الأجل مقابل إصدار ورقة دفع استناداً إلى الضرائب المتوقع تحصيلها، ولذلك يستخدم جزء من حصيلة هذه الضرائب في سداد ذلك القرض.

3- في حال اتخاذ قرار بإعدام بعض الضرائب العقارية فيتم إجراء القيد على الشكل التالي:

19500 من ح/ مخصص الضرائب الجارية المشكوك في تحصيلها

19500 إلى ح/ مكلفي الضرائب الجارية

4- إن إثبات عملية الارتباط المشار إليها، عند إصدار أوامر شراء إلى الموردين، بقيد في دفتر اليومية يحول دون تجاوز الاعتمادات المخصصة في الموازنة، لذلك يرحل حساب الارتباطات تفصيلياً لتخفيض أرصدة الاعتمادات الفرعية، ويعني ذلك أن الرصيد غير المصروف من كل اعتماد يتم تخفيضه بمقدار المبالغ التي تتعهد بها الوحدة الحكومية بصدور أمر الشراء، ويكون القيد كما يلي:

540000 من ح/ الارتباطات

540000 إلى ح/ رصيد المال المخصص للارتباطات

5- يتم تحميل حساب النفقات بكل النفقات بصرف النظر عن الغرض منها، باستثناء المبلغ المدفوع لشراء مخزون المهمات (يسجل في حساب مخزون المهمات) على الشكل التالي:

من المذكورين

1005000   ح/ النفقات

135000   ح/ مخزون المهمات

1140000   إلى ح/ أذون الدفع المستحقة

كما أن حساب النفقات يتضمن مدفوعات لاسترداد السندات وسداد الفوائد المستحقة عليها، ويتضمن أيضاً قيمة العقارات والمعدات التي حصلت عليها الوحدة الحكومية، وكذلك المدفوعات مقابل السلع والخدمات التي ستحصل عليها في المستقبل، ويعني ذلك أن جميع العناصر يتم تحميلها لحساب النفقات سواء أكانت متعلقة بسداد التزامات أم حيازة أصول، ومن الجدير بالذكر أن النفقات المتعلقة باسترداد السندات وسداد الفوائد المتعلقة بها يجب أن تسجل تذكيرياً (بحساب نظامي) في مجموعة حسابات الالتزامات العامة طويلة الأجل، وكذلك يجب أن تسجل النفقات المتعلقة بحيازة الأصول الثابتة تذكيرياً (بحساب نظامي) في مجموعة حسابات الأصول الثابتة العامة.

– و من ثم يتم إلغاء قيد الارتباطات المتعلق بالنفقات التي صدر عنها إذن دفع بمبلغ (525000) دولار.

532500   من ح/ رصيد المال المخصص للارتباطات

532500   إلى ح/ الارتباطات

إن أسلوب المحاسبة عن نفقات المال العام يؤكد أهمية الموازنة السنوية، فالنفقات تحمل على الاعتمادات المصرح بها من السلطة التشريعية للوحدة الحكومية، ولذلك يجب ترحيل حساب النفقات السابقة بمجموع قدره (1005000) دولار إلى دفتر أستاذ النفقات الفرعي حيث يتضمن أرصدة الاعتمادات تحت الصرف.

وبذلك نلاحظ أن النفقات الفعلية المتعلقة بأمر الشراء تبلغ (525000) دولار، ويعد هذا المبلغ جزءاً من النفقات البالغة (1005000) دولار من جهة،

ومن جهة أخرى تم إلغاء قيد الارتباطات المتعلق بهـذه النفقـات بمبلغ (532500) دولار بقيد عكسي-
لانتفاء الغرض من وجوده، ويرحل هذا القيد إلى كل من الأستاذ العام والأستاذ المسـاعد، وبـذلك يصبـح
رصيد حساب الارتباطات مبلغ (7500) دولار.

6-   تسجيل فاتورتي المستلزمات السلعية والخدمية الموردة من الأموال الأخرى:

75000   من ح/ الاستخدامات المالية الأخرى

إلى المذكورين

30000   ح/ المستحق لمال الخدمة الداخلية

45000   ح/ المستحق لمال المرافق العامة

لا بد من الإشارة إلى أن الفواتير المستحقة للأموال الأخرى لا يصدر عنها أذون دفع ولكن يقتصر الأمر
على تسجيلها في حسابات الالتزامات بصفة مستقلة حيث يتم تحميل هذه المبالغ لحساب الاستخدامات
المالية الأخرى بدلاً من حساب النفقات.

7-   ويتم تسجيل التسديدات للأموال الأخرى على الشكل التالي:

من المذكورين

1155000   ح/ أذون الدفع المستحقة

37500   ح/ المستحق لمال المرافق العامة

21000   ح/ المستحق لمال الخدمة الداخلية

1213500   إلى ح/ النقدية

8-   تسجل تحويلات مـال خدمـة الـدين لسـداد فوائـد السـندات العامـة واسـترداد السـندات
المستحقة وفق القيد التالي:

16500   من ح/ الاستخدامات المالية الأخرى

16500   إلى ح/ النقدية

9- تسجل عملية استلام مبلغ (60000) دولار من مال المرافق العامة كمساهمة بدلاً من الضرائب العقارية بالإضافة إلى (15000) دولار دعم كما يلي:

75000   من ح/ النقدية

إلى المذكورين

60000   إلى ح/ الإيرادات

15000   إلى ح/ الموارد المالية الأخرى

مع الإشارة إلى أن التحويلات إلى المال العام من الأموال الأخرى لا تعد إيرادات، وإنما تعالج في حساب الموارد المالية الأخرى.

10- في حال استهلاك مهمات فإن قيمة الاستهلاك تضاف إلى حساب النفقات وتنزل من حساب مخزون المهمات على الشكل التالي:

120000   من ح/ النفقات

120000   إلى ح/ مخزون المهمات

وفي حال وجود زيادة في مخزون المهمات تزيد عن ما ورد في الميزانية العمومية فيجب زيادة حساب رصيد المال المخصص لمخزون المهمات بإنقاصه من حساب رصيد المال غير المخصص حتى لا يتم تخصيصه لتمويل عجز الموازنة في سنة لاحقة على الشكل التالي:

15000   من ح/ رصيد المال غير المخصص

15000   إلى ح/ رصيد المال المخصص لمخزون المهمات

(75000 – 60000 = 15000 دولار زيادة رصيد المال المخصص للمخزون)

ومن الملاحظ في القيد السابق أنه يمثل حجز جزء من رصيد المال حتى يحول دون تخصيصه لتمويل عجز الموازنة السنوية للمال العام عن السنة المنتهية في 2008/12/31، نظراً لأن النقدية والأصول النقدية الأخرى المتاحة في المال العام هي التي تخصص لتمويل النفقات التي يصرح بها للسنة المالية التالية.

11- يقفل كل من حساب مكلفي الضرائب الجارية، ومخصص الضرائب الجارية المشكوك في تحصيلها، حيث تعد الضرائب غير المحصلة حتى نهاية السنة المالية ضرائب متأخرة ويستبدلان بحسابي مكلفي الضرائب المتأخرة ومخصص الضرائب المتأخرة المشكوك في تحصيلها على الشكل التالي:

85500 من ح/ مكلفي الضرائب المتأخرة

85500 إلى ح/ مكلفي الضرائب الجارية

أما ما يتعلق بالمخصصات فتعالج على الشكل التالي:

1500 من ح/ مخصص الضرائب الجارية المشكوك في تحصيلها

1500 إلى ح/ مخصص الضرائب المتأخرة المشكوك في تحصيلها

واستناداً إلى هذا القيد يقفل كل من حساب مكلفي الضرائب الجارية والحساب المقابل المتعلق بالضرائب الجارية المشكوك في تحصيلها، حتى يكون هذان الحسابان جاهزين لتسجيل استحقاق ضرائب السنة المالية التالية التي تنتهي في 2008/12/31.

12- يتم إثبات تخصيص جزء من رصيد المال غير المخصص لاستبدال أجهزة ومعدات في السنة المالية التالية:

37500 من ح/ رصيد المال غير المخصص

37500 إلى ح/ رصيد المال المخصص لاستبدال أجهزة ومعدات

ميزان مراجعة المال العام في نهاية السنة المالية:

بعد ترحيل قيود اليومية السابقة (بما فيها قيد الموازنة) إلى دفتر الأستاذ العام يظهر ميزان المراجعة في 12/31/ 2007 على النحو التالي:

المال العام لمجلس المدينة

ميزان المراجعة في 12/31/ 2007

المدين	الدائن	البيـــان
213000		النقدية
85500		مكلفو الضرائب المتأخرة
	1500	مخصص الضرائب المتأخرة المشكوك في تحصيلها
75000		مخزون المهمات
	105000	أذون الدفع المستحقة
	7500	المستحق لمال المرافق العامة
	9000	المستحق لمال الخدمة الداخلية
	7500	رصيد المال المخصص للارتباطات
	75000	رصيد المال المخصص لمخزون المهمات
	37500	رصيد المال المخصص لاستبدال الأجهزة والمعدات
	67500	رصيد المال غير المخصص
	45000	رصيد مال الموازنة
1260000		الإيرادات المقدرة
15000		الموارد المالية الأخرى المقدرة
	1215000	الاعتمادات
	15000	الاستخدامات المالية الأخرى المقدرة
	1272000	الإيرادات
	15000	الموارد المالية الأخرى
1200000		النفقات
16500		الاستخدامات المالية الأخرى
7500		الارتباطات
2872500	2872500	

القوائم المالية للمال العام :

- بما أن نتيجة الأعمال (ربح أو خسارة) غير مهمة في المال العام فيتم إعداد قائمتين ماليتين، قائمة الإيرادات والنفقات والتغيرات في رصيد المال، والميزانية العمومية وفيما يلي عرض لكل منهما:

قائمة الإيرادات والنفقات والتغيرات في رصيد المال

عن السنة المنتهية في 31/12/ 2007

	بيانات الموازنة	البيانات الفعلية	الانحرافات
الإيرادات			
الضرائب	1050000	1059000	9000
أخرى	210000	213000	3000
إجمالي الإيرادات	1260000	1272000	12000
النفقات			
الإدارة العامة	705000	688500	16500
الإدارات الأخرى	510000	511500	1500 (-)
إجمالي النفقات	1215000	1200000	15000
زيادة الإيرادات عن النفقات	45000	72000	27000
موارد (واستخدامات) أخرى			
تحويلات عمليات واردة	15000	15000	—
تحويلات عمليات خارجة	15000 (-)	16500 (-)	1500 (-)
زيادة الموارد والإيرادات الأخرى عن النفقات والاستخدامات الأخرى	45000	70500	25500
رصيد المال في بداية العام	180000	180000	-
رصيد المال العام في نهاية العام	225000	250500	25500

تجري هذه القائمة مقارنة بين بيانات الموازنة والبيانات الفعلية، الأمر الذي يساعد على تقويم مدى الاستجابة للاعتمادات المصرح بها، وعموماً لا يسمح بتجاوز الاعتمادات إلاّ إذا صدر اعتماد إضافي بمعرفة السلطة التشريعية.

ويلاحظ أيضاً أن المبالغ المحصلة من أو المدفوعة إلى أموال أخرى تتم معالجتها تحت عنوان تحويلات عمليات واردة وتحويلات عمليات خارجة للتمييز بينها وبين الموارد والاستخدامات المالية الأخرى التي حصل عليها أو دفعها المال العام.

الميزانية العمومية للمال العام في 31/12/ 2007:

البيـــــان	المبلغ (دولار)	المبلغ (دولار)
الأصول		
النقدية		213000
مكلفو الضرائب المتأخرة	85500	
(-) مخصص ضرائب متأخرة مشكوك في تحصيلها	1500	84000
مخزون المهمات		75000
إجمالي الأصول		372000
الالتزامات ورصيد المال		
الالتزامات		
أذون الدفع المستحقة	105000	
المستحق لأموال أخرى	16500	
إجمالي الالتزامات		121500
رصيد المال		
المخصص للارتباطات	7500	
المخصص لمخزون المهمات	75000	
المخصص لاستبدال الأجهزة والمعدات	37500	
غير مخصص	130500	
الإجمالي		250500
إجمالي الالتزامات ورصيد المال		372000

يلاحظ من هذه الميزانية أن أصول المال العام تتضمن الأصول النقدية والمخزون فقط أما النفقات الأخرى المتعلقة بأي مهمات أو أصول ثابتة لا تسجل كأصول في المال العام، ومن الجدير بالذكر أيضاً أن رصيد المال غير المخصص الذي ظهر في الميزانية بمبلغ (130500) دولار يعد متمماً حسابياً ليجعل إجمالي رصيد المال سواء كان محجوزاً أم غير محجوز يعادل مبلغ (250500) دولار وهو الرقم النهائي الذي أسفرت عنه قائمة الإيرادات والنفقات والتغيرات في رصيد المال.

قيود إقفال المال العام:

يتم في نهاية العام إقفال حساب الارتباطات مع حساب رصيد المال غير المخصص على الشكل التالي:

7500   من ح/ رصيد المال غير المخصص

7500   إلى ح/ الارتباطات

كما يتم إقفال حسابات الموازنة بقيد معاكس لقيد الموازنة في بداية العام كما يلي:

من المذكورين

1215000   من ح/ الاعتمادات

15000   من ح/ الاستخدامات المالية الأخرى المقدرة

45000   من ح/ رصيد مال الموازنة

إلى المذكورين

1260000   إلى ح/ الإيرادات المقدرة

15000   إلى ح/ الموارد المالية الأخرى المقدرة

ويتم إقفال الإيرادات والنفقات والموارد والاستخدامات المالية الأخرى. ويعد الفرق بينهما زيادة في رصيد المال غير المخصص.

من المذكورين

1272000   من ح/ الإيرادات

15000   من ح/ الموارد المالية الأخرى

إلى المذكورين

1200000   إلى ح/ النفقات

16500   إلى ح/ الاستخدامات المالية الأخرى

70500   إلى ح/ رصيد المال غير المخصص

ومن الجدير بالذكر أن رصيد المال المخصص لحساب الارتباطات لا يتم إقفاله في نهاية العام فهو يعد احتياطياً ويمثل قيداً على رصيد المال في 12/31 /2007، وإذا أقفل رصيد المال المخصص للارتباطات، سيؤدي إلى زيادة رصيد المال غير المخصص بمبلغ (7500) دولار. ومن المعروف أن رصيد المال غير المخصص يجب أن يمثل مقدار أصول المال العام التي تكون متاحة لاستخدامها في سداد عجـز الموازنة في السنة الماليـة التالية 2008، وإذا وردت في السنة المالية التالية المستندات المتعلقة بالرصيد المتبقي في حساب الارتباطات وقدره (7500) دولار يجعل حساب رصيد المال المخصص للارتباطات مدينـاً بمبلـغ (7500) دولار ويجعـل حساب أذون الدفع المستحقة دائناً بالمبلغ نفسه، وأي رصيد بعد ذلك سـواء مـديناً أم دائنـاً يرحـل إلى حساب رصيد المال غير المخصص.

وبالنسبة إلى حسابات الموازنة فيتم إقفالها في نهاية السنة المالية لأنها أصبحت غـير مطلوبـة للرقابـة على الإيرادات والنفقات والموارد والاستخدامات المالية الأخرى، ويستخدم في قيد الإقفال حسابات الموازنة نفسها التي تضمنها القيد الأصلي لإثبات بيانات الموازنة في بداية العام.

وبترحيل قيود الإقفال السابقة سيظهر رصيد المال غير المخصص في دفتر الأستاذ على النحو التالي:

دفتر أستاذ المال العام

حساب رصيد المال غير المخصص

التاريخ	البيـــان	المدين	الدائن	الرصيد
2006/12/31	الرصيد			120000 دائن
2007 /12/31	زيادة المبالغ المخصصة لمخزون المهمات	15000		105000 دائن
	المخصص لاستبدال الأجهزة والمعدات	37500		67500 دائن
2007 /12/31	إقفال حساب الارتباطات	7500		60000 دائن
2007 /12/31	إقفال زيادة الإيرادات والموارد المالية الأخرى عن النفقات والاستخدامات المالية الأخرى		70500	130500

ب- المحاسبة عن أموال الإيراد المخصص:

يتم إنشاء أموال الإيراد المخصص بوساطة الوحدات الحكومية للمحاسبة عن التحصيلات والنفقات المرتبطة بمصدر إيرادي معين، ويكون مخصصاً بنص القانون لتمويل عمليات حكومية معينة، ومن أمثلة الإيرادات التي تخصص لغرض معين رسوم النظافة، والضريبة التي تفرض على وقود السيارات، وغرامات مخالفات المرور.... وتعد هذه الموارد أمثلة للإيرادات الحكومية التي يتم المحاسبة عن كل منها بصفة مستقلة في مال الإيراد المخصص، مع العلم أن أسماء الحسابات وإجراءات الموازنة، والقوائم المالية الخاصة بمال الإيراد المخصص تتشابه مع تلك الخاصة بالمال العام.

وكمثال عن المحاسبة عن أموال الإيراد المخصص، يتم افتراض أن مجلس المدينة وافق على إنشاء مال يخصص لفرض رسوم خاصة على مواطني المنطقة مقابل إنارة شوارع المنطقة وتنظيفها، على أن تخصص حصيلتها لتمويل عمليات الإنارة والنظافة لتلك المنطقة، واعتمد مجلس المدينة موازنة مال الإيراد المخصص عن السنة المالية التي تنتهي في 31/12/ 2007، وقد قدرت الإيرادات من الرسوم الخاصة بمبلغ 120000 دولار والاعتمادات بمبلغ 112500 دولار (تدفع إلى المال العام لتعويضه عن النفقات التي سيتحملها في تقديم الخدمات إلى المنطقة)، وفيما

يلي عرض لأهم العمليات المالية المتعلقة بمال الإيراد المخصص كما حدثت في السنة المالية المنتهية في 12/31/ 2007.

1- فرضت رسوم خاصة على سكان المنطقة بمبلغ (123000) دولار على أن تخصص خلال /60/ يوماً من تاريخ ربطها، ولا يتوقع توقف أحد من المواطنين عن السداد.

2- بلغت المتحصلات من الرسوم الخاصة مبلغ (123000) دولار.

3- بلغت الاستثمارات في أذون دفع حكومية (94500) دولار بينما كانت قيمتها الاسمية (97500) دولار وتستحق في 2007/12/31، وقد تم استرداد قيمتها بالكامل.

4- وردت مطالبة من المال العام بمبلغ (114000) دولار مقابل ما أنفقه على الخدمات التي قدمت للمنطقة، وقد سدد من هذا المبلغ (93000) دولار.

5- خصص مجلس المدينة مبلغ (12000) دولار من رصيد مال الإيراد غير المخصص لمواجهة الالتزامات التي سوف تستحق للمال العام خلال السنة التي تنتهي في 2008/12/31.

وفيما يلي عرض لأهم الملاحظات المتعلقة بمال الإيراد المخصص عن السنة المالية المنتهية في 12/31/ 2007:

1- يتم إثبات بيانات الموازنة عن السنة المالية التي تنتهي في 12/31/ 2007 بحيث يحمّل حساب الإيرادات المقدرة بكامل مبلغ الرسوم الخاصة، ويحمّل حسابي الاعتمادات ورصيد مال الموازنة بنفس المبلغ بحيث يشمل حساب الاعتمادات كامل المبلغ المتوقع تحصيله من حساب الإيرادات على الشكل التالي:

120000 من ح/ الإيرادات المقدرة

إلى المذكورين

112500 ح/ الاعتمادات

7500 ح/ رصيد مال الموازنة

2- يكلّف المواطنون بقيمة الرسوم المستحقة ضمن حساب مكلفي الرسوم الخاصة الجارية وينزل المبلغ المتوقع تحصيله من حساب الإيرادات على الشكل التالي:

123000 من ح/ مكلفي الرسوم الخاصة الجارية

123000 إلى ح/ الإيرادات

3- عند تحصيل الرسوم تضاف إلى حساب النقدية ويقفل حساب مكلفي الرسوم الخاصة الجارية على الشكل التالي:

123000 من ح/ النقدية

123000 إلى ح/ مكلفي الرسوم الخاصة الجارية

4- من الممكن في حال عدم كفاية الإيرادات شراء أذون دفع حكومية قيمتها الاسمية (97500) دولار تستحق في 12/31/ 2007 لتأمين بعض الإيرادات.

94500 من ح/ الاستثمارات

94500 إلى ح/ النقدية

5- يتم تحصيل قيمة أذون الدفع الحكومية في تاريخ استحقاقها:

97500 من ح/ النقدية

إلى المذكورين

94500 ح/ الاستثمارات

3000 ح/ الإيرادات

6- يتم تحميل حساب النفقات بجميع المبالغ المستحقة لحساب المال العام مقابل ما أنفقه على إنارة المنطقة ونظافتها على الشكل التالي:

114000 من ح/ النفقات

114000 إلى ح/ المستحق للمال العام

7- يتم تخفيض حساب المستحق للمال العام حسب ما يتم تحويله إليه من حساب النقدية على الشكل التالي:

93000 من ح/ المستحق للمال العام

93000 إلى ح/ النقدية

8- يتم إقفال حسابات الموازنة كما يلي:

من المذكورين

112500 ح/ الاعتمادات

7500 ح/ رصيد مال الموازنة

120000 إلى ح/ الإيرادات المقدرة

9- ويقفل حسابي الإيرادات والنفقات كما يلي:

126000 من ح/ الإيرادات

إلى المذكورين

114000 ح/ النفقات

12000 ح/ رصيد المال غير المخصص

10- يتم تخصيص رصيد المال غير المخصص لمواجهة الالتزامات المحتملة للمال العام عام 2008 كما يلي:

12000 من ح/ رصيد المال غير المخصص

12000 إلى ح/ رصيد المال المخصص للمال العام

بما أن مطالبة المال العام من مال الإيراد المخصص بمبلغ (114000) دولار تعد تعويضاً له عما أنفقه على الخدمات التي قدمت للمنطقة فيجب تسجيل هذا المبلغ عند استحقاقه في دفاتر المال العام في الجانب المدين من حساب المستحق للمال العام، والجانب الدائن من حساب النفقات.

القوائم المالية من مال الإيراد المخصص:

لا تختلف القوائم المالية التي تعدّ عن مال الإيراد المخصص عن القوائم التي تعد مـن أجـل المـال العام وفيما يلي عرض لكل منها وفقاً للمثال السابق:

قائمة الإيرادات والنفقات والتغيرات في رصيد المال

عن السنة المنتهية في 2007 /12/31

الانحرافات	البيانات الفعلية	بيانات الموازنة	البيـــان
			الإيرادات
3000	123000	120000	رسوم خاصة
3000	3000	—	أخرى
6000	126000	120000	إجمالي الإيرادات
			النفقات
(-) 1500	114000	112500	تعويض مقابل نفقات المال العام
4500	12000	7500	الزيادة في الإيرادات عن النفقات
			(رصيد المال في نهاية العام)

الميزانية العمومية في 2007 /12/31

المبلغ (دولار)	المبلغ (دولار)	البيـــان
		الأصول
33000		نقدية
		الالتزامات ورصيد المال
	21000	المستحق للمال العام
	12000	رصيد المال المخصص لالتزامات المال العام
33000		إجمالي الالتزامات ورصيد المال

ج- المحاسبة عن أموال المشروعات الرأسمالية:

يسجل في أموال المشروعات الرأسمالية التحصيلات والمدفوعات النقدية المتعلقة ببناء أو شراء أصول طويلة الأجل باستثناء تلك التي تمولها أموال رسوم التحسينات أو أموال الملكية أو أموال الأمانة، وعادة ما يمول مال المشروعات من إصدار سندات عامة، بالإضافة إلى بعض الموارد الأخرى مثل إيرادات الضرائب الجارية أو المنح والهبات أو الإيرادات المشتركة الموزعة من وحدات حكومية أخرى.

وتعد الموازنة الرأسمالية عكس الموازنة السنوية، أداة رقابة على أموال المشاريع الرأسمالية.

قيود اليومية في مال المشاريع الرأسمالية:

مثال:

أصدر مجلس المدينة سندات قيمتها الاسمية (750000) دولار تستحق بعد (20) سنة بفائدة (15%) لتمويل عملية توسيع مدرسة ثانوية، وقد تم اعتماد الموازنة الرأسمالية للمشروع ولكن لم تثبت بياناتها في السجلات المحاسبية الخاصة بمال المشاريع الرأسمالية، وفيما يلي عرض لأهم الملاحظات المالية المرتبطة بإصدار السندات والأنشطة الأخرى التي تمت في مال المشاريع الرأسمالية خلال السنة المالية المنتهية في 2007/12/31:

1- تسجيل إصدار وبيع سندات قيمتها الاسمية(750000)دولار تستحق بعد عشرين عاماً بفائدة (15%) تدفع كل ستة أشهر من كل عام. وهي تحقق عائد (16%) على القيمة الاسمية، وبذلك تبلغ قيمة الموارد المالية الأخرى (705282) دولار:

705282 من حـ/ النقدية

705282 إلى حـ/ الموارد المالية الأخرى

2- استثمار جزء من الموارد النقدية عن طريق شراء أذون على الخزينة الحكومية قيمتها الاسمية (525000) دولار بمبلغ (487500) دولار :

487500 من حـ/ الاستثمارات

487500 إلى حـ/ النقدية

3- تم التعاقد مع أحد المكاتب الهندسية، وإحدى شركات المقاولات، بالإضافة إلى إصدار أوامر الشراء بقيمة 723000 دولار :

723000   من ح/ الارتباطات

723000   إلى ح/ رصيد المال المخصص للارتباطات

4- تحصيل قيمة أذون الخزينة الحكومية:

525000   من ح/ النقدية

إلى المذكورين

487500   ح/ الاستثمارات

37500   ح/ الإيرادات

5- إثبات نفقات العام البالغة (567000) دولار (على اعتبار أنها تعادل ما تم الارتباط به):

567000   من ح/ النفقات

567000   إلى ح/ أذون الدفع المستحقة

6- إلغاء الارتباطات البالغة (552300) دولار التي تم إصدار أذون دفع عنها:

552300   من ح/ رصيد المال المخصص للارتباطات

552300   إلى ح/ الارتباطات

7- إثبات أذون الدفع التي سددت قيمتها خلال العام البالغة (491250) دولار:

491250   من ح/ أذون الدفع المستحقة

491250   إلى ح/ النقدية

8- إقفال حسابات الارتباطات :

(723000 - 552300 = 170700 دولار)

170700 من ح/ رصيد المال غير المخصص

170700 إلى ح/ الارتباطات

9- إقفال الإيرادات والنفقات والموارد المالية الأخرى:

من المذكورين

37500 ح/ الإيرادات

705282 ح/ الموارد المالية الأخرى

إلى المذكورين

567000 ح/ النفقات

175782 ح/ رصيد المال غير المخصص

وبالتدقيق في قيود اليومية السابقة يلاحظ ما يلي:

أ- لم تسجل بيانات الموازنة في السجلات المحاسبية الخاصة بمال المشاريع الرأسمالية هذا ويعد عقد إصدار السندات وسيلة كافية لتحقيق الرقابة على هذا الالتزام.

ب- لم يسجل في مال المشاريع الرأسمالية الالتزام المتعلق بالسندات أو خصم الإصدار. ويسجل هذا الالتزام بقيمته الاسمية في مجموعة حسابات الالتزامات العامة طويلة الأجل.

ج- تتم معالجة المحصل من إصدار السندات العامة كموارد مالية أخرى لمال المشروعات الرأسمالية، كما تتم معالجة الفائدة المكتسبة نتيجة الاستثمار قصير الأجل في أذون الخزينة كإيرادات على المشروعات الرأسمالية.

د- تتم المعالجة المحاسبية للارتباطات والنفقات وقيود الإقفال بالطريقة نفسها التي استخدمت في المال العام.

هـ- يتم في نهاية السنة المالية إثبات قيد في دفتر اليومية الخاص بمجموعة حسابات الأصول الثابتة العامة لتسجيل النفقات التي تمت بوساطة مال

المشروعات الرأسمالية، ويجعل في هذا القيد حساب المشاريع تحت التنفيذ مديناً وحساب الاستثمار في أصول ثابتة من مال المشروعات الرأسمالية دائناً وسيتم إيضاح ذلك لاحقاً.

تقفل حسابات الإيرادات والموارد المالية الأخرى والنفقات والارتباطات في حساب رصيد المال غير المخصص، وذلك في نهاية كل سنة مالية-قبل إتمام المشروع الرأسمالي- وعند الانتهاء من المشروع يقفل مال المشاريع الرأسمالية بتحويل أي نقدية فائضة إلى مال خدمة الدين أو إلى المال العام، على أن تسجل العملية في المال الذي تسلم النقدية كموارد مالية أخرى، أما إذا أسفر مال المشروعات الرأسمالية عن عجز نقدي فيمكن تمويله بوساطة المال العام، وعندئذٍ تسجل العملية في مال المشروعات الرأسمالية في حساب موارد مالية أخرى، ويسجل في المال العام كاستخدامات مالية أخرى.

القوائم المالية التي تصدر عن مال المشروعات الرأسمالية:

يصدر عن مال المشروعات الرأسمالية قائمتان ماليتان(مثل تلك التي تصدر عن المال العام).

القائمة الأولى: هي قائمة الإيرادات والنفقات والتغيرات في رصيد المال.

القائمة الثانية: الميزانية العمومية.

وفيما يلي عرض لهاتين القائمتين:

مال المشروعات الرأسمالية

قائمة الإيرادات والنفقات والتغيرات في رصيد المال

عن السنة المالية المنتهية في 31/12/ 2007

البيـــــان		المبلغ (دولار)	المبلغ (دولار)
الإيرادات			
	إيرادات متنوعة		37500
النفقات			
	عقود بناء	431400	

النفقات الهندسية وغيرها	135600	
إجمالي النفقات		(567000)
زيادة النفقات عن الإيرادات		529500
المواردالمالية الأخرى		
المحصل من إصدار سندات		705282
زيادة الإيرادات والموارد المالية الأخرى عن النفقات		175782
رصيد المال في بداية العام		ـ
رصيد المال في نهاية العام		175782

مال المشاريع الرأسمالية

الميزانية العمومية في 31/12/ 2007

البيـــان	المبلغ (دولار)	المبلغ (دولار)
الأصول		
النقدية		251532
الالتزامات ورصيد المال		
الالتزامات		
أذون الدفع المستحقة		75750
رصيد المال		
رصيد المال المخصص للارتباطات	170700	
رصيد المال غير المخصص	5082	175782
إجمالي الالتزامات ورصيد المال		251532

خلاصة القول: إن الأصول التي يتم حيازتها عن طريق موارد مال المشاريع الرأسمالية، لا تظهر في الميزانية العمومية لذلك المال، ولكنها تظهر في مجموعة حسابات الأصول الثابتة العامة. فضلاً عن ذلك، فإن السندات التي أصدرت لتمويل مال المشاريع الرأسمالية لا تعد التزاماً على ذلك المال، ولكنها قبل تاريخ استحقاقها تظهر في مجموعة حسابات الالتزامات العامة طويلة الأجل. وفي تاريخ استحقاق هذه السندات يتم سدادها بوساطة مال خدمة الدين .

د- المحاسبة عن مال خدمة الدين:

إن أصل الدين طويل الأجل هو التزام عام تم تكبده لتمويل بناء منشآت أو للحصول على تجهيزات رأسمالية أو لأغراض أخرى، وعادة ما يتم تسديد أصل هذا الدين مع الفوائد المترتبة عليه عن طريق جباية الضرائب التي يتم تحديدها وفرضها خصيصاً لخدمة الدين، وبالتالي فإن معايير الـ GASB تؤمن مالاً لإدارة الإيرادات والموارد المالية المحصلة بغرض خدمة الدين طويل الأجل من جهة، والنفقات المخصصة لخدمة الدين من جهة أخرى.

ويتم سداد السندات ودفع الفوائد المستحقة عنها بوساطة مال خدمة الدين أو المال العام، ويستثنى من ذلك السندات المصدرة بضمان رسوم التحسينات، وسندات الإيراد، وسندات الالتزام العام المتعلقة بأموال المرافق العامة، فالسندات المصدرة بضمان رسوم التحسينات يتم سدادها من رسوم التحسينات التي تحصل من ملاك العقارات المستفيدين من التحسينات الخاصة، وبناءً على ذلك تتم المحاسبة عن هذه السندات بوساطة مال رسوم التحسينات، أما سندات الإيراد وسندات الالتزام العام، فهي التي تصدرها المرافق العامة، ويتم سدادها من موارد هذه المرافق وتظهر كالتزامات في نطاق ميزانياتها العمومية، وتتميز سندات الالتزام العام من سندات الإيراد بأنها مضمونة من الحكومة.

ومن الجدير بالذكر أن الالتزام المتعلق بالسندات القابلة للدفع من موارد المال العام أو من خدمة الدين لا يسجل في هذين المالين إلاّ عند استحقاقه، وتظهر هذه الالتزامات قبل تاريخ الاستحقاق في مجموعة حسابات الالتزامات العامة، كما يوجد نوعان من السندات يتم سدادهما ودفع الفوائد المستحقة عنهما من مال خدمة الدين.

- النوع الأول: سندات تسدد على دفعات (Serial bonds) وهي التي تسدد على أقساط سنوية على مدى فترة السندات.

- النوع الثاني: سندات تسدد دفعة واحدة (Term bonds) وهي التي تسدد دفعة واحدة بتاريخ استحقاقها.

قيود اليومية في مال خدمة الدين:

نفترض أنه يوجد لدى مجلس المدينة نوعان فقط من السندات العامة، وكانت هذه السندات متداولة خلال السنة المالية التي تنتهي في 2006/6/30.

النوع الأول: سندات قيمتها(150000) دولار تسدد على دفعات بفائدة (10%) تستحق الدفعة الأخيرة منها وقدرها (15000)دولار في 2006/6/30.

النوع الثاني: سندات قيمتها (750000) دولار تسدد دفعة واحدة بفائدة (15%) تستحق في 2022/7/1 وقد قام مجلس المدينة بإنشاء مال لخدمة دين السندات التي تسدد على دفعات . أما السندات التي تسدد دفعة واحدة فيلزم إنشاء مال لخدمتها في 2008/7/1، ولذلك لا توجد ضرورة لإنشاء هذا المال خلال السنة التي تنتهي في 2006/6/30. وإذا افترضنا بأن الفوائد المستحقة عن كلا النوعين من السندات تستحق الدفع في 1/1 و 7/1 من كل عام، وأن فوائد السندات التي تسدد دفعة واحدة تم سدادها بمعرفة المال العام خلال السنة المالية المنتهية في 2006/6/30، أما فوائد السندات التي تسدد على دفعات فقد تم سدادها بوساطة مال خدمة الدين عن طريق وكيل مالي. ونوضح فيما يلي الميزانية العمومية لمال خدمة الدين المخصص للسندات التي تسدد على دفعات كما تظهر في 2005/6/30.

مال خدمة الدين لمجلس المدينة

الميزانية العمومية في 2005/6/30

المبلغ (دولار)	الأصول
1026	النقدية
	الالتزامات ورصيد المال
1026	رصيد المال المخصص لخدمة الدين

ونعرض فيما يلي قيود اليومية المتعلقة بالعمليات المالية التي تمت في مال خدمة الدين عن السنة المنتهية في 2006/6/30.

1- تسجل المتحصلات النقدية من المال العام لدفع قيمة السندات التي تسدد على دفعات وقـدرها (15000) دولار والفوائـد المسـتحقة في 2005/7/1 – 2006/1/1 وقـدرها (1500) دولار.

16500   من ح/ النقدية

16500   إلى ح/ الموارد المالية الأخرى

2- تسجل عملية دفع النقدية إلى المصرف الذي يعمل كوكيل مالي لسداد قيمة السندات التـي تسدد على دفعات والفوائد المستحقة عليها:

16500   من ح/ النقدية لدى الوكيل المالي

16500   إلى ح/ النقدية

3- تسجل نفقـات الفوائد المسـتحقة في 2005/7/1، وقيمـة السـندات والفوائـد المسـتحقة في 2006/1/1.

16500   من ح/ النفقات

إلى المذكورين

15000   إلى ح/ السندات المستحقة

1500   إلى ح/ الفوائد المستحقة

4- قيام الوكيل المالي بسداد قيمة السندات والفوائد:

من المذكورين

15000   من ح/ السندات المستحقة

1500   من ح/ الفوائد المستحقة

16500   إلى ح/ النقدية لدى الوكيل المالي

5- دفع مقابل خدمات الوكيل المالي عن السنة المنتهية في 2006/6/30:

1026 من ح/ النفقات

1026 إلى ح/ النقدية

6- إقفال مال خدمة الدين المخصص للسندات التي تسدد على دفعات:

من المذكورين

16500 من ح/ الموارد المالية الأخرى

1026 من ح/ رصيد المال المخصص لخدمة الدين

17526 إلى ح/ النفقات

بمراجعة هذه القيود نلاحظ الخصائص المهمة التالية:

أ- لم تسجل الالتزامات المتعلقة بالسندات ضمن بيانات الموازنة، وبصورة عامة، تُعَدُّ صكوك السندات وسيلة كافية لضمان سداد هذا الالتزام، لذلك لا توجد ضرورة لإثبات بيانات الموازنة في مال خدمة الدين، خاصة وأن رصيد هذا المال مقيد لسداد هذا الالتزام والفوائد المستحقة عليه. وإذا رجعنا إلى ميزان مراجعة المال العام المذكور سابقاً سنجد أنها تتضمن اعتماداً قدره (16500) دولار أدرجت ضمن الاستخدامات المالية الأخرى لتحويلها إلى مال خدمة الدين.

ب- سجلت نفقات مال خدمة الدين المتعلقة باسترداد السندات ودفع الفوائد في تاريخ الاستحقاق. وكما أشرنا آنفاً، تظهر هذه الالتزامات قبل تاريخ الاستحقاق في مجموعة حسابات الالتزامات العامة طويلة الأجل.... نظراً لأن مال خدمة الدين لا يصدر أوامر شراء فلا يتطلب الأمر المحاسبة عن الارتباطات.

ج- ترتب على قيد الإقفال تصفية كل الأرصدة الموجودة في دفتر أستاذ مال خدمة الدين، لأنه قد تم استرداد آخر دفعة من السندات التي تسدد على دفعات في هذه السنة.

وتجدر الإشارة إلى أن أساس الاستحقاق المعدل يُعَدُّ ملائماً للمحاسبة في مال خدمة الدين. وطبقاً لذلك، إذا كانت هناك ضرائب عقارية مخصصة لخدمة السندات

العامة فيمكن الاعتراف بها كإيراد في مال خدمة الدين بالطريقة نفسها التي عرضناها في المال العام.

أما فيما يتعلق بالسندات التي تسدد دفعة واحدة والتي تتطلب تجميع موارد لاستردادها. فسوف تتضمن قيود اليومية في مال خدمة الدين استثمار النقدية في أوراق مالية وتحصيل الفوائد الناتجة عن هذا الاستثمار. ووفقاً لأساس الاستحقاق المعدل يثبت في السجلات المحاسبية لمال خدمة الدين إيراد الفوائد المستحقة في نهاية العام على هذه الاستثمارات.

القوائم المالية الصادرة عن مال خدمة الدين:

لقد عرضنا في الجزء السابق الميزانية العمومية الخاصة بمال خدمة الدين كما ظهرت في 2005/6/30 ومن المتوقع عدم تصوير ميزانية عمومية لهذا المال في 2006/6/30 لأن المال أقفل وانتهى الغرض منه. أما قائمة الإيرادات والنفقات والتغيرات في رصيد المال عن السنة المنتهية في 2006/6/30 فتظهر على النحو التالي:

مال خدمة الدين لمجلس المدينة

قائمة الإيرادات والنفقات والتغيرات في رصيد المال

عن السنة المالية المنتهية في 2006/6/30

المبلغ (دولار)	البيــــان
	النفقات
15000	استرداد سندات
2526	فوائد وأعباء الوكيل المالي
17526	إجمالي النفقات
17526	زيادة النفقات عن الإيرادات
	الموارد المالية الأخرى
16500	تحويلات عمليات واردة
(1026)	زيادة النفقات عن الإيرادات والموارد المالية الأخرى(عجز)
1026	رصيد المال في بداية العام
0	رصيد المال في نهاية العام

ثانياً- المحاسبة عن مجموعتي الحسابات:

تفرض معايير المحاسبة الحكومية على الوحدات الحكومية إمساك مجموعتين من الحسابات لتسجيل العقارات والمعدات والالتزامات طويلة الأجل التي لم تسجل في الأموال الحكومية، حيث لا تُعَدُّ مجموعتا الحسابات أموالاً ولكن حسابات تذكيرية، الغرض منها توفير سجلات مستقلة لكل العقارات والمعدات التي تحصل عليها الوحدة الحكومية والالتزامات العامة طويلة الأجل التي تنشأ في هذه الوحدة كونها تظهر كإيرادات ونفقات، وتقفل في نهاية العام ولا تظهر في الميزانية العمومية للمال.

آ- المحاسبة عن مجموعة حسابات الأصول الثابتة العامة:

تسجل الأصول الثابتة في مجموعة حسابات الأصول الثابتة العامة بتكلفة الحصول عليها أو بقيمتها العادلة الجارية، إذا تسلمتها الوحدة الحكومية على سبيل الهبة ويكون الحساب الدائن المقابل هو حساب تذكيري بعنوان: الاستثمار في الأصول الثابتة العامة، وذلك مع بيان مصادر هذه الأموال.

وطبقاً لمعايير المحاسبة الحكومية يمكن تسجيل الاهتلاك في مجموعة حساب الأصول الثابتة العامة، حيث يجعل حساب الاستثمار في أصول ثابتة مديناً بينما يجعل حساب مجمع الاهتلاك دائناً. وإذا تخلصت الوحدة الحكومية من أحد الأصول سواء بالبيع أو التخريد فيتم استبعاد القيمة الدفترية لهذا الأصل من الحسابات التذكيرية بمجموعة حساب الأصول الثابتة العامة على أن تسجل حصيلة البيع في المال العام بوصفها موارد مالية أخرى.

وفيما يلي عرض لأهم العمليات المالية التي تتم في مجموعة حسابات الأصول الثابتة العامة:

1- عند الحصول على أصول ثابتة عن طريق المال العام أو مال المشاريع الرأسمالية أو المنح، يتم فتح حساب مدين للأصول يقابله حساب الاستثمار في أصول ثابتة عامة من إيرادات المال العام أو مال المشاريع الرأسمالية أو المنح على الشكل التالي:

• تم الحصول على أجهزة بمبلغ (189600) دولار عن طريق المال العام:

189600   من ح/ الأجهزة والمعدات

189600 إلى ح/ الاستثمار في أصول ثابتة عامة عن طريق المال العام

●إثبات ما أنجز من أعمال في أحد المشاريع تحت التنفيذ بمبلغ (567000) دولار:

567000   من ح/ المشاريع تحت التنفيذ

567000   إلى ح/ الاستثمار في أصول ثابتة عامة من مال المشاريع الرأسمالية

●إثبات الحصول على عقار بمبلغ (750000 دولار أراضي+1200000 دولار مباني) كمنحة من أحد المواطنين بالقيمة العادلة:

من المذكورين

750000   ح/ الأراضي

1200000   ح/ المباني

1950000   إلى ح/ الاستثمار في أصول ثابتة عامة من المنح

2- عند التخلص من أصل ثابت قيمته (135000) دولار، ومجمع اهتلاكه (105000) دولار، يتم جعله دائناً بكامل القيمة وجعل حسابي الاستثمار في أصول ثابتة ومجمع الاهتلاك مدينين على الشكل التالي:

من المذكورين

30000   ح/ الاستثمار في أصول ثابتة عامة من إيرادات المال العام

105000   ح/ مجمع اهتلاك الأجهزة والمعدات

135000   إلى ح/ الأجهزة والمعدات

3- إثبات اهتلاك الأصول يتم عند جعل حساب الاستثمار في الأصول الثابتة مديناً ليقابل حساب مجمع الاهتلاك الدائن بالمبالغ المبينة في القيد التالي:

من المذكورين

60000   ح/ الاستثمار في أصول ثابتة عامة من إيرادات المال العام

420000   ح/ الاستثمار في أصول ثابتة عامة من مال المشاريع الرأسمالية

90000   ح/ الاستثمار في أصول ثابتة عامة من المنح

إلى المذكورين

360000   ح/ مجمع اهتلاك المباني

210000   ح/ مجمع اهتلاك أجهزة ومعدات

يعد في نهاية كل سنة مالية قائمة للتغيرات في الأصول الثابتة العامة فيما يلي نموذج عنها:

قائمة التغيرات في الأصول الثابتة العامة

عن السنة المنتهية في 2006/6/30:

رصيد [1] 2006/6/30	تخفيضات	إضافات	رصيد [1] 2005/7/1	البيـــان
				الأصول الثابتة العامة
10050000	–	750000	9300000	الأراضي
29250000	–	1200000	28050000	المباني
1134600	135000	189600	1080000	أجهزة ومعدات
567000	–	567000	–	مشاريع تحت التنفيذ
41001600	135000	2706600	38430000	إجمالي
				مجمع الاهتلاك
2550000	–	360000	2190000	مجمع اهتلاك المباني
429000	105000	210000	324000	مجمع اهتلاك الأجهزة والمعدات
2979000	105000	570000	2514000	الإجمالي
				الاستثمار في الأصول الثابتة العامة
15735600	90000	189600	15636000	من إيرادات المال العام
14574000	420000	567000	14427000	من أموال المشاريع الرأسمالية
7713000	90000	1950000	5853000	من المنح
38022600	600000	2706600	35916000	الإجمالي

---

[1] تم استخدام أرقام افتراضية لأرصدة أول المدة وآخر المدة.

ب- المحاسبة عن مجموعة حسابات الالتزامات العامة طويلة الأجل:

تمثل سندات المال العام التزامات على الوحدة الحكومية وليس على الأموال الخاصة، ولكي يتم إخضاع هذا الدين لرقابة محاسبية أوجدت مجموعة حسابات الدين العام طويلة الأجل.

تسجل سندات الالتزام العام الخاصة بالوحدة الحكومية، وكل من السندات التي تسدد على أقساط والتي تسدد دفعة واحدة والتي لا تثبت في مال المرافق العامة كحسابات دائنة تذكيرية في مجموعة حسابات الالتزامات العامة طويلة الأجل، أما الطرف المدين في القيد التذكيري فيكون بعنوان (المبالغ الواجب توفيرها)، وعندما يتم تجميع مبالغ نقدية وبعض الأصول في مال خدمة الدين بغرض سداد قيمة هذه السندات يجعل المبلغ المتاح في حساب مال خدمة الدين مديناً، بينما يجعل حساب المبالغ الواجب توفيرها دائناً، وعندما يقوم مال خدمة الدين بسداد قيمة السندات فعلاً يجري قيد عكسي- للحسابات التذكيرية في مجموعة حسابات الالتزام العام طويل الأجل عند إقفال الحسابات في نهاية السنة.

وفيما يلي عرض مجموعة من الملاحظات المالية عن مجموعة حسابات الالتزامات العامة طويلة الأجل مع العلم أن جميع العمليات المالية تتم بالتوافق مع مال خدمة الدين ومال المشاريع الرأسمالية:

مجموعة حساب الالتزام العام في مجلس المدينة – دفتر اليومية:

1- لإثبات المبلغ الذي تسلمه مال خدمة الدين العام البالغ (15000) دولار لاسترداد سندات الالتزام التي تسدد على أقساط يتم جعل حساب المبالغ المتاحة لمال خدمة الدين مديناً وحساب المبالغ الواجب توفيرها دائناً على الشكل التالي:

15000   من ح/ المبالغ المتاحة لمال خدمة الدين

15000   إلى ح/ المبالغ الواجب توفيرها

2- لإثبات الدفعة المسددة بمعرفة مال خدمة الدين من السندات التي تسدد على دفعات بمعدل (10%) البالغة (15000) دولار يتم جعل حساب السندات التي تسدد على دفعات مديناً وحساب المبالغ المتاحة لمال خدمة الدين دائناً على الشكل التالي:

15000   من ح/ السندات التي تسدد على دفعات

15000   إلى ح/المبالغ المتاحة لمال خدمة الدين

3- لإثبات إصدار السندات العادية (التي تسدد دفعة واحدة) البالغ قيمتها (750000) دولار يتم جعل حساب المبالغ الواجب توفيرها مديناً وحساب السندات التي تسدد دفعة واحدة دائناً على الشكل التالي:

750000 من ح/ المبالغ الواجب توفيرها

750000 إلى ح/ السندات التي تسدد دفعة واحدة

يتم في نهاية العام إعداد قائمة عن التغيرات في أرصدة الالتزامات العامة طويلة الأجل.

وفيما يلي نموذج عن هذه القائمة:

قائمة التغيرات في الالتزامات العامة طويلة الأجل

عن السنة المنتهية في 2006/6/30

البيـــان	رصيد 2005/7/1	إضافات	تخفيضات	رصيد 2006/6/30
سندات الدفعة الواحدة				
سندات الالتزام العام لمدة عشرين عاماً تبدأ في 2005/7/1- بفائدة %7		750000		750000
سندات الدفعات السنوية				
سندات الالتزام العام لمدة عشر سنوات، تستحق الدفعة الأخيرة في 2006/1/1	15000		15000	
	15000	750000	15000	750000

حالات أخرى تتعلق بمجموعات حسابات الالتزامات العامة طويلة الأجل :

حالة عقد الإيجار الرأسمالي:

عند نشأة الالتزام العام على الوحدة الحكومية يسجل في مجموعة حسابات الالتزامات العامة طويلة الأجل بقيد في دفتر اليومية وأيضاً إذا وقّعت الوحدة الحكومية عقد إيجار رأسمالياً ولم يسجل مثل هذا العقد في أحد أموال الملكية فيجب أن يسجل الأصل المؤجر في مجموعة حسابات الأصول الثابتة العامة، ويسجل الالتزام المرتبط به في مجموعة الالتزامات العامة طويلة الأجل.

وبفرض أن مجلس المدينة قام بتوقيع عقد إيجار رأسمالي في 2006/7/1 لاستئجار حاسوب لمدة ثلاث سنوات لاستخدامه في مكتبة المدينة، وقد حدد الحد الأدنى لمدفوعات الإيجار بمبلغ 15000 دولار يدفع في 7/1 من كل عام من السنوات 2006- 2007-2008 على أن يؤول حق ملكية الجهاز للمدينة في 2009/7/1 . وقد تقرر استهلاك الجهاز بالقسط الثابت، بافتراض أن عمره الإنتاجي عشر سنوات وأن قيمته كخردة صفر، وكان مجلس المدينة على علم بمعدل الفائدة الضمني للأجر وقدره (8%)،وهو أقل من معدل الفائدة الذي يمكن للمجلس الاقتراض به من الآخر.

مع العلم بما يلي:

- في السنة الأولى لا تحتسب فائدة.
- في السنة الثانية (2140.5 دولار فائدة+12859.5 دولار من أصل المبلغ).
- في السنة الثالثة (1110 دولار فائدة+13890 دولار من أصل المبلغ).

بناء على المعلومات السابقة حول عقد الإيجار الرأسمالي الذي مدته ثلاث سنوات فإن أهم الملاحظات المالية:

في المال العام:

يتم إثبات سداد الدفعة الأولى والثانية والثالثة من عقد الإيجار الرأسمالي المتعلق باستئجار الجهاز في 2006/7/1 - 2007-2008 حيث يجعل حساب النفقات مديناً وحساب النقدية دائناً إذ تتضمن قيمة الدفعة أصل المبلغ + الفائدة على الشكل التالي :

- في 2006/7/1 ، إثبات سداد الدفعة الأولى من عقد الإيجار:

15000 من حـ/ النفقات

15000 إلى حـ/ النقدية

- في 2007 /7/1 ، إثبات سداد الدفعة الثانية من عقد الإيجار:

15000 من حـ/ النفقات (2140.5 دولار فائدة+12859.5 دولار من أصل المبلغ)

15000 إلى حـ/ النقدية

- في 2008/7/1 ، إثبات سداد الدفعة الثالثة من عقد الإيجار:

15000 من حـ/ النفقات (1110 دولار فائدة + 13890 دولار من أصل المبلغ)

15000 إلى حـ/ النقدية

في مجموعة حسابات الالتزامات العامة طويلة الأجل:

1- يتم إثبات الالتزام المتعلق بعقد إيجار رأسمالي مدته ثلاث سنوات نتيجة استئجار حاسوب في 2006/7/1 بجعل حساب المبالغ الواجب توفيرها مديناً وحساب الالتزام المتعلق بعقد إيجار رأسمالي دائناً بالقيمة الصافية للحاسوب (قيمة الجهاز بعد تنزيل الفوائد البالغ مجموعها 3250.5 دولار) على الشكل التالي:

41749.50 من حـ/ المبالغ الواجب توفيرها [(15000 دولار×3سنة)-3250.5 دولار فوائد]

41749.50 إلى حـ/الالتزام بعقد إيجار رأسمالي (القيمة الصافية)

2- لإثبات المسدد بمعرفة المال العام، بقيمة الدفعة الأولى من عقد الإيجار الرأسمالي بتاريخ 2006/7/1، يتم جعل حساب الالتزام المتعلق بعقد إيجار رأسمالي مديناً وحساب المبالغ الواجب توفيرها دائناً بالقيمة الصافية للقسط والأمر نفسه يندرج على بقية الأقساط أي عكس ما جرى في البند /1/ أعلاه على الشكل التالي (مع العلم بأن الدفعة الأولى لا تتضمن فائدة):

15000 من ح/الالتزام المتعلق بعقد إيجار رأسمالي

15000 إلى ح/المبالغ الواجب توفيرها

بتاريخ 1/7/ 2007 يتم إثبات المسدد بمعرفة المال العام، قيمة الدفعة الثانية من عقد الإيجار الرأسمالي

12859.5 من ح/ الالتزام المتعلق بعقد الإيجار الرأسمالي (صافي)

12859.5 إلى ح/ المبالغ الواجب توفيرها

في 2008/7/1، يتم إثبات المسدد بمعرفة المال العام، قيمة الدفعة الثالثة من عقد الإيجار الرأسمالي:

13890 من ح/ الالتزام المتعلق بعقد الإيجار الرأسمالي (صافي)

13890 إلى ح/ المبالغ الواجب توفيرها

القيود في مجموعة حسابات الأصول الثابتة العامة:

1- يتم إثبات المستثمر في الأصول الثابتة العامة من إيرادات المال العام في 2006/7/1 بجعل حساب الأجهزة المستأجرة استئجاراً رأسمالياً مديناً وحساب المستثمر في الأصول الثابتة العامة من إيرادات المال العام دائناً، وذلك بالقيمة الصافية للجهاز على الشكل التالي:

41749.50 من ح/ الأجهزة المستأجرة /استئجاراً رأسمالياً

41749.50إلى ح/المستثمر في الأصول الثابتة العامة من إيرادات المال العام

2- في 30/6/ 2007 لإثبات اهتلاك الحاسوب المستأجر بعقد رأسمالي عن السنة المنتهية في 30/6/ 2007، يتم جعل المستثمر في الأصول الثابتة العامة من إيرادات المال العام مديناً وحساب الأجهزة المستأجرة استئجاراً رأسمالياً دائناً بالقيمة الصافية للقسط على الشكل التالي:

4174.95 من ح/ المستثمر في الأصول الثابتة العامة من إيرادات المال العام

(41749.50 دولار ÷ 10 سنوات)

4174.95 إلى ح/الأجهزة المستأجرة /استئجاراً رأسمالياً

ثالثاً- المحاسبة عن سندات رسوم التحسينات الخاصة:

تسجل عمليات مال رسوم التحسينات في مال الإيراد المخصص ومال المشروعات الرأسمالية وفقاً لظروف كل مشروع وطبيعته، وإذا تعهدت الحكومة بطريقة أو بأخرى بسداد سندات رسوم التحسينات أو بضمان سدادها فيجب أن يسجل ذلك في مجموعة حسابات الالتزامات العامة طويلة الأجل وإذا لم يقع على الوحدة الحكومية أي عبء يتعلق بالتزامات رسوم التحسينات، فلا يجب أن تظهر في القوائم المالية الخاصة بالوحدة الحكومية.

مثـــال:

بفرض أنه لتحسين إحدى المناطق تم فرض رسوم تحسينات على ملاك العقارات بالمنطقة، حيث تم تقدير الرسوم الإجمالية بمبلغ (375000) دولار يحصّل على خمسة أقساط سنوية ابتداءً من 2006/7/1 مقابل فوائد سنوية تفرض على الرصيد بمعدل سنوي (10%) ابتداءً من 7/1/ 2007. ولتسديد التكاليف وافق مجلس المدينة على إصدار سندات بقيمة اسمية (300000) دولار وبفائدة سنوية (8%) على أن تسترد على مدى أربع سنوات بواقع (75000) دولار عن كل سنة بالإضافة إلى الفوائد السنوية ابتداء" من 7/1/ 2007، وتحقق عائداً .

وقد تم إنشاء مال إيراد مخصص ومال المشروعات الرأسمالية لهذه الغاية، كما تعهدت الوحدة الحكومية بسداد قيمة السندات في تواريخ استحقاقها إذا لم تكف حصيلة الرسوم أو تأخر ملاك العقارات في سداد المستحق عليهم.

ونوضح فيما يلي قيود اليومية المتعلقة بهذه العملية كما تظهر في 2006/7/1:

أ- القيود في مال الإيراد المخصص:

- فرض رسوم تحسينات على ملاك العقارات الذين يستفيدون من المشروع حيث يتم تحميل حساب مكلفي رسوم التحسينات الجارية بالمبلغ المتعلق بهذه السنة وحساب مكلفي رسوم التحسينات المؤجلة ببقية المبلغ والاعتراف بالجزء من الإيرادات المتعلق بالسنة المالية المنتهية في 6/30/ 2007 في حساب الإيرادات وتحديد الإيرادات المؤجلة للسنوات التالية في حساب الإيرادات المؤجلة على الشكل التالي:

من المذكورين

75000   ح/ مكلفي رسوم التحسينات الجارية

300000   ح/ مكلفي رسوم التحسينات المؤجلة

إلى المذكورين

75000   ح/ الإيرادات

300000   ح/ الإيرادات المؤجلة

- عند تحصيل رسوم التحسينات الجارية من المكلفين وإيداعها في حساب النقدية يتم إقفال حساب مكلفي رسوم التحسينات الجارية على الشكل التالي:

75000   من ح/ النقدية

75000   إلى ح/ مكلفي رسوم التحسينات الجارية

- عند تحويل أي مبلغ إلى مال المشاريع الرأسمالية لتمويل رصف الشوارع وإنشاء الأرصفة يتم إضافة المبلغ إلى حساب الاستخدامات المالية الأخرى وإنقاصه من حساب النقدية على الشكل التالي:

75000   من ح/ الاستخدامات المالية الأخرى

75000   إلى ح/ النقدية

ب- القيود في مال المشاريع الرأسمالية:

- عند تسلم المبلغ المحول من مال الإيراد المخصص، قيمة رسوم التحسينات الجارية المحصلة من المكلفين، يتم إيداع المبلغ في حساب النقدية وتتم زيادة حساب الموارد المالية الأخرى به على الشكل التالي:

75000   من ح/ النقدية

75000   إلى ح/ الموارد المالية الأخرى

- إصدار سندات قيمتها الاسمية 300000 دولار تستحق على مدى أربع سنوات بفائدة سنوية (8%) وتحقق عائداً سنوياً (9%) يتم إيداع القيمة

المحصلة (التي تقل عن القيمة الاسمية) في حساب النقدية ويزاد حساب الموارد المالية الأخرى بها على الشكل التالي:

293664 من ح/ النقدية

293664 إلى ح/ الموارد المالية الأخرى

ج- القيود في مجموعة حسابات الالتزامات العامة:

لإثبات إصدار سندات بمعدل فائدة سنوي (8%) لتمويل إنشاء رصف الشوارع وبناء الأرصفة، وقد تعهدت الوحدة الحكومية بسداد قيمة هذه السندات في حال عدم كفاية الرسوم المحصلة من الملاك، يتم الاعتراف بكامل المبلغ في حساب المبالغ المطلوب توفيرها المدين وحساب سندات رسوم التحسينات الدائن على الشكل التالي:

300000 من ح/ المبالغ المطلوب توفيرها

300000 إلى ح/ سندات رسوم التحسينات

من خلال ما سبق يلاحظ ما يلي:

1- لم يتم تسجيل الموازنة الرأسمالية المتعلقة بالمشروع سواء في دفاتر مال الإيراد المخصص أو مال المشروعات الرأسمالية، حيث تم عَدُّ موافقة مجلس المدينة على فرض الرسوم وإصدار السندات كافية للرقابة على المشروع.

2- إن مال الإيراد المخصص سوف يقوم بتحصيل الرسوم من المالكين في مواعيد استحقاقها، فهو يتولى خدمة دين السندات وذلك باستردادها في مواعيدها، فضلاً عن ذلك، يفرض هذا المال فائدة بمعدل سنوي (10%) على رصيد الرسوم المستحقة على المكلفين، ويتحمل فوائد بمعدل (8%) على رصيد السندات.

3- يقوم مال الإيراد المخصص بإجراء قيد في 7/30 من السنوات 2007-2008-2009-2007 يوضح فيه تحويل الرسوم المؤجلة إلى رسوم جارية والاعتراف بالإيرادات المرتبطة بها على الشكل التالي:

من المذكورين

75000 ح/ مكلفي رسوم التحسينات الجارية

75000 ح/ الإيرادات المؤجلة

إلى المذكورين

75000 ح/ مكلفي رسوم التحسينات المؤجلة

75000 ح/ الإيرادات

-4 يتولى مال الإيراد المخصص سداد قيمة السندات والفوائد المستحقة عليها وعلى دفعات سنوية من حصيلة الرسوم التي يحصلها من ملاك العقارات والفوائد المفروضة عليها، وطبقاً لذلك تحسب القيمة الحالية لسندات معدل فائدتها الاسمية (8%) وتحقق عائداً (9%) على النحو المذكور في نص المثال:

أصل المبلغ والفوائد المستحقة في 1/7/ 2007

(24000 + 75000) × 0.917431 90826

أصل المبلغ والفوائد المستحقة في 2008/7/1

(18000 +75000) × 0.841680 78276

أصل المبلغ والفوائد المستحقة في 2009/7/1

(12000 + 75000) × 0.772183 67180

أصل المبلغ والفوائد المستحقة في 2010/7/1

(6000 + 75000) × 0.708425 57382

القيمة الحالية لسندات معدل فائدتها الاسمية 8% **293664**

وتحقق عائد 9%

رابعاً- المحاسبة عن أموال الملكية:

إن جميع الأموال الموضحة في المباحث السابقة تصنف كأموال حكومية، ويعزى وجودها إلى الضغوط القانونية الموضوعة لزيادة الإيرادات،وتستخدم الموارد من أجل تقديم الخدمات للشعب، وكذلك من أجل اقتناء المنشآت التي تساعد في تقديم الخدمات،وهذه الأموال قابلة للتوسع، فهم يسجلون فقط الأصول التي سوف تحوّل إلى نقدية وكذلك الالتزامات التي دفعت من الأموال النقدية وتستخدم المحاسبة وفقاً لأساس الاستحقاق المعدّل في حساب إيرادات الحكومة ونفقاتها،ولا تسجل الأصول الثابتة في الحسابات،كما تسجل الديون طويلة الأجل في مجموعة منفصلة من الحسابات.

التصنيف الثاني للأموال هو أموال الملكية، وتستخدم هذه الأموال للمحاسبة عن النشاطات المشابهة للأنشطة المرتبطة بالأعمال الهادفة إلى الربح،ومثل هذه الأنشطة عندما تنفذ من قبل الجهاز الحكومي فإنه لا يسعى من خلالها إلى تحقيق الربح، إلاّ أنها تصمم بالعادة لتغطي التكلفة، ولهذا يُحمل مستخدمو البضائع أو الخدمات المنتجة من قبل أموال الملكية بمبالغ مرتبطة مباشرة بتكلفة تزويدهم بالبضائع أو الخدمات،وهكذا ففي الحالة المثالية يكون لأموال الملكية دعم ذاتي،ويتم الاعتراف بالإيرادات والنفقات على أساس الاستحقاق،ولذلك فإن القوائم المالية لأموال الملكية مشابهة في جميع خطواتها لقوائم وحدات الأعمال، وتسجل الأصول الثابتة المستخدمة في عمليات الشركة ، وكذلك فوائد الديون طويلة الأجل المأخوذة من إيرادات الشركة في الحسابات الخاصة لكل مال ملكية، ويتم الاعتراف باهتلاك الموجودات الثابتة كمصروف، كما تسجل في أموال الملكية جميع المستحقات والمؤجلات المعروفة محاسبياً ، كما يجب إعداد موازنات الأموال لتسهيل إدارة أنشطة الوحدة، ولكن في معظم الدول لا تلتزم أموال الملكية بتبني موازنات قانونية، حيث إن المعايير الصادرة عن هيئة معايير المحاسبة الحكومية لا تشترط وجود الموازنة ضمن الأنظمة المحاسبية لأموال الملكية.

إن استخدام أساس الاستحقاق الكامل يجب أن يظهر فيما إذا تم تحقيق هدف المحافظة على رأس المال أم لا، ويتطلب أساس الاستحقاق في المحاسبة الاعتراف بالإيرادات عندما تكتسب والاعتراف بالنفقات عندما تستحق، ويتم فصل الإيرادات التشغيلية عن الإيرادات غير التشغيلية، كما يتم الاعتراف بالهبات والمستحقات والإيرادات المشتركة المستلمة لأغراض تشغيلية (أو التي يمكن أن تستخدم لعمليات تشغيلية أخرى أو أهداف استثمارية) كإيرادات غير تشغيلية عندما تكتسب، وعلى العكس من ذلك فإن الأموال الحكومية تسجل الهبات المقيدة بإنفاق رأسمالي كتبرع رأسمالي وليس كأي نوع من الإيرادات.

تصنف أموال الملكية إلى نوعين من الأموال: أموال المرافق العامة وأموال الخدمة الداخلية ، وفيما يلي عرض لكل منهما:

أ- المحاسبة عن أموال المرافق العامة:

تتم المحاسبة عن أموال المرافق العامة عن العمليات ذات الصفة التجارية التي تقوم بها الوحدات الحكومية للمحاسبة عن الخدمات المقدمة إلى الشعب على أساس تحميل المستفيد، وربما تستخدم أموال المرافق العامة أيضاً للمحاسبة عن أية عمليات تود الوحدة الحكومية من خلالها تحديد صافي الربح لأهداف السياسة العامة أو السيطرة الإدارية، مثال ذلك مرافق الكهرباء والمياه، ومرافق النقل الجوي والبحري والبري، وتقدم المرافق العامة هذه الخدمات عادة لأفراد المجتمع (وأحياناً لبعض التنظيمات الحكومية الأخرى) بمقابل مادي محققة أرباحاً من عملياتها، ونتيجة لذلك، نجد أن المحاسبة في هذه المرافق العامة تكون أقرب إلى المحاسبة في تنظيمات الأعمال عنها في الأموال الحكومية الأخرى، كون أي نوع من المرافق العامة المنفذة من قبل الحكومة لها نظيرها في قطاع الأعمال الخاص، فعلى سبيل المثال، يطبق أساس الاستحقاق المحاسبي في أموال المرافق العامة، حيث تتم تسوية المصاريف والإيرادات المقدمة والمستحقة، ويتم المحاسبة عن مصروف الاهتلاك ومصروف الديون المشكوك في تحصيلها، فضلاً عن ذلك تشتمل السجلات المحاسبية لمال المرافق العامة على الأصول الثابتة التي يمتلكها المرفق، بالإضافة إلى سندات الإيراد وأي سندات ذات التزام عام. ومن الجدير بالذكر أنه لا تتم في مال المرافق العامة المحاسبة عن الارتباطات، وكذلك لا تسجل بيانات الموازنات السنوية في السجلات المحاسبية للمال ، وإذا قام المرفق العام بدفع مساهمات نقدية للمال العام فتخصم من حساب الأرباح المحتجزة مثلها في ذلك مثل التوزيعات التي تعلن عنها وتدفعها تنظيمات قطاع الأعمال، ويحاسب عن خدمة الدين والفعاليات الإنشائية لمرفق عام حكومي من خلال مال المرافق العامة بدلاً من خدمة الدين ومال المشاريع الرأسمالية، وهكذا فإن تقارير أموال المرافق العامة مكتفية ذاتياً ويمكن للدائنين أو المشرّعين أو الناس تقييم أداء المؤسسات الحكومية بالقواعد نفسها التي يستخدمونها لتقييم أداء المستثمرين أصحاب المشروعات للنشاط الاقتصادي نفسه.

ومع ذلك فهنالك بعض الاختلافات بين المحاسبة في المرفق العام، والمحاسبة في تنظيم قطاع الأعمال، ومن هذه الاختلافات ما يلي:

1- لا تخضع أموال المرافق العامة لضريبة الدخل، ومع ذلك قد يطالب المرفق العام بدفع مساهمة إلى المال العام بدلاً من الضريبة العقارية.

2- لا يظهر رأس المال في الميزانية العمومية الخاصة بالمرفق العام، وبدلاً من ذلك يظهر حساب المساهمات في قطاع حقوق المال، وتمول هذه المساهمات من المال العام أو من تنظيمات حكومية أخرى أو من بعض أفراد المجتمع.

3- يوجد في مال المرافق العامة العديد من الأصول المقيدة التي يتم تمييزها عن الأصول الجارية في الميزانية العمومية، ومن أمثلة هذه الأصول المقيدة قيمة التأمينات النقدية التي يدفعها أفراد المجتمع للمرفق العام كضمان لوفائهم بقيمة ما يحصلون عليه من خدمات، وعادة ما يتم استثمار هذه التأمينات في حساب إيداع في البنك وهو يعدُّ حساباً مقابلاً للالتزامات التي تنشأ على المرفق العام جرّاء هذه التأمينات، وكذلك الحال تعد المبالغ ا لمحصلة من إصدار سندات الإيراد من ضمن الأصول المقيدة والتي تخصص لتمويل توسعات الأصول الثابتة وتجديداتها، فضلاً عن ذلك يجب تجنيب جزء من النقدية المتولدة من عمليات المرفق العام واستثمارها لسداد قيمة السندات والفوائد المستحقة عليها.

4- يتم عادة تمييز الالتزامات قصيرة الأجل المتعلقة بالأصول المقيدة عن باقي الالتزامات الجارية الأخرى، ويفصح عنها في قطاع مستقل بعد الالتزامات طويلة الأجل.

5- يظهر في السجلات المحاسبية عدد من الاحتياطيات التي تقتطع من الأرباح المحتجزة، وتساوي هذه الاحتياطيات النقدية والاستثمارات المقيدة لسداد قيمة سندات الإيراد والفوائد المستحقة عليها.

6- إذا تمت تحويلات من مال الملكية على شكل إعانة إلى المال العام يجب أن تظهر في قائمة الإيرادات والمصاريف والتغيرات في الأرباح المحتجزة.

وفيما يلي عرض نموذج للقوائم المالية التي تصدر عن مرفق عام للمياه:

قائمة الإيرادات والمصاريف والأرباح المحتجزة عن السنة المنتهية في 2006/6/30

البيـــان	المبلغ (دولار)	المبلغ (دولار)
إيرادات العمليات		
إيرادات المياه		780000
مصاريف العمليات		
رواتب وأجور	123000	
تشغيل وصيانة	141000	
مواد ومحروقات	31500	
مهمات	21000	
قوى محركة	112500	
اهتلاكات	67500	
المدفوع للمال العام بدلاً من الضريبة العقارية	60000	
		(556500)
الدخل من العمليات		223500
إيرادات (ومصاريف) مصادر أخرى		
إيرادات الاستثمار	52500	
إيرادات التأجير	30000	
مصاريف الفوائد	(90000)	
إجمالي إيرادات (ومصاريف) المصادر الأخرى		(7500)
صافي الدخل قبل التحويلات		216000
تحويلات إلى المال العام (إعانة)		(15000)
صافي الدخل		201000
الأرباح المحتجزة في بداية العام		483000
الأرباح المحتجزة في نهاية العام		684000

مرفق مياه المدينة (مال الملكية)

الميزانية العمومية في 2006/6/30

البيــان	المبلغ (دولار)	المبلغ (دولار)
الأصول		
الأصول المتداولة		
النقدية	93000	
الاستثمارات قصيرة الأجل (بالتكلفة)	180000	
المدينون (صافي)	84000	
المستحق من المال العام	7500	
مخزون المهمات (الوارد أولاً صادر أولاً)	12000	
المدفوعات المقدمة	18000	
إجمالي الأصول المتداولة		394500
الأصول المقيدة		
النقدية	33000	
الاستثمارات قصيرة الأجل (بالتكلفة)	217500	
إجمالي الأصول المقيدة		250500
العقارات والأجهزة والمعدات		
الأراضي	288000	
المباني	1927500	
الأجهزة والمعدات	520500	
إجمالي	2736000	
يطرح مجمع الاهتلاك	(1122000)	
إجمالي العقارات والأجهزة والمعدات		1614000
إجمالي الأصول		2259000

<u>الالتزامات وحقوق المال</u>

أذون تحت الدفع	216000		
التزامات أخرى	<u>123000</u>		
إجمالي الالتزامات قصيرة الأجل		339000	

<u>الالتزامات المستحقة من الأصول المقيدة</u>

الفوائد المستحقة	30000		
الجزء المستحق من السندات	75000		
تأمينات نقدية من العملاء	<u>66000</u>		
إجمالي الالتزامات المستحقة من الأصول المقيدة		171000	

<u>الالتزامات طويلة الأجل</u>

السندات مطروحاً منها الجزء الجاري		<u>750000</u>	
إجمالي الالتزامات		**1260000**	

<u>حقوق المال</u>

مساهمة المال العام في رأس المال	315000		
الأرباح المحتجزة :			
مخصصة لسداد سندات	79500		
غير مخصصة	<u>604500</u>		
إجمالي حقوق المال		<u>999000</u>	
إجمالي الالتزامات وحقوق المال		<u>2259000</u>	

وفيما يلي أهم الخصائص التي تتميز بها القوائم المالية الخاصة بالمرافق العامة:

1- لم يتم عرض نموذج لقائمة التدفقات النقدية لأنها تشبه تلك التي تعدّ في تنظيمات قطاع الأعمال.

2- اشتملت قائمة الإيرادات والمصروفات والتغيرات في الأرباح المحتجزة المبالغ التي دفعها مرفق المياه إلى المال العام وقدرها (60000) دولار

مقابل الضريبة العقارية و (15000) دولار إعانة وإذا رجعنا إلى دفتر يومية المال العام الذي عرضناه سابقاً سنجد أن القيد رقم (9) تضمن تحصيل هذين المبلغين.

3- تضمنت الميزانية العمومية مبلغ (7500) دولار مستحقاً من المال العام، وقد ظهر هذا المبلغ كالتزام في ميزان مراجعة المال العام المذكور سابقاً في المحاسبة عن المال العام .

4- يمكن التحقق من المبلغ المخصص من الأرباح المحتجزة لسداد السندات على النحو التالي:

المبلغ (دولار)

إجمالي الأصول المقيدة	250500
يطرح المبالغ الخاصة بتأمينات العملاء	66000
الفرق	184500
يطرح المبلغ المخصص للسندات المستحقة الدفع وفوائدها (75000 دولار+ 30000 دولار)	105000
المبلغ المخصص من الأرباح المحتجزة	79500

ب- المحاسبة عن أموال الخدمة الداخلية:

بما أن الوحدات الحكومية قد أصبحت أكثر تعقيداً فمن الممكن تحسين الكفاءة إذا تم توحيد الخدمات المستخدمة من بعض الوزارات أو الشركات أو حتى بعض الوحدات الحكومية في وحدة إدارية واحدة، وبالتالي يتم إنشاء مال الخدمة الداخلية لبيع السلع وأداء الخدمات لأموال الوحدات الحكومية الأخرى، ويتم إنشاء مثل هذا المال لضمان حصول الوحدة الحكومية (بفروعها المختلفة) على السلع والخدمات بطريقة نمطية واقتصادية، مثال ذلك المهمات والأدوات والمعدات المكتبية، وصيانة وإصلاح سيارات الحكومة، وكما ذكر سابقاً تمارس أموال الخدمة الداخلية أنشطة مماثلة لتلك التي تمارسها تنظيمات قطاع الأعمال باستثناء مهم وهو أنها لا تهدف إلى تحقيق الربح.

هـذا ويجب أن تكون إيرادات أموال الخدمـة الداخلية كافيـة لتغطيـة كـل تكاليف العمليـات والمصاريف الأخرى، وقد ينطوي ذلك على إضافة هامش ضئيل للربح، ويتم إنشاء مـال الخدمة الداخلية من المساهمة التي تخصصها الوحدة الحكومية، وتستخدم موارد هـذه المساهمة في بيـع السلع وتقـديم الخدمات إلى الأموال الأخرى بمقابل، وينطوي هذا المقابل على اسـترداد تكلفة البضاعة المباعة أو الخدمة المؤداة، وعادة ما تشتمل هذه التكلفة على مصروف اهتلاك الأصول الثابتة، وعنـدما تحقـق هـذه الأمـوال أرباحاً، فهي لم تستهدفها أصلاً، ولم تكـن دافعاً   أو حافزاً لإنشائها، ولكـن مثل هـذه الأرباح تهيـئ الفرصة لبقاء مال الخدمة الداخلية واستمراره، وتحول دون حدوث عجز مستمر في عملياتها، ومثل هـذه الأرباح لا توزع على أموال أخرى ولكنها تستخدم في مواجهـة الزيادة في مستوى الأسعار، وفي تجديـد الأصول الثابتة وكذلك توسيع نطاق الخدمة ورفع كفاءتها.

وعلى الرغم من أن مال الخدمة الداخلية يجب أن يستخدم موازنة سنوية للتخطيط والرقابة الإدارية على العمليات، فإن بيانات هذه الموازنة لا تثبت في السجلات المحاسبية. والجدير بالذكر أنه تتم المحاسبة في مال المرافق العامة وفقاً لأساس الاستحقاق، ويتضمن ذلك استخدام نظام الجرد المستمر والمحاسبة عـن اهتلاك الأصول الثابتة، أما نظام المحاسبة عن الارتباطات فهو لا يطبق في أموال الخدمة الداخليـة مـع أنه قد يكون مفيداً في الرقابة على أوامر الشراء غير المتكررة.

ولأن أموال الخدمة الداخلية لا تصدر سندات إيراد، ولا تحصل عـلى مساهمات أو تأمينـات مـن العملاء، فإن القوائم المالية التي تصدرها تتشابه تقريباً مع شكل ومضمون القوائم المالية التي تصدر عـن تنظيمات قطاع الأعمال، وكما هـو الحـال في أموال المرافق العامـة لا تظهر حقـوق الملكيـة في الميزانيـة العمومية الخاصة بمال الخدمة الداخليـة، وبـدلاً مـن ذلك يظهـر في قطاع حقوق المـال رصيد حساب مساهمة الحكومة ورصيد حساب الأرباح المحتجزة.

وفيما يلي عرض نموذج للقوائم المالية التي تصدر عن مال الخدمة الداخلية لمجلس المدينة:

مال الخدمة الداخلية لمجلس المدينة

إدارة الصيانة المركزية

قائمة الإيرادات والمصاريف والتغيرات في الأرباح المحتجزة

عن السنة المنتهية في 2006/6/30

البيــان	المبلغ (دولار)	المبلغ (دولار)
<u>إيرادات العمليات</u>		
إيرادات مقابل خدمات الصيانة		243600
<u>مصاريف العمليات</u>		
الرواتب والأجور	31800	
المهمات	126450	
ماء وكهرباء	9150	
الاهتلاكات	<u>72600</u>	
إجمالي مصاريف العمليات		<u>(240000)</u>
صافي الدخل		3600
الأرباح المحتجزة في بداية العام		<u>40200</u>
الأرباح المحتجزة في نهاية العام		<u>43800</u>

مال الخدمة الداخلية لمجلس المدينة

إدارة الصيانة المركزية

الميزانية العمومية في 2006/6/30

البيـان	المبلغ (دولار)	المبلغ (دولار)
الأصول		
الأصول المتداولة		
النقدية	12900	
المستحق من المال العام	9000	
مخزون المهمات (الوارد أولاً صادر أولاً)	96450	
إجمالي الأصول المتداولة		118350
العقارات والأجهزة والمعدات		
الأراضي	213150	
المباني	941250	
الأجهزة والمعدات	199200	
الإجمالي	1353600	
يطرح مجمع الاهتلاك	(491700)	
إجمالي العقارات والأجهزة والمعدات		861900
إجمالي الأصول		980250
الالتزامات وحقوق المال		
الالتزامات قصيرة الأجل		
أذون الدفع المستحقة		21450
حقوق المال		
مساهمة المال العام في رأس المال	915000	
الأرباح المحتجزة غير المخصصة	43800	
إجمالي حقوق المال		958800
إجمالي الالتزامات وحقوق المال		980250

خامساً- المحاسبة عن أموال الوكالة والأمانة:

تتكون الأموال التي يعهد بها الآخرون إلى الوحدة الحكومية من أموال الأمانة القابلة للإنفاق وأموال الأمانة غير القابلة للإنفاق، وأموال أمانة المعاشات وأموال الوكالة، والجدير بالذكر أن علاقة الوحدة الحكومية بهذه الأموال هي في واقع الأمر علاقة القيّم أو الوصي أو الأمين وليست علاقة المالك، وقد وصف مجلس معايير المحاسبة الحكومية GASB أموال الأمانة كما يلي:

"يبوب مال الأمانة لأغراض القياس المحاسبي إما كمال حكومي أو كمال ملكية، فأموال الأمانة القابلة للإنفاق تتم المحاسبة عنها بالطريقة نفسها المستخدمة في الأموال الحكومية وأموال الأمانة غير القابلة للإنفاق وأموال المعاشات تتم المحاسبة عنها بالطريقة نفسها المستخدمة في أموال الملكية، أما أموال الوكالة فهي لا تنطوي على قياس لنتائج الأعمال، ولذلك نجد أن أصولها تتساوى دائماً مع التزاماتها ".

1- المحاسبة عن أموال الوكالة:

من أهم خصائص أموال الوكالة قصر فترة دورانها ومن الأمثلة الشائعة لأموال الوكالة قيام حكومة الولاية أو الحكومة المركزية بتحصيل ضريبة المبيعات نيابة عن الإدارة المحلية، وكذلك قيام إحدى الوزارات الحكومية بخصم ضريبة كسب عمل الموظفين ثم توريدها إلى مصلحة المعاشات، ولأن مال الوكالة لا يسفر عن نتائج عمليات عن السنة المالية، فهو يصدر قائمة مالية واحدة هي الميزانية العمومية للمال التي تفصح عن النقدية والمبالغ تحت التحصيل في جانب الأصول والمبالغ المستحقة الدفع للآخرين أو لوحدات حكومية أخرى في جانب الالتزامات.

وفيما يلي عرض لقوائم مالية تصدر عن مال الوكالة:

مال الوكالة للمدينة

الميزانية العمومية في 2006/6/30

البيـــان	المبلغ (دولار)
الأصول	
النقدية	18900
الالتزامات	
أذون تحت الدفع	18900

مال الوكالة للمدينة

قائمة التغيرات في الأصول والالتزامات

عن السنة المنتهية في 2006/6/30

البيـــــان	رصيد 7/1	إضافات	تخفيضات	رصيد 6/30
الأصول				
النقدية	21300	73500	75900	18900
الالتزامات				
أذون تحت الدفع	21300	73500	75900	18900

2- المحاسبة عن أموال الأمانة القابلة وغير القابلة للإنفاق:

تتميز أموال الأمانة بطول فترة بقائها في الوحدة الحكومية إذا ما قورنت بأموال الوكالة، والفرق بين أموال الأمانة القابلة وغير القابلة للإنفاق، هو أنه إذا كان مال الأمانة قابلاً للإنفاق فيمكن إنفاق كل من مال الأمانة والدخل المتولد عنه في تحقيق الهدف من الأمانة، أما إذا كان مال الأمانة غير قابل للإنفاق فعندئذٍ ينفق الإيراد المتولد في تحقيق الهدف من الأمانة، أما مال الأمانة فيظل كما هو. والمثال على مال الأمانة غير القابل للإنفاق الوقف الذي يشترط فيه الواقف تخصيص الإيرادات المتولدة عنه لإنفاقها بمعرفة الوحدة الحكومية في منح جوائز للطلاب المتفوقين، أما رأس مال الوقف فيكون غير قابل للإنفاق. ويعني ذلك أن الأمانة غير القابلة للإنفاق تستلزم مالين مستقلين يمثل كل منهما وحدة محاسبية: تخصص الأولى للمحاسبة عن رأس مال الأمانة، أما الثانية فتخصص للمحاسبة عن الإيرادات المتولدة عن رأس المال. وعند المحاسبة في كلا المالين يجب التمييز بعناية بين العمليات التي تؤثر على رأس المال (مثل التغيرات التي تطرأ على محفظة الأوراق المالية)، والعمليات التي تؤثر على الإيرادات (مثل التوزيعات النقدية وإيرادات الفوائد المتولدة من تلك المحفظة)، والجدير بالذكر أن عقد الأمانة، الذي يعد من الوثائق القانونية، يجب أن يحدد الفرق بين رأس مال الأمانة والإيرادات، وإذا لم يتعرض عقد الأمانة لمثل هذه التفرقة، فيمكن الرجوع إلى قانون الدولة الذي يحكم هذا النوع من العقود.

ونظراً لأن الوحدة الحكومية تعمل كوصية على أموال الأمانة، فيجب عند المحاسبة عن هذه الأموال الاستجابة للشروط التي تتضمنها عقد الأمانة الذي تم على ضوئه إنشاء الأمانة. من الشروط التي قد تؤثر على الإجراءات المحاسبية في

هذا الصدد النص على ضرورة إثبات بيانات الموازنة في السجلات المحاسبية، والمحاسبة عن الاهتلاك بالنسبة إلى أموال الأمانة التي تشتمل على أصول ثابتة قابلة للاهتلاك.

لتوضيح طريقة المحاسبة عن أموال الأمانة القابلة وغير القابلة للإنفاق، نفترض أنه في 2005/7/1 قدمت إحدى العائلات منحة إلى المدينة في شكل أوراق مالية قابلة للتداول قيمتها السوقية (150000) دولار، وقد اشترطت العائلة على المدينة استثمار هذه المنحة على سبيل الأمانة، على أن يحتفظ برأس مال المنحة كوقف في مال الأمانة غير القابل للإنفاق، أما الإيرادات المتولدة من الأوراق المالية فيمكن إنفاقها بمعرفة المدينة على طلاب الجامعة الذين يحصلون على تقدير ممتاز، وقد اشترطت العائلة المانحة المحاسبة عن هذه الإيرادات في مال أمانة قابل للإنفاق، وقد أوكلت المدينة إدارة هذا الاستثمار إلى أحد المصارف في المدينة مقابل (750) دولار مصاريف سنوية، علماً بأن الفوائد تبلغ (7500) دولار، كما تبلغ التوزيعات (12000) دولار.

و نوضح فيما يلي قيود العمليات لكلا النوعين من الأموال:

أ- مال الأمانة غير القابل للإنفاق (مال رأسمال الوقف):

● عند استلام الأوراق المالية، تسجل في حساب الاستثمارات المدين وحساب الإيرادات الدائن على الشكل التالي:

150000   من ح/ الاستثمارات

150000   إلى ح/ الإيرادات

● عند استحقاق الفوائد والتوزيعات، تفتح لها حسابات مدينة (الفوائد تحت التحصيل والتوزيعات تحت التحصيل)، يقابلها حساب الإيرادات الدائن، وعند التحصيل يتم إقفال حسابات (الفوائد تحت التحصيل والتوزيعات تحت التحصيل) بجعلها دائنة مقابل حساب النقدية المدين على الشكل التالي:

من المذكورين

7500   ح/ الفوائد تحت التحصيل

12000   ح/ التوزيعات تحت التحصيل

19500   إلى ح/ الإيرادات

وعند التحصيل النقدي:

19500   من ح/ النقدية

إلى المذكورين

7500   ح/ الفوائد تحت التحصيل

12000   ح/ التوزيعات تحت التحصيل

- عند استحقاق الالتزام المتعلق بمال الأمانة القابل للإنفاق عن الإيرادات والفوائد يتم فتح حساب تحويلات عمليات خارجة بالمبلغ يقابله حساب المستحق لمال إيراد الوقف الدائن، وعند السداد النقدي يتم جعل حساب المستحق لمال إيراد الوقف مديناً على الشكل التالي:

19500   من / تحويلات عمليات خارجة

19500   إلى ح/ المستحق لمال إيراد الوقف

عند تحويل النقدية من مال رأسمال الأمانة إلى مال إيراد الأمانة:

19500   من ح/ المستحق لمال إيراد الوقف

19500   إلى ح/ النقدية

- في نهاية العام يتم إقفال حسابات الإيرادات، تحويلات عمليات خارجة، ويعد الرصيد المتبقي رصيد المال المخصص للوقف على الشكل التالي:

169500   من ح/ الإيرادات

إلى المذكورين

19500   ح/ تحويلات عمليات خارجة

150000   ح/ رصيد المال المخصص للوقف

بما أن المحاسبة في مال الأمانة غير القابل للإنفاق يتم بالطريقة نفسها التي تستخدم في أموال الملكية، لذلك يصدر عن هذا المال ثلاثة أنواع من القوائم المالية هي: قائمة الإيرادات والمصاريف والتغيرات في رصيد المال، والميزانية العمومية، ثم قائمة التغيرات في المركز المالي.

فيما يلي عرض لهذه القوائم كما تظهر في 2006/6/30:

رأس مال الوقف في المدينة

مال الأمانة غير القابل للإنفاق

قائمة الإيرادات والمصاريف والتغيرات في رصيد المال

عن السنة المنتهية في 2006/6/30

البيـــان	المبلغ (دولار)
الإيرادات من العمليات	
فوائد	7500
توزيعات	12000
منح	150000
إجمالي الإيرادات	169500
تحويلات عمليات خارجة	(19500)
صافي الدخل	150000
رصيد المال في بداية العام	ــ
رصيد المال في نهاية العام	150000

رأس المال الوقف في المدينة

مال الأمانة غير القابل للإنفاق

الميزانية العمومية في 2006/6/30

المبلغ (دولار)	البيـــان
	الأصول
150000	الاستثمارات
	الالتزامات ورصيد المال
150000	رصيد المال المخصص للوقف

رأس مال الأوقاف

مال الأمانة غير القابل للإنفاق

قائمة التغير في المركز المالي عن السنة المنتهية في 2006/6/30

المبلغ (دولار)	البيـــان
	الموارد المالية
150000	صافي الدخل من العمليات
	الاستخدامات المالية
150000	الزيادة في الموارد المالية-رأس المال العامل
	الزيادة في رأس المال العامل
150000	الاستثمارات

ب- مال الأمانة القابل للإنفاق (مال إيراد الوقف):

1. يتم الاعتراف باستحقاق الالتزام لمال الأمانة القابل للإنفاق عن إيرادات الفوائد والتوزيعات بجعل حساب المستحق من رأسمال الوقف مديناً، وحساب الموارد المالية الأخرى دائناً، وعند التحصيل النقدي يقفل حساب المستحق من رأس مال الوقف على الشكل التالي:

19500 من ح/ المستحق من رأس مال الوقف

19500 إلى ح/ الموارد المالية الأخرى

وعند التحصيل النقدي:

19500 من ح/ النقدية

19500 إلى ح/ المستحق من رأسمال الوقف

2. يتم تسجيل جميع المدفوعات النقدية على حساب النفقات (مكافآت الطلاب ونفقات المصرف) على الشكل التالي (مكافآت الطلاب البالغة 18000 دولار تعليمية):

18000 من ح/ النفقات

18000 إلى ح/ النقدية

نفقات المصرف:

750 من ح/ النفقات

750 إلى ح/ النقدية

3. يتم إقفال حسابات الموارد المالية الأخرى بحساب النفقات والباقي يوضع في حساب رصيد المال المخصص لمكافآت الطلاب في نهاية العام على الشكل التالي:

19500 من ح/ الموارد المالية الأخرى

إلى المذكورين

18750 ح/ النفقات

750 ح/ رصيد المال المخصص لمكافآت الطلاب

بما أن المحاسبة عن أموال الأمانة القابلة للإنفاق تشبه المحاسبة عن الأموال الحكومية، لـذلك فـإن القوائم المالية التي تصدر عن أموال الأمانة القابلة للإنفاق هـي: قائمـة الإيـرادات والنفقـات والتغـيرات في رصيد المال، والميزانية العمومية.

وفيما يلي عرض لهاتين القائمتين:

إيرادات أوقاف المدينة

مال الأمانة القابل للإنفاق

قائمة الإيرادات والنفقات والتغيرات في رصيد المال

عن السنة المنتهية في 2006/6/30

البيـــان	المبلغ (دولار)
الإيرادات	--
النفقات	
تعليمية	18000
إدارية	750
إجمالي النفقات	18750
زيادة (أو عجز) الإيرادات عن النفقات	(18750)
تحويلات عمليات واردة	19500
زيادة الإيرادات والموارد المالية الأخرى عن النفقات	750
رصيد المال في بداية العام	--
رصيد المال في نهاية العام	750

إيرادات أوقاف المدينة

مال الأمانة القابل للإنفاق

الميزانية العمومية في 2006/6/30

المبلغ (دولار)	البيـان
	الأصول
750	النقدية
	الالتزامات ورصيد المال
750	رصيد المال المخصص لمكافآت الطلاب

من الملاحظ أنه لا يوجد رصيد مال غير مخصص في كلا نوعي مال الأوقاف، ويرجع ذلك إلى أن عقد الأمانة ينص على تخصيص رصيد المال في كلا المالين لتحقيق الغرض من الأمانة.

3- المحاسبة عن أموال المعاشات:

ربما تكون أموال المعاشات من أكثر الأموال تعقيداً بسبب أن كلاً من التزامات المال ورصيده المخصص يتم تحديدهما على أساس الافتراضات وتشتمل هذه الافتراضات على توقعات عن أعمار موظفي الحكومة الذين يتمتعون ببرنامج المعاش، وتوقعات عن معدلات العائد على أصول مال أمانة المعاش.

وبالرغم من أن أموال المعاشات لا تشتمل على أصول ثابتة أو مصروف اهتلاك   إلا أنه تتم المحاسبة في هذه الأموال بالطريقة نفسها المستخدمة في أموال الملكية. لذلك تتم المحاسبة في أموال أمانات المعاشات وفقاً لأساس الاستحقاق، وتشتمل السجلات المحاسبية للمال على كل الأصول والالتزامات وعلى الإيرادات والمصاريف، هذا وقد يتحمل المال العام في بعض الدول تكاليف إدارة مال أمانة المعاشات.

سيقتصر الإيضاح على القوائم المالية التي تصدر عن هذا المال كما تظهر في السنة المنتهية في 2006/6/30 وسيتم الاعتماد على هذه القوائم لفهم الأسس المحاسبية وبعض الخصائص المميزة لهذا النوع من الأموال:

نظام تقاعد موظفي المدينة

مال أمانة المعاشات

قائمة الإيرادات والمصاريف والتغيرات في رصيد المال

عن السنة المنتهية في 2006/6/30

البيــان	المبلغ (دولار)	المبلغ (دولار)
<u>إيرادات العمليات</u>		
مساهمات الموظفين	197400	
مساهمات الحكومة	370950	
إيرادات الاستثمار	<u>219300</u>	
إجمالي الإيرادات من العمليات		787650
<u>مصاريف العمليات</u>		
المعاشات المسددة للموظفين	333000	
مساهمات مستردة نتيجة فصل بعض الموظفين	57450	
المصاريف الإدارية	<u>280800</u>	
إجمالي مصاريف العمليات		<u>(671250)</u>
صافي دخل العمليات		116400
رصيد المال في بداية العام		<u>1263450</u>
رصيد المال في نهاية العام		**1379850**

نظام تقاعد موظفي المدينة

مال أمانة المعاشات

الميزانية العمومية في 2006/6/30

المبلغ (دولار)	المبلغ (دولار)	البيـــان
		الأصول
31800		النقدية
52200		إيرادات استثمارات تحت التحصيل
1326900		الاستثمارات
	219450	الأثاث والتجهيزات
123150	(96300)	يطرح مجمع الاهتلاك
1534050		إجمالي الأصول
		الالتزامات
(154200)		أذون تحت الدفع ومستحقات أخرى
1379850		صافي الأصول المتاح للمعاشات
		رصيد المال
375150		القيمة الحالية لمعاشات الموظفين المحالين على التقاعد
		القيمة الحالية لمعاشات الموظفين الموجودين في الخدمة
	433800	مساهمات الموظفين
1187700	753900	مساهمات الحكومة
1562850		إجمالي القيمة الحالية طبقاً للقيمة التقديرية
(183000)		العجز في القيمة الحالية
1379850		إجمالي رصيد المال

وهذا وتتميز القوائم المالية السابقة بالخصائص التالية:

1- تشتمل المساهمات على جزء من الموظفين وجزء آخر من الوحدة الحكومية، وفي بعض النظم قد يقتصر الأمر على مساهمة الوحدة الحكومية.

2- تتضمن إيرادات الاستثمار فوائد السندات وتوزيعات الأسهم، بالإضافة إلى المكاسب والخسائر التي تنتج عن بيع الأوراق المالية.

3- تعدُّ المعاشات المسددة إلى الموظفين المحالين على التقاعد بمنزلة المنافع السنوية التي يكفلها لهم النظام.

4- تتضمن الأذون تحت الدفع المعاشات التي لم يتقدم أصحابها لصرفها حتى انتهاء السنة المالية.

5- يتم حساب القيمة الحالية لمعاشات الموظفين الموجودين في الخدمة من تاريخ التحاقهم بالعمل حتى تاريخ إعداد الميزانية، وتحدد هذه القيمة اكتوارياً وفقاً لتقديرات تأخذ بالحسبان الأعمار المتوقعة للموظفين، ومعدل دوران الموظفين، ومستوى الرواتب، ومستوى المعاشات المتوقع منحها، ومعدل التضخم، ومعدلات العائد على الاستثمار.

6- ينشأ العجز في القيمة الحالية نتيجة التغيرات التي تطرأ على عناصر الحسابات الاكتوارية المشار إليها.

التقرير المالي السنوي الشامل للوحدة الحكومية:

يشترط مجلس معايير المحاسبة الحكومية، بأن تصدر الوحدات الحكومية تقريراً مالياً سنوياً. نوضح فيما يلي الخطوط العريضة المتعلقة بهذا التقرير والحد الأدنى من المعلومات التي يتوجب الإفصاح عنها.

1- مقدمة التقرير: وجدول المحتويات، ورسالة الإدارة متضمنة الآراء الحيوية التي تبديها حول أنشطة الوحدة الحكومية.

2- القطاع المالي:

أ- تقرير مراجع الحسابات.

ب- التقارير المالية ذات الأغراض العامة (قوائم مالية مجمعة).

- الميزانية العمومية المجمعة –لكل أنواع الأموال ومجموعات الحسابات.

- القائمــة المجمعــة للإيـرادات والنفقــات والتغــيرات في أرصدة الأمـوال -لكـل الأمــوال الحكومية.

- القائمة المجمعة للإيرادات والنفقات والتغيرات في أرصدة الأموال -للمال العـام ومال الإيراد المخصص.

- القائمة المجمعة للإيرادات والمصروفات والتغيرات في الأرباح المحتجزة -لكل أنواع أمـوال الملكية.

- القائمة المجمعة للتغيرات في المركز المالي -لكل أنواع أموال الملكية.

- ملاحظات على القوائم المالية (عمليات أموال الأمانة يمكن التقريـر عنهـا في (2) و (4) و (5) أو يمكن الإفصاح عنها بصفة مستقلة)

ج- القوائم المتعلقة بالأموال ومجموعات الحسابات.

- القوائم المجمعة -طبقاً لنوع المال- عندما يكون في الوحدة الحكومية أكثر من مال واحد ينتمون إلى نوع واحد.

- القوائم المالية المتعلقة بمال معين ومجموعة حسابات معينة -ويتم ذلك عندما يوجد في الوحدة الحكومية مال واحد مـن نـوع معـين وترتبط بـه مجموعـة حسابات معينة، ويستلزم الأمر إجراء مقارنة مع بيانات السنة السابقة وموازنة السنة الحالية.

- الجداول المساعدة:

أ- إعداد جداول توضح مدى الاستجابة للقواعد المالية والشروط التعاقدية.

ب- جداول مساعدة تفصح عـن بعـض المعلومـات المهمـة التي تستلزم مزيداً من التفصيل مثل الضرائب المستحقة طرف الممولين، والالتزامـات طويلـة الأجـل، والاستثمارات، والمتحصلات النقدية، والمدفوعات، وأرصدة الأموال.

ج- جداول مساعدة تفصح عـن مزيد مـن التفصيل حـول مصادر الإيرادات وتبويب النفقات وفقاً لأنواعها والإدارات المسؤولة عنها.

- الجداول الإحصائية: من الواضح أن قائمة التقارير والجداول المالية السابقة تتصف بالضخامة فضلاً عن تعدد محتوياتها وتنوعها وتداخلها. ومع ذلك قد لا تتوافر المعلومات التفصيلية المطلوبة، فعلى سبيل المثال لا تفصح القوائم المالية المجمعة عن المبالغ المجمعة على مستوى العناصر، فهذه القوائم تشتمل على عدة أعمدة، يخصص عمود لكل مال من أنواع الأموال الثمانية، بالإضافة إلى تخصيص عمودين لمجموعتي الحسابات... ويتم تجميع هذه الأعمدة في عمود تذكيري تتم مقارنته مع السنة السابقة. ويمكننا القول إن القوائم المالية الأساسية التي يتم تضمينها في التقارير المالية السنوية هي أكثر تعقيداً من القوائم المالية المجمعة التي يتم إعدادها بمعرفة الشركة القابضة.

تقويم المبادئ المحاسبية المتعلقة بالوحدات الحكومية:

Appraisal of accounting principles for Governmental units:

إذا رجعنا إلى المعايير التي أرساها مجلس معايير المحاسبة الحكومية نجد أن هذه المعايير تضمنت اتجاهاً ملحوظاً نحو تطوير المحاسبة الحكومية. وبالرغم من ذلك فما زال هناك إحساس بعدم الرضا بسبب التركيز على المحاسبة على أساس الأموال وضخامة القوائم المالية التي يتم تضمينها في التقرير السنوي.

الفصل الرابع

الإطار المؤسسي لإدارة النظام المحاسبي الحكومي الأردني
(التشريعات والإدارة)

تمهيــد

النظام المحاسبي عبارة عن مجموعة الطرق والإجراءات المستخدمة لتوثيق البيانات المالية للوحدة المحاسبية وتجميعها، تصمم لكي تتناسب مع حاجات المشروع. والنظام المحاسبي الحكومي، بالرغم من كونه من أنظمة المحاسبة الخاصة، فهو أيضاً لا يخرج عن هذا السياق فهو "مجموعة من الطرق والإجراءات والتعليمات المحاسبية المناسبة المقننة، تستخدم مجموعة من السجلات والمستندات المحاسبية بهدف حماية موجودات الحكومة (الأموال العامة)، وتقديم البيانات المالية الدقيقة ضمن تقارير وقوائم مالية تعكس نتائج النشاط الحكومي".

والنظام المحاسبي يتضمن مجموعة من القواعد العملية والمهنية والفنية. والقواعد العملية والمهنية هي المبادئ العلمية للمحاسبة، والأسس المحاسبية المتعارف عليها والمستخدمة في تتبع العمليات المالية وتحليلها ودراستها وقياس نتائجها. أما القواعد الفنية فيقصد بها مجموعة السجلات والمستندات المحاسبية التي تخدم حاجات النشاط، إضافة إلى مجموعة الأساليب والإجراءات والتعليمات اللازمة لبيان أنواع الحسابات والغرض منها.

وتهدف الأنظمة المحاسبية المختلفة إلى تحقيق أغراض متعددة سواء أكانت مالية أو إدارية أو اقتصادية، مثل: توفير البيانات وتسهيل أعما الرقابة الداخلية والخارجية وإظهار النتائج الاقتصادية والمالية للنشاط الحكومي وتقييم أداء الوحدات الحكومية وتوفير البيانات اللازمة للتحليل الاقتصادي. وقد أبرز دليل المحاسبة الحكومية الصادر عن هيئة الأمم المتحدة أهداف النظام المحاسبي الحكومي ما يلي:

1. أن تتلاءم نظم المحاسبة الحكومية مع المتطلبات الدستورية والقوانين والأنظمة النافذة.

2. أن تتطابق نظم المحاسبة الحكومية مع تصنيفات الموازنة العامة، لأن وظائف الحسابات والموازنة تعتبر من العناصر المتكاملة للإدارة المالية.

3. يجب أن تنظم الحسابات بطريقة تفصح بوضوح عن الأغراض التي من أجلها حصلت وأنفقت الأموال العامة، والمستويات الإدارية المسؤولة عن الجباية والإنفاق على البرامج.

وأهم عناصر النظام المحاسبي:

أ‌- المجموعة المستندية والدفترية والسجلات المحاسبية.

ب- القواعد والإجراءات المحاسبية.

ج- التقرير والقوائم المالية.

إلا أن أحد الخصائص التي تميز نشاط الإدارة العامة أنه نشاط يجب أن يدار بصورة قانونية وفق المعايير التي تحددها تشريعات الدولة المختلفة. فالإيرادات العامة تتحدد مصادرها، وتنظم عمليات تحصيلها واستخداماتها وفق قواعد قانونية تتقرر عبر عمليات النظام السياسي في الدولة لتعبر عن الخيارات العامة لتمويل نشاطات الدولة وخدماتها.

كما أن استخدامات الأموال العامة (برامج الحكومة ونشاطاتها) تتحدد بالطريقة نفسها عبر موازنة الدولة العامة، وفق قاعدتي التخصص وتقسيم العمل. فوزارة الصحة مثلاً تتولى مسؤولية الخدمات الصحية، ووزارة التربية والتعليم تتولى مسؤولية إشباع العملية التربوية، في حين تتولى دائرة ضريبة الدخل مسؤولية جباية ضريبة الدخل وضريبة الخدمات الاجتماعية المرتبطة بها. أما وزارة الخارجية فتتولى مسؤولية إدارة برنامج العلاقات السياسية الخارجية للدولة وهكذا... وتحدد اختصاصات الوحدات الإدارية ومجالات نشاطاتها بموجب قواعد تشريعية (قوانين وأنظمة) توجه هذه النشاطات وتحدد تلك الاختصاصات.

فبإدارة النظام المحاسبي الحكومي وبنيته، والعمليات المالية التي يتابعها، والأساليب الفنية التي يستخدمها، والأغراض التي يخدمها، ونوعية المعلومات والتقارير التي تنتجها، إنما تتقرر ضمن الإطار القانوني والإداري للدولة، وتتحدد بالنظام المالي، والتعليمات الصادرة بمقتضى هذا النظام عن وزير المالية وفقاً لنصوص دستورية تسمح بإصدارهما.

وضمن هذا الإطار فإن القواعد المحاسبية المتبعة في الأنظمة المحاسبية التجارية يمكن أن يتم تبنيها في القواعد القانونية المالية التي تسنها الدولة. وإذا كان هناك أي تناقض بين قاعدة محاسبية معتمدة قانونياً وأخرى متعارف عليها في العرف المحاسبي التجاري، فإن القاعدة المحاسبية القانونية هي التي تطبق حتى يتسنى تعديل التشريع ليتماشى مع هذه القاعدة. كذلك فإن إحدى مسؤوليات النظام المحاسبي الحكومي، إظهار مدى التقيد بالقواعد القانونية التي تحدد عمليات الجباية والإنفاق، وتوثيقها بالمستندات، وقيدها في الدفاتر المحاسبية المعتمدة، لتحديد أسس المسؤولية القانونية للأجهزة الإدارية أو الأفراد الذي يتولون مسؤوليات ضمن إطارها.

المبحث الأول

الإطار القانوني

يتولى النظام المحاسبي الحكومي متابعة النشاط الحكومي المتمثل بالعمليات المالية التي تجريها الوحدات الإدارية الحكومية، بصورة أرقام يتم إثباتها وتبويبها وتجميعها وإعداد التقارير المتعلقة بها وفقاً للأسس والمبادئ والقواعد، والأساليب الفنية المحاسبية والقانونية المعتمدة. فالتشريعات السائدة في الدولة هي التي تحدد حجم النشاط الحكومي، وكيفية تمويله، وأساليب توزيع الموارد العامة، وطرق المحافظة على المال العام، والرقابة على عمليات القبض والصرف، وتحديد المساءلة القانونية للموظفين ذوي المسؤولية المالية، والعقوبات المترتبة على سوء التصرف أو الائتمان. كذلك فإن القواعد التشريعية تفرض قيوداً وتحديدات، وتفرض أساليب يجب اتباعها في قيد العمليات المالية، واتباع الإجراءات المالية.

وسنتناول علاقة التشريعات بالنظام المحاسبي، من خلال تحليل القواعد المالية ذات العلاقة الواردة في التشريعات التي يتكون منها النظام القانوني الأردني وهي: الدستور، والقوانين، والأنظمة، والتعليمات.

1- الإطار الدستوري:

الدستور هو أرفع نظام قانوني في الدولة، ويجب أن تتوافق مع أحكامه التشريعات الأخرى كافة في نظام الدولة القانوني. ويتضمن الدستور قواعد عامة تتناول الأمور الرئيسية مثل: نظام الحكم، وشكل الحكومة، وواجبات المواطنين وحقوقهم، وسلطات الدولة، ومسؤولية كل منها وواجباتها وصلاحياتها، وطرق تشكيلها، ومسؤوليات رئيس الدولة، وعلاقات السلطات الثلاث: التشريعية والتنفيذية والقضائية، وتعيين وانتخاب أعضائها، ودرجات المحاكم في الدولة وأنواعها. كما يتضمن الدستور أحكاماً عامة تتعلق بقضايا رئيسة لصيانة الدولة، ودستورها، ونظام الحكم فيها. وإلى جانب هذه الأمور، فإن الدستور يتضمن أحكاماً عامة تتعلق بمالية الدولة، وبموازنتها العامة، وهي محور اهتمام هذا القسم. وتتضمن الدساتير أحكاماً تشريعية عامة، وتحليل الأمور التفصيلية إلى القوانين أو الأنظمة. وتندرج القواعد الدستورية ذات العلاقة بالإدارة المالية والنظام المحاسبي في الفصل السابع من الدستور تحت عنوان "الشؤون المالية". ويمكن إجمال هذه القواعد في المجموعات الآتية:

المجموعة الأولى:

وهي التي تحدد بعض القواعد الأساسية التي يبنى عليها النظام المالي والمحاسبي في الدولة وتشمل:

1. قاعدة عمومية الضرائب: ومفادها أن إيرادات الدولة من الضرائب بغض النظر عن مصدرها، وبغض النظر عن الجهة الحكومية التي تقوم بجبايتها، تعتبر إيراداً لخزينة الدولة. وينبني على هذا أن لا يخصص أي إيراد ضريبي لنفقة معينة، مما يحقق التوزيع الأمثل لاستخدامات الأموال العامة. كما أجاز الدستور الخروج عن هذا المبدأ إذا نص القانون على خلاف ذلك.

2. قاعدة عدم جواز إنفاق الأموال العامة أو تخصيصها إلا بقانون: وبناء على هذه القاعدة الدستورية والتي تعتبر إحدى القواعد المحاسبية العامة فإن النفقات العامة، ومخصصات الوزارات والدوائر الحكومية، تتحدد سنوياً بموجب قانون ربط الموازنة العامة الذي يعتبر التشريع الذي تستند إليه دوائر الدولة في الإنفاق العام، والذي يصدر قبل بداية السنة المالية. وتشكل القاعدتان السابقتان الأساس الذي تتكون بموجبه أنواع الاعتمادات التي تمسك قيودها المحاسبية من قبل الدوائر الحكومية (الدستور: مادة 112-6) .

3. عدم جواز فرض الضرائب والرسوم إلا بموجب قوانين، وتحديد الأسس التي تنبني عليها عملية فرض الضرائب وتحصيلها، والمتمثلة بمبدأ التكليف التصاعدي مع تحقيق المساواة والعدالة الاجتماعية، وأن لا تتجاوز الضريبة مقدرة المكلفين على الأداء وحاجة الدولة إلى الأموال.

المجموعة الثانية:

تحدد القواعد المتعلقة بالموازنة العامة، تعتبر الموازنة العامة للدولة أحد العناصر الهامة في النظام المحاسبي الحكومي نظراً لأنها تحتوي على أهم أنواع الحسابات الحكومية وهي حسابات النفقات العامة وحسابات الإيرادات العامة. كما أن التصنيف الذي يتبع في وثيقة الموازنة لهذه الحسابات هو التصنيف الذي يتبع عادة في مسك قيود هذه الحسابات. بالإضافة إلى أن نفقات الدوائر والوزارات الحكومية تتحدد بموجب الموازنة، فإن من مسؤولية المحاسبين الحكوميين متابعة صرف المخصصات لعدم تجاوز المبالغ المحددة للإنفاق الحكومي (المخصصات أو الاعتمادات). ويمكن إجمال هذه القواعد التشريعية بالنقاط التالية:

1. تحديد موعد إقرار الموازنة العامة: حيث نص الدستور الأردني "على تقديم مشروع الموازنة العامة إلى مجلس النواب قبل بدء السنة المالية المختصة

بشهر واحد على الأقل للنظر فيه وفق أحكام الدستور. ولما كانت السنة المالية في الأردن تبدأ في 1/1 من كل عام، فإن مشروع الموازنة العامة يجب أن يعرض على مجلس الأمة في نهاية شهر تشرين الثاني أو بداية كانون الأول من السنة السابقة للسنة المالية.

2. السماح للوزارات والدوائر الحكومية بالإنفاق باعتمادات شهرية بنسبة 12/1 من موازنة السنة السابقة، إذا تعذر إقرار قانون الموازنة قبل بداية السنة المالية الجديدة.

3. تحديد إجراءات وقواعد إقرار الموازنة العامة من قبل السلطة التشريعية، يتضمن الدستور القواعد التالية في هذا السياق:

أ- يتم الاقتراع على الموازنة العامة فصلاً فصلاً.

ب- لا يجوز نقل أي مبلغ من مبالغ النفقات من فصل إلى آخر إلا بموجب قانون.

ج- يجوز لمجلس الأمة عند مناقشة قانون الموازنة أو القوانين المؤقتة المتعلقة بها أن ينقص من النفقات العامة للفصول المختلفة بحسب ما يراه مناسباً للمصلحة العامة، ولكن ليس له زيادة هذه النفقات لا بطريقة التعديل ولا بطريقة تقديم اقتراحات منفصلة للزيادة. إلا أنه يحق للمجلس أن يقترح إحداث قوانين لزيادة النفقات بعد المناقشات الخاصة بإقرار مشروع الموازنة العامة.

2- القوانين:

تسن الدولة مجموعة كبيرة من القوانين لتنظيم العلاقات القائمة في المجتمع. أما القوانين ذات العلاقة المباشرة بالشؤون المالية فيمكن تصنيفها ضمن المجموعات التالية:

أ- قوانين ربط الموازنة:

إن طبيعة النشاط الحكومي في قطاع الخدمات تتطلب وجود خطة للنشاط الحكومي المنتظر تنفيذه خلال الفترة القادمة، بحيث يبين اختيارات الحكومة للأهداف والبرامج والنشاطات المنوي تنفيذها وتكلفة مثل هذه البرامج والنشاطات وأسلوب تمويلها، لذا تصدر الدولة في بداية السنة المالية قانون الموازنة العامة.

وتعتبر الموازنة الخطة أو البرنامج الذي يتضمن تخصيص الموارد المتاحة، لاستخدامات محددة لتحقيق الأهداف التي تسعى إليها الدولة لخدمة المجتمع وتحقيق

المصلحة العامة. لذلك فإن الموازنة العامة تعتبر أحد العناصر الأساسية في النظام المحاسبي الحكومي لجملة أسباب أهمها:

- أنها تحدد حجم النشاط المالي الذي يتولى النظام المحاسبي متابعته خلال السنة المالية.

- أنها تضفي المشروعية على الإنفاق الحكومي، وتوفر خطة مالية يستند إليها النشاط الحكومي ويتولى النظام المحاسبي متابعة تنفيذه.

- تتضمن الموازنة العامة الأنواع الرئيسة من الحسابات التي يتولى النظام المحاسبي مسك قيودها، وهي حسابات الإيرادات العامة والنفقات العامة.وعادة يتم مسك قيود هذه الحسابات حسب التصنيف الوارد في الموازنة.

ويحتوي قانون الموازنة العامة على قواعد محددة تتعلق بالأمور التالية:

- عدم جواز نقل المخصصات من فصل إلى آخر.

- عدم جواز فتح حسابات الأمانات من المخصصات المرصودة في قانون الموازنة إلا بموافقة وزير.

- إجراء المناقلات بين مواد الإنفاق المختلفة وتحديد المواد التي يجوز أو لا يجوز النقل بينها.

- عدم جواز الالتزام بأي مبلغ يزيد على المبالغ الواردة في الأوامر المالية .

- عدم جواز استعمال المخصصات الواردة في الحوالات المالية لغير الأغراض المحددة لها بموجب قانون الموازنة.

ب- **مجموعة القوانين التي تحدد مصادر الإيرادات العامة وبخاصة قوانين الضرائب.** وأهم هذه القوانين: قانون ضريبة الدخل، وقانون الجمارك، وقانون ضريبة الاستهلاك، وغيرها. وتدار هذه الضرائب بواسطة أجهزة متخصصة كدائرة ضريبة الدخل، ودائرة الجمارك. ويضاف إلى هذه القوانين قانون رسوم طوابع الواردات الذي يمثل ما يسمى لدى الدول الأخرى (مصر مثلاً) قانون ضريبة الدمغة. وتحدد نصوص هذه القوانين قواعد الضريبة ومعدلاتها، وأساليب تقديرها وتحصيلها والاعتراض على دين الضريبة.

أما القوانين غير الضريبية التي تحدد إيرادات الدولة من الرسوم وغيرها من الإيرادات، فترتبط بمعظم القوانين التي تنظم سائر العلاقات في المجتمع،

ولعل أهمها: قانون الأحوال المدنية، وقوانين رسوم المحاكم النظامية والشرعية، وقانون الجنسية والتجنس، وقانون النقل، وقانون الدين العام.

ج- مجموعة القوانين التي تحدد الرقابة على الأموال العامة: وتشمل هذه القوانين: قانون ديوان المحاسبة، وقانون تحصيل الأموال الأميرية، وقانون الدين العام، إضافة إلى قانون الموازنة. وسيشار إلى هذه القوانين وقواعدها في الأماكن ذات العلاقة.

د- مجموعة القوانين التي تنظم إيرادات ونفقات معينة أو مخصصة وأهم هذه القوانين: قانون التقاعد المدني، وقانون التقاعد العسكري، وقانون الضمان الاجتماعي.

3- **الأنظمــــة :**

تتميز الأنظمة عن القوانين بما يلي:

- تصدر القوانين عن السلطة التنفيذية بموافقة الملك (الدستور، مادة 14)، فهي أكثر مرونة في سنها وتعديلها.

- تحتوي تفصيلات أدق وأوسع في مجال الأمور التي تنظمها.

فالأنظمة أكثر مرونة من القوانين، لأن الأخيرة تخضع لمناقشة السلطة التشريعية قبل إقرارها. وتصدر الأنظمة في النظام القانوني الأردني إما بموجب الدستور، أو بموجب القوانين ذات العلاقة. وأهم الأنظمة ذات الصلة بالنظام المحاسبي:

أ- **النظام المالي:** تحدد قواعد النظام المالي وتعليمات تطبيقه، بنية النظام المحاسبي الحكومي الأردني، من حيث : عناصر هذا النظام، والتبويب المحاسبي الفني، وإجراءات ضبط القيود المحاسبية، وأساليب تبويب الحسابات وأنواعها، حيث تركز قواعده على الجوانب التالية:

1. تحديد مسؤوليات إدارة النظام المالي، وواجبات موظفي المحاسبة، ومسؤولياتهم.

2. تنظم عمليات الإنفاق الحكومي من حيث:

- إصدار الأوامر المالية والحوالات المالية.

- تحديد المفوضين المخولين بالانفاق من مخصصات الوزارات والدوائر الحكومية.

- تحديد المستندات الواجب تنظيمها لتعزيز عمليات الانفاق الحكومي، وتحديد السجلات والدفاتر المحاسبية التي ستقيد فيها العمليات المالية.

- تحديد إجراءات الصرف، وكيفية إجازة عمليات الانفاق وقيد المبالغ المصروفة والمصروفات المستردة.

- تحديد أنواع السلف وصلاحيات وإجراءات صرفها وتسديدها والرقابة عليها.

- تنظيم إجراءات صرف الرواتب، وتحديد مواعيد دفعها.

3. تنظيم عمليات قبض الإيرادات من حيث:

- تحديد إجراءات القبض والقيد والإيداع في حساب الإيرادات وحساب الخزينة.

- تحديد إجراءات فتح حسابات الأمانات وقيدها وردها ورقابتها.

4. تحديد بنية النظام المحاسبي من حيث:

- تحديد أنواع المستندات والنماذج الواجب إمساكها من قبل الوحدات المحاسبية الحكومية.

- تحديد التبويب المحاسبي والأساليب الفنية المتبعة للعمليات المالية.

- تحديد موعد إعداد التقارير المحاسبية والجهات التي تزود بها من قبل الوحدات المحاسبية وإعداد الحساب الختامي للدولة.

5. الرقابة: حيث يحدد النظام المالي:

- واجبات المدقق الداخلي ومسؤولياته.

- إنشاء وحدات الرقابة المالية في الدوائر المغلقة محاسبياً.

- تشكيل لجان الجرد والتفتيش.

وأعطى النظام المالي وزير المالية صلاحيات إصدار التعليمات المالية لتطبيق أحكام النظام المالي. وقد بدأ بتطبيق أحكام النظام المالي الجديد من مطلع السنة المالية 1994، وبقيت التعليمات التطبيقية الصادرة بمقتضى نظام 1978 نافذ المفعول كما نص على ذلك النظام الجديد، حتى صدور التعليمات التطبيقية للشؤون المالية رقم (1) لسنة 1995 والتي حلت محل التعليمات السابقة.

ب- **نظام اللوازم العامة:** يتناول نظام اللوازم رقم (32) لعام 1993، أساليب إدارة اللوازم الحكومية والإشراف عليها. وقد حل هذا النظام محل النظام رقم (37) لسنة 1978. وقد جاء هذا التشريع لمعالجة الثغرات التي أفرزها النظام السابق، وليضفي مرونة أكثر، لإدارة عمليات توفير اللوازم للدوائر الحكومية، ويحدد نظام اللوازم ما يلي:

1- أساليب وصلاحيات شراء اللوازم الحكومية، سواء من داخل المملكة أم من خارجها. ويشمل ذلك تشكيل لجان العطاءات وصلاحياتها، وأساليب ممارسة أعمالها، والقواعد الواجب مراعاتها في عمليات الشراء.

2- كيفية استلام اللوازم، وصلاحية لجان الاستلام ومسؤولياتها، والاعتراض على رفض قبول اللوازم المخالفة للشروط والمواصفات.

3- إجراءات توريد اللوازم إلى المستودعات المختصة، وتنظيم المستندات المعززة لذلك وقيدها في السجلات.

4- أساليب صرف اللوازم وبيعها وشطبها وإهدائها ونقلها، والإجراءات المتعلقة بها وتنظيم سجلات عهدتها.

5- إجراءات الرقابة على اللوازم والمستودعات العامة، وتدقيق قيودها ومراقبة استخداماتها.

6- تحديد الصلاحيات والإجراءات المالية والمحاسبية المتعلقة بتحصيل أثمان اللوازم الناقصة أو المفقودة أو الإعفاء منها، والحسابات المتعلقة بها.

ج- **نظام ديوان الرقابة والتفتيش الإداري:** أنشئ ديوان الرقابة بموجب النظام رقم (55) لعام 1992، ويهدف إلى تحقيق ما يلي:

1- تطوير إجراءات الدوائر الحكومية الخاضعة للرقابة، والأعمال الإدارية التي تمارسها.

2- تحسين أداء الدوائر الحكومية وإنتاجها.

وتحقيقاً لهذه الأهداف يتولى الديوان المهام والمسؤوليات والصلاحيات التالية:

- متابعة تنفيذ القرارات والبلاغات الصادرة بموجب التشريعات النافذة.

- التحقق من تنفيذ الدوائر لخططها وبرامجها الإدارية.

- دراسة الإجراءات الإدارية واقتراح أساليب تطويرها وتبسيطها.

- مراقبة العمل الإضافي للتأكد من ضرورته وعدم عرقلته للأعمال والمهام الأساسية.

- متابعة تنفيذ خطط وبرامج تدريب وتأهيل الموظفين.

- دراسة كـوادر الـدوائر المعنية للتحقـق مـن تعيين الاختصاصيين ذوي المـؤهلات والكفاءات العلمية في وظائف ضمن اختصاصهم أو تتناسب معها.

- دراسة القضايا والتقارير التي تحال إليـه مـن رئيس الـوزراء أو الـوزراء والتحقـق في المخالفات الإدارية التي يرتكبها الموظفون في الدوائر.

- التحقق من قيام أجهزة الرقابة الداخلية من ممارسة مهامها بصورة سليمة وفعالة.

- دراسة القواعد التي تستند إليها أجهزة الرقابة الداخلية للتثبت من كفاءتها ودقتها في تحقيق الأهداف المقررة . هذا وتمتد صلاحيات الديوان إلى جميع الدوائر وعلى جميع موظفي الدولة ما عدا المؤسسات ذات الصبغة العسكرية والمحاكم.

وبالرغم من أن مسؤوليات ديوان الرقابة والتفتيش الإداري تتركز عـلى الجوانـب الإدارية، إلا أن تحسين الأداء ورفع سوية اتخاذ القرارات الإدارية وتحسين إنتاجية الموظفين كلهـا عوامـل تـؤدي إلى زيادة كفاءة استخدام موارد الدولة المالية وفاعليتها.

د-   الأنظمة الأخرى:

هناك مجموعة كبيرة من الأنظمة النافذة التي تنظم النشـاط الحكومي. وتختص بعض هـذه الأنظمة بإدارة جزء من الفعاليات الإدارية، وجوانب معينة من النظام المالي والمحاسبي الحكومي. وتـنظم هذه الأنظمة الرسوم التي تحصلها الدولة في مجال تطبيقها. إلا أن هناك مجموعة من هذه الأنظمة لا بـد من الإشارة إليها هنا نظراً لارتباطها الفعال ببعض عمليات إدارة النظام المحاسبي. وأبرز هذه الأنظمة:

1. نظام الخدمة المدنية: تحدد قواعد نظام الخدمة المدنية مختلف الجوانب الإدارية المتعلقة بشؤون إدارة الموظفين: مثل تحديد فئاتهم، ودرجاتهم، وإجازاتهم، وواجباتهم، ومسؤولياتهم، وإعارتهم، وانتدابهم، وترفيعهم، وإيقاع العقوبات المسلكية عليهم، وتدريبهم، وإيفادهم في بعثات علمية أو دورات، وغيرها من الجوانب التي تتضمن تطبيقات مالية ومحاسبية متعددة. وتشكل نفقات الدولة المتعلقة بتغطية رواتب الموظفين، وعلاواتهم جانباً رئيساً من نشاط إدارة النظام المحاسبي، وتعتبر القواعد الواردة في نظام الخدمة المرتكزات التي تسترشد بها الإدارة المالية لدفع حقوق الموظفين وتحديد امتيازاتهم. وتحدد المادة (15) من نظام الخدمة المدنية، سلم فئات الموظفين ودرجاتهم التي يتم على أساسها دفع رواتبهم.

2. نظام العلاوات الموحدة: تحدد أحكام نظام العلاوات الموحدة أنواع العلاوات التي تصرف للموظفين، ومقدارها، وشروط صرفها، إضافة إلى الراتب الأساسي الذي يتقاضاه الموظف بموجب نظام الخدمة المدنية أو جدول تشكيلات الوظائف: مثل علاوة غلاء المعيشة الشخصية، وعلاوة غلاء المعيشة العائلية، والعلاوة الأساسية، والعلاوة الفنية، وعلاوة الاختصاص، والعلاوة الإضافية، وبعض العلاوات الأخرى، التي تشكل بعض أنواع الحسابات التي تمسك. وتمثل أرقام المواد حسابات النفقات التي تصرف هذه العلاوات من أصل مخصصاتها حسب تصنيف وثيقة الموازنة العامة لعام 1997.

3. نظام الانتقال والسفر: تحدد أحكام هذا النظام مجموعة أخرى من العلاوات التي تصرف للموظفين في حالات محددة أهمها: علاوة النقل وتصرف مقابل استخدام الموظف لسيارته الخاصة في تنقلاته الرسمية، وعلاوة بدل تنقلات، وهي العلاوة التي تصرف للموظفين الذي تقتضيـ طبيعة عملهم الانتقال في أثناء الدوام الرسمي، وعلاوة السفر (المياومات) وهي العلاوة التي تصرف للموظفين الذين يوفدون في وظائف رسمية خارج مراكز عملهم داخل المملكة أو خارجها.

4. نظام علاوات الميدان: وتحدد قواعده العلاوات التي يستحقها الموظفون الذين يمارسون العمل في المناطق غير المأهولة والمشاريع البعيدة عن البنيان.

4- **التعليمات:**

تصدر التعليمات عن رئيس الوزراء أو الوزراء أو مديري الدوائر كل حسب اختصاصه. وتعتبر جزءاً مكملاً للتشريعات النافذة. وهناك مجموعة كبيرة من التعليمات المالية المتخصصة. ولعل أكثر هذه التشريعات صلة بالنظام المحاسبي هي تعليمات تطبيق النظام المالي، والتعليمات التنظيمية المتعلقة بتطبيق أحكام نظام اللوازم.

أ- التعليمات التطبيقية للشؤون المالية: تصدر هذه التعليمات عن وزير المالية وتتضمن:

- تحديد الأسس والقواعد المالية والمحاسبية التي يرتكز إليها التطبيق المحاسبي الحكومي في الأردن.

- تحديد المستندات والوثائق والسجلات المحاسبية الحكومية.

- تحديد إجراءات قبض الأموال العامة والأمانات والتأمينات.

- تحديد إجراءات الصرف ومراقبة الإنفاق الحكومي من حيث: صدور الأوامر المالية، والحوالات المالية، وتحديد الأشخاص المخولين بالإنفاق، وتحديد مستندات الصرف وإجراءات الإنفاق.

- تحديد إجراءات تدقيق حسابات البنك والشيكات.

- تحديد إجراءات مسك حسابات خارج الموازنة (السلف والأمانات والنقود المنقولة، والمصروفات المستردة).

- تحديد إجراءات إدارة الدين العام.

- تحديد إطار الرقابة المالية الداخلية وقواعدها، وضبط القيود والسجلات والنماذج، إضافة إلى تعليمات عامة.

ب- تعليمات تطبيق نظام اللوازم: وتصدر عن وزير المالية بموجب نظام اللوازم رقم /32/ لعام 1993. وتشمل مجموعة القواعد التي تتعلق بإدارة اللوازم العامة واستخداماتها والتصرف بها، وتشمل الجوانب التالية:

- تحديد الإجراءات المتعلقة بشراء اللوازم وتعليمات الدخول في العطاءات العامة، كما أنها تحدد الشروط العامة للتعاقد وإجراءات إعداد العروض وتقديمها وفتحها وتقييمها.

- تحديد إجراءات الشراء بالتفاوض وعن طريق العطاءات العامة.

المبحث الثاني

الإطار المؤسسي لإدارة النظام المحاسبي وأجهزة الإدارة والرقابة

تتكون الحكومة من سلطات ثلاث هي: السلطة التنفيذية والسلطة التشريعية والسلطة القضائية. ولكل من هذه السلطات الثلاث دور محدد في إدارة النظام المالي للدولة.

فالسلطة التشريعية كممثلة للشعب هي صاحبة الولاية على الأموال العامة. فبالإضافة إلى دورها في سن التشريعات ومنها التشريعات المالية، فإنها تتولى مسؤوليات مالية رئيسة تتمثل بالمصادقة على سياسات الحكومة وخططها من خلال الإقرار السنوي لموازنة الدولة التي تعكس البرامج والمشاريع والسياسات والأعمال التي تقدم من خلالها الخدمات للمواطنين. كما أنها تتولى مراقبة السلطة التنفيذية وأجهزتها ومساءلتها عن إدارة سياستها وأعمالها ومنها إدارة المال العام.

أما السلطة القضائية فتتولى مسؤوليات محددة تتعلق بقضايا الاعتداء على المال العام وسلامة تطبيق القواعد القانونية ومنها المالية.

وأما السلطة التنفيذية بأجهزتها المختلفة وعلى رأسها مجلس الوزراء فتتولى المسؤولية المباشرة في إدارة النظام المالي الحكومي، وتقرير السياسات المالية.

وسيتناول هذا القسم التعريف بدور أجهزة الإدارة المختلفة وواجباتها ومسؤولياتها في إدارة النظام المحاسبي. لنخلص في النتيجة إلى إبراز النمط العام لبنية إدارة النظام المحاسبي، وتحديد دور الأجهزة الإدارية المختلفة في إدارته، التي تتمايز في بعض جوانبها عن الدول الأخرى.

الأجهزة التنفيذية لإدارة النظام المحاسبي:

إن الأجهزة الإدارية التنفيذية المسؤولة عن تطبيق النظام المحاسبي الحكومي أو تتولى مسؤوليات محددة في مجال إدارته تتكون من:

1. مجلس الوزراء.

2. الجهاز المركزي لوزارة المالية والمديريات والوحدات الإدارية التابعة للوزارة في مراكز المحافظات والألوية مثل: مديرية مالية محافظة الكرك، ومديرية مالية محافظة اربد

، ومديرية مالية محافظة السلط وقسم النفقات في جبل الحسين وغيرها.

3. الدوائر المالية المستقلة التي تتبع وزير المالية والتي يتولى إدارتها مدير عام برتبة أمين عام مثل: دائرة ضريبة الدخل، ودائرة الجمارك، ودائرة الموازنة العامة، ودائرة المساحة والأراضي، ودائرة اللوازم العامة، ومؤسسة المناطق الحرة.

4. الدوائر الأخرى ذات المسؤوليات المالية المتخصصة مثل: البنك المركزي، وديوان المحاسبة، وديوان الموظفين، وديوان الرقابة والتفتيش الإداري، ووزارة التخطيط.

5. المديريات المالية أو أقسام المحاسبة في الوزارات والدوائر الحكومية.

6. وحدات الرقابة الداخلية (المالية والإدارية) التي تم تأسيسها في الوزارات والدوائر الحكومية بناءً على بلاغ رئيس الوزراء رقم /31/ لعام 1992.

وتتولى هذه الدوائر والوحدات الإدارية أدواراً محددة ومتباينة في إدارة النظام المالي أو مسك القيود المحاسبية تحت إشراف وزارة المالية. ويشمل هذا المستوى أيضاً المراكز المحاسبية التابعة لوزارة المالية التي تشمل مديريات المالية في المحافظات والألوية، والمراكز المحاسبية الأخرى ضمن منطقة عمان الكبرى. أما من الناحية الإجرائية المحاسبية التطبيقية، والمتعلقة بمسك الدفاتر والسجلات وإجراء القيود المحاسبية، فينحصر الوضع في نمط عام يتكون من مستويين:

أ- مستوى الوحدات الإدارية (الوزارات والدوائر) التي تصنف من الناحية الإجرائية التطبيقية إلى الوزارات والدوائر الحكومية المفتوحة والمغلقة.

ب- المستوى المركزي حيث تمسك السجلات والدفاتر وتعد التقارير على مستوى الدولة ويتولى الجهاز المركزي لوزارة المالية هذه المسؤولية، بالإضافة إلى متابعة عمليات التدفق النقدي، واستكمال صرف نفقات الدوائر المفتوحة، ومسك القيود المحاسبية المركزية، وإعداد الحسابات الختامية.

وتتميز إدارة النظام المحاسبي بتعددية التشريعات، وإن كان التشريع المعني أساساً هو النظام المالي والتعليمات المالية التطبيقية الصادرة بموجبه، التي سبق الإشارة إليها. ويطبق هذا النظام على كافة الوزارات والدوائر الحكومية المدنية التي تدخل موازناتها ضمن الموازنة العامة للدولة (النظام المالي،1994: المادة 3).

هذا وقد أسند الدستور الأردني مسؤولية الرقابة المالية الخارجية إلى ديوان المحاسبة، كما سنبين في الفقرات التالية.

1- **مجلس الوزراء:**

مجلس الوزراء هو الجهة المسؤولة عن إدارة الشؤون المالية ورسم السياسات المالية في الأردن وتنفيذها. فالدستور يقرر "أن مجلس الوزراء يتولى مسؤولية إدارة جميع شؤون الدولة الداخلية والخارجية باستثناء ما قد عهد أو يعهد به بموجب الدستور أو أي تشريع آخر إلى أي شخص أو هيئة أخرى". وتعيين صلاحيات رئيس الوزراء والوزراء ومجلس الوزراء بأنظمة يضعها مجلس الوزراء ويصادق عليها الملك. وبالرغم أن التشريعات المختلفة قد أسندت مسؤوليات مالية لأجهزة متعددة، فإن مجلس الوزراء يمارس مسؤوليات أساسية في رسم السياسة المالية، وتخصيص الموارد لمختلف الدوائر الحكومية، وإقرار الموازنة العامة سنوياً. كما يمارس رئيس الوزراء صلاحيات محددة تنص عليها التشريعات المالية، ويصدر تعليمات تحدد القواعد الواجب مراعاتها عند تطبيق بعض الإجراءات المالية المتبعة.

2- **وزارة المالية:**

تناط مسؤولية رقابة تطبيق أحكام النظام المالي والتحقق من أن الدوائر الحكومية تراعي قواعده في أعمالها المحاسبية بوزير المالية كما أن كل وزير أو مدير دائرة يكون مسؤولاً عن تنفيذ أحكامه في وزارته أو دائرته (النظام المالي، 1994). ويتولى مسؤولية القيام بالأعمال المالية المختلفة "الموظفون الماليون" وهم الموظفون ذوو المسؤولية المالية أو النقدية التي لها ارتباط مباشر بواجباتهم الرسمية أو الناشئة عنها. وتعتبر مسؤولية هؤلاء الموظفين مسؤولية مزدوجة، حيث أنهم مسؤولون شخصياً ومالياً عن توليهم الأعمال المالية المتعلقة بدوائرهم، فهم بالتالي مسؤولون عن أي خطأ يحصل في هذه الحسابات سواء نظموها بأنفسهم أو تحت إشرافهم. ومن مسؤوليات هؤلاء الموظفين ملاحقة عمليات تحصيل الأموال العامة في مواعيدها المحددة وقيد هذه الأموال في حساباتها المخصصة.

ويتميز النظام المالي الحكومي الأردني بكون موظفي الأقسام المحاسبية في الدوائر الحكومية يتبعون إدارياً للوزارات والدوائر التي يعملون فيها، بينما من الناحية الوظيفية يطبقون التعليمات والإجراءات التي يصدرها وزير المالية، ويمسكون الدفاتر والسجلات نيابة عن وزارة المالية. أما الخاصية

الثانية، فإن الدوائر والوزارات الحكومية تصنف من الناحية المحاسبية الإجرائية إلى مجموعتين:

- **الدوائر المغلقة:**

وهي الدوائر التي تتم إجراءات تنظيم مستندات الصرف والقيد المحاسبي في مكاتبها وتقوم بإرسال خلاصة محاسبية شهرية لوزارة المالية لقيد العمليات المالية التي قامت بها في السجلات المركزية التي تمسكها الوزارة، أي أن الدورة المستندية الكاملة لصرف النفقات تتم من قبل الوزارة نفسها. وتتمثل الدوائر المغلقة بالوزارات والدوائر التالية: وزارة الدفاع، ومديرية الأمن العام، ومديرية الدفاع المدني، ووزارة الصحة، ووزارة الخارجية، ووزارة التربية والتعليم، ومؤسسة الإذاعة والتلفزيون، ووزارة الأشغال العامة، ووزارة الزراعة، ومؤسسة المواصلات السلكية واللاسلكية، ووزارة الأوقاف، ووزارة المياه والري.

- **الدوائر المفتوحة:**

وهي التي يقتصر عمل قسم المحاسبة فيها على تنظيم مستندات الصرف، ومسك سجل التأدية والالتزامات ثم تحول مستندات الصرف ضمن "نموذج إرسالية المستندات" إلى وحدات النفقات التابعة لوزارة المالية لاستكمال إجراءات الصرف. ويبدو أن حجم العمليات المالية هو المعيار الذي يقرر نقل مسؤولية مسك القيود المحاسبية من وزارة المالية إليها. ونظراً لتنازل وزارة المالية عن جانب من مسؤولياتها إلى جهات إدارية أخرى (الدوائر المغلقة)، فإن وزارة المالية تتابع مسؤولية تطبيق أحكام النظام المالي عن طريق وحدات الرقابة المالية التي تنشئها في تلك الدوائر من موظفيها. حيث تتكون هذه الوحدات من موظف أو أكثر من موظفي وزارة المالية (المحاسب المفوض سابقاً والمراقب المالي حالياً) ممن تتوفر فيهم الكفاءة والخبرة في الأمور المالية. وتتولى وحدات الرقابة المالية التابعة لوزارة المالية المسؤوليات التالية التي تتعلق بملاحظة تطبيق أحكام النظام المالي في الدوائر التي يوجد فيها وحدة رقابة مالية، حيث منعت التعليمات التطبيقية للشؤون المالية هذه الدوائر من صرف أي مستند قبل فحصه وإجازته من قبل رئيس وحدة الرقابة المالية المعتمدة لديها.

ولقد حددت التعليمات مسؤولية وحدات الرقابة المالية بما يلي:

1. التأكد من أن الضرائب والرسوم يتم تحقيقها وتحصيلها في أوقاتها دون تأخير.

2. التأكد من أن الإجراءات القانونية تتخذ لتحصيل أية أموال يتأخر تحصيلها.

3. التأكد من أن الأموال المحصلة تدفع للبنك المعتمد أولاً بأول وتحول إلى حساب الخزينة.

4. التأكد من توفر المخصصات، وأن إنفاقها يتم للغاية التي رصدت من أجلها، وتوفر السيولة الكافية لكل مستند.

5. إجازة مستندات الصرف.

6. فحص حسابات الدوائر وسجلاتها والتأكد من سلامتها وصحتها.

7. متابعة إغلاق الحسابات الشهرية وإعداد التقارير الشهرية وإرسالها إلى وزارة المالية.

وتكون هذه الوحدات الرقابية مسؤولة أمام أمين عام وزارة المالية، وتتولى تدقيق مستندات الصرف مهما بلغت قيمتها (تدقيق قبل الصرف)، للتأكد من توفر المخصصات المالية اللازمة لدفع قيمتها، والتأكد من قانونية العملية المالية، وصرف المبلغ من مخصصات المادة (الحساب) المحدد للإنفاق على غرض الإنفاق. ويتولى المراقب المالي تبليغ وزير المالية خطياً بكل التجاوزات المالية التي يرى أنها مخالفة لأحكام القوانين والأنظمة المالية.

واجبات وزارة المالية ومسؤولياتها:

تتولى وزارة المالية في المجال المحاسبي المسؤوليات التالية إضافة إلى مسؤولياتها في نطاق الإدارة المالية العامة:

- مراقبة تطبيق أحكام النظام المالي والتعليمات المالية النافذة لدى الوحدات المحاسبية الحكومية التي تتولى تطبيقه وغيره من الأنظمة المالية.

- الإشراف على عمليات تحصيل الإيرادات العامة، وتنظيم الحسابات المتعلقة بها حسب الأصول، والتأكد أن عمليات التحصيل تتم وفق القواعد القانونية والأنظمة المالية المطبقة.

- متابعة حركة التدفق النقدي، ومراعاة توفير السيولة النقدية اللازمة لتغطية نفقات الوزارات والدوائر وتغطية أي عجز نقدي قد يظهر.

- الإشراف على عمليات الإنفاق العام، والتأكد من أنها تتفق والقواعد القانونية المطبقة وبخاصة قانون الموازنة العامة.

- مراقبة خزائن (صناديق) الوحدات المحاسبية والتأكد المستمر من صحة معاملاتها وقيودها.

- مسك القيود المتعلقة بالدين العام، ومسك حسابات القروض الخارجية.

- تسوية رواتب المتقاعدين المدنيين والعسكريين حسب القوانين والأنظمة النافذة.

الهيكل التنظيمي لوزارة المالية:

يتكون الهيكل التنظيمي لوزارة المالية من المركز الرئيسي في عمان وتسع عشرة مديرية ومكتب فرعي. ويتكون الجهاز المركزي الرئيس من تسع مديريات مركزية تناط بها الواجبات والمسؤوليات التالية:

1. **مديرية الإدارة**: وتتكون من الأقسام الإدارية التالية: الديوان، وقسم شؤون الموظفين، وقسم الاستئجارات، وقسم اللوازم وقسم الجريدة الرسمية، وقسم المحاسبة، وقسم الخدمات والمكتبة العائدة للوزارة. وتتولى هذه المديرية الواجبات والاختصاصات التالية:

- إدارة شؤون موظفي الوزارة وحفظ ملفاتهم ومتابعة شؤونهم.

- تأمين الخدمات الضرورية للوزارة لضمان حسن سير العمل.

- تأمين مراسلات الوزارة الواردة وحفظ قيودها.

- تزويد المديريات والأقسام باللوازم المكتبية.

- توزيع الجريدة الرسمية وبيعها.

- تنظيم قرارات لجنة استئجار الأبنية الحكومية ومتابعتها.

2. **مديرية التفتيش**: وتتولى الواجبات والمسؤوليات التالية:

- التفتيش الدوري والتفتيش المفاجئ على مختلف مديريات الوزارة وأقسامها، ومديريات المالية للتأكد من إنجاز أعمالها وفقاً لأحكام القوانين والأنظمة.

- التثبت من حفظ الوثائق والمستندات المالية في أماكن آمنة. والتثبت من أن قابضي الأموال في وزارات الدولة ودوائرها مكفولين حسب ما تقتضي الأنظمة المالية.

- متابعة استيضاحات ديوان المحاسبة.

- الاشتراك في التحقيق في المخالفات المالية.

- التأكد من حسن انتظام سير العمل وسلامة إنجاز الأعمال الإدارية وسرعتها.

- التأكد من قيد المعاملات المالية بانتظام في السجلات الخاصة بها.

3. **مديرية المراقبة والتدقيق:** وتتولى هذه المديرية الواجبات والأعمال التالية:

- المساعدة في تحسين الإجراءات والأنظمة وتطويرها، والمحافظة على أموال الخزينة.

- متابعة دوام الموظفين وإجازاتهم وإرشادهم في أداء مهام وظائفهم وتحسين أسلوب العمل في الوزارة.

- مراقبة نشاطات الخزينة العامة ومتابعتها.

- مراقبة عمليات الإنفاق في المؤسسات ذات الاستقلال المالي.

- إرشاد الموظفين إلى القوانين، والتعليمات المالية لمساعدتهم على تطبيقها وتحسين أدائهم.

- الإشراف على صرف سلفات موظفي الدولة لمهمات السفر الرسمية، ومتابعة قيودها، وتسويتها، وسدادها، وحفظ المستندات المتعلقة بها.

- الإشراف على عمليات الإنفاق التي تتولاها الدوائر المفتوحة من مخصصاتها في الموازنة العامة.
- تقديم التوصيات اللازمة لتطوير القواعد القانونية والأنظمة المالية المتعلقة بالانفاق.

4. **مديرية التقاعد والرواتب:** وتتولى الواجبات والمسؤوليات الآتية:

- تسوية مكافآت العمال وتعويضاتهم وفقاً لأحكام قانون العمل.

- تطبيق أحكام صندوق الضمان الاجتماعي، وتسوية حقوق الموظفين المستفيدين منه.

- متابعة تسوية الحقوق التقاعدية لموظفي الدولة ومنتسبي القوات المسلحة، وتنفيـذ قرارات لجان التقاعد وحفظ قيودها.

5. **مديرية التمويل**: وتتولى الواجبات والمسؤوليات الآتية:

- متابعة توريد الإيرادات العامة لصندوق الخزينـة، وتـأمين السـيولة الماليـة للـوزارات والـدوائر الحكومية.

- متابعة توريد حصيلة القروض، وتسديدها، وتقديم التقارير حول أوضاع الدين العام.

- مسك الحسابات الخاصة بسلفات الموازنة والخزينة ومتابعتها.

- دراسة اتفاقيات القروض الداخلية والخارجية وإصدار سندات القروض والكفالات.

6. **مديرية الحسابات العامة**: وتتولى الواجبات والمسؤوليات الآتية:

- استلام الإيرادات والنفقات وقيدها وفقاً لقانون الموازنة.

- متابعة التسويات المحاسبية وقيودها.

- استلام الخلاصات المحاسبية الشهرية من المراكز كافة وتفريغها في السجلات المركزية وحفظها.

- إدخال أية تعديلات على السجلات المحاسبية.

- إعداد الجداول والنماذج والخلاصات المتعلقة بحساب الدولة الختامي.

- إعداد خلاصات محاسبية شهرية بالنقود المنقولة.

7. **مديرية التخمين وضريبة الأبنية**: وتتولى الواجبات والمسؤوليات الآتية:

- تخمين القيمة الإيجارية للأبنية والأراضي ضمن مناطق البلديات، والإشراف علـى اللجـان التـي تقوم بهذه المهام ومتابعة أعمالها.

- إعداد قوائم التخمين، والإشراف على الإعفاءات الضريبية المقررة.

- النظر في الطعون المتعلقة بالاعتراض على قرارات التخمين والبت فيهـا ضـمن المـدة المحـددة في القانون، وتعديل قوائم التخمين وفقاً للقرارات الجديدة.

- المشاركة في لجان تخطيط المدن.

– النظر في قرارات استئناف التخمين وتنفيذها.

8. **مديرية الشؤون القانونية**: وتتولى الواجبات والمسؤوليات الآتية:

– تقديم الاستشارات والمطالعات القانونية التي تحتاجها الوزارة.

– المشاركة في إعداد القوانين والأنظمة المالية.

– فتح سجلات للدعاوى المقامة على الخزينة لتسجيل خلاصتها والأحكام الصادرة بخصوصها.

9. **مديرية الحاسب الالكتروني**: وتتولى الواجبات والمسؤوليات الآتية:

– تخطيط المعلومات وتنسيقها بين دوائر وزارة المالية المختلفة ضمن نظام متكامل للمعلومات باستخدام الحاسب الالكتروني.

– تدريب الكوادر الفنية محلياً على كيفية استخدام الحاسب والتعامل مع نظم المعلومات.

– تقديم المشورة في كيفية اقتناء الحاسبات الالكترونية واستخدامها عند الطلب.

10. **مديريات المالية في المحافظات والألوية**: تقوم هذه المديريات بجميع الواجبات والمسؤوليات المتعلقة بتحصيل الضرائب، والرسوم، ومسك قيودها، وتحويلها لحساب الخزينة. كما تقوم بصرف النفقات العامة العائدة لفروع الوزارات في المحافظة أو اللواء. ومن مسؤوليات هذه المديريات تخمين ضريبة الأبنية والأراضي عن الممتلكات الواقعة ضمن منطقتها.

وتزود الوزارة هذه المديريات بالسيولة النقدية اللازمة حيث يتم توسيط حساب النقود المنقولة للمبالغ التي تحول من الخزينة لحساب هذه المديريات أو بين المديرية وحساب الخزينة حين يتم توريد المتحصلات إلى خزينة الدولة. كما تقوم هذه المديريات بقبض المبالغ من المكلفين وتحويلها إلى مديريات المالية الأخرى إذا استدعى الأمر ذلك ويشار إلى حساب النقود المنقولة /محاسبين، لتمييزه عن النقود المنقولة/دوائر الذي يتم بين الدوائر الحكومية الأخرى وحساب الواردات العامة أو الخزينة.

الهيكل التنظيمي لوزارة المالية

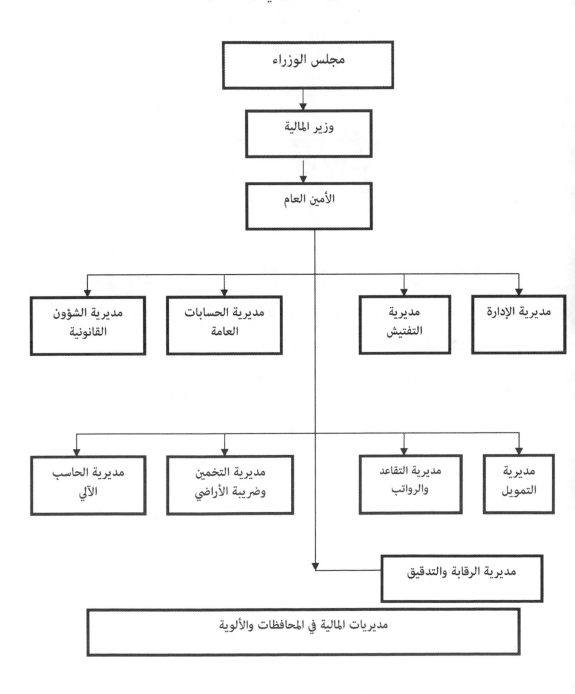

الدوائر المالية المستقلة المرتبطة بوزير المالية: وتشمل الدوائر التالية والتي يرأس كل منها مدير عام برتبة أمين عام وزارة وهي:

- دائرة الموازنة العامة.

- دائرة الأراضي والمساحة.

- دائرة الجمارك.

- دائرة اللوازم العامة.

- دائرة ضريبة الدخل وضريبة المبيعات.

- سوق عمان المالي.

- المؤسسة الأردنية للاستثمار.

- مؤسسة المناطق الحرة.

ويهمنا من هذه الدوائر دائرة الموازنة العامة، حيث أنها تتولى مسؤولية إعداد الموازنة العامة.

أما دائرة اللوازم العامة فتتولى مسؤولية شراء اللوازم والخدمات وتأمينها لتلبية حاجات الدوائر الحكومية، إضافة إلى شراء اللوازم ذات الاستعمال المشترك وتخزينها، وتقديم المشورة للدوائر الحكومية فيما يتعلق بالمشتريات، وتتولى هذه المديرية مسؤولية توثيق الموجودات الرأسمالية للدولة، والتفتيش على اللوازم العامة.

أما دوائر الجمارك وضريبة الدخل والمساحة والأراضي، فتتولى جباية حزء كبير من إيرادات الدولة يتمثل بضريبة الدخل، والرسوم الجمركية، ورسوم تسجيل ملكية الأراضي ونقلها، ورسوم الإنتاج، وتوريدها يومياً إلى حساب الإيرادات العامة لدى البنك المركزي، وتزويد وزارة المالية بنسخ من فيش إيداع النقود أو الشيكات لقيدها في دفتر يومية الإيرادات.

دائرة الموازنة العامة:

أسست دائرة الموازنة العامة في الأردن عام 1962 بناءً على توصية اللجنة الملكية التي شكلت لدراسة الشؤون المالية. وبناءً على هذه التوصية صدر قانون تنظيم

الموازنة العامة رقم (39) لعام 1962 الذي نص على إنشاء هذه الدائرة وحدد تنظيمها واختصاصاتها.

صلاحيات دائرة الموازنة العامة ومسؤولياتها:

تتولى دائرة الموازنة العامة الصلاحيات والمسؤوليات التالية (قانون تنظيم الموازنة العامة، 1962):

1. إعداد الموازنة العامة السنوية للدولة.

2. اقتراح رصد المخصصات اللازمة لتنفيذ السياسة العامة التي يرسمها مجلس الوزراء.

3. تنقيح طلبات التخصيصات المالية التي تتقدم بها دوائر الحكومية بالتخفيض أو الزيادة أو الجمع أو المقابلة أو المراجعة.

4. تمحيص كافة البرامج والأعمال والمشاريع التي تطلب لها مخصصات بغية التأكد من جداولها وعلاقتها بعضها ببعض.

5. التأكد من حذف الازدواجيات غير الضرورية في البرامج والتمويل.

6. التثبت من مطابقة طلبات التخصيصات للسياسة الاقتصادية والمالية والقرارات الأخرى التي يتخذها مجلس الوزراء.

7. طلب المعلومات اللازمة من دوائر الحكومة فيما يتعلق بالبرامج والأعمال والمشاريع وتمويلها.

8. الاطلاع على الوثائق والمخابرات والقيود المالية كافة لأية دائرة من دوائر الدولة.

9. تدقيق الأعمال الإدارية والبرامج لكافة دوائر الحكومة وتحليلها وإعداد ما يلزم لتطويرها وتحسينها بالتعاون مع ديوان الموظفين.

10. إعداد بيان مفصل بالعمليات الضرورية لإقرار الموازنة على أن يحدد لكل من هذه العمليات وقت معين تتم فيه، بحيث تنجز الموافقة النهائية على الموازنة العامة قبل اليوم الأول من شهر كانون الثاني.

ويتضمن مشروع الموازنة العامة عادة:

أ- كشفاً يحتوي على تقديرات الإيرادات والنفقات للسنة المالية المقبلة ووصفا موجزاً يشرح برامج الحكومة المقترحة المختلفة لإثباته في خطة الموازنة.

ب- جدولاً عاماً بإيجاز الإيرادات والنفقات الفصلية للسنة المالية المنتهية التي تسبق السنة الحالية وتقديرات الإيرادات والنفقات للسنة المالية الحالية.

ج- جدولاً يتضمن الإيرادات المقدرة للسنة المالية المقبلة حسب مصدر الإيراد بمقتضى القوانين المعمول بها وقت تقديم الموازنة.

د- جدولاً يوضح بإيجاز الوضع المالي للخزينة العامة.

هـ- جدولاً يوضح ما للحكومة وما عليها من ديون قصيرة أو طويلة الأجل أو خارجية، والخطط المقترحة لتسديدها.

و- وصفاً موجزاً لبرامج الحكومة وأهداف هذه البرامج والنتائج المنتظرة والمخصصات التي رصدت لدوائر الحكومة كما نص على ذلك الدستور. وقد نص قانون تنظيم الموازنة على إنشاء مجلس استشاري للموازنة يتكون من: وزير الاقتصاد الوطني، ووزير المالية، ومحافظ البنك المركزي، ورئيس المجلس القومي للتخطيط، ورئيس ديوان المحاسبة.

الأجهزة المركزية الأخرى: تتولى الأجهزة التالية مسؤوليات محددة في نطاق إدارة النظام المالي سواء من حيث الرقابة أو من حيث تسهيل العمليات.

أ- **ديوان المحاسبة:** لقد أسند الدستور الأردني مسؤولية الرقابة الخارجية على الأموال العامة إلى ديوان المحاسبة. حيث تنص المادة /119/ بأنه "يشكل بقانون ديوان محاسبة لمراقبة إيرادات الدولة ونفقاتها وطرق صرفها "بحيث يقدم الديوان تقريراً عاماً إلى مجلس النواب عن نتائج عمليات التدقيق التي يقوم بها تتضمن آراءه وملحوظاته، وبيان المخالفات المرتبكة، والمسؤولية المترتبة عليها.

وقد صدر بموجب هذا النص قانون ديوان المحاسبة رقم (28) لعام 1952 الذي أدخلت عليه تعديلات طفيفة. وتضمن القانون إنشاء ديوان المحاسبة كدائرة مستقلة تدخل موازنتها ضمن موازنة الدولة العامة لتحل محل "دائرة تدقيق الحسابات وتحقيقها". وقد حدد هذا القانون الواجبات والمهام

والمسؤوليات التي يتولاها الديوان، وأسلوب إدارته. ويتولى ديوان المحاسبة المهام التالية وفقاً للنصوص الواردة في هذا القانون:

- مراقبة واردات الدولة ونفقاتها وحساب الأمانات والسلفات والقروض والتسويات والمستودعات على الوجه المبين في القانون.

- تقديم المشورة في المجالات المحاسبية للأجهزة الرسمية الخاضعة لرقابة الديوان.

وتشمل رقابة ديوان المحاسبة الوزارات والدوائر الحكومية والمؤسسات العامة والمجالس البلدية والقروية، إلا أنها لا تنسحب لحد الآن على الشركات العامة وبعض المؤسسات العامة.

ب- **البنك المركزي الأردني** : البنك المركزي الأردني مؤسسة عامة ذات شخصية اعتبارية مستقلة. ويمارس مهامه وفقاً لأحكام القانون. ونظراً لأهمية الدور الذي يمارسه في تقرير السياسة النقدية وإدارتها، وحساسية ارتباطها بسياسات الدولة الأخرى العامة، تمتلك الحكومة كامل رأسمال البنك، وبالتالي يرتبط ارتباطاً وثيقاً بمجلس الوزراء، حيث يمارس الصلاحيات المنوطة به بموجب قانونه، وينفذ السياسات النقدية والمالية التي تطلبها السياسة العامة للحكومة.

والبنك المركزي إضافة إلى الواجبات والمهام والاختصاصات التي يمارسها للرقابة على البنوك التجارية، وإصدار النقود، وإدارة السياسة النقدية، وممارسة الواجبات التي سنوردها تالياً حسب ما ورد في قانونه، فإنه يعتبر بنك الدولة ووكيل الحكومة في جميع معاملاتها المالية. ونصت المادة /47-أ/ من قانون البنك على أن تحصر الوزارات والدوائر الحكومية التي تدخل موازناتها ضمن موازنة الدولة العامة فتح حساباتها وجميع معاملاتها المصرفية في البنك المركزي. ويتولى البنك فتح الاعتمادات الخارجية وتسديد التزامات الوزارات والدوائر في علاقاتها المالية الخارجية. وبناءً عليه فإن الإيرادات العامة التي تحصلها الدوائر الحكومية يتم توريدها يومياً لدى البنك المركزي باسم الخزينة العامة. كما أن وزارة المالية قامت بفتح حساب موحد لجميع الوزارات والدوائر الحكومية لتغطية نفقاتها وفقاً لسقوف شهرية يحددها الوزير وذلك للاستفادة القصوى من الأرصدة المتوفرة للدولة.

واجبات البنك المركزي ومهامه ومسؤولياته الأساسية:

يتولى البنك المركزي الواجبات والمهام والمسؤوليات الأساسية التي تتلخص بما يلي:

1. إصدار أوراق النقد والمسكوكات.

2. الاحتفاظ باحتياطي المملكة من الذهب والعملات الأجنبية وإدارة هذا الاحتياطي.

3. إدارة كمية الائتمان ونوعيته وكلفته ليتجاوب مع متطلبات النمو الاقتصادي والاستقرار النقدي.

4. اتخاذ التدابير المناسبة لمعالجة المشكلات الاقتصادية والمالية المحلية.

5. العمل كبنك للبنوك المرخصة ومؤسسات الإقراض المتخصصة.

6. مراقبة البنوك المرخصة بما يضمن سلامة مركزها المالي، وضمان حقوق المودعين والمساهمين.

7. العمل كبنك للحكومة.

المبحث الثالث

البنية المحاسبية- المؤسسية لإدارة النظام المحاسبي

إن الإطار المؤسسي لإدارة النظام المحاسبي يتمحور حول البنية الآتية:

1)   **تقسم الوزارات والدوائر الحكومية إلى قسمين رئيسيين:**

أ- الوزارات والدوائر المركزية والمؤسسات التي تدخل موازناتها ضمن الموازنة العامة للدولة، ويتم تمويلها من الدخل العام . وتشمل حوالي (54) وزارة ودائرة مؤسسية حكومية .

ب-   مجموعة المؤسسات والدوائر والصناديق ذات الاستقلال المالي، والمحاسبي، والإداري، والتي يتم تمويلها من مصادر تمويلية خاصة قد يكون مصدر بعضها النفقات أو عن طريق تخصيص بعض مصادر التمويل السيادية أو عن طريق إيراداتها الخاصة. وبعض هذه المؤسسات قد تمول بداية من الخزانة العامة لمرة واحدة ثم تتولى تغطية نفقاتها من الإيرادات التي تحصل عليها. في حين أن البعض الآخر لها إيراداتها المخصصة وتشمل هذه المؤسسات (20) مؤسسة منها: سلطة إقليم العقبة، والمؤسسة الاستهلاكية المدنية، والخط الحديدي الحجازي، ومؤسسة النقل العام، ومعهد الإدارة العامة، والمؤسسة الأردنية للاستثمار، ومؤسسة الموانئ، ومؤسسة التدريب المهني، ومؤسسة المناطق الحرة، وصندوق قصور الكلى، ومؤسسة سكة حديد العقبة، وصندوق توفير البريد، ومجمع اللغة العربية، وصندوق التأمين الصحي، ومؤسسة الاسكان، وسلطة المياه، ووزارة الأوقاف، وضريبة المعارف، وأمانة عمان الكبرى، ويتم إقرار موازنات هذه المؤسسات والمصادقة عليها من قبل مجلس الوزراء.

أما بقية المؤسسات فيتم إقرار موازناتها من قبل مجلس إدارتها، أما موازنات الجامعات الأردنية الرسمية، فيتولى إقرارها والمصادقة عليها من قبل مجلس التعليم العالي.

2) لما كنا معنيين هنا بالنظام المالي العام، فإن الوزارة والدوائر المركزية والمؤسسات الحكومية التي تدخل موازناتها ضمن الموازنة العامة للدولة، وتطبق أحكام هذا النظام، تنقسم من الناحية المحاسبية إلى:

أ- الوزارات والدوائر المغلقة:

وهي مجموعة الوزارات والدوائر التي تتميز بحجم إنفاق كبير، وتستكمل الدورة المستندية لعمليات الإنفاق من قبل أجهزة الدائرة نفسها دون المرور بوزارة المالية ضمن المعطيات التالية:

- يتم تمويل هذه الوزارات والدوائر المركزية والمؤسسات من الدخل العام عن طريق الموازنة.

- يتم تحديد السقف الشهري للإنفاق عن طريق وزارة المالية.

- تتولى هذه الوزارات الإنفاق من حساب خاص بها يتم تغذيته من الخزينة العامة.

- تتولى الدائرة الحكومية السحب في حدود السقف المقرر لها بموجب شيكات.

- تتولى هذه الدوائر إعداد مستندات الإنفاق وقيدها في الدفاتر والسجلات المقررة من وزارة المالية، أي أن الدورة المستندية للإنفاق تتكامل لدى هذه الدوائر دون إرسالها إلى وزارة المالية كما هو الحال في الدوائر المفتوحة.

- تنشئ وزارة المالية وحدات رقابة مالية لدى هذه الدوائر للتأكد من تطبيق أحكام النظام المالي والتعليمات الصادرة بمقتضاه.

- يتم إعداد خلاصة محاسبية شهرية (ميزان مراجعة) يتضمن كافة العمليات المالية التي تجريها الوزارة أو الدائرة أو المؤسسة العامة سواء ما يتعلق بالمبالغ المقبوضة كإيرادات أو المبالغ المصروفة كنفقات وتتعلق بحسابات الموازنة أو المقبوضات والمصروفات المتعلقة بالحسابات الوسيطة حيث يتم إرسالها في الأسبوع الأول من الشهر التالي إلى وزارة المالية –مديرية الحسابات العامة- ليتم قيدها في الدفاتر والسجلات المحاسبية المركزية التي تمسكها وزارة المالية.

- الوزارات والدوائر والمؤسسات الحكومية المفتوحة: تقوم هذه الدوائر بتنظيم مستندات الصرف وقيدها في سجلات التأدية والالتزام وتحويلها إلى مركز النفقات المختص في وزارة المالية بموجب نموذج إرسالية المستندات. ويتولى قسم النفقات المختص في وزارة المالية بدوره استكمال إجراءات الصرف (الدورة المستندية) وإصدار شيك على حساب مخصصات الدائرة المعنية.

- أما في جانب الإيرادات، فتقوم الدوائر المغلقة بتحويل الإيرادات التي تحصلها دورياً لصالح الخزينة العامة بموجب شيكات مسحوبة على حسابها الذي تورد فيه الإيرادات أولاً بأول. أما الدوائر المختصة بجباية الإيرادات، فمعظمها من نوع الدوائر المفتوحة (دائرة ضريبة الدخل، الجمارك، دائرة المساحة والأراضي)، فتقوم بتحويل الإيرادات المحصلة يومياً إلى صندوق الإيرادات إما نقداً أو بموجب قسائم إيداع (فيش) بعد توريد المبالغ المحصلة إلى حـ/الخزينة العامة لدى البنك المركزي. أما مديريات المالية في المحافظات، فتقوم بتوريد إيراداتها (عن طريقة فروع البنك المركزي أو البنوك المرخصة المعتمدة) إلى حساب الخزينة في البنك المركزي وبموجب إشعارات بالتحويل. وضمن هذا النمط الإداري المطبق في الأردن فإن موظفي المحاسبة في الوزارات والدوائر الحكومية المغلقة والمفتوحة على حد سواء يتبعون إدارياً الوزارات والدوائر التي يعملون لديها فهم جزء من كادرها كغيرهم من موظفي الدائرة حيث يتقاضون رواتبهم من مخصصاتها ويتم ترفيعهم ونقلهم من قبل مسؤولي تلك الوزارات والدوائر. أما من الناحية الوظيفية، فهم من موظفي المحاسبة الذي يمسكون الدفاتر والسجلات ويتولون إجراء القيود وتنظيم التقارير نيابة عن وزارة المالية ووفقاً لقواعد النظام المالي وتعليمات وزير المالية.

وتنعكس عمليات إدارة النظام المحاسبي حسب هذا النمط على الأسلوب المحاسبي المتبع، حيث يستخدم الأسلوبين المركزي واللامركزي. فالدوائر المغلقة تستكمل الدورة المستندية لعمليات الإنفاق في مكاتبها وتعد تقريراً شهرياً (الخلاصة الحسابية الشهرية) عن حساباتها ترسل في بداية الشهر التالي إلى وزارة المالية. أما الدوائر المفتوحة فحساباتها تمسك بصورة مركزية من قبل وحدات الإنفاق المرتبطة بوزارة المالية.

المبحث الرابع

عناصر النظام المحاسبي الحكومي

عناصر النظام المحاسبي الحكومي من منظور النظام المفتوح

البيئة

الإدارية والثقافية والسياسية والاقتصادية والتكنولوجيا

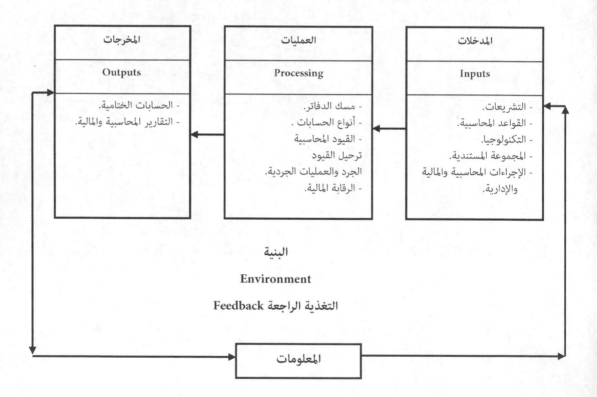

المخرجات	العمليات	المدخلات
Outputs	Processing	Inputs
- الحسابات الختامية. - التقارير المحاسبية والمالية.	- مسك الدفاتر. - أنواع الحسابات . - القيود المحاسبية ترحيل القيود الجرد والعمليات الجردية. - الرقابة المالية.	- التشريعات. - القواعد المحاسبية. - التكنولوجيا. - المجموعة المستندية. - الإجراءات المحاسبية والمالية والإدارية.

البنية

Environment

التغذية الراجعة Feedback

المعلومات

نستنتج مما سبق :

1- يتولى النظام المحاسبي الحكومي متابعة النشاط الحكومي. ولأن هذا النشاط يجب أن يدار بصورة قانونية، فإن تشريعات الدولة المختلفة هي التي تحدد حجمه ونوعيته، كما تحدد القواعد المالية والمحاسبية المتعلقة ببنية النظام المحاسبي وإدارته. وكذلك تحدد الأجهزة الإدارية التي تتولى الواجبات والأعمال المتعلقة بأعمال القبض والصرف ومسك قيودها.

2- يتكون النظام القانوني الأردني هرمياً من أربع مجموعات من التشريعات هي: الدستور، والقوانين، والأنظمة، والتعليمات.

3- بالرغم من تعدد الأنظمة التشريعية، فإن النظام المالي رقم (4) لعام 1994، والتعليمات التطبيقية الصادرة عن وزير المالية هي التي تحدد بصورة أساسية بنية النظام المحاسبي الحكومي المطبق في الأردن. كما تحدد أسلوب إدارته، وإجراءات تطبيقيه.

4- يتميز النظام المحاسبي الأردني بالخصائص الآتية:

- إزدواجية الإشراف على التطبيق.
- ازدواجية مسؤولية موظفي المحاسبة.
- تعددية التشريعات المالية.
- تبعية موظفي المحاسبة في الوزارات والدوائر الحكومية إلى وزاراتهم ودوائرهم من الناحية الإدارية وإلى وزير المالية من الناحية الوظيفية.
- تطبيق إجراءات استكمال الدورة المستندية للصرف بصورة متباينة بين مجموعتين من الدوائر هما: الوزارات، والدوائر المغلقة التي يتولى فيهما الرقابة على التطبيق موظفون من وزارة المالية والدوائر المفتوحة التي تحول مستندات الصرف إلى وزارة المالية لاستكمال الإجراءات المتعلقة بالصرف.
- المزج بين المركزية واللامركزية في التطبيق المحاسبي للدورة المستندية.

5- الأجهزة الإدارية التي تتولى إدارة النظام تشمل مجلس الوزراء ووزارة المالية وأجهزتها والبنك المركزي ويتولى ديوان المحاسبة مسؤولية الرقابة الخارجية بناء على نص دستوري.

المبحث الخامس

نظام الرقابة في الأردن (داخلية- خارجية)

القسم الأول- الرقابة الداخلية في الأردن

أنيطت أعمال الرقابة الداخلية بوزارة المالية، فوزير المالية هو المسؤول عن حسابات الوزارات والدوائر ومعاملاتها المالية ومراقبتها، والتحقق من أن كل وزارة/دائرة تقوم بمراعاة أحكام النظام المالي رقم (3) لعام 1994 في أعمالها المحاسبية والمالية، ويعتبر الوزير المختص مسؤولاً أيضاً عن تنفيذ أحكام هذا النظام.

ولتحقيق ذلك، فإن على وزارة المالية أن تقوم بمراقبة صرف النفقات والتأكد من أنه قد تم صرفها وفقاً للتشريعات المعمول بها، وكذلك فإن على هذه الوزارة مراقبة تحصيل الإيرادات بقيمتها الصحيحة ومواعيدها المحددة في التشريعات ذات العلاقة، والتأكد من أنه قد تم إيداعها لحساب الخزينة العام، وتبليغ الوزارة/الدائرة عن أية فروقات أو تجاوزات، والطلب إليها تصويب أية مخالفة لتلك التشريعات ومتابعة ذلك.

كما تقوم وزارة المالية بإجراء عمليات الفحص والجرد الفجائي للصناديق والمستودعات والطوابع والأذون البريدية والأوراق المالية الأخرى. ولتفعيل دور الرقابة الداخلية في الوحدات الإدارية الحكومية، فقد أصدر رئيس الوزراء البلاغ الرسمي رقم (25) لعام 1992 المؤرخ في 1992/9/1 بتشكيل لجنة مختصة لوضع إطار موحد لنشاط وحدات الرقابة الداخلية في مختلف الوزارات والدوائر، وقد أنهت اللجنة أعمالها خلال المدة المحددة لها ورفعت توصياتها إلى رئيس الوزراء الذي اعتمدها، طالباً من جميع الوزراء ورؤساء الدوائر الحكومية والمؤسسات الرسمية اتخاذ الإجراءات اللازمة لوضعها موضع التنفيذ المستعجل وإصدار التعليمات الضرورية لضمان تحقيقها للغايات المتوخاة من وضعها لتحسين مستوى الخدمة العامة وأحكام الرقابة على استخدام المال العام وتفعيل أنظمة الضبط الداخلي.

وفيما يلي نصوص وأحكام وتوصيات وثيقة الرقابة الداخلية المشار إليها أعلاه:

أولاً- الإطار العام للرقابة الداخلية في الوزارات والدوائر الحكومية والمؤسسات الرسمية العامة:

نتيجة للتوسع في حجم الإنفاق الحكومي، ومراعاةً للاهتمامات الحديثة في مجالات الرقابة والتقييم والمساءلة، وانسجاماً مع توجهات الحكومة في تطوير الأداء في القطاع العام وتحسين مستوى الخدمة العامة، وإحكام الرقابة على استخدامات المال العام، وتفعيل أنظمة الضبط الداخلي، ولغايات تسهيل مهمة الرقابة الخارجية من قبل وزارة المالية وديوان المحاسبة وديوان الرقابة والتفتيش الإداري ومكاتب التدقيق الخاصة، فقد تبنت الحكومة فكرة إنشاء وحدات للرقابة الداخلية في الوزارات والدوائر والمؤسسات العامة، وذلك من أجل خدمة الإدارة العليا في كل منها في مجال الرقابة على المال العام وضمان الالتزام بمستويات الأداء المخططة، لإنجاز الأهداف المرسومة، وذلك ضمن الإطار العام التالي:

1- وحدة الرقابة الداخلية:

أ- **الهدف العام:**

تهدف وظيفة الرقابة الداخلية إلى مساعدة الإدارة العليا في الوزارات والدوائر الحكومية والمؤسسات الرسمية العامة، إلى التأكد من أن الأهداف المحددة قد تم إنجازها وفق الخطط والسياسات المرسومة، وإلى تزويدها بالمعلومات والبيانات عما يجري على الواقع لغايات إحكام الرقابة والتقييم والمساءلة.

ب- **نطاق العمل ومجالاته:**

يمتد نطاق عمل وحدة الرقابة الداخلية ليشمل التدقيق والرقابة المالية والإدارية السابقة و/أو اللاحقة والشاملة أو الجزئية في المجالات التالية:

- الموارد واستخداماتها.

- عناصر الإنتاج البشرية والمادية الموظفة والمستخدمة والمخزونة.

- الأداء وإجراءات العمل.

- القوانين والأنظمة والتعليمات والقرارات.

- السجلات والمستندات والوثائق والملفات.

- أعمال اللجان.

ج- المهام والمسؤوليات:

- الفحـص والتحقـق والتقيـيم لكافـة أوجـه النشـاط المتعلقـة بسـلامة وصحة المعـاملات والتصرفات المالية أو إجراءات العمل أو عناصر الإنتاج البشرية والمادية.

- التحقق والتأكد من أن الموارد قد تـم تحصيـلها في مواعيـدها وتوثيقها بالسجلات حسب الأصول واستخدامها في الأوجه المخطط لها.

- الفحص والتحقق من الالتزام بالخطط ومستويات الأداء والأهداف المرسومة.

- التحقق والتأكد من أن الأصول والممتلكات وعناصر الإنتاج المختلفة قـد تـم امتلاكهـا أو شراؤها أو إنشاؤها أو توظيفها أو استخدامها أو الانتفـاع بهـا وفـق المواصفـات والمعـايير والخطط الموضوعة والمعتمدة لها.

- التحقق والتأكد من توفير كافة الوسائل الممكنة لسلامة عناصر الإنتاج الموظفة وصيانتها وحمايتها والمحافظة عليها.

- التحقق والتأكد من أن استخدام عناصر الإنتاج وإجراءات العمل قد تمت وفق التشريعات المعمول بها.

- التحقق والتأكد من صحة وأصولية السجلات والمستندات والوثائق والملفات.

- تقييم الأداء في كافة مجالات العمل.

- المشاركة في أعمال اللجان بتكليف من الجهة التي ترتبط بها الوحدة.

- الاستفسار والسؤال والحصول عـلى البيانـات والمعلومـات وذلـك في نطـاق المهـام المناطـة بالوحدة.

- التوصية بإلغاء أو تعديل كل ما يعيق أو يحول دون الأداء الفعال والرقابة الفعالة.

- تقييم القرارات الإدارية للتأكد من انسجامها مع التشريعات المعمول بها.

د- الموقع في الهيكل التنظيمي:

يتوجب أن يكون لوحدة الرقابة الداخلية مستوى إداري مماثل للوحدات والتقسيمات الإدارية الرئيسة في الوزارة أو الدائرة أو المؤسسة الرسمية العامـة، ولرئيسـها أو مـديرها نفـس المسـتوى الإداري لرؤساء أو مدراء

الوحدات الرئيسة في كل منها، على أن يرتبط مباشرة بالوزير إذا كانت الوحدة تابعة لـوزارة أو دائرة حكومية، وبالمدير العام إذا كانت تابعة لمؤسسة رسمية عامة.

ويشترط أن يوفر هذا الموقع لوحدة الرقابة الداخلية الأمور الداخلية:

- الاستقلال التام عن تأثيرات خطوط السلطة لكافة المستويات الإدارية الأخرى.

- الـدعم الإداري الـدائم والمستمر مـن المسؤول الأعلى في الـوزارة والـدائرة الحكومية أو المؤسسة الرسمية العامة، والتعاون الإيجابي مع كافة المستويات الإدارية الأخرى.

- ضمان تنفيذ التوصيات والإجراءات التصحيحية المقدمة أو المقترحة قبلها.

- تقديم التقارير مباشرة إلى الوزير ونسخة منها إلى الأمين العام أو المدير العـام المرتبطـة بـه إذا كانت الوحدة تابعة لمؤسسة رسمية عامة.

هـ- الهيكل التنظيمي للوحدة:

تحدد التقسيمات الإدارية في الهيكل التنظيمي لوحدة الرقابة الداخلية بوحـدة إداريـة يرأسها مدير يرتبط بالوزير أو مدير عام المؤسسة الرسمية العامة وتتكون من قسمين هما:

- قسم التدقيق والرقابة المالية: ويرأسه رئيس قسم يرتبط بمدير الوحدة.

- قسم التدقيق والرقابة الإدارية: ويرأسه رئيس قسم يرتبط بمدير الوحدة.

و- العاملون في وحدة الرقابة الداخلية:

يحدد عدد العاملين في وحدة الرقابة الداخلية ونوع مؤهلاتهم العلمية ومدة خبراتهم العمليـة في ضوء نشاط وأهداف الوزارة أو الدائرة أو المؤسسة الرسمية العامة على النحو التالي:

- مدير وحدة الرقابة الداخلية:

المؤهل العلمي: الدرجة الجامعية الأولى في المحاسبة كحد أدنى.

مدة الخبرة: خمس سنوات على الأقل في مجال اختصاصه.

- رئيس قسم التدقيق والرقابة المالية:

– **المؤهل العلمي:** الدرجة الجامعية الأولى في المحاسبة كحد أدنى.

مدة الخبرة: سنتان على الأقل في مجال اختصاصه.

– رئيس قسم التدقيق والرقابة الإدارية:

المؤهل العلمي: الدرجة الجامعية الأولى في الحقوق أو التجارة أو العلوم الإدارية كحد أدنى أو أي مؤهل جامعي له علاقة بنشاط الوحدة الإدارية.

مدة الخبرة: سنتان على الأقل في مجال اختصاصه.

– العاملون في قسم التدقيق والرقابة المالية:

العدد: يحدد عدد العاملين في هذا القسم في ضوء طبيعة حجم العمل في كل وزارة أو دائرة أو مؤسسة رسمية عامة.

المؤهل العلمي: الدرجة الجامعية الأولى في المحاسبة كحد أدنى.

مدة الخبرة: يفضل من لديه خبرة في مجال اختصاصه.

– العاملون في قسم التدقيق والرقابة الإدارية:

العدد: يحدد عدد العاملين في هذا القسم في ضوء حجم ونوع العمل والنشاط في كل وزارة أو دائرة أو مؤسسة رسمية عامة.

المؤهل العلمي: مؤهلات علمية مختلفة يتوقف نوع التخصص فيها على طبيعة ونوع العمل والنشاط في الوزارة أو الدائرة أو المؤسسة الرسمية العامة وعناصر الإنتاج الموظفة فيها.

مدة الخبرة: يفضل من لديه خبرة في مجال اختصاصه.

– مراعاة لطبيعة وحجم العمل في بعض الوزارات والدوائر الحكومية والمؤسسات الرسمية العامة فإنه يمكن الاكتفاء بشخص واحد أو أكثر للقيام بكافة أعمال الرقابة الداخلية.

2- وحدة التدقيق والرقابة المالية:

أ- **الهدف:**

التأكد من دقة البيانات المحاسبية وسلامتها والتأكد من المحافظة على أصول الوحدة الإدارية.

ب- المهام والمسؤوليات:

- التأكد من صحة وسلامة تطبيق التشريعات المالية المعمول بها والسياسات المالية وتعليمات الضبط الداخلي التي تحكم إجراءات العمل.

- الفحص والتحقق من الصحة الحسابية للمعاملات والمستندات المالية والوثائق المعززة لها والمتعلقة بالإيرادات والنفقات ومن صحة التوجيه المحاسبي لها وصحة تسجيلها وترحيلها وترصيدها وتبويبها وفق الأصول والمبادئ المحاسبية الحكومية أو التجارية المتعارف عليها ووفقاً للتشريعات المعمول بها.

- التأكد من أن القوائم المالية قد تم تبويبها حسب الأصول وأن البيانات الواردة بها صحيحة.

- التأكد من أن الموارد وأوجه استخدامها قد تم وفق الأهداف والخطط المالية المرسومة وأن الانحرافات قد تم إبرازها وتبريرها أو تصويبها.

- التأكد من صحة تحليل النتائج المالية.

- التأكد من حسن استخدام وحفظ السجلات والوثائق المالية حسب الأصول.

- الفحص والتحقق من مطابقة بيانات سجلات الموجودات على الواقع من خلال الجرد المفاجئ للجوانب المتعلقة بها.

- إبداء الرأي في أي موضوع ذي صبغة أو انعكسات مالية بناءً على طلب الوزارة أو الدائرة أو المؤسسة الرسمية العامة التي ترتبط بها وحدة الرقابة الداخلية.

3- وحدة التدقيق والرقابة الإدارية:

أ- الهدف:

التحقق من فاعلية وكفاءة الأداء الإداري والفني والتحقق من أن إجراءات العمل واستخدام عناصر الإنتاج البشرية والمادية قد تمت وفق الخطط ومستويات الأداء والأهداف المرسومة ووفق التشريعات المعمول بها.

ب- المهام والمسؤوليات:

- الفحص والتحقق من سلامة أساليب الأداء وإجراءات العمل والتوصية بإلغاء أو تعديل كل ما يعيق الأداء الفعال أو الرقابة الفعالة.

- الفحص والتحقق من حسن استخدام وتشغيل عناصر الإنتاج البشرية والمادية وسلامة وسائل حمايتها وصيانتها وتنميتها والمحافظة عليها.

- تقييم نتائج الانحراف عن مستويات الأداء والخطط والسياسات المرسومة .

- تشخيص المشاكل القائمة وتقديم التوصيات بالإجراءات التصحيحية والحلول المقترحة.

- إبداء الرأي في أي موضوع ذي طبيعة إدارية أو فنية بناء على طلب السلطة العليا في الوزارة أو الدائرة أو المؤسسة الرسمية العامة التي ترتبط بها وحدة الرقابة الداخلية.

4- مدير وحدة الرقابة الداخلية:

أ- المهام والمسؤوليات:

- الإشراف على سلامة إنجاز كافة المهام المناطة بنشاط وحدة الرقابة الداخلية وفحصها والتحقق منها.

- الفحص والتحقق والاطلاع والتقييم والتوصية حول أداء كافة الأنشطة لوحدة الرقابة الداخلية وفق الخطط ومستويات الأداء والأهداف المرسومة ووفق التشريعات المعمول بها.

ب- الصلاحيات:

لمدير وحدة الرقابة الداخلية الصلاحية الكاملة في الإشراف والفحص والتحقق والاطلاع والتقييم والتوصية في مجال كافة الأعمال التي تدخل في نطاق مهامه ومسؤولياته.

5- رئيس قسم التدقيق والرقابة المالية أو الإدارية:

أ- المهام والمسؤوليات:

بموجب الخطوط العريضة والسياسات العامة التي يضعها مدير وحدة الرقابة الداخلية يتولى رئيس قسم التدقيق والرقابة المالية أو الإدارية المهام والمسؤوليات التالية:

- الإشراف على نشاط القسم والموظفين معه وتدريبهم وتنمية مهاراتهم.
- تنفيذ الخطط والسياسات المرسومة من قبل مدير وحدة الرقابة الداخلية.
- وضع الخطط وبرامج العمل للموظفين التابعين له لإنجاز المهام الموكلة لهم.
- تحديد أسلوب وإجراءات التدقيق ونوع المعلومات المطلوبة.
- الفحص والتحقق من أن الأنشطة والأعمال المناطة به قد تمت وفق الخطط ومستويات الأداء المحددة ووفق التشريعات المعمول بها.
- تحليل الوضع وتقييم النتائج في نطاق المجالات الموكولة له.
- متابعة قيام الوحدات الإدارية الأخرى بالإجراءات التصحيحية الواردة بتقارير التدقيق.
- تقديم التقارير مباشرة إلى مدير وحدة الرقابة الداخلية.

ب- الصلاحيات:

لرئيس قسم التدقيق والرقابة المالية أو الإدارية الصلاحية الكاملة في الإشراف والفحص والتحقق والاطلاع والمتابعة والتقييم والتوصية في مجال كافة الأعمال التي تدخل في نطاق مهامه ومسؤولياته.

6- الإجراءات الواجب اتخاذها من قبل الدوائر المعنية:

لغايات المرونة في العمل ومراعاة للظروف والطبيعة الخاصة لبعض الأنشطة في الوزارات والدوائر الحكومية والمؤسسات الرسمية العامة، وضماناً لفاعلية وسلامة أداء وحدات الرقابة الداخلية فيها، فإنها مطالبة بالقيام بما يلي:

- وضع تعليمات تنظيمية للإجراءات التفصيلية لأداء الأنشطة المتعلقة بوظيفة الرقابة الداخلية، على أن يراعى في ذلك ضمان انسجام التعليمات مع الخطوط العريضة لوظيفة الرقابة الداخلية، أما الوزارات والمؤسسات الرسمية العامة التي تتضمن هياكلها التنظيمية وحدات إدارية للرقابة الداخلية ومارست هذا النشاط قبل صدور بلاغ رئاسة الوزراء بهذا الشأن، فإنها مطالبة بتعديل التعليمات المعمول بها لديها أو استبدالها بغيرها لتتلاءم مع الخطوط العريضة لوظيفة الرقابة الداخلية، وعلى أن تقوم الدوائر المعنية بتزويد وزارة المالية وديوان المحاسبة بنسخة من تلك التعليمات.

- تعديل إجراءات العمل وإعادة تبويب المعلومات بما يضمن إظهار الحقائق لتمكين وحدات الرقابة من الوصول إلى درجة من التأكد المعقول لأداء مهامها.

- توثيق المعلومات والقرارات والإجراءات لتسهيل عملية التدقيق وتحقيق العدالة في المساءلة.

- وضع وصف وظيفي مكتوب لمسميات الوظائف في الهياكل التنظيمية للدوائر المعنية وتحديد المهام المناطة بكل وظيفة فيها وذلك لضمان تحديد المسؤولية.

- وضع تعليمات تنظيمية لإجراءات أداء كل مهمة من المهام المناطة بأي وحدة إدارية.

- وضع خطط لمستويات الأداء حيثما أمكن ذلك لغايات تمكين وحدات الرقابة الداخلية من تقييم الأداء في كافة مجالات العمل.

- تبني المسؤول الأعلى في كل وزارة أو مؤسسة رسمية عامة فكرة التعزيز الدائم لوحدة الرقابة الداخلية التابعة له، وإبعاد تأثيرات خطوط السلطة الأخرى عنها، وحث كافة المستويات الإدارية والعاملين فيها على دعمها والتعاون والتعامل معها بإيجابية.

- إعادة تطوير المستندات والنماذج والسجلات المستخدمة لديها بالتنسيق مع وزارة المالية فيما يتعلق بالمستندات التي يقع تنظيمها ضمن مسؤوليتها.

- إعادة النظر في الدورة المستندية لتوفير صمامات أمان إضافية والعمل على إعداد خرائط لإجراءات إنجاز المهام للتعرف على مكامن الضعف والمخاطرة في أنظمة الضبط الداخلي.

ثانياً - الرقابة الداخلية على تنفيذ الموازنة العامة:

يقصد بتنفيذ الموازنة العامة قيام الوحدات الإدارية الحكومية كل في حـدود اختصاصـه بمبـاشرة تحصيل الإيرادات العامة والإنفاق على أوجه النشاط المختلفة ضمن المخصصات المعتمدة في قانون الموازنة العامة وطبقاً للتشريعات المالية النافذة.

وتلعب الرقابة الداخلية دوراً هاماً ورئيساً في التأكد مـن سلامة تنفيذ قـانون الموازنـة تحصـيلاً وإنفاقاً، إلى جانب مراعاة تنفيذ التشريعات المالية الأخرى، بهدف التحقق مـن صحة البيانـات المحاسـبية والحفاظ على موجودات الحكومة وخدمة الإدارة العليا بشكل عام.

إن أحد مقومات وعناصر نظام الرقابة الداخلية المتكامل، وجود دليل الرقابة يتضمن خطة عمل منظمة، وقواعد واضحة وشاملة لتدقيق وتتبع نفقات وإيرادات الموازنة العامة، يلتزم بها المراقب لتحقيـق أهداف الرقابة الداخلية. وإن عدم وجود دليل للرقابة سيؤدي إلى خلل واضح في نظام الرقابة الداخليـة الأمر الذي سينعكس على أداء المراقبين والمدققين بصورة سلبية، وهـذا أحـد أهـم أسباب ضعف الرقابـة الداخلية في الأردن.

وفيما يلي قواعد وإجراءات الرقابة الداخلية على نفقات وإيرادات الموازنـة العامة بالإضافة إلى الرقابة على حسابات البنوك.

ثالثاً - الرقابة الداخلية على نفقات الموازنة العامة:

للقيام بإجراءات الرقابة الداخلية على النفقات، يجب على المراقب المالي مراعاة القواعد التالية:

1- القواعد العامة للرقابة على النفقات:

وتتضمن هذه القواعد، الأسس المشتركة بين كافة نفقات الموازنة العامة وتشمل المتطلبات الأساسية قبل القيام بعمليات الإنفاق، وهذه القواعد هي:

- التأكد من صدور الأمر المالي العام الذي يتعلق بالنفقات الجارية.

- التأكد من صدور الأمر المالي الخاص الذي يتعلق بالنفقات الرأسمالية.

- التأكد من صدور الحوالة المالية الشهرية التي تتعلق بالنفقة ذات العلاقة.
- التأكد من توافر السيولة النقدية (وجود السقف المالي) وبأنها كافية لتغطية قيمة النفقة.
- التأكد من توافر المخصصات اللازمة لتغطية قيمة النفقة وذلك من واقع سجل مراقبة المخصصات (التأديات).
- التحقق من المناقلات بين مواد الموازنة العامة وأنها قد تمت وفقاً للدستور والتشريعات المالية الأخرى.
- التأكد من صلاحية المفوض بالإنفاق وبأن النفقة تقع ضمن الصلاحية المخولة له.
- مراعاة تنفيذ نصوص القوانين والأنظمة المالية النافذة ذات العلاقة بالنفقة.

2- القواعد التفصيلية للرقابة على النفقات:

وتتضمن هذه القواعد، الإجراءات الواجب ابتاعها عند صرف ودفع النفقات وتشمل مراجعة وتدقيق مستند الصرف من النواحي التالية:

- أنه قد نظم حسب نوع النفقة.
- أنه معزز بوثائق تصفية النفقة حسب نوعها.
- إن قيمته مساوية لقيمة وثائق تصفية النفقة وإنه صدر باسم المستفيد الوارد في عقد النفقة.
- أنه قد تم إجراء الحسميات المطلوبة من المستفيد وأنه قد تم تحصيل رسوم طوابع الواردات والرسوم الأخرى.
- إن المستند قد تم اعتماده من المسؤول المالي المفوض بالإضافة إلى المفوض بالإنفاق.
- إن المستند قد تم تسجيله في سجل مراقبة المخصصات (سجل التأديات) وتوقيعه من الموظف المختص.
- التحقق من قيام وحدة الرقابة الداخلية (في الوزارات ذات الاستقلال المحاسبي) بمراجعة المستند ومعززاته والتوقيع عليه بما يفيد ذلك.

– التأكد من توقيع المستند من المفوضين بالتوقيع على الصرف وفقاً لما يلي:

● من قبل موظف واحد إذا كانت قيمة مستند الصرف لا تتجاوز ألف دينار.

● من قبل موظفين اثنين إذا كانت قيمة المستند لا تتجاوز عشرة آلاف دينار.

● من قبل ثلاثة موظفين إذا كانت قيمة المستند تزيد على عشرة آلاف دينار.

– في حالة اكتشاف خطأ في مستند الصرف يصوب كما يلي:

● من قبل المراقب إذا كان الخطأ في العمليات الحسابية.

● يعاد المستند إلى المفوض بالإنفاق بموجب لائحة تدقيق لإجراء التصحيح اللازم، إذا كان الخطأ في الاسم أو القيمة أو مخالفته للقوانين والأنظمة المالية النافذة.

– ختم وتوقيع المستند بما يفيد صحته من الناحية الحسابية والقانونية بالإضافة إلى إلغاء مرفقات المستند بختمها بكلمة (مدفوع).

– التأكد من تسجيل جميع مستندات الصرف في اليومية العامة (الصندوق) أولاً بأول، حسب أرقامها المتسلسلة وتواريخها والتحقق من أن التسجيل قد تم طبقاً للتوجيه المحاسبي الصحيح وبالقيمة الصحيحة.

– التأكد من عمليات ترحيل جميع المستندات إلى دفاتر الأستاذ المساعدة وجداول التنسيق وأن عمليات الترصيد صحيحة.

– متابعة إغلاق الحسابات الشهرية وتنظيم الخلاصة الحسابية الشهرية (ميزان المراجعة). وجداولها المرفقة مثل: جداول التنسيق وجداول السلف والأمانات والنقود المنقولة....

ولأهمية بعض نفقات الموازنة العامة والتي تشكل مبالغها نسبة كبيرة من إجمالي هذه النفقات، فسيتم بحث ومناقشة نفقات مختارة، ليكون في ذلك دليلاً عملياً للمراقب الداخلي والمراقب الخارجي على حد سواء، ويمكن بيان ذلك على النحو التالي:

3- الرقابة الداخلية على نفقات اللوازم:

عرف نظام اللوازم رقم (32) لعام 1993 وتعديلاته الصادر بمقتضى المادة /114/ من الدستور بأن اللوازم: هي الأموال المنقولة اللازمة للدائرة (وزارة، دائرة، سلطة، مؤسسة، رسمية عامة) وصيانتها والتأمين عليها والخدمات التي تحتاجها الدائرة.

وقد حدد النظام المذكور أعلاه كافة الجوانب المتعلقة بعمليات شراء اللوازم واستلامها وإدخالها في القيود وصرفها وبيعها وإتلافها وشطبها والإشراف عليها والتي يجب على المراقب التأكد والتحقق من أنه قد تم الالتزام بها وفق هذا النظام، لذا فعليه التأكد من:

أ- الرقابة على الشراء:

يجب على المراقب التأكد من الالتزام بالقواعد التالية:

- التحقق من الحاجة الحقيقية للشراء ويكون ذلك بالتأكد من ضرورة الشراء وعدم إمكانية توفر المادة المطلوبة في إحدى الوحدات الإدارية الحكومية الأخرى.
- أن لا تباشر أية عمليات شراء تتجاوز قيمتها المقدرة (5000) دينار إلا بموجب طلب شراء مرفقاً بمستند التزام مالي صادرين عن أمين عام الوزارة أو عمن يفوضه بذلك وأن يكون معززاً بمستند التزام مالي أو بإذن شراء صادر عن دائرة الموازنة العامة، إذا زادت القيمة المقدرة للوازم المراد شراؤها عن (10000) دينار.
- أن يرفق طلب الشراء بوصف وافٍ للوازم المطلوب شراؤها وكذلك بمواصفات كاملة ودقيقة وواضحة لها بما في ذلك طريقة التغليف أو الحزم ووحدة المادة والكمية المراد شراؤها.
- أن يقدم طلب الشراء إلى الجهة المختصة بالشراء قبل وقت كافٍ لإتمام الشراء والتوريد، وفي حالة الاستعجال يجب التأكد من أنه ناشئ عن حاجة طارئة لا يسهل توقعها أو التنبؤ بها.
- أن يطبق مبدأ المنافسة بين المناقصين أو البائعين في جميع عمليات الشراء كلما كان ذلك ممكناً وبالطريقة التي تراها الجهة المختصة بالشراء مناسبة.

- أن يراعي في عمليات الشراء الحصول على اللوازم بأفضل الأسعار لمصلحة الخزينة العامة مع مراعاة درجة الجودة المناسبة والشروط الأفضل للحكومة.

- التأكد من عدم تجزئة عمليات شراء اللوازم المتشابهة المراد شراؤها إلى صفقات متعددة.

وبعد أن يتأكد المراقب من توفر القواعد العامة، يجب عليه التأكد والتحقق من صلاحية الشراء، حيث يتم الشراء وفقاً للصلاحيات التالية:

- **صلاحية مدير المديرية التابعة للدائرة في المركز أو المحافظة أو اللواء، وللمسؤول عن إدارة وتنفيذ مشروع معين شراء لوازم:**

  • لا تزيد قيمتها عن /200/ دينار بالطريقة التي يراها مناسبة.

  • لا تزيد قيمتها عن /1000/ دينار بناءً على توصية من لجنة مشتريات محلية مشكلة من ثلاثة موظفين يعينهم الوزير على أن يتم تبديل عضوية اللجنة كل سنة على الأكثر.

- **صلاحية أمين عام الوزارة:**

  لأمين الوزارة شراء لوازم:

  • لا تزيد قيمتها عن /500/ دينار بالطريقة التي يراها مناسبة.

  • لا تزيد قيمتها عن /5000/ دينار بناء على توصية من لجنة مشتريات مكونة من ثلاثة من موظفي الدائرة يعينهم الوزير المختص.

  • مهما كانت قيمتها إذا كانت أسعار اللوازم المراد شراؤها محددة من قبل السلطات الرسمية.

  • يتم شراء وبيع اللوازم من أية دائرة إلى دائرة أخرى بقرار من أميني عامي الوزارتين وبالسعر الذي يتفقان عليه.

- **صلاحية الوزير المختص:**

  • شراء لوازم لا تزيد قيمتها على /1000/ دينار بالطريقة التي يراها مناسبة.

- للوزير المختص شراء لوازم لا تزيد قيمتها عن /10000/ دينار بناءً على توصية من لجنة مشتريات محلية من ثلاثة موظفين يعينهم الوزير المختص على أن يتم تبديل عضوية اللجنة كل سنة على الأكثر.

- للوزير المختص شراء وبيع الحقوق والأعمال الأدبية والفنية والبرامج الإذاعية والتلفزيونية وتأجيرها واستئجار هذه البرامج والتعاقد على إعدادها وإنتاجها مهما كانت قيمتها، بناءً على توصية لجنة ثلاثية يشكلها الوزير المختص.

- لوزير التربية والتعليم طباعة الكتب المدرسية ولوازم الامتحانات وشراؤها بأية قيمة كانت، بناءً على توصية من لجنة شراء مكونة من موظفين اثنين يعينهما وزير التربية والتعليم وموظف من دائرة اللوازم العامة يعينه وزير المالية.

- صلاحية البعثات الدبلوماسية في الخارج:

- بالطريقة التي يراها رئيس البعثة مناسبة إذا لم تزد قيمة اللوازم المراد شراؤها عن /500/ دينار أو ما يعادلها بالعملات الأجنبية.

- بقرار من رئيس البعثة بناءً على توصية لجنة من اثنين من موظفي البعثة إذا كانت قيمة اللوازم المراد شراؤها لا تتجاوز /5000/ دينار أو ما يعادلها بالعملة الأجنبية على أن يراعى في الشراء مبدأ المنافسة ما أمكن ذلك ويعين عضواً للجنة بقرار من رئيس البعثة، وشراء لوازم لا تزيد قيمتها على /10000/ دينار أو ما يعادلها بالعملة الأجنبية بواسطة لجنة ثلاثية برئاسة رئيس البعثة يشكلها من قبله.

- صلاحيات لجنة العطاءات المركزية:

مع مراعاة ما ورد في صلاحية الشراء المذكورة أعلاه، لا تشترى أية لوازم أو خدمات تزيد قيمتها على /10000/ دينار إلا بقرار من لجنة العطاءات المركزية المشكلة على الوجه التالي:

- مدير عام دائرة اللوازم العامة رئيساً.

- موظف من وزارة المالية يعينه وزير المالية لا تقل درجته عن الثانية: عضواً.

- موظف من وزارة الصناعة والتجارة يعينه وزير الصناعة والتجارة لا تقل درجته عن الثانية: عضواً .

وعند طرح أي عطاء لشراء لوازم خاصة بإحدى الدوائر ينضم إلى لجنة العطاءات المركزية التي تنظر في العطاء عضوان من موظفي تلك الدائرة يعينهما الوزير المختص على أن لا تقل درجة كل منهما عن الثانية.

وتصدق قرارات لجنة العطاءات المركزية من الوزير المختص عند شراء لوازم خاصة، في حين تصدق قرارات هذه اللجنة من وزير المالية عند شراء لوازم للاستعمال العام، وتعتبر هذه القرارات نافذة المفعول بعد مرور (15) يوماً من تاريخ استلامها من المرجع المختص بالتصديق، إذا لم يتخذ ذلك المرجع بشأنها قراراً بالتصديق أو بالرفض.

وللوزير المختص تشكيل لجنة عطاءات محلية بالدائرة من ثلاثة موظفين، اثنان من الدائرة والثالث من دائرة اللوازم العامة لا تقل درجة أي منهم عن الرابعة وذلك لشراء لوازم لتلك الدائرة لا تزيد قيمتها على /20000/ دينار.

ولمجلس الوزراء بناءً على تنسيب الوزير المختص والوزير تشكيل لجنة عطاءات خاصة تتألف من ثلاثة من كبار موظفي الحكومة لا تقل فئة أي منهم عن الأولى بالإضافة إلى كل من أمين عام الوزارة المختصة ومدير عام دائرة اللوازم العامة، لشراء لوازم لمشروع معين وذلك بالنظر لحجمه أو لأن حكومة أو هيئة عربية أو أجنبية تساهم في تمويله. وتصدق قرارات هذه اللجنة من كل من وزير المالية والوزير المختص وعند اختلافهما يرفع الأمر إلى رئيس الوزراء للبت فيه.

طرق الشراء:

من خلال استعراض صلاحيات الشراء المذكورة أعلاه، فإن شراء اللوازم يتم بالطرق التالية:

1. الشراء المباشر:

ونقصد بالشراء المباشر للوازم، جميع عمليات الشراء التي تتم في الدائرة أو الوزارة المختصة وتنقسم إلى:

أ- الشراء المباشر بموجب الصلاحيات الممنوحة إلى مديرية مديريات الدوائر والأمناء العامين والوزراء المختصين.

ب- الشراء من خارج المملكة.

يجوز شراء اللوازم من خارج المملكة مباشرة في أي من الحالتين التاليتين:

● إذا لم تتوافر اللوازم المراد شراؤها في المملكة وتعذر شراؤها عن طريق المراسلة.

● إذا قررت الجهة المختصة بالشراء، أن شراء تلك اللوازم من خارج المملكة مباشرة يعود بالنفع على الحكومة.

ولرئيس الوزراء بناءً على توصية الوزير المختص الموافقة على إيفاد موظف أو أكثر من موظفي الجهة المختصة بالشراء، إلى خارج المملكة لشراء اللوازم في أي من الحالتين المذكورتين أعلاه، شريطة أن يشترك في شراء اللوازم موظف أو أكثر من موظفي البعثة الأردنية في الدولة التي يراد شراء اللوازم منها وذلك بقرار من رئيس تلك البعثة.

ج- الشراء بالمفاوضة (التلزيم) في أي من الحالات التالية مع مراعاة مبدأ المنافسة بين البائعين ما أمكن ذلك:

- شراء لوازم تقتضيها مواجهة حالة عامة طارئة.

- شراء لوازم محددة الأسعار من قبل السلطات الرسمية.

- إذا كان من غير الممكن الحصول على اللوازم إلا من مصدر واحد.

- إذا طرح عطاء ولم يكن بالمستطاع الحصول من خلاله على عدد مناسب من المناقصين أو لم تكن الأسعار في العطاء معقولة   أو عند عدم الحصول على كامل الكمية من اللوازم المراد شراؤها عن طريق العطاء.

- شراء لوازم للتدريب أو التعليم كالأفلام والمخطوطات.

- شراء خدمات تشتمل على أعمال صيانة أو إصلاح أو استبدال أو فحص دون أن يكون حجم العمل معلوماً عند الشراء.

- عند النظر في توحيد الصنف أو التقليل من التنويع أو لغرض التوفير في اقتناء القطع التبديلية.

- عند وجود نص قانوني أو اتفاقية دولية توجب ذلك.

د- استدراج عروض وذلك في أي من الحالات التالية:

- عند وجود حاجة مستعجلة وطارئة يصعب توقعها أو التنبؤ بها   ولا تسمح بطرح عطاء.

- إذا لم يوجد أكثر من /3/ بائعين أو منتجين أو موردين للوازم المطلوب شراؤها.

- إذا كانت قيمة اللوازم المراد شراؤها لا تزيد على /5000/ دينار.

- إذا لم يتقدم للعطاء المطروح عدد كاف أو مناسب من العروض واقتنعت الجهة التي طرحت العطاء أن الضرورة تقضي بشراء اللوازم عن طريق استدراج عروض.

2.   **الشراء عن طريق العطاءات:**

يتم شراء اللوازم عن طريق طرح عطاء كلما كان ذلك مفيداً وعملياً وفقاً للظروف السائدة عند الشراء. وقد تم تنظيم إجراءات العطاءات وشروط الدخول فيها وطريقة دراسة العروض والإحالة والضمانات الواجب توفرها في المناقصين بموجب التعليمات التنظيمية رقم /1/ وفيما يلي أهم ما ورد في هذه التعليمات:

- يعلن مدير عام دائرة اللوازم عن طرح عطاء بوسائل الإعلان المناسبة، وله بناءً على طلب الدائرة المختصة أو بسبب ظرف الاستعجال أن يقوم بتوزيع وثائق العطاء على عدد محدد من المناقصين شريطة التأكد من توفر قدر مناسب من المنافسة.

- يجب أن يشمل الإعلان عن العطاء إيضاحاً عن نوع اللوازم وكمياتها وآخر موعد لتقديم المناقصات، ورقم الدعوة وثمنها (إن وجد)، وأية شروط أخرى يستحسن الإعلان عنها.

- إعداد وثائق عملية الشراء بعدد مناسب من النسخ وتشمل هذه الوثائق:

الدعوة للدخول في العطاء والمواصفات وتعليمات الدخول في العطاء والشروط العامة للتعاقد.

- تقدم العروض على نسختين ضمن مغلف مغلق بإحكام مطبوعة أو مكتوبة بالحبر بخط واضح، خالية من المحو أو التعديل أو الإضافة وإذا اقتضت الظروف ذلك فيجب على مقدم العرض التوقيع بالحبر الأحمر بجانب المحو أو التعديل أو الإضافة وعلى المناقص كتابة السعر بالرقم والحروف وإلاّ فللجنة أن تهمل العرض.

- لا تقبل العروض البرقية إلا إذا نص على ذلك صراحة في دعوة العطاء وفي كل الظروف لا تقبل العروض بالهاتف.

- لا تقبل العروض غير الموقعة حسب الأصول أو التي ترد متأخرة   ولا ينظر في العروض الناقصة نقصاً معيباً.

- يشترط أن يكون الحزم (Packing) من مستوى تجاري جيد مع بيان طريقة الحزم التي ستستعمل.

- تشترط اللجنة ويقبل المناقص أن يبقى العرض نافذ المفعول وغير جائز الرجوع عنه لمدة / / يوماً من التاريخ المحدد كآخر موعد لقبول العروض إلاّ إذا نص على خلاف ذلك .

- تحتفظ اللجنة لنفسها بحق استبعاد أي عرض لا يكون واضحاً بصورة كافية، وإذا كان ناقصاً في بيان مواصفات أي مادة من مواد العطاء   أو شروط تسليمها أو مواعيد التسليم.

- اللجنة غير ملزمة بإحالة كافة المواد المطلوبة وغير ملزمة بالإحالة أصلاً.

- تحتفظ اللجنة بحقها في إلغاء أية دعوة عطاء ولها أن ترفض كل أو بعض العروض المقدمة إليها دون أن يكون لأي من المناقصين الحق في الرجوع عليها بأية خسارة أو ضرر ناشئ عن تقديم عرضه.

- تقبل العروض لتوريد كامل الكميات أو بعضها للمواد المطلوبة أو لمادة واحدة أو بضعة مواد دون المواد الأخرى إلا إذا اشترطت دعوة العطاء خلاف ذلك.

- على المناقص تدقيق دعوة العطاء والمواصفات والشروط والتعليمات الملحقة بها وكذلك التدقيق في جدول الأسعار والكميات وهو الذي يتحمل النتائج المترتبة على عدم قيامه بهذا التدقيق بصورة صحيحة.

- يجب أن يبين العرض سعر الوحدة والسعر الإجمالي وفي حالة حدوث خطأ في حساب مجمل السعر يعتبر سعر الوحدة هو المعول عليه.

- يقدم المناقص مع عرضه المواصفات الدقيقة للبضاعة المعروضة والكتالوجات الخاصة بها.
- تفتح العروض بصورة علنية ويجوز لكل مناقص أو لممثله حضور قراءة الأسعار.
- لا تقبل العروض أو أية تعديلات عليها ترد بعد التاريخ والموعد المحدد لفتح العروض.
- لا تلتزم الدائرة بالإحالة على مقدم أقل الأسعار.
- للدائرة أن تزيد أو تنقص الكميات الواردة في جدول الدعوة بناء على حاجة الدائرة الطارئة في حدود (15%).
- لا ينظر في العروض المقدمة لتوريد مواد غير مطابقة للمواصفات الواردة في دعوة العطاء.
- للدائرة الحق في الإحالة على مناقص ولها كذلك أن ترفض كل أو بعض العروض أو أن تلغي هذه الدعوة في أي وقت كان بدون ذكر الأسباب.
- للدخول في العطاء، على المناقص أن يرفق بعرضه تأميناً مالياً على صورة شيك مصدق أو كفالة بنكية مسحوبة على بنك في الأردن لحساب مدير دائرة اللوازم لا تقل عن (5%) من قيمة المواد الواردة في العرض صالحة لمدة ( ) يوماً من تاريخ فتح العطاء.
- للدائرة الحق في مصادرة تأمين الدخول أو أي جزء منه في حالة انسحاب المناقص بعد فتح العطاء وقبل انقضاء أجل التأمين أو عدم تقديمه تأمين حسن التنفيذ خلال مدة ( ) يوماً من تاريخ إصدار أمر المباشرة.
- تعاد تأمينات الدخول في العطاء إلى الذين لم تجر الإحالة عليهم بناءً على طلبهم بعد انقضاء أجلها، وإلى اللذين جرت الإحالة عليهم بعد تقديم تأمينات حسن التنفيذ.
- يتعهد المناقص الذي جرى الإحالة عليه أن يقدم إلى الدائرة تأمين حسن التنفيذ على صورة شيك مصدق أو كفالة بنكية مسحوبة على بنك الأردن بمبلغ لا يقل عن (10%) من قيمة العقد.

- تمثل المواصفات المعلنة الحد الأدنى المقبول ولا تقبل مواصفات العينات المقدمة المواصفات المعلن عنها إلا إذا تفوقت عليها، وفي هذه الحالة يتوجب أن تكون البضاعة الموردة من نفس نوع مستوى العينة الأجود.

- عند التنويه في دعوة العطاء بضرورة تقديم عينات فيتوجب على المناقص أن يقدم عينة مع عرضه وإلا جاز عدم قبول ذلك العرض.

- ترد العينات المقدمة من المناقصين غير الفائزين عند طلبها خلال أسبوع من تاريخ الإحالة القطعية ولا تكون الدائرة مسؤولة عن فقدها أو تلفها بعد هذا الموعد.

- يجوز للدائرة أن تحتفظ بالعينات المقبولة لمقارنتها بالمواد الموردة عند التسليم.

- لا يجوز لمن أحيل عليه العطاء أن يتنازل لأي شخص عن كل العقد   أو جزء منه بدون الحصول على أذن خطي من المدير.

- إذا نكل المناقص الذي أحيل عليه العطاء عن تنفيذ التزاماته بموجب العقد أو قصّر في ذلك أو تأخر في تقديم كفالة حسن التنفيذ فيجوز إلغاء العقد المبرم معه وشراء المواد والخدمات موضوع العقد من أي مصدر آخر على حسابه ونفقته.

- إذا قصر المتعاقد عن توريد المواد المحالة عليه في الموعد المقرر   أو الموعد المناسب حسب ما يقرره المدير العام للدائرة ذات الشأن،   أو قصّر في استبدال المواد المرفوضة بأخرى في وقت مناسب فيجوز للجنة بناءً على طلب الدائرة ذات الشأن أن تشتري مواد بديلة من أي مصدر آخر على حساب المتعاقد ونفقته ويوافق المتعاقد على أن يقوم بدفع أية مبالغ أو نفقات تكبدتها الحكومة في عملية الشراء زيادة عن المبالغ التي جرت الإحالة بموجبها دون الحاجة إلى أي إنذار.

- يرفع المورد المواد المرفوضة على نفقته خلال 48/ ساعة من إشعاره بضرورة رفعها من المكان الموجود فيه إلا إذا اقتضت الضرورات الصحية أو الأمنية رفعها أو إتلافها قبل ذلك الموعد، فإذا تأخر في ذلك اعتبر أنه قد تنازل عنها وجاز للحكومة التصرف بها بالصورة المناسبة ولها كذلك الرجوع عليه بنفقات الرفع والإتلاف إن اقتضى ذلك.

- تسلم المواد في المواعيد المحددة في أمر الشراء وإذا لم يرد نص يحدد موعداً للتسليم فيفترض في هذه الحالة أن يكون التسليم فورياً وتقع مسؤولية إثبات التأخير في استلام أمر الشراء على عاتق المتعاقد.

- عندما يتأخر المتعاقد عن تنفيذ ما التزم به في الموعد المحدد في العقد فلمدير الدائرة ذات الشأن أن يفرض عليه جزاءً مادياً بصرف النظر عن الضرر الناشئ عن التأخير في التنفيذ، لا يتجاوز(%) من قيمة المواد التي تأخر في تسليمها عن كل أسبوع أو جزء من الأسبوع.

- لا يحول توقيع الجزاء الوارد في البند السابق دون حق الدائرة ذات الشأن في الرجوع على المتعاقد بقيمة العطل والضرر الناشئ عن التأخير في التسليم .

- تكون المواد الموردة خاضعة لإعادة وزنها على موازين تحددها الحكومة ويدفع الثمن على أساس الوزن الصافي لهذه المواد إلا إذا ورد نص على خلاف ذلك.

- يتم فحص العينات والمواد الموردة وإجراء التجارب عليها لمعرفة مدى مطابقتها للمواصفات بالطريقة التي تحددها لجنة الاستلام.

- ترفض أي مواد غير مطابقة للمواصفات أو شروط العقد على أنه يجوز للجنة العطاءات قبولها في الحالات التي تراها مناسبة مقابل تعديل في الثمن تقرره اللجنة.

وعلى الرغم مما ورد في هذا النظام، لا يجوز لأية دائرة شراء أية لوازم:

- إذا كانت متوفرة لدى دائرة اللوازم العامة.

- إذا كان قد جرى إبرام عقد توريد دوري لها من قبل أو بواسطة لجنة العطاءات المركزية، فلا يجوز شراؤها إلا بموجب شروط ذلك العقد.

- إذا كانت دائرة اللوازم قد أعلنت عن نيتها في شرائها بموجب عطاء أو طلبت إلى الدوائر تزويدها بحاجتها السنوية أو الفصلية من تلك اللوازم.

ب- الرقابة على استلام اللوازم وإدخالها في القيود:

على المراقب التحقق مما يلي:

- تشكيل لجنة استلام في الدائرة المعنية تتألف من ثلاثة من موظفيها يعينهم الأمين العام، وتناط بها مهمة استلام اللوازم التي ترد للدائرة من المتعهدين وتزيد قيمتها عن /500/ دينار، وذلك بعد التثبت من مطابقتها للمواصفات والشروط المقررة في العطاءات والاتفاقيات المبرمة بشأنها.

- على لجنة الاستلام في أية دائرة تنظيم ضبط بشأن اللوازم الموردة إليها وذلك خلال عشرة أيام من تاريخ توريد اللوازم المطلوبة يتضمن قبول اللوازم أو رفض استلامها لمخالفتها للمواصفات والشروط المقررة، وينظم الضبط من عدة نسخ تسلم إحداها إلى مورد اللوازم، ويوقع ضبط الاستلام بالإضافة إلى الأعضاء الثلاثة، مندوب عن ديوان المحاسبة.

- إذا قررت لجنة استلام اللوازم، رفض استلام اللوازم الموردة لمخالفتها للمواصفات والشروط المقررة، فللمتعهد الذي ورّد تلك اللوازم الاعتراض على قرار اللجنة خلال مدة /10/ أيام من تاريخ تسلم المتعهد لضبط الاستلام إلى الجهة التي أصدرت قرار شراء اللوازم ويكون قرار تلك الجهة في قبول استلام اللوازم أو رفض استلامها قطعياً.

- تعتبر اللوازم الموردة قبل قبولها نهائياً بحكم الأمانة، كما يعتبر بقاء اللوازم المرفوضة لمخالفتها للمواصفات والشروط المطلوبة في مستودع أية دائرة أو لديها بحكم الأمانة أيضاً، ولا يجوز استعمال أي جزء من تلك اللوازم في الحالتين أو صرفها أو التصرف بها بأية صورة من الصور.

- يجري استلام المساعدات والهبات بمطابقتها على كشف الشحن أو أية وثيقة أخرى تبين مواصفات المواد وكمياتها ويجري إدخالها في القيود وفق الأصول المتبعة في إدخال اللوازم المشتراة.

- يجري إدخال اللوازم في قيود المستودع بعد استلامها من قبل لجنة الاستلام مباشرة، على أن تكون معززة بالوثائق التالية:

  • مستندات الإدخال وتنظم من قبل أمين المستودع على /5/ نسخ: الأولى للمحاسب، والثانية إلى أمين سجل اللوازم، والثالثة لدى أمين المستودع، والرابعة إلى أمين العهدة وتبقى الأخيرة في المجلد.

  • ضبط لجنة الاستلام أو طلب المشتري المحلي.

  • الفاتورة أو بوليصة الشحن.

- تعزز مستندات إخراج اللوازم التي تم نقلها من مستودع لآخر بمستندات إدخال صادرة عن المستودع الذي نقلت إليه تلك اللوازم.

- تسلم اللوازم المصنعة أو المحولة إلى المستودع بموجب مستند إدخال يبين فيه رقم مستند إخراج اللوازم الأساسية التي استعملت في عملية التصنيع أو التحويل.

- اللوازم الزائدة على أرصدة السجل، أو القطع أو الأجزاء التي تـم استخراجها مـن لـوازم جـرى شطبها تقيد عهدة في قيود اللوازم حسب الأصول.

- تمسك كل دائرة القيود والسجلات والبطاقات اللازمة لإدارة اللوازم وتنظيم المستودعات.

ج- الرقابة على صرف وبيع وإتلاف وشطب اللوازم:

- تصرف اللوازم بموجب طلب صرف لوازم موقع من أمين عام الوزارة أو من يفوضه.

- يتم إخراج اللوازم بموجب مستند إخراج معزز بنسخة طلب صرف لـوازم عـلى أن يوقع مستند الإخراج من مستلم اللوازم.

  وينظم مستند الإخراج من 5/ نسخ: الأولى إلى المستلم، والثانية لأمين السجـل، والثالثـة لأمـين المستودع، والرابعة لأمين العهدة وتبقى الخامسة في المجلد.

- إذا قرر أمين عام الوزارة أن أية لوازم في دائرته قد أصبحت غـير صالحة وأن جميـع الطـرق قـد استنفذت للاستفادة منها بصورة اقتصادية فيتم نقلها إلى المستودعات المركزيـة ليـتم بيـع تلـك اللوازم بالمزاودة العلنية.

- يجري بيع اللوازم غير الصالحة والموجودة لدى البعثات الدبلوماسية الأردنية بعد أخـذ موافقـة الوزير المختص من قبل لجنة برئاسة رئيس البعثة وعضوية اثنـين مـن مـوظفي البعثـة يعينهمـا رئيسها.

- إذا اقتنع أمين عام الوزارة بعدم جدوى عرض اللوازم غير الصالحة أو الفائضة عن حاجة الـدائرة للبيع، أو أن نفقات بيعها تتجاوز الثمن الذي يمكن الحصول عليـه، فيجـوز لـه أن يقـرر إتلافهـا أصولياً وشطبها من القيود بواسطة لجنة ثلاثية.

- يعلن عن اللوازم المراد بيعها في الصحف أو بأية وسيلة إعلان أخرى مناسبة.

- تباع اللوازم الحكومية الصالحة والفائضة عـن حاجـة أي دائـرة بعـد استنفاذ جميـع الطـرق للاستفادة منها في تلك الدائرة أو أية دائرة أخرى إلى الأشخاص أو الشركات أو المؤسسات الأهلية بالسعر العادل الذي تقدره

لجنة ثلاثية يشكلها مدير عام اللوازم وتتولى بيع تلك اللوازم وفقاً للصلاحيات التالية:

- اللوازم التي لا تتجاوز قيمتها المقدرة عند البيع (10000) دينار بموافقة مدير عام دائرة اللوازم.
- اللوازم التي تتجاوز قيمتها المقدرة عند البيع (10000) دينار بموافقة وزير المالية.
- منتجات المدارس المهنية ومراكز التدريب والأبحاث وأية مؤسسات مماثلة يجري بيعها وفقاً للتعليمات التي يضعها الوزير المختص.

- لا يجوز تسليم اللوازم المباعة لغير الدوائر الحكومية إلا بعد دفع ثمنها من المشتري وعلى أمين المستودع المختص تعزيز مستند الإخراج برقم وتاريخ وقيمة إيصال قبض الثمن.

- للوزير المختص أو أمين عام الوزارة المفوض من قبله أن يهدي أية لوازم حكومية لا تزيد قيمتها عن (1000) دينار للمؤسسات الرسمية العامة أو الأهلية أو الجمعيات الخيرية أو النوادي الرياضية أو الرابطات الثقافية والفنية أو أية حكومة أو مؤسسة إقليمية أو دولية أو أجنبية لغايات تحسين العلاقات بينها وبين المملكة وتبادل المعلومات معها، وإذا زادت قيمة اللوازم المراد إهداؤها عن (1000) دينار فتؤخذ موافقة رئيس الوزراء على ذلك بناءً على تنسيب الوزير المختص.

- للوزير المختص أو أمين عام الوزارة المفوض من قبله أن يعير أو يؤجر أو ينقل أية لوازم فائضة عن حاجة دائرته إلى أية دائرة أخرى بحاجة إليها على أن يسجل هذا الإجراء في قيود اللوازم.

- عند إتلاف أو بيع لوازم غير صالحة للاستعمال أو فائضة عن الحاجة يجب أن تؤيد مستندات الإخراج المنظمة بشأنها بشهادة تتضمن أنها أتلفت، أو بنسخة من قائمة البيع حسب مقتضى الحال وأن يشار في تلك الشهادة أو القائمة إلى الأذن الصادر بالإتلاف أو البيع.

- للوزير المختص تحصيل قيمة اللوازم المفقودة أو الناقصة أو أية خسارة وقعت فيها من الموظف أو الموظفين المتسببين في ذلك ويجب أن يشار إلى ذلك في القيود.

- عند شطب اللوازم المفقودة أو الناقصة أو غير الصالحة، فيجب أن يشار إلى أذن الشطب في قيود اللوازم.

د- جرد المستودعات ومراقبتها:

على المراقب مراعاة الأمور التالية والمساهمة فيها:

- تعيين لجان من ملاك الدائرة للتفتيش على المستودعات التابعة لها وجرد محتوياتها في أي وقت تراه اللجان لازماً، على أن لا يقل عدد عمليات التفتيش عن مرة واحدة في السنة وذلك للتأكد مما يلي:
  - التأكد من صحة إجراءات استلام (إدخال) اللوازم وصرفها (إخراج).
  - التأكد من صحة أرصدة المستودعات.
  - التأكد من عدم وجود أصناف راكدة أو تالفة أو فائضة عن الحاجة.
  - التأكد من أن الأصناف المباعة قد تمت وفقاً لنظام اللوازم.
  - التأكد من أن العجز أو الفائض الناتج عن عمليات الجرد السابقة قد تم تسويته حسب الأصول.
  - التأكد من سلامة وأمن المستودعات بما فيها إصدار بوالص التأمين ضد الحريق والأخطار الأخرى.
- على أمين المستودع في أية دائرة أو أي موظف عهد إليه باستلام اللوازم فيها وفق أحكام نظام اللوازم أن يقدم كفالة عدلية يحدد أمين عام الوزارة مقدارها وشروطها، وأن يقدم إلى الأمين العام تقارير دورية عن حالة اللوازم الموجودة في عهدته مرة في السنة على الأقل معززة بقوائم تتضمن اللوازم غير الصالحة للاستعمال واللوازم الفائضة عن الحاجة واللوازم الناقصة.
- يجري الاستلام والتسليم بين أمناء المستودعات في الدوائر أو من بعهدتهم أية لوازم فيها بموجب قوائم جرد مطابقة لقيود المستودع ليتم توقيعها من المسلم والمستلم معاً، ويصادق رئيسهما المباشر على ذلك.
- إذا لم يتمكن أمين المستودع السلف لأي سبب من الأسباب من تسليم ما بعهدته من لوازم لمن خلفه في أمانة المستودع فيتم التسليم إلى لجنة يعينها الرئيس المباشر لهذه الغاية بصورة مؤقتة.
- إذا ظهرت أية زيادة أو نقص في موجودات المستودع عند التسليم فيجب تنظيم قوائم منفردة لكل من الزيادة أو النقص والتوقيع عليها من جميع الأطراف المشتركة في الاستلام والتسليم.

- يتم تسليم واستلام اللوازم الموجودة لدى البعثات الدبلوماسية الأردنية في خارج المملكة وفقاً للتعليمات التي يصدرها الوزير المختص.

- على وزير المالية أن يشكل لجاناً خاصة لفحص أو جرد مستودعات الدوائر وتفتيشها وتقديم تقارير بشأنها مرة على الأقل في كل سنة.

- يجري قيد ما يتم تحصيله من قيمة اللوازم الناقصة أو المفقودة أو المباعة على النحو التالي:

  ▪ إيراداً للخزينة العامة إذا تم تحصيلها من قبل أي دائرة مدرجة موازنتها ضمن قانون الموازنة العامة.

  ▪ إيراداً لحساب إيرادات الدائرة إذا تم تحصيلها من قبلها وكانت ذات استقلال مالي، مع مراعاة أي نص وارد في أي تشريع آخر.

- يحظر الحك والمسح والشطب في القيود أو الطلبات أو المستندات الخاصة باللوازم ويجري التصحيح اللازم بالحبر الأحمر ويوقع عليه من قبل الموظف الذي أجرى التصحيح.

وبشكل عام وحتى يتم جرد المستودعات ورقابتها بشكل صحيح، فيجب أن يتم اتباع ما يلي:

▪ ترتيب اللوازم في المستودعات بحيث يسهل حصرها وذلك بترك مسافات داخلية كافية فيما بين الأصناف المختلفة تسهل المرور والحركة في المستودع.

▪ أن تراعي النواحي الفنية في حفظ اللوازم وخاصة تلك التي لها طبيعة خاصة كأن يكون لها فترة صلاحية معينة.

▪ أن يتم استخدام بطاقات الصنف لكل نوع من أنواع اللوازم، تتضمن البيانات الكافية عنه بما فيها نقطة إعادة الطلب.

▪ وضع دليل بأنواع وأصناف اللوازم المخزنة في المستودع وأماكن تواجدها ليسهل الرجوع إليها.

4- الرقابة على الأشغال الحكومية:

عرف نظام الأشغال الحكومية رقم (71) لعام 1986 وتعديلاته الصادر بالاستناد إلى المادتين /114/ و /120/ من الدستور، بأن الأشغال: هي إنشاء الأبنية والطرق والمنشآت والمشاريع الهندسية بمختلف أنواعها وصيانتها، وما

تحتاج إليه من شراء واستئجار ونقل وتقديم وتسليم المواد والتجهيزات واللوازم والمعدات ومركبات الأشغال والأجهزة والقطع التبديلية الخاصة بهذه الأشغال أو اللازمة لدراستها وتشغيلها ومتابعة تنفيذها والإشراف عليها.

كما عرف الخدمات الفنية بأنها الدراسات والتصاميم الهندسية والفنية للأشغال والمشاريع والإشراف على تنفيذها وتشغيلها وكل ما يلزم لذلك من أجهزة ومواد ولوازم وأعمال بما في ذلك الفحوص المخبرية والميدانية وأعمال المساحة وأي استشارات فنية أو هندسية تتعلق بالأشغال.

وقد تناول النظام المذكور أعلاه طرق تنفيذ الأشغال والخدمات الفنية الحكومية والإشراف عليها وصرف قيمتها والتي يجب على المراقب التأكد والتحقق من أنها قد تمت وفق هذا النظام وتبعاً لنصوص الأنظمة المالية الأخرى، الأمر الذي يتطلب منه معرفة جوانب هذا النشاط بصورة تمكنه من القيام بأعمال الرقابة الداخلية أو الخارجية بكل كفاءة وفعالية، ومن أهم هذه الجوانب ما يلي:

أ- صلاحية دائرة العطاءات الحكومية:

تتبع دائرة العطاءات الحكومية ووزارة الأشغال العامة والاسكان وتمارس هذه الدائرة الصلاحيات التالية:

- متابعة تصنيف المقاولين والمستشارين وتأهيلهم بالتنسيق مع الجهات المختصة وحفظ المعلومات المنوطة بهم وبأعمالهم.

- تدقيق وتحليل عطاءات الأشغال والخدمات الفنية الحكومية وجمع وحفظ وتحليل المعلومات المتعلقة بهذه العطاءات.

- القيام بأعمال سكرتيرية لجنة العطاءات المركزية.

- توحيد الشروط العامة لعقد المقاولة وإجراءات العطاءات وتطوير تلك الشروط والإجراءات وفقاً للقوانين والأنظمة والتعليمات المعمول بها.

- إصدار النشرات الدورية حول قطاع الإنشاءات وأسعار المواد الإنشائية وبنود الأشغال.

ب- طرق تنفيذ الأشغال والخدمات الفنية الحكومية:

يتم تنفيذ ذلك بالطرق التالية:

- العطاءات العامة.

- العطاءات بتوجيه دعوات خاصة.

- التلزيم.

- التنفيذ المباشر بحيث يعهد إلى وزارة الأشغال العامة بتنفيذ أي أشغال تعود إلى أي دائرة بصورة مباشرة بناء على قرار مجلس الوزراء.

❖ العطاءات العامة:

عند تنفيذ الأشغال والخدمات الفنية الحكومية عن طريق طرح عطاء تراعى نفس القواعد المستخدمة عند طرح عطاءات اللوازم الآنفة الذكر، حيث يجب مراعاة تطبيق مبدأ المنافسة وإعطاء فرص متكافئة للجهات القادرة المؤهلة للقيام بأعمال التنفيذ مع مراعاة إعطاء المقاولين والمستشارين مدة كافية لدراسة وثائق العطاءات وتقديم العروض المناسبة. كما يجب التقيد عند الإحالة بأفضل العروض المستوفية لشروط دعوة العطاء وأنسب الأسعار، مراعياً درجة الجودة المطلوبة وإمكانية التنفيذ ضمن المدة المحددة.

إضافة إلى ذلك، يتم حصر تنفيذ الأشغال بالمقاولين الأردنيين وتقديم الخدمات الفنية بالمستشارين الأردنيين إذا توفرت فيهم الشروط المطلوبة، وإذا اقتضى الأمر دعوة مقاولين أو مستشارين غير أردنيين لتقديم عروض أو إذا كان العطاء ممولاً بقرض تنموي خارجي تراعى عندئذ أحكام قانون مقاولي الإنشاءات والتشريعات الخاصة بقانون نقابة المهندسين المعمول به وكذلك مدى ما يتحقق من عوائد تداول رأس المال في السوق المحلي.

كما يجب أن تنص شروط العطاءات والمواصفات على استعمال المواد والمنتجات الصناعية المحلية في الأشغال ما دامت مطابقة للمواصفات المعتمدة.

أما فيما يتعلق بالاتفاقيات والشروط التعاقدية فيجب أن تكون باللغة العربية ويجوز أن تكون المواصفات والمخططات والتقارير الفنية والمراسلات باللغة الإنجليزية . كما يجب التقيد بالقوانين والأنظمة والتعليمات المعمول بها عند وضع الشروط التعاقدية وعدم النص على الإعفاء من أي التزام مالي مفروض بموجب أي تشريع إلا بعد موافقة مجلس الوزراء على الإعفاء بصورة تسبق توقيع الاتفاقية. ولغايات تنفيذ الأشغال والخدمات الفنية الحكومية تشكل لجان العطاءات التالية:

◆ لجنة العطاءات المركزية:

وتشكل من:

- مدير عام دائرة العطاءات   رئيساً

- ممثل عن وزارة المالية (يعينه وزير المالية)   عضواً

- ممثل عن وزارة الأشغال (يعين وزير الاشغال)   عضواً

- ممثلين عن الدائرة ذات العلاقة بالعطاء (يعينهما الوزير المختص) عضوين

- شخصين يعينهما مجلس الوزراء بتنسيب وزير الاشغال العامة   عضوين

تكون العضوية في هذه اللجنة لمدة سنة واحدة ويشترط في الأعضاء أن يكونوا من ذوي الخبرة والكفاءة والاختصاص.

وتختص اللجنة بطرح وإحالة العطاءات الخارجة عن نطاق صلاحيات اللجان الأخرى المنصوص عليها في النظام المشار إليه، أو أي عطاء آخر يكلفها وزير الأشغال العامة بطرحه بناء على تنسيب الوزير المختص.

◆ **لجنة عطاءات الدائرة:**

تشكل في كل دائرة (وزارة، سلطة، مؤسسة، دائرة...) يحددها مجلس الوزراء لجنة عطاءات تسمى (لجنة عطاءات الدائرة) على النحو التالي:

- الأمين العام رئيساً.

- المدير المالي في الدائرة   عضواً

- مهندسان اثنان من الدائرة (يعينهما الوزير المختص)   عضوين

- ممثل عن الوزارة (يعينه وزير الاشغال العامة والاسكان) عضواً

- ممثل عن وزارة المالية/الموازنة العامة (يعينه وزير المالية) عضواً

وتكون العضوية في هذه اللجنة لمدة سنة واحدة، وتختص هذه اللجنة بطرح وإحالة عطاءات الاشغال التي لا تزيد قيمة كل منها عن (المليون دينار)، وعطاءات الخدمات الفنية إذا كانت قيمة كل منها لا تتجاوز (30) ألف دينار، وتخضع قرارات هذه اللجنة لتصديق الوزير المختص ويتولى توقيع الاتفاقيات تنفيذاً للقرارات الصادرة عنها.

◆ **لجنة العطاءات المحلية:**

تشكل في كل دائرة لجنة تسمى (لجنة العطاءات المحلية) وتتألف من الأمين العام رئيساً وعضوية أربعة من موظفي الدائرة يعينهم الوزير المختص لمدة سنة واحدة.

وتختص هذه اللجنة بطرح وإحالة عطاءات الاشغال إذا كانت قيمة كل منها لا تزيد على (100) ألف دينار، وبطرح وإحالة الخدمات الفنية التي لا تزيد قيمة كل منها على (10) آلاف دينار، وتخضع قرارات هذه اللجنة لتصديق الوزير المختص على أن يتولى الأمين العام توقيع الاتفاقيات تنفيذاً لقرار لجنة العطاءات المحلية.

◆ **لجنة عطاءات المحافظة:**

وتشكل على النحو التالي:

- مدير الأشغال في المحافظة   رئيساً

- مدير هندسة البلديات في المحافظة   عضواً

- مدير المالية في المحافظة   عضواً

- مدير إحدى المديريات التابعة لإحدى الوزارات في المحافظة يعينه المحافظ لمدة سنة واحدة وله أن يعين بديلاً عنه في حالة غيابه   عضواً

- ممثل عن الدائرة ذات العلاقة بالعطاء يسميه الوزير المختص   عضواً

وتختص هذه اللجنة بطرح وإحالة عطاءات الاشغال التي لا تزيد قيمة كل منها على (100) ألف دينار، وتخضع قراراتها لتصديق المحافظ ، ويقوم بتوقيع الاتفاقيات تنفيذاً لهذه القرارات.

◆ **لجنة العطاءات الفرعية:**

للوزير المختص بتنسيب من الأمين العام تشكيل لجنة عطاءات فرعية واحدة أو أكثر في مركز الدائرة أو المحافظة أو اللواء حسب مقتضى الحال مكونة من ثلاثة أعضاء يعين الوزير المختص أحدهم رئيساً وتشكل لمدة سنة واحدة أو لطرح وإحالة عطاء معين.

وتختص هذه اللجنة بطرح وإحالة عطاءات الاشغال التي لا تزيد قيمة كل منها على (10) آلاف دينار، وتكون قراراتها حين تشكل في المحافظة أو اللواء خاضعة لتصديق المحافظ ويتولى توقيع الاتفاقيات تنفيذاً لهذه

القرارات، في حين تكون قرارات هذه اللجنة عندما تشكل في مركز الدائرة خاضعة لتصديق الأمين العام ويتولى توقيع الاتفاقيات تنفيذاً لهذه القرارات.

◆ **لجنة العطاءات:**

لمجلس الوزراء بناءً على تنسيب الوزير المختص تشكيل لجنة عطاءات خاصة مكونة من خمسة أعضاء يسمى أحدهم رئيساً لها، وذلك لمشروع معين إذا اقتضت طبيعته ذلك أو تطلبت شروط تمويله إجراءات خاصة لطرح العطاء.

وتقوم هذه اللجنة قبل المباشرة في طرح العطاء، بوضع القواعد والأسس الواجب اتباعها في طرح العطاء وإجراءاته، على أن تتقيد اللجنة بنظام الاشغال الحكومية والتعليمات الصادرة بموجبه وتكون قرارات لجنة العطاءات الخاصة خاضعة لتصديق مجلس الوزراء، كما يحدد المجلس الجهة المفوضة بالتوقيع على الاتفاقيات نيابة عن الحكومة فيما يتعلق بعطاءات هذه اللجنة.

ويشارك مندوب عن ديوان المحاسبة في اجتماعات جميع لجان العطاءات المذكورة أعلاه دون أن يكون له حق التصويت ولا يترتب على عدم حضوره تأثير على النصاب القانوني لاجتماعات اللجان. وتنظم إجراءات العطاءات وشروط الاشتراك فيها ومدد الإعلانات والضمانات المالية المطلوبة وطرق تقديم العروض ومنحها ودراستها وتقييمها وقواعد الإحالة وغيرها من الشروط الواجب توافرها في وثائق العطاءات وفق تعليمات عطاءات الاشغال الحكومية رقم (71) لعام 1987 الصادرة بالاستناد إلى المادة /16/ من نظام الاشغال الحكومية رقم (71) لعام 1986.

❖ **المفاوضة (التلزيم):**

يجوز تنفيذ الاشغال أو تقديم الخدمات الفنية بالمفاوضة والتلزيم وفقاً للصلاحيات التي سترد لاحقاً وذلك في أي من الحالات التالية:

- في الحالات الاستثنائية أو المستعجلة لمواجهة حالة طارئة أو لوجود ضرورة لا تسمح بإجراءات طرح عطاء.

- توحيد الآليات والأجهزة أو التقليل من تنويعها أو لغرض التوفير في اقتناء القطع التبديلية أو لتوفير الخبرة لاستعمالها.

– لشراء قطع تبديلية أو أجزاء مكملة أو آلات أو أدوات أو لوازم أو مهمات لا تتوفر لدى أكثر من مصدر واحد بنفس درجة الكفاءة.

– عند التعاقد على خدمات فنية أو تقديم خدمات علمية أو مهنية متخصصة.

– إذا كان تنفيذ الاشغال يتم خارج المملكة.

– إذا كان التعاقد يتم مع مؤسسات حكومية أو مؤسسات علمية أو كانت الأسعار محددة من قبل السلطات الرسمية، على أن يتم استدراج عدد مناسب من العروض كلما كان ذلك ممكناً في أي من الحالات المنصوص عليها أعلاه.

ويتم تنفيذ الاشغال بالمفاوضة والتلزيم وفقاً للصلاحيات التالية، ويتم توقيع الاتفاقيات المتعلقة بها من قبل المرجع المختص أو من يفوضه خطياً:

– بقرار من مجلس الوزراء بناء على تنسيب وزير الاشغال العامة والاسكان إذا كان العطاء يتعلق بوزارة الاشغال العامة والاسكان، وبتنسيب من الوزير المختص إذا كان العطاء متعلقاً بأي دائرة أخرى وكانت قيمة الاشغال في أي من الحالتين لا تزيد على (100) ألف دينار، على أن يكون التنسيب مقروناً بتوصية لجنة فنية يشكلها وزير الاشغال العامة والاسكان والوزير المختص من أصحاب الاختصاص والخبرة في موضوع العطاء.

– بقرار من وزير الاشغال العامة والاسكان بناء على تنسيب لجنة فنية يشكلها الوزير برئاسة الأمين العام أو بقرار من الوزير المختص بناءً على تنسيب لجنة عطاءات الدائرة إذا كانت قيمة الاشغال لا تزيد على (100) ألف دينار.

– بقرار من الأمين العام بناءً على تنسيب لجنة فنية يشكلها وزير الاشغال العامة والاسكان، أو بقرار من المحافظ بناءً على تنسيب لجنة عطاءات المحافظة إذا كانت قيمة الاشغال لا تزيد على (30) ألف دينار.

كما يتم التعاقد على تقديم الخدمات الفنية بالمفاوضة والتلزيم وفقاً للصلاحيات التالية، ويتم توقيع الاتفاقيات المتعلقة بها من قبل وزير الاشغال العامة والاسكان أو من يفوضه خطياً وذلك:

– بقرار من مجلس الوزراء بناءً على تنسيب وزير الاشغال العامة إذا كانت قيمة الخدمات تزيد على (50) ألف دينار، على أن يكون التنسيب مقروناً بتوصية لجنة فنية يشكلها الوزير لهذه الغاية.

- بقرار من وزير الاشغال العامة والاسكان بناءً على تنسيب لجنة فنية يشكلها الوزير برئاسة الأمين العام إذا كانت قيمة الخدمات الفنية لا تزيد على (50) ألف دينار.

- بقرار من الوزير المختص وبناءً على تنسيب لجنة فنية يشكلها الوزير المختص برئاسة الأمين العام إذا كانت قيمة الخدمات الفنية لا تزيد على (20) ألف دينار.

- بقرار من الأمين العام بناءً على تنسيب لجنة فنية يشكلها الوزير المختص إذا كانت قيمة الخدمات الفنية لا تزيد على (10) آلاف دينار.

- للوزير المختص أن يقرر تنفيذ الاشغال الحكومية أو الخدمات الفنية بالطريقة التي يراها مناسبة إذا كانت قيمة الاشغال أو الخدمات الفنية لا تزيد على (5) آلاف دينار.

ويجب على المراقب المالي أن يراعي عدم إجراء أي تعديل أو إضافة أو تغيير في شكل الاشغال أو نوعيتها أو كميتها أو في حجم الخدمات الفنية أثناء التنفيذ، إذ يجب على صاحب العمل أو الجهة المشرفة التقيد بتنفيذ العمل وفقاً لمخططات ومواصفات وشروط العطاء، ويعتبر ورود النص في أي عمل أو في أي وثيقة من الوثائق المكونة للعطاء كافياً للتدليل على ضرورة تنفيذ ذلك العمل.

ويعتبر العمل إضافياً، كل تعديل أو إضافة أو تغيير لم يرد عليه نص في أي وثيقة من وثائق العطاء عند توقيع الاتفاقية واقتضت ظروف المشروع تنفيذه، ولا يعتبر عملاً إضافياً للزيادة الحاصلة في الكميات الفعلية للأعمال التي تم تنفيذها وفقاً للمخططات ولا يحتاج تنفيذها إلى إصدار أمر تغييري.

وإذا تطلبت ظروف العمل إحداث بنود جديدة لم تكن واردة في أي من وثائق العطاء أصلاً، فإن تحديد أسعار هذه البنود يكون خاضعاً لموافقة الوزير المختص، وإذا اقتضت الحاجة إلى إجراء أي تعديل أو إضافة أو تغيير أثناء التنفيذ فإن قرار إحالة العطاء يبقى نافذاً ويترتب على الجهة التي تتولى الإشراف على تنفيذ العطاء أن تقدم تقريراً فنياً مسبقاً إلى صاحب العمل يتضمن مبررات القيام بالأعمال الإضافية ومدى الحاجة إليها وتأثيرها على قيمة العطاء، ويتم تنفيذ الأعمال الإضافية والأوامر التغييرية وفقاً للصلاحيات التالية:

- بقرار من المهندس المشرف إذا كان مجموع قيمة التجاوز يقل عن (5%) من قيمة العطاء أو (5000) خمسة آلاف دينار أيهما أقل.

- بقرار من الأمين العام إذا كان مجموع التجاوز في قيمة الأعمال الإضافية والكميات أثناء التنفيذ يتراوح بين (5% - 15%) من قيمة العطاء أو مبلغ (30) ألف دينار أيهما أقل.

- بقرار من الوزير المختص إذا كان مجموع التجاوز في قيمة الأعمال الإضافية والكميات أثناء التنفيذ يزيد على (30) ألف دينار أو تزيد نسبته على (15%) من قيمة العطاء ولم تتجاوز (35%) منها، فيشترط في جميع الأحوال أن لا يتعدى هذا التجاوز مبلغ (500) ألف دينار.

- بقرار من مجلس الوزراء إذا تجاوزت قيمة الأعمال المنفذة نتيجة للأعمال الإضافية وزيادة الكميات أثناء التنفيذ ما تزيد نسبتها أو قيمتها على صلاحية الوزير المختص المنصوص عليها في البند /3/ أعلاه.

- وعلى المراقب أن يتأكد عند قرار الإحالة من جداول تصنيف مقاولي الإنشاءات واختصاصهم وصلاحية التصنيف حسب نصوص نظام الاشغال الحكومية المشار إليه سابقاً. كما عليه أن يتأكد عند تنفيذ الاشغال والخدمات الفنية الخاصة بها اعتماد الشروط العامة الموحدة للعطاءات، شريطة أن ينص على أي تعديلات أو شروط إضافية في الشروط الخاصة للمقاولة، أما فيما يتعلق بالكفالات والغرامات فعلى المراقب التأكد والتحقق من الأمور التالية:

1- الكفالات:

تحدد كفالات عطاءات الاشغال على النحو التالي:

أ- كفالة المناقصة: وتحدد بمبلغ مقطوع، ويحتسب هذا المبلغ على أساس نسبة (2%-3%) من القيمة المقدرة ويتم بيانه في ملحق نموذج عرض المناقصة.

ب- كفالة حسن التنفيذ: وتكون بنسبة (10%) من قيمة العقد.

ج- كفالة الصيانة: وتكون بنسبة (5%) من قيمة المشروع الفعلية بعد الإنجاز.

د- يحدد لعطاءات الخدمات الفنية كفالة حسن أداء بنسبة (10%) من قيمة العقد.

2- **غرامة التأخير:**

تحدد في ملحق نموذج عرض المناقصة مدة تنفيذ العطاء وقيمة غرامة التأخير عن كـل يـوم على أن تكون الغرامة متناسبة مع قيمة العطاء ومـدة تنفيـذه وتحسـب وفقـاً للمعادلـة التالية:

غرامة التأخير = (10%) من معدل الإنتاج اليومي.

غرامة التأخير = 10% / 100× قيمة العطاء المقدرة/مدة التنفيذ بالأيام.

وعلى المراقب أن يراعي الأمور التالية عند تصفية نفقة الاشغال الحكومية:

● **كشف الدفعة النهائية:**

ينبغي على المقاول أن يقدم إلى المهندس خلال فترة لا تتجـاوز (60) يومـاً مـن تـاريخ إصدار شهادة الصيانة كشف الدفعة النهائية الذي يشمل ما يلي:

- قيمة جميع الاشغال المنفذة بموجب العقد.

- أية مبالغ أخرى يعتبر المقاول نفسه أنها تستحق له بموجب العقد.

ويجب أن يتفق كل من المهندس والمقاول على قيمة الدفعة النهائية.

● **إقرار المخالصة:**

ينبغي على المقاول حال تقديمه لكشف الدفعـة النهائيـة أن يعطي صاحب العمـل، إقرار مخالصة يثبت فيه أن كشف الدفعة النهائية يشكل التسـوية الكاملـة والنهائيـة لجميع المبالغ المستحقة له بموجب العقد.

● **شهادة الدفعة النهائية:**

ينبغي علـى المهنـدس خلال (30) يومـاً مـن تسـلمه كشـف الدفعـة النهائيـة وقرار المخالصة أن يسلم صاحب العمل شهادة الدفعة النهائية شاملة ما يلي:

أ‌- المبلغ الذي يعتقد المهندس أنه قد استحق نهائياً للمقاول بموجب العقد.

ب- الرصيد المستحق من صاحب العمل للمقاول (إن وجد) حسب واقع الحال.

وذلك بعد احتساب جميع الدفعات التي دفعها صاحب العمل ورصيد المبالغ التي تستحق لصاحب العمل بموجب العقد.

● **السلف المصروفة للمقاول:**

إذا نص في العقد على التزام صاحب العمل بدفع سلفة للمقاول على حساب معدات المقاول والتجهيزات والمواد فيجب أن يحدد في الشروط الخاصة طريقة دفعها إلى المقاول واستردادها.

وعلى المقاول أن يقدم إلى صاحب العمل المستندات والبيانات المقنعة والكافية للتدليل على أن السلفة تستغل للصرف على اشغال المشروع موضوع العقد.

وبعكس ذلك، فإن يحق لصاحب العمل أن يسترد السلفة بالطريقة التي يراها مناسبة.

● **شهادة الصيانة:**

تعتبر شهادة الصيانة الشهادة الوحيدة المعتمدة بأنه قد تم قبول الاشغال، ولا يعتبر العقد منتهياً إلا بعد أن يصدر المهندس شهادة الصيانة ويسلمها إلى صاحب العمل متضمنة التاريخ الذي أتم فيه المقاول جميع التزاماته بخصوص تنفيذ الاشغال وإصلاح العيوب، ويتعين على المهندس أن يصدر هذه الشهادة خلال 28/ يوماً من تاريخ انتهاء فترة الصيانة وفي حالة وجود فترات صيانة مختلفة الأقسام أو أجزاء الاشغال، يكون موعد إصدار الشهادة تلك بعد انتهاء آخر فترة من فترات الصيانة المختلفة.

ويجب على المراقب التأكد من سلامة تطبيق الشروط الواردة في دفتر عقد المقاولة للمشاريع الإنشائية بجزئيه: الجزء الأول ويشمل الشروط العامة والجزء الثاني ويشمل الشروط الخاصة بالعقد والذين صدرا في عام 1991.

رابعاً - الرقابة الداخلية على إيرادات الموازنة العامة:

للقيام بإجراءات الرقابة الداخلية على الإيرادات يجب على المراقب المالي مراعاة القواعد التالية:

1- القواعد العامة للرقابة على الإيرادات:

وتتضمن هذه القواعد، الأسس المشتركة بـين كافـة إيـرادات الموازنـة العامـة، وتشمل المتطلبـات الأساسية التالية:

- التأكد من أن جميع الضرائب والرسوم والعوائد يتم تحققها في أوقاتها.

- التأكد من أن عمليات التحصيل للأموال العامة تجري حسب الأصول ودون تأخير.

- التحقق من أن الإجراءات القانونية تتخذ لتحصيل أية أموال يتأخر تحصيلها.

- التأكد من أن الأموال يتم إيداعها في البنك المعتمد أولاً بأول.

- التأكد من تنفيذ نصوص القوانين والأنظمة بكل دقة.

2- القواعد التفصيلية للرقابة على الإيرادات:

وتتضمن هذه القواعد الإجراءات الواجب اتباعها عند قبض الإيرادات وتشمل ما يلي:

أ- تدقيق البيان الحسابي (النسخة الأولى مـن دفتر اليوميـة العامـة "الصـندوق" أو الإرسالية) وأرومـة جلود الوصولات والقسائم والرخص وكذلك الفيش البنكية ومطابقتها مع البيانـات المدونـة في البيـان الحسابي حسب الخطوات:

- التأكد من تاريخ الإرسالية الواردة من قبل المحاسب المعني مـع متابعـة التسلسل الرقمـي لهـا وفق البرنامج المتفق عليه.

- يتم تفقد محتويات الإرسالية ويجب التأكد من وجود الوثائق التالية:

   - النسخة الأولى من دفتر اليومية العامة (الصندوق).

   - جلود وصول المقبوضات.

   - الرخص.

   - القسائم المالية.

- أرومات سجلات الولادة، الزواج، الوفاة...الخ.
- أوامر القبض للإيرادات والأمانات.
- الفيش البنكية والتحاويل.
- مستندات الإخراج للتأكد من تسلسل أرقام الجلود.

■ يقوم المدقق بتسجيل الإرسالية لديه في السجل المعتمد.

ب- يجب التأكد من تسلسل أرقام جلود الوصولات وإن اكتشف عـدم تسلسـل فـي هـذه الأرقام فيجـب عليه أن يطالب الجهة المعنية بكتاب يغطي النقص مع بيان أسبابه.

ج- يجب عليه التحقق والتأكد من وجود كامل نسخ الوصول الملغاة مع بيان سبب الإلغاء.

د- مطابقة قيمة الوصولات على دفتر يومية الصندوق.

ه- التأكد من تسلسل أرقام الوصولات.

و- التأكد من قيمة الوصول الإجمالي ومطابقته مع محتويات أمر القبض.

ز- التأكد من أن المبالغ المقبوضة قـد أودعـت فـي البنك أولاً بـأول وذلـك بمطابقـة تـواريخ الوصـولات وقيمتها مع تواريخ وقيم الفيش البنكية.

ح- التأكد من عدم وجود أية أخطاء أو شطب في كتابة أو تعبئة الوصول وإن وجـدت فيجـب أن تكون موقعة من المسؤول المعني.

ط- التأكد من أن المجموع الإجمالي لكل نوع من الدفاتر مطابق لدفتر الصندوق.

ي- مراجعة فيش البنك من حيث القيمة والتاريخ ووضوح ختم صندوق البنك ورقم الحساب.

ك- مطابقة قيم فيش البنك مع إجمالي دفتر الصندوق.

ل- إجراء مطابقة دورية لحجم المقبوضات للفترات الدورية المتماثلة.

م- ختم وتوقيع آخر نسخة مستعملة مـن الوصول أو القسـائم أو الـرخص لمتابعـة تسلسـل أرقامهـا فـي البيانات الحسابية اللاحقة.

ن- ختم وتوقيع البيان الحسابي وأمر القبض إشعاراً منه بصحة المعلومات.

س-التأكد من عمليات ترحيل جميع المستندات إلى دفاتر الأستاذ المساعدة وجداول التنسيق وأن عملية الترصيد صحيحة.

ع- متابعة إغلاق الحسابات الشهرية وتنظيم الخلاصة الحسابية الشهرية وجداولها المرفقة مثل: جداول التنسيق، جداول السلف المستردة والأمانات المقبوضة، والنقود المنقولة المقبوضة.

خامساً - الرقابة الداخلية على حسابات البنوك:

تمثل حسابات الحكومة لدى البنك المركزي خاصة والبنوك التجارية المعتمدة، حركة النقد الداخل إلى حسابات الحكومة والخارج من هذه الحسابات، ليتم التوصل في نهاية كل فترة (يوم، أسبوع، شهر) إلى الرصيد النقدي الذي يمكن الحكومة من مواجهة التزاماتها المختلفة.

ولأهمية الرقابة على الحسابات النقدية لدى البنك المركزي والبنوك الأخرى، فإن على المراقب المالي متابعة هذه الحسابات وحركتها أولاً بأول، للتأكد من صحة وسلامة التصرفات المالية التي تقوم بها مختلف الوحدات الإدارية الحكومية، مستنداً في ذلك على التشريعات المالية النافذة، ولتحقيق الرقابة الداخلية على معاملات الحكومة مع البنوك بكفاءة وفعالية، يقتضي من المراقب المالي مراعاة الأمور التالية:

- التحقق من أن التحويل المالي (الشيك) المقبوض لا تزيد قيمته عن (1000) ألف دينار دون تصديق من البنك المسحوب عليه ولا يجوز قبول شيكات غير مصدقة متعددة من مكلف واحد يزيد مجموعها على (1000) دينار.

- يقبل التحويل المالي مهما كانت قيمته إذا كان الساحب دائرة حكومية أو بلدية أو شركة مساهمة.

- لا يقبل التحويل المسحوب من قبل أشخاص أو جهات غير مذكورة في البند السابق، إذا زادت قيمته عن (1000) ألف دينار إلا إذا كان مصدقاً من البنك المسحوب عليه.

- لا يقبل أي تحويل مالي غير مصدق من أي مكلف سبق وأن أعيد له تحويل أو تحاويل مالية لعدم صرفها.

- متابعة التحاويل المالية المعدة لأي سبب كان، والتحقق من صحة إجراء قيوده المحاسبية التي تتطلب بأن يقيد ذمة على المكلف الذي دفعه ويرسل

إلى الدائرة التي قبلته وعليها استدعاء الساحب وتكليفه بدفع قيمته خـلال أسـبوع مـن تـاريخ إرساله إليها، وإذا لم يتم الدفع فيتوجب عليها تحصيله بموجب القوانين المرعية، وفي جميـع الحالات يجب على المراقب ملاحظة من أن الساحب للتحويل المرتجع إذا كـان قـد حصل علـى خصم قانوني أو لم تفرض عليـه الغرامـة القانونيـة نتيجـة قيامـه بتسـديد المبـالغ المطلوبـة منـه بالشيك المرتجع قبل انتهاء الموعد المحدد لتسديدها، ففي هـذه الحالـة يجب التحقـق مـن أن هذا الخصم أو عدم فرض الغرامة قد تم استرجاعها من المكلف المعني وكأنها لم تكن، إضافة إلى متابعة تحصيل الأموال حسب الأصول القانونية بما في ذلك اتخاذ الإجراءات الجزائية.

- التأكد من تسجيل التحاويل المرتجعة في السجل الخاص بها وبشكل يظهر كافة المعلومات مثل: قيمة التحويل، رقمه، تاريخه، البنك المسحوب عليه، اسم الساحب والغاية التي قبض من أجلها، وذلك لأغراض متابعة تحصيلها.

- التأكد من استخدام التحاويل المالية المسحوبة على البنك المعتمـد في دفع المبـالغ مـن الخزينـة العامة.

- التحقق من تسجيل التحاويل المالية المسحوبة على البنوك في السجل الخاص الذي يوضح كيفية تسليم التحويل للمستفيد، متضمناً تسجيل كافة بيانات التحويل.

- التحقق من أن التحويل المالي قد تم تسليمه إلى المستفيد بأحد الطرق التالية:

  • تسليمه إلى المستفيد أو من يفوضه خطياً بالاستلام.

  • إرساله عن طريق البريد المسجل إلى عنوان المستفيد.

- التأكد من التحويل الذي تعذر تسليمه إلى المستفيد خلال ستة أشهر من تاريخ سحبه لأي سبب كان، بأن تقبض قيمته وتسجل أمانة باسم المستفيد في سجل الأمانات.

- التأكد من أن التحويل المسلم للمستفيد ولم يقدم للصرف خلال ستة أشهر مـن تـاريخ سـحبه، تقبض قيمته لحساب الأمانات باسم المستفيد بعد إشعار البنـك المسحوب عليه بعـدم صرفـه وإعادته إلى الوحدة الإدارية الحكومية الساحبة للتحويل ويعتبر في هذه الحالة لاغياً.

- إذا فقد التحويل المالي المسحوب فعلى المراقب المالي التحقق مما يلي:

- أن الدائرة المعنية قد قامت بالتعميم عن التحويل المفقود من خلال إدارة البنك المسحوب عليه أو البنك المركزي، طالبة بهذا التعميم عدم صرف التحويل إذا قدم للصرف وإعادته إلى الدائرة الساحبة، بحيث يتضمن التعميم بيانات عن اسم البنك المسحوب عليه، رقم الحساب وقيمة التحويل، ورقمه، وتاريخه، واسم المستفيد، وبهذا التعميم يعتبر التحويل لاغياً.

- أن يصرف تحويل بدلاً منه (بدل ضائع) بعد انقضاء مدة لا تقل عن شهر من تاريخ الطلب من البنك التعميم على التحويل المالي، شريطة ورود كشف لحساب البنك إلى الدائرة والتأكد من أنه مازال معلقاً.

- أن يسجل التحويل المسحوب بدلاً عن ضائع في دفتر اليومية العامة ودفتر حساب البنك لدى الدائرة مع ذكر كافة بيانات التحويل وبدون تسجيل قيمته، ويكتب في البيان: بدلاً عن التحويل المفقود رقم .... تاريخ.... باسم .....

- أن يعاد كتابة بيانات التحويل الجديد مقابل التحويل المفقود في دفتر اليومية العامة ودفتر حساب البنك.

- التأكد من تسوية حساب البنك بقيمة التحويل المفقود مع التحويل بدل الضائع.

- عند تدقيق حساب البنك في نهاية كل فترة، يجب على المراقب التأكد من أن الوحدة الإدارية الحكومية قد قامت باتباع الإجراءات التالية:

- أن يقوم مدقق حساب البنك عند ورود كشف البنك في نهاية كل فترة زمنية متفق عليها وعادة ما تكون في نهاية كل شهر، بمطابقة المبالغ الواردة في كشف البنك مع المبالغ الواردة في حساب البنك في دفتر اليومية العامة على النحو التالي:

- مطابقة المبالغ الواردة في الجانب الدائن في كشف البنك مع المبالغ الواردة في الجانب المدين لحساب البنك في دفتر اليومية العامة بالإضافة إلى المعلقات السابقة.

- مطابقة المبالغ الواردة في الجانب المدين في كشف البنك مع المبالغ الواردة في الجانب الدائن لحساب البنك في دفتر اليومية العامة بالإضافة إلى المعلقات السابقة.

- عند الانتهاء من عملية المطابقة يقوم مدقق حساب البنك بتنظيم كشوف بالمبالغ التي ليس لها مقابل وتكون على النحو التالي:

1. مبالغ ظهرت في كشف البنك وليس لها مقابل في دفتر حساب البنك لدى الدائرة وهي:

- مبالغ قيدت في البنك لحساب الدائرة (إيداعاً)، ولم تقيد في دفتر حساب البنك لدى الدائرة.

- مبالغ صرفت من البنك على حساب الدائرة (سحوبات)، ولم تقيد في دفتر حساب البنك لدى الدائرة.

2. مبالغ قيدت في دفاتر الدائرة وليس لها مقابل في كشف البنك وهي:

- مبالغ قيدت في دفتر حساب البنك لدى الدائرة (سحوبات) ولم تظهر في كشف البنك (الشيكات المسحوبة التي لم تقدم لصرفها من البنك).

- مبالغ قيدت في دفتر حساب البنك لدى الدائرة (إيداعاً) ولم تظهر في كشف البنك.

- بعد الانتهاء من عملية المطابقة يتم إعداد اللائحة التوفيقية لحساب البنك (مذكرة تسوية البنك) وهي بيان حسابي ذو جانبين متساويين يتضمن الجانب الأول: رصيد البنك الدفتري آخر المدة مضافاً إليه قيمة مجموع التحاويل المسحوبة من قبل الوحدة الإدارية الحكومية ولم تقدم للصرف (تحاويل معلقة) مضافاً إليهما مجموع المبالغ التي قيدت في البنك و لم تقيد في دفتر اليومية العامة (حساب البنك).

ويتضمن الجانب الثاني: رصيد كشف البنك آخر المدة مضافاً إليه قيمة المبالغ التي صرفت من البنك ولم تقيد في دفتر اليومية العامة (حساب البنك) مضافاً إليهما قيمة المبالغ التي قيدت في دفتر اليومية العامة (حساب البنك). وتنظم مذكرة تسوية البنك حسب النموذج المقرر على النحو التالي:

الرصيد الدفتري لحساب البنك آخر المدة	رصيد البنك آخر المدة
(دفتر الأستاذ العام)	(حسب كشف البنك)
+قيمة الشيكات المسحوبة التي لم تقدم	+ مبالغ صرفت من البنك على حساب الدائرة
لصرفها من البنك (شيكات معلقة)	ولم تقيد في دفتر اليومية العامة (حساب البنك) لدى الدائرة
+مبالغ قبدت في البنك لحساب الدائرة	+ مبالغ قيدت في دفتر اليومية العامة (حساب البنك)
ولم تقيد في دفتر اليومية العامة (حساب البنك) لدى الدائرة	لدى الدائرة ولم تظهر في كشف البنك
xxx	xxx

لذا يجب متابعة المعلقات السابقة والحالية لغايات تصفيتها خلال الشهر اللاحق على النحو التالي:

- الرجوع إلى أصل كل مبلغ من المبالغ التي قيدت في دفاتر الوحدة الإدارية الحكومية ولم تقيد في دفاتر البنك، ومراجعة البنك للبحث عن أسباب عدم قيدها في حينه، والتأكد من أنها دخلت دفاتر البنك في الفترة اللاحقة.

- عندما تكون المعلقات مبالغ قيدت في دفاتر البنك ولم تقيد في دفاتر الوحدة الإدارية الحكومية، تتم مراجعة البنك من خلال البيانات الواردة بالكشف، ليقوم البنك بالرجوع إلى أصل كل مبلغ وتزويد الوحدة الإدارية الحكومية بالبيانات والوثائق الكافية المتعلقة بها لإجراء القيود المحاسبية بها في سجلات الوحدة.

- إذا تبين أن أحد المبالغ المعلقة، سواء كان في دفاتر الوحدة الإدارية الحكومية أو في سجلات البنك، كانت نتيجة خطأ، فيتم عكس القيد في نفس الدفاتر التي وقع الخطأ فيها.

القسم الثاني- الرقابة الخارجية في الأردن

يتولى ديوان المحاسبة باعتباره وكيل السلطة التشريعية، أعمال الرقابة الخارجية على أنشطة الـوزارات والدوائر الحكومية والمؤسسات العامة الرسمية والمجالس البلدية والقروية.

وقد صدر قانون ديوان المحاسبة رقم (28) لعام 1952 استناداً لأحكام المادة /119/ من الدستور الأردني والتي تنص على ما يلي:

"يشكل بقانون ديوان المحاسبة لمراقبة إيراد الدولة ونفقاتها وطرق صرفها"

وبناءً على هذا القانون وتعديلاته، فإن ديوان المحاسبة يقوم بالمهام التالية:

أ- مراقبة واردات الدولة ونفقاتها وحساب الأمانات والسلف والقروض والمستودعات.

ب- تقديم المشورة في المجالات المحاسبية للأجهزة الرسمية الخاضعة لرقابة الديوان.

وفيما يتعلق بالإيرادات فإن ديوان المحاسبة يعتبر مسؤولاً عن:

1. التدقيق في تحققات الضرائب والرسوم المختلفة للتثبت من أن تقديرها وتحقيقها قد تم وفقاً للقوانين والأنظمة المعمول بها.

2. التدقيق في معاملات بيوع الأراضي والعقارات الأميرية وتفويضها وتأجيرها.

3. التدقيق في تحصيلات الواردات على اختلاف أنواعها للتثبت من أن التحصيل قد جرى في أوقاته المعينة ووفقاً للقوانين والأنظمة المتعلقة بها ومن أن قانون تحصيل الأموال الأميرية قـد جـرى تطبيقه على المكلفين الذين تخلفوا عن الدفع ومن أن التحصيلات قد دفعت لصندوق الخزينـة وقيدت في الفصول والمواد المخصصة لها في الموازنة العامة.

4. التدقيق في معاملات شطب الإيرادات والإعفاء منها، للتثبت من عدم إجراء شطب أو إعفـاء في غير الحالات والأصول المنصوص عليها في القوانين والأنظمة المعمول بها.

أما مسؤولية الديوان عن رقابة النفقات فهي كما يلي:

1. التدقيق في النفقات للتثبت من صرفها للأغراض التي خصصت لها ومن أن الصرف قد تم وفقاً للقوانين والأنظمة.

2. التدقيق في المستندات والوثائق المقدمة تأييداً للصرف للتثبت من صحتها ومن مطابقة قيمتها لما هو مثبت في القيود.

3. التثبت من أن إصدار أوامر الصرف تم حسب الأصول الصحيحة ومن قبل الجهات المختصة.

4. التثبت من أن النفقات قيدت في الفصول والمواد المخصصة لها في الموازنة العامة.

5. التثبت من عدم تجاوز المخصصات المرصودة في الموازنة العامة إلا بعد الترخيص بذلك من الجهات المختصة.

6. التثبت من أسباب عدم الصرف لكل أو بعض المخصصات التي رصدت للأعمال الجديدة.

7. التثبت من تنفيذ أحكام قانون الموازنة العامة وملاحقه ومن صحة الأوامر المالية والحوالات الصادرة بمقتضاه.

بالإضافة إلى مسؤولية الديوان عن تدقيق ومراقبة حسابات الموازنة العامة والمتعلقة بالإيرادات والنفقات المذكورة أعلاه، فإن مسؤوليته تمتد إلى الحسابات الوسيطة التي يتم التعامل معها خارج حسابات الموازنة العامة، إذ أن ديوان المحاسبة مسؤول عن تدقيق حسابات الأمانات والسلف والتسويات بالإضافة إلى القروض، للتثبت من صحة العمليات المتعلقة بها، ومن مطابقة قيمها لما هو مثبت في القيود ومن أنها مؤيدة بالمستندات والوثائق اللازمة ومن استرداد السلف والقروض في الأوقات المعينة لاستردادها مع الفوائد المترتبة للخزينة.

ويجب أن ننوه هنا بأن الحسابات الوسيطة تكتسب أهمية خاصة لانعكاساتها المؤثرة على حسابات الموازنة العامة وبالتالي على الحساب الختامي للدولة والتركيز المالي لها، الأمر الذي يتطلب توخي الحيطة والحذر عند مراقبتها وتدقيقها لتشمل بالإضافة إلى ما ورد أعلاه النواحي التالية:

1. الاهتمام بفحص وتدقيق المبالغ المقيدة في هذه الحسابات ومتابعة تسويتها أولاً بأول للحيلولة دون تضخم أرصدتها والتأخر في تسويتها.

2. الاهتمام بمراقبة وتدقيق مشروعية هذه الحسابات ومدى دقتها وسلامة تنظيمها وإدارتها.

3. العمل على الحد من التوسع في استخدامها بلا ضرورة.

4. الاهتمام بمراقبة الصرف على حسابات السلف والأمانات للتأكد من عدم تحميل تلك الحسابات بمبالغ تعد من قبيل النفقات التي يتعين تحميلها مباشرة على حسابات الموازنة، وللتأكد أيضاً من عدم استغلال الأمانات في تدوير مخصصات الموازنة غير المستغلة في نهاية العام.

أما فيما يتعلق بحسابات الدين العام، فقد اكتسبت هي الأخرى أهمية بالغة ومتزايدة في الآونة الأخيرة، إذ أن التوسع الكمي والنوعي في أنشطة ووظائف الحكومة أديا إلى ارتفاع كبير في الإنفاق العام مما اضطرها إلى اللجوء إلى الاستعانة بالقروض لتمويل العجز وتحقيق التوازن المطلوب للموازنة العامة.

ومن ناحية أخرى فقد ترتب على التوسع في الدين الحكومي مبالغ كبيرة مستحقة على الدول المقترضة، عجزت معظمها عن تسديد الأقساط والفوائد المستحقة عليها، الأمر الذي أدى إلى حدوث مشاكل مالية واقتصادية لا يمكن لهذه الدول مواجهتها.

وبناءً عليه، فإن على ديوان المحاسبة أن يزيد من اهتمامه بمراقبة وتدقيق حسابات الدين الحكومي وأن يطور من أساليبه وقدراته لتحقيق الرقابة الفاعلة، مراعياً في ذلك الأمور التالية:

1. التأكد من أن الاقتراض قد تم بناءً على وجود حاجة ضرورية وحقيقية وأنه قد استند على دراسات مالية واقتصادية.
2. التحقق من جود الخطط الملاءمة لتحديد حجم الاقتراض وأوجه استخدامه وكيفية خدمته (تسديد الأقساط والفوائد).
3. التأكد من مراعاة تحقيق نوع من التناسب بين حجم الدين الحكومي والناتج الإجمالي المحلي والقومي وبيان أثر ذلك على ميزان المدفوعات.
4. إجراء الدراسات اللازمة لأغراض المقارنة بين تكلفة الدين الحكومي والعائد المتوقع من نشاط المشاريع الممولة عن طريقه.
5. التأكد من أن استخدام الدين الحكومي قد تم في مشاريع استثمارية وتنموية وليس لأغراض استهلاكية.
6. التحقق من مشروعية الاقتراض وبأنه قد تم عرض اتفاقيات على السلطات المختصة.
7. التحقق من قيام وزارة المالية بتسديد أقساط القروض وفوائدها في مواعيدها دون تأخير وأنه قد تم تخصيص المبالغ الكافية لها في الموازنة العامة.

8. التأكد من صحة القيود والمسجلات المحاسبية التي يجب أن تعكس بكل دقة حجم الدين الحكومي.

صلاحيات ديوان المحاسبة:

حتى يحقق ديوان المحاسبة أهدافه في الرقابة فإن له الحق في اتخاذ الإجراءات التالية:

1. أن يقوم في أي وقت بالتدقيق في الحسابات وبجرد النقد والطوابع والوثائق والمستندات ذات القيمة إضافة إلى جرد اللوازم في أية دائرة، وعلى موظفي هذه الدائرة أن يسهلوا مهمة الديوان ويقدموا جميع المعلومات التي يطلبها، وله أن يلفت نظرهم إلى ما يبدو له من ملاحظات وأن يستوضح منهم عن سبب ما يظهر له من تأخر إنجاز المعاملات.

2. أن يدقق أي مستند أو سجل أو أوراق لازمة لتحقيق قناعة كاملة بدقتها، وأن يطلع على المعاملات الحسابية والمالية في جميع الدوائر في أي دور من أدوارها سواء ذلك فيما يتعلق منها بالإيرادات أو النفقات وله حق الاتصال المباشر بالموظفين الموكول إليهم أمر هذه الحسابات ومراسلتهم.

3. أن يقوم بالتدقيق بصورة يتأكد من أن الحسابات جارية وفقاً للأصول الصحيحة وأن التدابير المتخذة للحيلولة دون الشذوذ والتلاعب كافية فعالة، وله أن يوجه النظر إلى أي نقص يجده في التشريع المالي أو الإداري، وأن يتثبت من أن القوانين والأنظمة والتعليمات المتعلقة بالأمور المالية والحسابات معمول بها بدقة، وأن يلفت النظر إلى أي تقصير أو خطأ وأن يبين رأيه في كفاية الأنظمة والتعليمات لتحقيق أغراض القوانين المالية.

4. أن يطلع على جميع التقارير والمعلومات الواردة من المفتشين سواء كانوا ماليين أو إداريين، وعلى تقارير التحقيق في المخالفات التي لها مساس بالأمور المالية، وأن يطلب تزويده بكل ما يريد الاطلاع عليه من معلومات وإيضاحات من جميع الدوائر مما له مساس بأعمال دائرته.

5. على أية جهة من الجهات الخاضعة لرقابة ديوان المحاسبة الإجابة على أي استيضاح يوجهه إليها الديوان ضمن نطاق مهامه وذلك خلال مدة لا تتجاوز الثلاثين يوماً اعتباراً من تاريخ وصوله إلى تلك الجهة، إذا كان مركز عملها في داخل المملكة، ولا تتجاوز ستين يوماً إذا كان مركز عملها خارجها.

تقارير ديوان المحاسبة:

يقدم رئيس ديوان المحاسبة تقريراً سنوياً عن الحساب الخاص بكل سنة مالية يبسط فيه ملاحظاته ويقدمه إلى مجلس النواب ويرسل صوراً عنه إلى رئيس الوزراء ووزير المالية، وعليه أن يضمن هذا التقرير ملاحظاته عن الدوائر والمؤسسات التي كلف التدقيق في حساباتها مع بيان المخالفات المرتكبة والمسؤولية المترتبة عليها وذلك في بدء كل دورة عادية أو كلما طلب مجلس النواب منه ذلك.

كما أن لرئيس ديوان المحاسبة في أي وقت أن يقدم لمجلس النواب تقارير خاصة يلفت فيها نظره إلى أمور يرى أنها من الخطر والأهمية بحيث تستلزم تعجيل النظر فيها.

استقلالية ديوان المحاسبة:

بالرغم من أن ديوان المحاسبة هو وكيل السلطة التشريعية، إلا أنه ما زال يعاني من نقص في استقلالية أعماله والتي حد منها قانون ديوان المحاسبة نفسه.

إن أسباب قصور استقلالية الديوان تعود إلى ما يلي:

1. نصت المادة /5/ من قانون ديوان المحاسبة على ما يلي:

"يتولى إدارة ديوان المحاسبة رئيس يعين بإرادة ملكية بناء على تنسيب مجلس الوزراء ويبلغ هذا التعيين إلى مجلس النواب ولا يجوز عزله أو نقله أو إحالته على التقاعد أو فرض عقوبات مسلكية عليه إلا بموافقة مجلس النواب إذا كان المجلس مجتمعاً أو بموافقة الملك بناءً على تنسيب مجلس الوزراء إذا كان المجلس فير مجتمع، وعلى رئيس الوزراء في هذه الحالة أن يبلغ عند اجتماعه ما اتخذ من الإجراءات مشفوعة بالإيضاح اللازم" .

2. نصت المادة /22/ من قانون ديوان المحاسبة على ما يلي:

"إذا وقع خلاف في الرأي بين الديوان وإحدى الوزارات أو الدوائر يعرض موضوع الخلاف على مجلس الوزراء للفصل فيه، وعلى رئيس الديوان أن يضمن تقريره إلى مجلس النواب المسائل التي وقع الخلاف حولها".

3. نصت المادة /24/ من قانون ديوان المحاسبة على ما يلي:

"يحق لرئيس ديوان المحاسبة بموافقة رئيس الوزراء أن يقرر التدقيق في النفقات قبل الصرف".

4. لم يعط قانون ديوان المحاسبة أي نوع من الحصانة لموظفي الديوان، الأمر الـذي سـيؤثر بشـكل سلبي على أعمالهم.

وبناءً على ما ورد أعلاه، فـإن الأمـر يتطلـب إعـادة النظـر في قـانون ديـوان المحاسبة وتطـويره ليواكب النشاط المتعاظم للحكومة إضافة إلى مساعدته في ممارسة أساليب الرقابة الشـاملة ومراقبـة الأداء التي يفتقر إلى ممارستها حتى هذا الوقت، إذ كما لاحظنا فإنه لا يزال يعتمد على أساليب الرقابة التقليدية والمتمثلة في تدقيق ومراجعة الناحية الحسابية والتحقق من مشروعية العمليات المالية.

الفصل الخامس

الموازنة العامة للدولة
(إعداداً وتنفيذاً ورقابةً)

تمهيد :

تعد الموازنة العامة للدولة الخطة المالية الأساسية التي تحدد أهداف الحكومة وسياستها وبرامجها في طرق الاستغلال الأمثل للموارد وعملية توزيعها تبعاً للأولويات، وتنهض بدور رئيس في تكوين الناتج المحلي الإجمالي من خلال الإنفاق الحكومي، وبالتالي تخلق دخلاً وطاقات إنتاجية جديدة في البلاد.

من المعلوم أنه ليس هناك دولة تمتلك القدرة للحصول على موارد غير محدودة بصرف النظر عن مدى ثرائها، لذلك فإن أسس إعداد الموازنة العامة للدولة ترتكز في عملية المفاضلة بين البدائل المتاحة، وبمعنى آخر الطريقة التي يتم من خلالها تحقيق أكبر قدر ممكن من المنافع باستخدام موارد محدودة، كما تمثل عملية إعداد الموازنة الوسيلة التي تتجسد من خلالها الخطط على الواقع الفعلي، ولهذا فإن هذه العملية تمثل عنصراً مهماً في عملية التخطيط التنموي، واستمراراً للتنمية الاقتصادية ذاتها، هذا بالإضافة إلى أنها عنصر أساسي في نظام الإدارة المالية، الذي يتميز بخصائص مهمة في نطاق الأداء المحاسبي والرقابة المالية، كما أن إعداد الموازنة يؤثر في عملية تنفيذ البرامج والمشروعات لأنه يتولى عملية تخطيطها وتوزيعها. لذلك أصبح إعداد الموازنة وإقرارها يحظى بهذا الاهتمام الكبير.

وللموازنة العامة أهمية في حياة الدولة تبدو بصورة خاصة من الناحيتين السياسية والاقتصادية. فأهمية الموازنة من الناحية السياسية أنها انعكاس لبرنامج عمل الحكومة خلال مدة محدودة من الزمن، وأنها تترجم خطة الدولة السياسية إلى أرقام، وهي إلى جانب ذلك إذن تمنحه السلطة التشريعية للسلطة التنفيذية بالإنفاق والجباية.

وتبدو أهمية الموازنة من الناحية الاقتصادية والاجتماعية من خلال تعديلها لتوزيع الدخل القومي بين الطبقات الاجتماعية المختلفة. فهي تؤثر في مالية الأفراد بما تفرضه من ضرائب أو تصرفه من نفقات، فتقتطع جزءاً من دخل بعض الأفراد لتكون إيراداً عاماً تعيد توزيعه إلى طبقة اجتماعية أخرى على شكل دخل جديد لأبنائها. ويقع على عاتق الموازنة العامة في العصر الحاضر التأثير في الحياة الاقتصادية وتحقيق العمالة الكاملة، وتعبئة القوى الاقتصادية العاطلة، والعمل على زيادة الدخل القومي، ورفع السوية المعيشيّة للمواطنين.

المبحث الأول

مفهوم الموازنة العامة للدولة وتعريفها

تطور مفهوم الموازنة العامة مع مفهوم الدولة وتطور دورها في الميادين الاقتصادية والاجتماعية.

وتعد إنكلترا من أوائل الدول التي وضعت الموازنة العامة بمفهومها الحديث. ثم تلتها فرنسا، ورسّخت مبادئ الموازنة العامة على أسس علمية واضحة. وانتقلت هذه المبادئ من إنكلترا وفرنسا إلى الدول الأخرى.

وبالتالي فإن توسع وتغير مفهوم ودور الدولة في المجتمع وانتقاله من دور الوسيط إلى دور المحرض لسائر الفعاليات الاقتصادية والاجتماعية، أدى إلى تغير مفهوم الموازنة العامة للدولة، فأصبح يأخذ اتجاهاً وأبعاداً جديدة تعبّر بشكل رئيس عن طبيعة الهياكل الاقتصادية والاجتماعية والسياسية القائمة في الدولة من جهة، وعن الخيارات والبدائل التي تقوم عليها السياسة المالية والنقدية للدولة من جهة أخرى، سواء أكان ذلك في اقتصاديات الدولة المخططة مركزياً، أم في الاقتصاديات الرأسمالية والمشتركة.

ومع انتشار التخطيط الاقتصادي وتطور مناهجه وأساليبه اكتسبت الموازنة العامة للدولة أهمية خاصة، فأصبحت تمثل الخطة المالية الرئيسة لتنفيذ برامج التنمية الاقتصادية والاجتماعية.

وقد عرف قانون المحاسبة الفرنسي لعام 1926 الموازنة بأنها:

"وثيقة تنبؤ وإقرار الإيرادات والنفقات السنوية للدولة أو لأنواع الخدمات التي تخضع هي الأخرى لنفس القواعد والتنظيمات القانونية".

وعرفها القانون البلجيكي بأنها "بيان الواردات والنفقات خلال الدورة المالية".

وعرفها القانون الأمريكي بأنها "صك تقدر فيه نفقات السنة التالية ووارداتها بموجب القوانين المعمول بها عند التقديم واقتراحات الجباية المعروضة فيها".

وعرفها القانون الروسي بأنها "الخطة المالية الرئيسية لتكوين الصندوق المركزي العام للدولة واستخدامه، من الموارد النقدية للدولة الروسية الاتحادية".

أما الدكتور شيروود وهو أحد المختصين في كتابات الموازنة ، فيعرف الموازنة بما يلي:

"الموازنة خطة شاملة ممثلة بأرقام تحدد برنامجاً كاملاً لفترة محدودة، وهي تتضمن تقديراً للخدمات والنشاطات والمشاريع ونفقات ومصادر ضرورية للإنفاق".

ويرى أرون ولدفسكي في مؤلفة الشهير (البعد السياسي لعملية الموازنة) أنه "يجب أن ينظر للموازنة كوثيقة تحوي كلمات وأرقاماً وتقترح نفقات لأغراض وبنود معينة، أو كسلوك مقصود، أو تنبؤ لتحقيق أهداف وسياسات معينة، أو كسلسلة من الأهداف كل له تكاليف محددة، أو كجهاز وأداة للاختيار من بين بدائل الإنفاق، أو كخطة، أو كعقد بين البرلمان والسلطة التنفيذية، أو كمجموعة التزامات متبادلة ورقابة متبادلة".

أما دليل المحاسبة الحكومية الصادر عن الندوة الإقليمية لهيئة الأمم المتحدة المنعقدة في بيروت عام 1969 فقد عرف الموازنة العامة للدولة بما يلي:

"الموازنة هي عملية سنوية ترتكز على التخطيط والتنسيق ورقابة استعمال الموارد لتحقيق الأغراض المطلوبة بكفاءة. فهي أساساً عملية اتخاذ القرار بطريقة يمكن أن يقوم بها الموظفون الرسميون على مختلف المستويات الإدارية بالتخطيط والتنفيذ لعمليات البرامج بطريقة مخططة للحصول على أفضل النتائج من خلال التوزيع والاستخدام الأكثر فاعلية للموارد المتاحة".

وعرفها الباحث بك (Buck) بأنها:

"الموازنة هي خطة تعرض المتطلبات النقدية للحكومة لفترة زمنية محددة في المستقبل -عادة لمدة سنة- وبهذا فهي تمثل علاقة متوازنة بين النفقات المقدرة والدخل المتوقع".

أما الباحث عبد الكريم صادق بركات فقد عرفها بأنها:

"التعبير المالي لبرنامج العمل الذي تعتزم الحكومة تنفيذه في السنة القادمة تحقيقاً لأهداف المجتمع".

وعرف طاهر الجنابي الموازنة العامة بأنها:

"خطة تتضمن تقديراً لنفقات الدولة وإيراداتها خلال فترة قادمة غالباً ما تكون سنة واحدة ويتم هذا التقدير في ضوء الأهداف التي تسعى إليها السلطة السياسية".

من خلال ما تقدم، يتبين أن التعاريف السابقة عالجت مفهوم الموازنة معالجة دقيقة وأعطتها معاني واضحة، يمكن تلخيصها بالنقاط التالية:

1- إن الموازنة العامة ما هي إلا تعبير مالي عن برنامج العمل الحكومي إذ أنها تعكس دور الدولة في النشاط الاقتصادي.

2- إن الموازنة هي برنامج تحقيق أهداف الدولة، وهي وسيلة الحكومة لتحقيق برنامج العمل الذي تعتزم الدولة تنفيذه لتحقيق هذه الأهداف.

3- إن الموازنة هي برنامج العمل الذي تعتزم الحكومة تنفيذه في السنة المقبلة، فهي تعد بذلك أداة لتقدير ما تعتزم الحكومة إنفاقه وما تتوقع تحصيله من إيرادات خلال السنة القادمة. وقد تم تحديد هذه الفترة بسنة كاملة إذ أن الموازنة ما هي إلا برنامج يعتمد على التقدير والتنبؤ. وبالتالي لو امتدت هذه الفترة لأكثر من سنة فإن تقدير نفقات الموازنة وإيراداتها لن يكون دقيقاً خاصة في ظل تقلبات الأسعار. أما لو وضعت الموازنة لفترة أقل من سنة لكانت الإيرادات تختلف في كل موازنة عنها في الموازنة السابقة تبعاً لاختلاف المواسم وتباين المحاصيل الزراعية، إضافة إلى الجهد الذي يبذل والوقت الذي يستغرق في إجراءات تقدير الموازنة وإعدادها الأمر الذي يجعل من الصعب تكرار هذه العملية على فترات زمنية قصيرة ناهيك عن تكاليف تكرار عملية الإعداد.

المبحث الثاني

أهداف الموازنة العامة للدولة

تتضمن الموازنة العامة السياسات والقوانين اللازمة لتحقيق الأهداف العامة والمحددة للدولة لسنة مالية مقبلة، ضمن مؤشرات خطة التنمية الاقتصادية والاجتماعية وأهدافها، وذلك ضمن خطة محكمة ومترابطة. تختلف أهداف الدولة تبعاً لاحتياجات المجتمع المتغيرة عبر الزمن. لا بد من أن نشير هنا إلى أن أي دولة مهما عظمت إمكاناتها وحجم إيراداتها، فهي لا تستطيع تلبية جميع الحاجات العامة لمواطنيها . لذلك لا بد من اختيار أنشطة كل فترة مالية حسب أولوياتها، وضمن الإمكانيات المتوفرة.

وفيما يلي شرح لكل هدف من أهداف الموازنة العامة للدولة:

1- أهداف اقتصادية:

تتضمن الموازنة العامة للدولة برامج لتحقيق الأهداف الاقتصادية مثل توزيع موارد الدولة، والرقابة على المال العام، وتوجيه الاقتصاد الوطني.

أ- توزيع موارد الدولة:

تُبيِّن الموازنة العامة للدولة طريقة توزيع موارد الدولة وتخصيصها على الأنشطة والخدمات العامة للمواطنين حسب أولوياتها، والمناطق الجغرافية المختلفة لتنميتها، وإمكانيات الدوائر الحكومية المختلفة، والكفاءات المتوفرة في كل دائرة حكومية لتحقيق الأهداف العامة للدولة.

ب- أداة رقابية على المال العام:

تُمكِّن الموازنة العامة الجهات الرقابية المختلفة، والجهات ذات العلاقة من الرقابة على تحصيل الإيرادات المقدَّرة، وإنفاق التخصيصات المعتمدة على الأهداف المحددة لها، ضمن المدة والوصف المحددين، والمساءلة عن أية انحرافات في التنفيذ، حمايةً للمال العام.

ج- توجيه الاقتصاد الوطني:

تُضمِّن الحكومة الموازنة العامة سياساتها المقترحة اللازمة لتوجيه الاقتصاد الوطني، ومن الأمثلة على هذه السياسات:

- تحقيق نمو اقتصادي وزيادة معدل الناتج المحلي.
- تحقيق الاستقرار المالي والنقدي.
- زيادة معدلات الادخار والاستثمار.
- تخفيض عجز الموازنة العامة.
- توازن الحساب الجاري لميزان المدفوعات.
- تخفيض نسبة الدين العام.
- تخفيض نسبة الاستهلاك الكلي إلى الناتج المحلي لزيادة المدخرات المحلية.
- استقرار المستوى العام للأسعار.
- توجيه الاستثمارات نحو قطاعات معينة، بزيادة التخصيصات المعتمدة للإنفاق على تسهيل أعمال تلك القطاعات، وإعفائها كلياً أو جزئياً من الضرائب والرسوم وللمدة التي تقتضيها المصلحة العامة.
- الحد من البطالة وتشجيع الاستثمار في المشاريع التي تحتاج إلى عمالة أكبر.
- تنشيط الاقتصاد الوطني.

كما يتطلب استقرار الاقتصاد الوطني ونموه ضخ أموال للسوق في أوقات الكساد، بتخفيض الضرائب وتشجيع الاقتراض بتخفيض معدل الفائدة على القروض، وتشجيع الادخار بزيادة معدل الفائدة على الودائع. أما في أوقات التضخم فيتم امتصاص النقد الزائد في السوق لتخفيض الأسعار، بزيادة الضرائب وتقليل الإنفاق.

2- تحقيق أهداف اجتماعية:

تشمل الموازنة العامة برامج لتحقيق الأهداف الاجتماعية، مثل معالجة ظاهرتي الفقر والبطالة، وإعادة توزيع الدخل لصالح الطبقات الفقيرة، وبالتالي الحد

من تفاوت الطبقات في المجتمع. وتشجيع العادات الحسنة، والحد من العادات السيئة.

أ- معالجة ظاهرتي الفقر والبطالة:

تتضمن الموازنة العامة للدولة سياسات تسعى إلى إقامة مشاريع لتنمية المناطق الفقيرة في الدولة، وتشجيع إقامة المشاريع الصغيرة المستخدمة للعمالة، وتأهيل قوى العمل، ورفع مستوى الخدمات الاجتماعية والصحية والإسكانية، وتحفيز القطاع الخاص على الاستثمار فيها.

ب- إعادة توزيع الدخل:

تتضمن الموازنة العامة سياسات تعمل على زيادة تمويل الطبقة الغنية لخزينة الدولة العامة، وتوجيه الإنفاق لصالح الطبقات الفقيرة، وبالتالي تقليل التفاوت بين طبقات المجتمع.

ج- الحد من بعض العادات السيئة:

تسعى الدولة، من خلال تضمين الموازنة العامة سياسات معينة، إلى الحد من بعض العادات السيئة، مثل التدخين والمسكرات. ومن هذه السياسات زيادة الضرائب والرسوم على الإنتاج والمتاجرة في مثل هذه السلع، والقيام بحملات إعلانية، تُبيِّن أخطار هذه العادات على المجتمع والمواطن.

د- تشجيع بعض العادات الحسنة:

تتضمن الموازنة العامة سياسات تُشجع بعض العادات الحسنة لتحقيق أهداف التنمية الاجتماعية، وذلك بتنظيم النسل حسب مصلحة المجتمع من خلال سياسات ضريبية مثلاً أو من خلال الوعي الصحي واعتمادات الإنفاق العام المخصصة لهذه الغاية.

3- تحقيق أهداف صحية:

تتضمن الموازنة العامة برامج ترفع من مستوى خدمات الرعاية الصحية، وتخفيض معدل وفيات الأطفال، والحد من الآثار الجانبية الضارة للمبيدات والأسمدة الزراعية.

4- تحقيق أهداف علمية:

تتضمن الموازنة العامة للدولة سياسات تُشجع البحث العلمي، واستخدام التقنية الحديثة، بهدف النهوض بالمجتمع والحرص على استمرار تقدمه.

5- تحقيق أهداف بيئية:

تُضمّن الموازنة العامة للدولة سياسات تحدُّ من تلوث البيئة، وتحافظ على الرقعة الزراعية وتزيدها، وتواجه العجز المائي.

6- تحسين عملية التخطيط:

يعتمد إعداد الموازنات العامة المقبلة على دراسة نتائج تنفيذ الموازنات العامة السابقة، ضمن عوامل أخرى متعددة. وتُمكّن الموازنة العامة من بيان مدى دقة تقدير تحصيل الإيرادات وكفاءتها. كما تُمكّن الموازنة العامة من تحليل نفقات الأنشطة والخدمات العامة المنفَّذة . وخلاصة القول إن بيانات الموازنات العامة السابقة، ودراسة مدى دقة تقدير وكفاءة تحصيل الإيرادات، وفعالية الإنفاق العام تساعد في تحسين عملية التخطيط.

7- مصدر معلومات:

تُبيِّن موازنة الدولة العامة توجهات سياسات الدولة (التنموية، والاقتصادية، والاجتماعية، والسياسية...). وتعد الموازنة العامة للدولة مصدراً من مصادر المعلومات اللازمة لاتخاذ القرارات الاقتصادية من قبل جميع الأطراف ذات العلاقة، وتوفر البيانات اللازمة للأبحاث والدراسات.

المبحث الثالث

المبادئ العامة في إعداد الموازنة العامة للدولة

ترمي هذه المبادئ إلى إطلاع السلطة التشريعية دورياً على كل نوع من النفقات والإيرادات لا على النفقات العامة بصورة إجمالية فحسب، وهي بذلك تعطي السلطة التشريعية أولوية تسمح لها بالسيطرة على أعمال الحكومة، كما تعنى بتنظيم الموازنة العامة وفق أسس واضحة وسليمة مما يسهل صرف النفقات وجباية الإيرادات.

إن مبادئ الموازنة العامة هي قواعد نظرية كما وصفها فقهاء المالية العامة وكتّابها. ومنهم من بالغ في قيمتها وزاد عددها، ومنهم من قسمها من حيث الأهمية إلى مبادئ أساسية وأخرى ثانوية، كما أن قيمة المبادئ تختلف في الزمان والمكان وفق التشريع الوصفي لكل دولة.

وقد ارتبطت هذه المبادئ بالمفهوم الكلاسيكي للموازنة العامة الذي كان سائداً في القرن التاسع عشر والقرن العشرين، إلاّ أنه مع تطور مفهوم المالية العامة، فقد تطورت مبادئ الموازنة العامة وأصبح لها العديد من الاستثناءات.

ونبين فيما يلي المبادئ الأساسية لإعداد الموازنة العامة للدولة:

أولاً- مبدأ وحدة الموازنة.

ثانياً- مبدأ شمول الموازنة.

ثالثاً- مبدأ سنوية الموازنة.

رابعاً- مبدأ تعادل الموازنة.

خامساً- مبدأ شيوع الموازنة (مبدأ عدم تخصيص الإيرادات).

وقد حققت هذه المفهومات تغييراً جذرياً لارتباط الموازنة العامة بالاقتصاد بشكل أساسي، ولم يعد تعريف الموازنة التقليدي يفي بالغرض المطلوب، حيث أصبح تعريف الموازنة العامة في قوانين معظم الدول يركز على الدور الاقتصادي للموازنة وعلى أهدافها الاجتماعية.

أولاً- مبدأ وحدة الموازنة:

أ- **تعريفه**: "يعني مبدأ وحدة الموازنة أن ترد نفقات الدولة وإيراداتها ضمن صك واحد أو وثيقة واحدة تعرض على السلطة التشريعية لإقرارها"، فلا تنظم الدولة سوى موازنة واحدة تتضمن مختلف أوجه النفقات والإيرادات مهما اختلفت مصادرها ومهما تعددت المؤسسات والهيئات العامة التي يقتضيها تنظيم الدولة الإداري.

وينتج عن هذا المبدأ أن تعرض الموازنة على السلطة التشريعية بصك واحد ينظم مختلف أوجه أنشطة الدولة المالية وفعالياتها، ولا فرق بين أن يتم عرض هذا الصك دفعةً واحدةً أو على مراحل متتالية. فمبدأ وحدة الموازنة بمفهومه الحديث يسمح بتسجيل مختلف أنواع النفقات والإيرادات دون سهو أو غموض.

ب- سمات مبدأ وحدة الموازنة:

- يتصف بالوضوح والسهولة لمن يريد أن يقف على حقيقة المركز المالي للدولة حيث إن للدولة حساباً واحداً.
- يؤدي إلى سهولة تحديد نسبة الإيرادات والنفقات العامة إلى مجموع الدخل القومي بوجود أرقامها في صك واحد للموازنة العامة.
- يساعد السلطة التشريعية على أن تفرض رقابتها على تخصيص النفقات العامة حسب وجوه الإنفاق الأكثر ضرورة.
- يحول مبدأ وحدة الموازنة دون تلاعب الجهاز الحكومي في ماهية الإنفاق والاعتماد.
- يكشف عن إساءة استعمال النفقات العامة وعن التبذير في إنفاقها.
- يساعد على إيجاد نظام محاسبي موحد لحسابات الحكومة وإداراتها المختلفة.
- يدعم أسلوب التخطيط لأن الموازنة العامة ما هي إلا الوجه المالي للخطة الاقتصادية.

وهناك بعض الاستثناءات من مبدأ وحدة الموازنة وأهمها:

1- الموازنة الملحقة.

2- الموازنات الاستثنائية.

3- حسابات الخزينة خارج الموازنة

1- **الموازنة الملحقة:**

هي موازنة منفصلة عن الموازنة العامة للدولة، وتتضمن إيرادات ونفقات بعض الإدارات أو الهيئات العامة التي تتمتع بشخصية معنوية مستقلة، وتتصف هذه الموازنة بأنها موازنة عامة متعلّقة بشخصية معنوية مستقلة، كما تسري على هذه الموازنة القواعد العامة التي تحكم الموازنة العامة للدولة.

2- **الموازنة الاستثنائية:**

الموازنة الاستثنائية هي موازنة منفصلة عن موازنة الدولة، تعد لأغراض مؤقتة أو غير عادية وبموارد استثنائية وتنظم هذه الموازنة إلى جانب الموازنة العادية لكونها تتضمن (نفقات استثنائية، مشاريع كبرى، سدوداً، خطوطاً حديدية، مشاريع عمرانية، كوارث طبيعية، إيرادات استثنائية، غنائم حروب، قروضاً، تعويضات)، إذ لو أدرجت هذه النفقات والإيرادات الاستثنائية ضمن الموازنة العامة لأدى الأمر إلى عدم صحة المقارنة التي يمكن أن تجري بين الموازنات للأعوام المختلفة.

3- **حسابات الخزينة خارج الموازنة:**

هي حسابات ليس لها علاقة مباشرة بإيرادات الموازنة ونفقاتها وتشرف عليها الخزينة العامة للدولة، فقد تتلقى الحكومة بعض المبالغ لا تلبث أن تعيدها بعد مدة لأصحابها كتأمين المناقصات التي ترد لأصحابها بعد انقضاء سببها، وبذلك لا يمكن عدُّها إيرادات للموازنة العامة، فهذه الأموال التي تدخل الخزينة وتخرج منها لا تذكر عادة في موازنة الدولة، بل ترد في حسابات خارج الموازنة، ولذلك عدّت استثناءات من مبدأ وحدة الموازنة .

ثانياً- مبدأ شمول الموازنة:

تعريفه:

"يقصد بمبدأ شمول الموازنة أو الموازنة الإجمالية أن تشمل موازنة الدولة جميع نفقاتها، وجميع إيراداتها دون إخفاء أو سهو، ودون إجراء أي خصم أو تقاص بين أي إيراد من إيرادات الدولة وأية نفقة من نفقاتها" ومعنى ذلك أنه لا يجوز:

– تخصيص أي نوع من أنواع الإيرادات العامة لتغطية نفقة بذاتها أو بإدارة من الإدارات العامة.

– عدم تنزيل نفقات أي إدارة أو مؤسسة من إيراداتها.

يساعد هذا المبدأ السلطة التشريعية على إعمال الرقابة على الإيرادات والنفقات كافة، حيث لا يسمح لأي إدارة باستعمال إيراداتها لتغطية نفقاتها بعيداً عن رقابة السلطة التشريعية، ويقابل هذا المبدأ مبدأ معاكس هو مبدأ الصوافي.

مبدأ الصوافي: يجري بموجبه تقاص بين نفقات كل إدارة وإيراداتها، حيث لا يظهر في الموازنة العامة إلا فائض الإيرادات عن النفقات أو العكس.

لقد كان مبدأ الصوافي مطبقاً في أغلب موازنات القرن التاسع عشر، إلا أنه تم التخلي عنه في الموازنات المعاصرة بسبب المساوئ التي نجمت عنه، وسارت أغلب الدول منذ مطلع القرن العشرين على تطبيق مبدأ الشمول.

ثالثاً- مبدأ سنوية الموازنة :

أ- **تعريفه:** يقصد بمبدأ سنوية الموازنة "أن يتم تقدير الإيرادات والنفقات بصورة دورية ولمدة سنة واحدة ويكون لكل سنة موازنة مستقلة بنفقاتها وإيراداتها عن موازنة السنة السابقة وعن موازنة السنة اللاحقة".

ب- **أسباب سنوية الموازنة ومبرراتها:**

– إن للدورة الزمنية غير السنوية الكثير من المساوئ، فإذا كانت هذه الدورة أقل من سنة مالية فإن مؤدى ذلك عرض الموازنات العامة على السلطة التشريعية عدة مرات خلال السنة المالية وإطالة فترة المناقشات البرلمانية، وإذا كانت هذه الدورة أكثر من سنة مالية فإن من شأن ذلك إضعاف رقابة السلطة التشريعية بسبب إطالة مدة الدورة وتقلب الظروف الاقتصادية خلالها، فالسنة إذن هي المدة الطبيعية التي نستطيع خلالها تصوير الوضع المالي للدولة.

– السنة هي المدة الضرورية والكافية لإعداد الموازنة العامة والمصادقة عليها؛ لأن الحكومة لا تستطيع أن تعد أكثر من موازنة واحدة خلال العام، وبالمقابل لا تستطيع السلطة التشريعية التخلي عن مهمتها أكثر من سنة.

- إن تنظيم الموازنة العامة، مـن ناحيـة التقانـة لفـترة أقـل مـن سـنة، عمليـة محفوفـة بالمخـاطر والأخطاء وسوء التقدير والتفاوت بين حجم وأزمة تدفقات الإيرادات والنفقات.

ج- بداية السنة المالية:

إن الأخذ بمبدأ سنوية الموازنة لا يعني أن تتوافق السنة الميلادية مع السنة المالية، وإنمـا يتضمـن أن تكون مدة الموازنة اثني عشر شهراً، لذلك يجب التمييز بـين السنة المالية والسنة الميلاديـة، كـما أن التطابق بينهما جائز إذ تبدأ السنة المالية مع السنة الميلادية ويجوز أيضاً الاختلاف بينهما.

د- ختام السنة المالية:

يثير ختام السنة المالية مشكلات دقيقة من الناحية الفنية أكـثر تعقيداً مـن موضـوع تحديد بدايـة السنة المالية، فالموازنة توضع لمدة مستقبلية من الزمن هي السنة، ولا بد في نهاية السنة مـن إغـلاق حساباتها لمعرفة المبالغ التي أنفقت فعلاً والإيرادات التي تم تحصيلها فعلاً، وهي بالطبع تختلـف عن تقديرات الموازنة في بداية السنة المالية.

هـ- استثناءات مبدأ سنوية الموازنة:

إن لمبدأ سنوية الموازنة العديد من الاستثناءات، وتتضمن هـذه الاستثناءات الموافقـة عـلى نفقـات وإيرادات لمدة تقل عن السنة، وبعضها الآخر يتضمن مـدة الموازنة كلهـا أو بعضهـا لأكـثر مـن سـنة ومثال ذلك الموازنات الاستثنائية لأمر طارئ (طوفان- حرب- موازنات إنمائية مثل "موازنة بنـاء سـد الفرات"). ومن أكثر الاستثناءات شيوعاً ما يلي:

1- نظام الموازنة الاثني عشرية:

هي موازنة توضع لشهر أو أكـثر حيـث تستمر بموجبها الحكومـة بالإنفاق في حـدود 12/1 مـن الاعتمادات المفتوحة لها خلال السنة السابقة مع الاستمرار بجباية الإيرادات العامـة خـلال المـدة نفسـها، ويؤخذ بها عادة عندما يتأخر إقرار الموازنة إلى ما بعد دخول السنة المالية الجديدة.

2- الاعتمادات المدورة:

لا يتم صرف جميع الاعتمادات المخصصة في الموازنة العامة لنفقة من النفقات حيث يتم تدوير هذه الاعتمادات إلى السنة المالية التالية وإضافتها إلى اعتماداتها الجديدة.

3- الاعتمادات الإضافية:

يتم اللجوء إليها عندما تكون الاعتمادات المخصصة في الموازنة العامة لنفقة من النفقات غـير كافيـة ويحتاج إلى اعتمادات جديدة، فتتقـدم الحكومـة إلى السـلطة التشـريعية بطلـب فـتح اعتمادات جديـدة إضافية تصرف خلال السنة المالية.

رابعاً- مبدأ التعادل (تعادل الموازنة العامة):

تعريفه: "يقصد بهذا المبدأ تعادل النفقات العامة مع الإيرادات العامة في الموازنة العامة للدولة" أي:

- ألا تزيد النفقات العامة على الإيرادات العامة وأن لا تقل عنها.

- يجب الاعتماد في تمويل النفقات العامة على الإيرادات العادية فقط.

خامساً- مبدأ شيوع الموازنة (مبدأ عدم تخصيص الإيرادات):

أ- تعريفه: "يقصد بهذا المبدأ أن تغطى جميع نفقات الدولة بجميع إيراداتها ودون تخصيص إيراد معـين لنفقة معينة".

مثال ذلك: لا يجوز تخصيص رسم السيارات لإنشاء الطرق، ويقابل هذا المبدأ التخصيص.

ب- فائدته:

- يحقق فكرة المساواة بين إدارات الحكومة.

- يسهل عمل السلطة التشريعية.

ج- الاستثناءات:

- مؤسسات ذات موازنات خاصة (مستقلة).

- الهبات والتبرعات.

- تخصيص إيراد معين لسد أقساط القروض وفوائدها.

- إيراد مخصص لصندوق الدين العام لتغطية العجز.

- تخصيص بعض القروض الخارجية لمشاريع معينة.

المبحث الرابع
مراحل تطور الموازنة العامة للدولة

أولاً- تطور طرق إعداد الموازنة في الوحدات الحكومية:

لقد تطورت الموازنة في الوحدات الحكومية تطوراً ملحوظاً خلال نصف القرن الماضي، حيث مرت بمراحل عديدة ارتبطت بالتغيرات الاقتصادية والاجتماعية واتساع الدور الذي تلعبه الدولة في هذه المجالات. وقد كان أيضاً للتقدم في مجال العلوم الإدارية والسلوكية والكمية الأثر الكبير في إحداث هذه التطورات.

وقد اتخذ التطور في الموازنة العامة للدولة اتجاهات عديدة أهمها:

1- التركيز على الجوانب التخطيطية والقرارية التي تسبق إعداد الموازنة أو تتلازم مع مراحلها الأولى وعَدَّ هذه الجوانب جزءاً أصيلاً في عملية الموازنة.

2- التركيز على جوانب المسؤولية وتحديدها والتقرير عنها في المراحل المختلفة للموازنة حيث تتمحور عملية الموازنة حول وحدة قرارية معينة أو برنامج أو نشاط معين.

3- تطوير النظام المحاسبي الحكومي حيث يوفر البيانات والمعلومات التحليلية عن الإيرادات والمصروفات التي تمكن من تقييم أداء الوحدات والبرامج والأنشطة التي يقوم بها.

4- تطوير أساليب القياس وأسس إعداد الموازنة ووسائل المتابعة والرقابة على تنفيذها.

5- تطوير التقارير من حيث الشكل والمحتوى والتوقيت لتكون أكثر فعالية في معاونة مستخدمي تلك التقارير ومساعدتهم.

ونعرض فيما يلي التطورات الأساسية التي مرت بها الموازنة والتي تمثل تغيرات جذرية في فلسفة الموازنة العامة للدولة.

1) موازنة البنود (الموازنة التقليدية).

2) موازنة البرامج والأداء.

3) نظام الموازنة والتخطيط والبرمجة.

4) الموازنة الصفرية.

1) موازنة البنود (الموازنة التقليدية)

تمثل أقدم صور الموازنة، وتمتاز بالسهولة والبساطة في إعدادها وتنفيذها والرقابة عليها. بالإضافة إلى ذلك يسهل فهمها من جانب غير المتخصصين. تبني الموازنة التقليدية على التبويب النوعي للمصروفات والإيرادات في أبواب ومجموعات وبنود وأنواع تخصص الاعتمادات لكل منها حتى يمكن التعرف على العناصر التفصيلية للمصروفات ومصادر الإيرادات. بالإضافة إلى التبويب النوعي تتم الاستعانة بتبويبات فرعية أخرى كالتبويب الإداري والتبويب الاقتصادي.

تركز الموازنة التقليدية على تحقيق الرقابة المالية والقانونية على عناصر المصروفات والإيرادات، وقد كان ذلك الهدف يتلاءم مع الظروف السائدة في القرن التاسع عشر كتواضع الهيكل الاقتصادي والاجتماعي لدول العالم، واقتصار دور الحكومة على أداء الوظائف السيادية (الدفاع، الأمن، القضاء) والوظائف الأخرى التي يحجم الأفراد أو المشروعات الخاصة عن القيام بها بما يتفق مع تعاليم الاقتصاد الحر التي نادى بها آدم سميث والاقتصاديون التقليديون من بعده.

وقد كان الاهتمام الأكبر للحكومات في ذلك الوقت يتركز على إحداث التوازن الحسابي بين الإيرادات والمصروفات لتفادي الآثار الاقتصادية الضارة التي يمكن أن تترتب على العجز في الموازنة.

وكذلك فإن الموازنة التقليدية تركز على تمويل السلع والخدمات التي تحتاجها الوحدات الحكومية في أدائها لعملها. وتلتزم هذه الوحدات فقط بعدم تجاوز حدود التمويل المعتمد من دون الاهتمام بالعائد الذي حققته الوحدة منه، أي أنها تهتم بجانب المدخلات فقط وتتجاهل ما تنتجه تلك الوحدات من سلع أو تقدمه من خدمات والطريقة التي يتم بها ذلك.

وقد أدى التقدم الذي حدث في مجال العلوم الإدارية والسلوكية وتطور دور الحكومات وإدراكها لمسؤوليتها الاجتماعية تجاه أفراد ومؤسسات الدولة إلى أن أصبحت الموازنة التقليدية لا تتلاءم وهذه التطورات والأحداث.

وتوجه الانتقادات التالية إلى الموازنة التقليدية:

1- التركيز فقط على النواحي المالية والقانونية في مجال الرقابة وخاصة التحقق من نزاهة العاملين وحسن استخدامهم للأموال العامة.

2- توفير معلومات وبيانات غير كافية لمعاونة الإدارة الحكومية ومساندتها في أداء وظائفها وخاصة وظيفة التخطيط واتخاذ القرارات.

3- قدرتها المحدودة على تشخيص المشكلات وتقديم الحلول كأساس لرسم السياسات الاقتصادية والاجتماعية.

4- عدم قدرتها على التكيف مع الظروف غير المستقرة والمقبلة التي يتميز بها هذا العصر.

5- التركيز على جانب المدخلات وتدبير الأموال دون الاهتمام بجانب المخرجات والعلاقة بينهما، وبذلك لا يمكن التعرف على اقتصادية كفاءة استخدام الموارد الاقتصادية.

6- عدم الربط بين مخرجات الوحدات الحكومية وبين الأهداف المحددة لها.

7- عدم إمكانية متابعة أداء البرامج والأنشطة الحكومية وتقييمها نظراً لتوزع الاستخدامات والموارد على الوحدات والإدارات المتعددة أو على الحسابات المتنوعة وليس على البرامج والأنشطة.

ونتيجة لأوجه قصور الموازنة التقليدية السابق عرضها بدأت المحولات لتطوير الموازنة العامة للدولة وكانت أول هذه المحاولات موازنة البرامج والأداء.

2) موازنة البرامج والأداء

لقد ساهمت عوامل عديدة في تعميق جوانب القصور السابق عرضها للموازنة التقليدية وإبراز ضرورة استحداث نظم متطورة للموازنة العامة للدولة. ومن أهم العوامل التي ساعدت على ذلك ما ترتب على الكساد العالمي الكبير في عام 1929 من تغيير في الهيكل الاقتصادي والاجتماعي وتبني الفلسفة الكينزية التي تقضي بتدخل الدولة في ترشيد الموارد الاقتصادية واستخدامها وتخصيصها على مجالات الإنتاج المختلفة والتأثير على مستويات الادخار والاستثمار والعمالة. وقد تمثل هذا الاتجاه في الولايات المتحدة الأمريكية فيما طبقه الرئيس الأمريكي روزفلت من برامج عرفت باسم New Deal.

بالإضافة إلى ذلك، كان للتقدم في العلوم الإدارية والسلوكية والكمية المتعلقة باتخاذ القرارات وللقدم في الأساليب الرياضية والإحصائية الأثر الكبير في إفساح المجال لتطبيق أساليب ووسائل أكثر تقدماً في مجال الموازنة بصفة خاصة وفي مجال الرقابة والتخطيط وتقييم الأداء في الوحدات الإدارية بصفة عامة.

وقد ظهرت فكرة موازنة البرامج والأداء كنتيجة للجهود التي بذلت في الولايات المتحدة الأمريكية في هذا المجال، فقد كانت إحدى اللجان التي شكلت لذلك وعرفت باسم Hovwer Commission أول من نادى بتطبيق موازنة البرامج والأداء.

مفهوم موازنة البرامج والأداء:

تعددت مفاهيم موازنة البرامج والأداء، ولكن العامل المشترك بين هذه المفاهيم هـو أنهـا تركـز عـلى الأعمال والأنشطة التي تقوم بها الوحدات الإدارية وليس على وسائل تنفيذ الأعمال أو الأنشطة (عناصر الاستخدامات المختلفة من سلع وخدمات) كما هو الحال في الموازنة التقليدية.

وكذلك فإن موازنة البرامج والأداء تركز على الربط أو التنسيق بين البرامج في الوحدات الحكومية وبين الأهداف العامة للدولة وخاصة في الدول التي تأخذ بمفهوم الاقتصاد المخطط أو الموجه. ويتم ذلك بتقسيم الموازنة العامة للدولة إلى موازنات فرعية على مستوى الوزارات أو الهيئات ثم إلى بـرامج رئيسية وفرعية على مستوى الوحدات الإدارية الأصغر حجماً التي قد تكلف بتنفيذ برنامج كامل أو جزء من برنامج، وفي النهاية يتم تقسيم البرامج إلى مجموعة من الأنشطة التي تترجم إلى وحدات أداء.

وعلى ذلك فإنه يتم بناء موازنة البرامج والأداء على أساس تبويب الموازنة وفقاً للبرامج ووحدات الأداء أو المسؤولية على اعتبار أنه التبويب الرئيسي ـ على أن تستخدم تبويبات فرعية أخرى كالتبويب النوعي.

يمكن تلخيص إجراءات أو خطوات إعداد موازنة البرامج والأداء فيما يلي:

1- تبرير الأموال المطلوبة في الموازنة في شكل أهداف قصيرة الأجل وطويلة الأجل للوحدة الحكومية مع الربط بين تلك الأهداف والأهداف العامة للدولة.

2- تحديد البرامج والأنشطة الرئيسة والفرعية التي تحقق تلك الأهداف.

3- تجديد وحدات الأداء لكل نشاط وتوصيفها.

4- دراسة عناصر تكاليف كل نشاط وبرنامج وتحديدها.

5- تحديد البيانات الكمية والنوعية عن عناصر الأنشطة والبرامج المدرجة في الموازنة.

6- تحديد الوحدات الإدارية (مراكز المسؤولية) المكلفة بتنفيذ البرامج والأنشطة وتعريفها.

7- تحديد مصادر التمويل.

8- تحديد أولويات تنفيذ البرامج والأنشطة ووضع برنامج زمني لذلك.

التفرقة بين البرامج والأداء:

قد ينظر للبرامج والأداء على أنهما موازنة واحدة، أو قد ينظر لهما على أنهما موازنتان "موازنة البرامج" و "موازنة الأداء" بوصفهما مرحلتين منفصلتين من مراحل تطور الموازنة.

وتعرف موازنة الأداء بأنها موازنة أصغر وحدة إدارية، بينما تعرف موازنة البرامج بأنها الموازنة التي تتكون من موازنات أداء الوحدات الصغيرة والتي تكون فيما بينها البرنامج.

بالإضافة إلى ذلك يفرق بعضهم بين البرامج والأداء على أساس أن موازنة البرامج تعد أداة تخطيطية، بينما موازنة الأداء تعد أداة رقابية، وترتبط كل منهما بالأخرى على أساس أن التخطيط يعد عنصراً لازماً للرقابة، وأن الرقابة الإيجابية تتطلب بالضرورة تخطيطاً مسبقاً.

يمكن التمييز بين موازنة البرامج وموازنة الأداء في الأمور الثلاثة التالية:

أ- الارتباط بالمستويات الإدارية حيث ترتبط موازنة البرامج عادة بمستوى إداري أعلى من المستوى الإداري الذي ترتبط به موازنة الأداء التي ترتبط عادة بالمستويات التنفيذية. أي أن البرنامج يحتوي على عدد من وحدات الأداء.

ب- الارتباط بعنصر الزمن حيث ترتبط موازنة البرامج بالتخطيط للمستقبل بينما ترتبط موازنة الأداء بقياس ما يتم من إنجازات وتقييمه.

ج- وأخيراً من حيث أولوية الإعداد: إن إعداد موازنة البرامج يسبق إعداد موازنة الأداء لأن موازنة البرامج هي الإطار الذي يتم قياس الأداء وفقاً له.

أسس تبويب موازنة البرامج والأداء:

يرتكز التبويب في موازنة البرامج والأداء على التبويب الهرمي المتدرج من الوظائف إلى البرامج ثم إلى الأنشطة ووحدات الأداء. ويوضح الشكل التالي هذا التسلسل الهرمي:

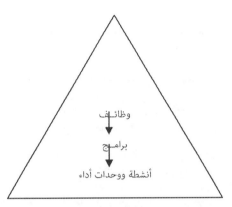

التسلسل الهرمي في تبويب موازنة البرامج والأداء

ويتعلق المستوى الأول من التبويب بالوظائف الأساسية للحكومة مثل الوظائف العامة -وظيفة الدفاع- وظائف الخدمة الاجتماعية- وظائف خدمات المجتمع- وظائف اقتصادية.

ثم تقسيم الوظائف الرئيسية إلى وظائف فرعية، فعلى سبيل المثال تبويب الوظائف العامة إلى الأمن والعدالة، المالية، الخارجية، والوظائف الإدارية والتنظيمية...إلخ، وتبويب وظائف الخدمات الاجتماعية إلى وظيفة التعليم، الصحة، الشؤون الاجتماعية....إلخ، وتبويب الوظائف الاقتصادية إلى وظيفة النقل والمواصلات، الكهرباء والماء، التعدين والصناعات الاستخراجية، التجارة والصناعة، والزراعة ....إلخ.

يتعلق المستوى الثاني من التبويب بالبرامج أو الأعمال الرئيسية ثم تبويبها إلى برامج فرعية تفصيلية وفقاً للمناطق الجغرافية، طبيعة الأعمال المطلوبة، المستفيدية من الخدمة، وهكذا ... ويرتبط هذا المستوى بمستوى المديرية أو المصلحة في الهيكل التنظيمي للدولة فعلى سبيل المثال تبوب وظيفة الزراعة حسب المحافظات أو المديريات والمصالح بكل محافظة، أو حسب طبيعة العمل كبرنامج

للأبحاث الزراعية، برنامج للثروة الحيوانية، برنامج للتشجير....إلخ، وعلى أساس المستفيدين كصغار الملاك، كبار الملاك، والتعاونيات.

أما المستوى الثالث فيتعلق بتبويب كل برنامج رئيسي أو فرعي إلى مجموعة من الأنشطة المميزة والمتجانسة التي تساهم في إنجاز البرنامج ، وبالتالي الهدف أو الوظيفة الأساسية. ثم يتم تبويب هذه الأنشطة إلى وحدات الأداء التي على أساسها يتم تقييم الوحدات الإدارية والبرامج. ويرتبط هذا المستوى بمستوى الوحدات الإدارية أو الأقسام في الهيكل التنظيمي للدولة.

ويلاحظ على هذا التبويب ما يلي:

1- تضاف تبويبات أخرى فرعية لهذا التبويب الأساسي وخاصة التبويب الفرعي حسب طبيعة النفقة أو الإيراد فيتم تبويب كل نشاط، برنامج، وحدة إدارية، وزارة وفقاً لعناصر التكاليف الخاصة بها.

2- يثار الجدل والنقاش بشأن معالجة استخدامات الإدارة العامة أو الإدارات المعاونة للوحدات التي تقوم بالأنشطة والبرامج. ففي حين يرى بعضهم توزيع استخدامات الإدارة العامة أو الإيرادات المعاونة على البرامج والأنشطة يرى بعضهم الآخر أن الإدارة العامة والإدارات المعاونة برنامج مستقل يعامل معاملة البرامج الأخرى.

ويعد الرأي الثاني هو الأفضل نظراً لصعوبة توزيع أو تحميل استخدامات هذه الإدارات على البرامج والأنشطة ورغبة في قياس كفاءة أداء أنشطة الإدارة العامة والإدارات المعاونة على حدة.

ويوضح الشكلان التاليان مثالين لطرق التبويب المتبعة في موازنة البرامج والأداء:

شكل 1

1- المرتبات 2- مستلزمات سلعية وخدمية 3- وسائل نقل ومعدات وتجهيزات 4- مشاريع إنشائية واستهلاكات 5- مصروفات تحويلية ومدفوعات متنوعة	1- النفطية 2- الضرائب على صافي الدخل والأرباح 3- الضرائب على الممتلكات 4- الضرائب على السلع والخدمات 5- الضرائب على التجارة والمعاملات الدولية 6- إيرادات الخدمات 7- إيرادات ورسوم متنوعة 8- إيرادات رأسمالية	العهد الأمانات	بنك صندوق جار المالية	- ديون مستحقة للحكومة - ديون رد على الحكومة - اعتمادات مستندية - خطابات ضمان - طوابع مالية - طوابع بريدية

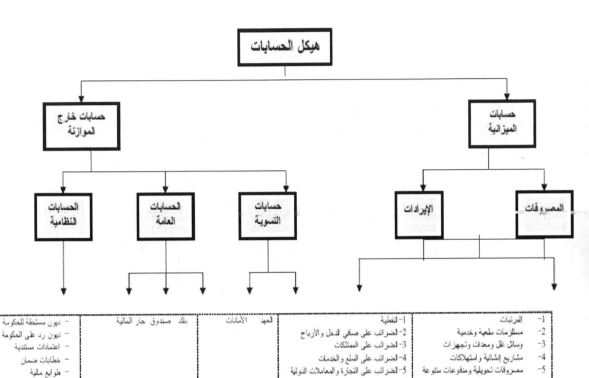

شكل 2

الجهاز الحكومي للدولة
المستوى
الأهداف
والوظائف الرئيسية
خدمات الدفاع
الخدمات الاجتماعية
الخدمات العامة
خدمات اقتصادية
الوظائف الفرعية
الضمان الاجتماعي
التعليم
الصحة
الأمن
القضاء
الخارجية
البرامج
أمن الدولة
المخدرات
الأمن العام
الآداب
الأنشطة ووحدات الأداء
جرائم الخطف
الصحة
جرائم السرقات
جرائم النصب والاحتيال
الوظيفة الفرعية
البرامج الرئيسية
برامج وقائية
برامج الصحة العامة
برامج علاجية
البرامج الفرعية
أمراض متوطنة
مكافحة الإدمان
تنظيم الأسرة
معالجة الجفاف
الأنشطة
وحدات الأداء
نشاط إعلامي
وسائل الإعلان
ندوات ومحاضرات
خدمة علاجية
توفير الوسائل
العلاج الطبي
خدمات ورعاية
معونات مالية
مواد غذائية
رعاية اجتماعية
إعداد الفنيين
برامج تدريبية
ندوات ومحاضرات

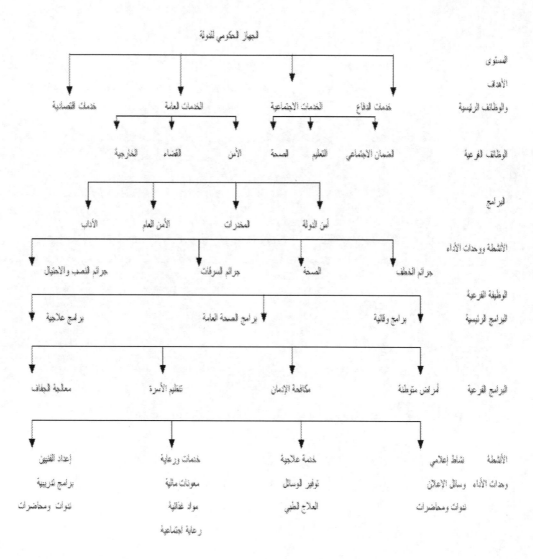

يتضح من ذلك أن للتبويب في ظل موازنة البرامج والأداء أبعاداً عديدة منها:

- التبويب الأساسي وهو التبويب وفقاً للبرامج وإن كان هذا لا يمنع من استخدام أنواع التبويبات الأخرى كافة كتبويبات فرعية.

- يشمل التبويب الأساسي جانبي التكلفة والعائد ممثلاً في التركيز على تحديد وحدات الأداء لكل نشاط أو برنامج والتي تعكس جانب العوائد.

- يرتكز التبويب أيضاً على وحدات المسؤولية بما يمكن من حصر وتجميع التكاليف والعوائد لكل وحدة مسؤولية معينة كأساس لتقييم الأداء.

تقييم موازنة البرامج والأداء:

لتقييم نظام موازنة البرامج والأداء نتعرض لجوانب القوة التي تتمثل في مزايا تطبيق هذا النظام وفوائده، كما نتعرض لجوانب الضعف التي تتمثل في مشاكل تطبيق واستخدام هذا النظام.

أولاً- مزايا تطبيق موازنة البرامج والأداء وفوائده:

يحقق تطبيق موازنة البرامج والأداء مزايا وفوائد عديدة في مجالات مختلفة نعرضها في الإطار التالي:

1- المجال التخطيطي:

تزيد من فاعلية التخطيط لأنها تدخل أو تدمج جانب التخطيط في عمليات الموازنة، وبالتالي فهي تتطلب:

أ. تحديد وصياغة أهداف كل وحدة إدارية في شكل برامج وأنشطة وترجمة ذلك في صورة وحدات أداء وإنجاز معبراً عنها كمياً أو نوعياً.

ب. تقدير تكاليف البرامج والأنشطة بما يحقق مستوى الإنجاز المخطط.

ج. تخصيص الاعتمادات والأموال اللازمة على أساس التكاليف المقدرة للأعمال أو الأنشطة.

2- المجال التنفيذي:

يمكن تطبيق موازنة البرامج والأداء من ترشيد تنفيذ البرامج والأنشطة، حيث تتم بصفة مستمرة متابعة تنفيذ ومقارنة ما تم إنجازه في صورة وحدات أداء بما هو مخطط مسبقاً.

3- المجال الرقابي:

يضيف تطبيق موازنة الأداء أبعاداً جديدة إلى الرقابة المالية والاقتصادية، حيث تمكن من التقييم الفني الاقتصادي للبرامج والأنشطة التي تقوم بها الوحدة الإدارية. كما أنها تمكن من تبرير التصرفات والانحرافات. وينعكس ذلك في تحقيق رقابة فعالة وترشيد للإنفاق الحكومي وخفض لتكاليف إنجاز الأنشطة والبرامج الحكومية.

4- المجال السلوكي:

يتيح تطبيق موازنة البرامج والأداء فرصة أكبر للعاملين في المشاركة في إعداد الموازنة وفي وضع الأهداف والمعايير وصياغتها بطريقة واقعية، كما أنها تربط بين المجهودات المبذولة والإنجازات المحققة. وينعكس ذلك في رفع الروح المعنوية للعاملين ورغبتهم في تحقيق إنجاز أفضل نتيجة اقتناعهم ومشاركتهم في إعداد الموازنة.

5- المجال الاجتماعي أو القومي:

يتيح تطبيق موازنة البرامج والأداء تقييم ما تحققه البرامج والأنشطة من عوائد اجتماعية واقتصادية على المستوى القومي. هذا بالإضافة إلى أن المزايا التي تتحقق من تطبيق موازنة البرامج والأداء في مجال ترشيد الإنفاق الحكومي وتخفيض تكلفة البرامج والأنشطة وتحقيق الاستخدام الأفضل لموارد الدولة وتخفيض الأعباء عن المواطنين من خلال خفض معدلات الضرائب.

ثانياً- مشكلات تطبيق موازنة البرامج والأداء:

لقد صادف تطبيق موازنة البرامج والأداء مشاكل عديدة ظهرت نتيجة للتطبيق العملي لهذا النظام في الولايات المتحدة الأمريكية وإنجلترا. وفيما يلي أهم هذه المشكلات:

1- صعوبة تحديد وحدات الأداء للنشاط الإداري حيث تفتقد بعض هذه الأنشطة إلى وجود مقاييس مادية ملموسة لقياس الأداء أو مدى الإنجاز. فبعض الخدمات مثل الأمن، والعدالة، والدفاع يكون من الصعب إن لم يكن من المستحيل تحديد وحدات الأداء الخاصة بها وقياسها. وترجع هذه الصعوبة إلى طبيعة تلك الخدمات وكونها غير ملموسة وغير متكررة أو نمطية نظراً لغياب السوق لمثل هذه السلع والخدمات ، حيث يقتصر تقديمها على الأجهزة الحكومية.

2- ظهور دوافع عديدة لدى العاملين (تنظيمية، وسلوكية، وفكرية) ضد تطبيق النظام الجديد بل وصل الأمر في بعض الأحيان إلى مقاومة النظام الجديد.

3- ضعف خبرة وكفاءة العاملين في الجهاز الإداري للدولة حيث يتطلب تطبيق موازنة البرامج والأداء خبرات فنية مدربة ذات كفاءة عالية يندر وجودها في الوحدات الإدارية.

4- القصور في مجال التخطيط حيث يتم التركيز على البرامج والأنشطة كغايات في حد ذاتها وليست كوسائل لتحقيق الأهداف القومية نظراً لعدم الربط بينهما وبين الخطة على المستوى القومي.

5- اختيار البرامج والأنشطة لا يتم طبقاً للأسس العلمية السليمة في مجال اتخاذ القرارات التي تقضي بضرورة تحديد البدائل وتقييمها لاختيار البديل الأفضل الذي يحقق أكبر إسهام اجتماعي لاستخدام موارد الدولة.

6- ارتفاع تكلفة التطبيق لما يتطلبه من جهود وأعباء مكتبية كثيرة لإعداد التقارير الخاصة بمراحل إعداد وتنفيذ ومتابعة وتقييم البرامج والأنشطة.

7- عدم ملاءمة الهياكل الإدارية والتنظيمية للجهاز الإداري للدولة لتطبيق مفهوم البرامج والأداء، حيث تتداخل اختصاصات الوحدات الإدارية. فهناك العديد من الوحدات التي تقوم ببرامج متشابهة أو بجزء من برنامج. وقد ترتب على ذلك غياب النظرة الشاملة للبرامج وصعوبة التقييم وتحديد المسؤولية.

8- اهتمت موازنة البرامج والأداء بالأجل القصير حيث تعد عن فترة زمنية طولها عام على الرغم من أن التقييم السليم للبرنامج لا يرتبط بفترة زمنية واحدة وإنما يجب عدُّه وحدة قرارية مستقلة يتم تقييمها على هذا الأساس.

9- قصور النظم المحاسبية ونظم المعلومات الموجودة في الجهاز الإداري للدولة عن الوفاء بمتطلبات تطبيق موازنة البرامج والأداء.

وقد ترتب على ظهور هذه المشكلات العديدة أن ظهرت الحاجة إلى نظام آخر يحاول التخلص منها، لذلك استحدث نظام الموازنة والتخطيط والبرمجة كمرحلة متطورة للموازنة العامة للدولة.

3) نظام الموازنة والتخطيط والبرمجة:

ظهر نظام الموازنة والتخطيط والبرمجة لعلاج قصور موازنة البرامج والأداء في الربط بين الموازنات الفرعية للوحدات الإدارية وبين الأهداف القومية، واقتصار موازنات البرامج والأداء على الأجل القصير فقط، وعدم اختيار البرامج التي تدرج في الموازنة وفقاً للطريقة العلمية لاتخاذ القرارات التي تقضي بالمفاضلة بين البرامج لاختيار أفضلها.

مفهوم نظام الموازنة والتخطيط والبرمجة:

لقد ساهمت عوامل عديدة في بلورة فكرة هذا النظام الجديد، ومن أهم هذه العوامل الاعتراف بجانب التخطيط كأحد الأعمدة الرئيسية في إعداد الموازنة وضرورة اتباع الأسس العلمية في عملية اتخاذ القرارات كاستخدام أسلوب تحليل التكلفة والعائد في القرارات الخاصة بالإنفاق الحكومي. يعتمد هذا النظام على الربط والتكامل بين ثلاث عوامل رئيسية هي:

أ-   الأهداف المطلوب تحقيقها (التخطيط).

ب- وسائل تحقيق الأهداف (البرامج والأنشطة).

ج- الأموال المتاحة لتمويل البرامج والأنشطة (الموازنة).

أي أنها تعتمد على التكامل بين هذه العوامل الثلاثة فتبدأ دورتها بالتخطيط وصياغة الأهداف ثم يلي ذلك تحديد البرامج والأنشطة التي تكفل تحقيق هذه الأهداف وبعد ذلك تبحث في مصادر التمويل بالتعرف على الموارد المتاحة لتنفيذ البرامج والأنشطة والبرنامج الزمني لذلك.

ويمكن أن يعرف هذا النظام بأنه منهج علمي لاتخاذ القرارات يمكن من قياس التكلفة والعائد للاستخدامات البديلة للموارد الاقتصادية وتشجيع استخدام تلك المعلومات بصفة مستمرة ومنتظمة في صياغة السياسات واتخاذ القرارات وتدبير الأموال في وحدات الجهاز الإداري للدولة.

وقد كانت وزارة الدفاع الأمريكية أول من طبق هذا النظام في عـام 1961. وفي عـام 1965 أوصى الرئيس الأمريكي في ذلك الوقت جونسون بتعميم تطبيقه في القطاعات الحكومية المركزية والمحلية كافة. وقد تمثلت محاولة وزارة الدفاع في تقسيم موازنتها إلى عدد من البرامج التي تندرج تحت تقسيمات رئيسية مثل برنامج قوات الدفاع الاستراتيجية. برنامج البحث والتطوير، وهكذا.

يتم تحديد نوعية البرامج على أساس من الربط بينها وبين الخطة العامة والاستراتيجية لـوزارة الدفاع التي تتسق والاستراتيجية العامة للدولة. ويتم تحديد البرامج البديلة لتحقيق هـذه الأهـداف وتقييمها والمفاضلة بينها على أساس من التكلفة والعائد بجانب الاعتبارات الأخرى الاقتصادية والاجتماعية والأمنية. وقد يستغرق تنفيذ البرنامج فترة طويلة الأجل فيتم إعداد جـدول زمنـي للتنفيـذ، تـتم الترجمـة الرقمية لهذا الجدول الزمني في صورة موازنة سنوية.

ويتضح من ذلك أن هذا المنهج ما هو إلاّ تطبيق للأسس والمبادئ الاقتصادية والتجارية والأسس العلمية لاتخاذ القرارات في مجال النشاط الحكومي، وما يتفق والاتجاه الحديث في تطوير المحاسبة في هذا النشاط.

المقومات الأساسية لنظام الموازنة والتخطيط والبرمجة:

يعتمد هذا النظام في تحقيق هـدف ربط البرامج الحكومية بالأهداف العامة للدولة، وتقييم مساهمتها على المستوى القومي الاقتصادي والاجتماعي على عـدد من المقومـات الأساسية التي تمثل المتطلبات الحدية لنجاح هذا النظام.

وتتلخص المقومات الأساسية لهذا النظام فيما يلي:

أولاً- صياغة الأهداف:

يقتضي ذلك التعرف على الأهداف العامة للدولة -الاقتصادية والاجتماعية- ومحاولـة صياغة هـذه الأهداف في أهداف فرعية أكثر تحديداً ووضوحاً، ثم إلى برامج رئيسية وفرعية لتحقيق هذه الأهداف ثم تحليل البرامج والأنشطة ويتطلب ذلك:

1-   تحديد الإطار العام لسياسات الدولة.

2-   تحديد الأهداف الرئيسية والفرعية.

3-   تحديد نوعية الخدمات والسلع التي تقدمها الأجهزة الإدارية.

4-   تحديد كمية الخدمات والسلع التي تقدمها الأجهزة الإدارية وهذا يقتضي تحديد الحجم الأمثل للوحدات الإدارية وإمكانياتها ويرتبط ذلك بسياسة التسعير وبنمط التوزيع والاعتبارات الاجتماعية.

5-   توفير التنسيق والتكامل بين القطاعات المختلفة للدولة حتى لا تحدث اختناقات في بعض القطاعات وفائض في قطاعات أخرى.

ويتوقف تحديد الإطار العام لسياسات الدولة على النظام السياسي والاجتماعي المطبق في الدولة الذي يشكل هذا الإطار، وترتيباً على ذلك فإن الأهداف تختلف من مجتمع إلى آخر، وقد تختلف أهداف أيضاً أو على الأقل أولويات القبول أو الإنفاق العام بين أفراد الشعب عن الأهداف وأولوياتها خلال فترة معينة حتى تتوحد الجهود في سبيل تحقيقها، كأن يتفق على التنمية الاقتصادية، والتكافل الاجتماعي، والأمن، والعدالة، والصحة، والتعليم وهي الأهداف الأساسية خلال هذه المرحلة مع إعطاء الأولوية لقضايا التنمية الاقتصادية.

حتى يتم وضع هذه الأهداف موضع التطبيق العملي ينبغي تحليلها إلى أهداف فرعية أكثر تحديداً ووضوحاً كأن يتم تحليل هدف التنمية الاقتصادية إلى أهداف فرعية في كل قطاع من القطاعات الاقتصادية مثل القطاع الزراعي، القطاع الصناعي، قطاع المرافق العامة، قطاع السياحة، وهكذا .....

وتتضمن عملية تحديد وصياغة الأهداف وأولوياتها مشكلات عديدة، من أهم هذه المشكلات الوصول إلى صيغة تحقق التوازن بين الأهداف طويلة الأجل، والأهداف قصيرة الأجل، لما يترتب على ذلك من استفادة الأجيال القادمة على حساب الأجيال الحالية وبالعكس.

يتم بعد ذلك ترجمة ما تم الاتفاق عليه من أهداف إلى مخرجات مطلوب تحقيقها تتمثل في كمية من السلع والخدمات ذات خصائص ومواصفات معينة.

ثانياً- تحديد البرامج وتقييمها:

من أهم المقومات الأساسية لنظام الموازنة والتخطيط والبرمجة، التعرف على الوسائل اللازمة لتحقيق الأهداف والتي تتمثل في البرامج التي تخطط الوحدات الإدارية لإنجازها. ويقتضي ذلك:

1-   التعرف على البرامج البديلة وحصرها.

2-   تحليل البرامج لتحديد الأنشطة التي تتفرع من كل برنامج.

3- تقييم البرامج البديلة وهذا يتطلب التعرف على التكلفة والعائد من كل برنامج لتحديد أثر كل برنامج على المستوى القومي. ويجب أن يشمل التقييم الجوانب الاقتصادية والاجتماعية والسياسية.

4- اختبار البديل الأفضل وهو البرنامج الذي يحقق أكبر صافي إسهام اجتماعي من استخدام الموارد الاقتصادية المتاحة.

5- إعداد الجداول الزمنية لتنفيذ البرامج وذلك بتوزيع الأنشطة التي يتكون منها البرنامج على الفترات الزمنية.

ثالثاً- تحديد المسؤوليات:

يقتضي هذا النظام تقسيم الجهاز الإداري إلى وحدات إدارية مسؤولة أو مراكز مسؤولية وتحديد البرامج أو الأنشطة التي تدل في نطاق رقابة واختصاصات كل مركز مما يبرز مشكلة التعارض بين متطلبات التنظيم من حيث الوحدات المسؤولة عن تنفيذ برنامج معين. فقد يتم تنفيذ برنامج معين في وحدات إدارية متعددة، فعلى سبيل المثال برنامج تدريب العاملين يتم في وحدات إدارة عديدة، وكذلك برنامج البحث العلمي يتم في وحدات إدارية عديدة كالجامعات ومراكز البحوث والجمعيات العلمية....إلخ.

يمكن التغلب على هذه المشكلة عن طريق الجمع بين تبويبات فرعية عديدة، فيتم التبويب حسب البرامج ثم التبويب بحسب مراكز المسؤولية أو الوحدات الإدارية المسؤولة.

رابعاً- وضع معدلات ومؤشرات للأداء:

يقتضي تطبيق هذا النظام صياغة ووضع معدلات ومؤشرات تستخدم كأساس لتقييم أداء الوحدات الإدارية أو مراكز المسؤولية، وكذلك تقييم البرامج والأنشطة الحكومية. وعلى الرغم من صعوبة وضع مثل تلك المعدلات في كثير من المجالات الإدارية إلاّ أنه ينبغي محاولة التغلب على هذه الصعوبات بالتحليل والدراسة لوحدات الأداء التي يتكون منها كل نشاط أو برنامج ومحاولة تطبيق الأساليب الحديثة في هذا المجال.

خامساً- توفير الكفاءات والخبرات البشرية:

يعتمد تطبيق هذا النظام على توافر الطاقة البشرية ذات الكفاءة والخبرة العالية في مجال التخطيط واتخاذ القرارات وتقييم الأداء في مجال النشاط الحكومي وهذا يتطلب تدريب العاملين وتأهيلهم وتنمية قدراتهم بما يتفق ومتطلبات هذا النظام.

سادساً- نظام فعال للمعلومات:

يعتمد تطبيق هذا النظام في مراحله المختلفة على توفير البيانات والمعلومات الملائمة وبطريقة فورية عن الماضي والحاضر والمستقبل سواء كانت تتعلق بالسياسات العامة الاقتصادية والاجتماعية أو بالموارد والاستخدامات والإمكانيات المتاحة لكل وحدة إدارية أو لكل برنامج أو نشاط.

سابعاً- تهيئة الظروف والبيئة الملائمة:

يعتمد تطبيق هذا النظام على خلق الظروف والبيئة المناسبة لتوفير عناصر النجاح من حيث رفع الروح المعنوية لدى العاملين ووعيهم بأهمية الصالح والمال العام. وضع نظام سليم للحوافز وربط الأجر بالإنتاج ونظم فعالة للثواب والعقاب على أسس موضوعية لتقييم أداء العاملين، مشاركة العاملين في المراحل المختلفة لهذا النظام، وتوفير الأدوات والمعدات الحديثة كالحاسبات الإلكترونية ونظم حفظ البيانات واسترجاعها بما يحقق السرعة والدقة المطلوبة.

تقييم نظام الموازنة والتخطيط والبرمجة:

مما لا شك فيه أن هذا النظام بأهدافه وإجراءاته يعدُّ من الأساليب المتقدمة الحديثة التي تعتمد على الأسس العلمية الاقتصادية والتجارية، كما يعدُّ هذا النظام تطويراً لنظام موازنة البرامج والأداء فبجانب المزايا والفوائد الخاصة بموازنة البرامج والأداء نجد أن نظام الموازنة والتخطيط والبرمجة يربط بين البرامج والأهداف على المستوى القومي وعلى مستوى الوحدات الإدارية، كما أنه ينظر إلى وظيفة التخطيط كمرحلة أساسية من مراحل الموازنة العامة للدولة، هذا بالإضافة إلى أن هذا النظام يركز على استخدام الأساليب العلمية في مجال اتخاذ القرارات من حيث تحديد البدائل وتقييمها لاختيار البديل الأفضل ومتابعة تنفيذه.

وعلى الرغم من المزايا العديدة على المستوى الفكري أو النظري إلاّ أن وضع هذا النظام موضع التطبيق في الدول المتقدمة وخاصة الولايات المتحدة الأمريكية أظهر الكثير من المشكلات التي تعوق عملية التطبيق.

ونتعرض فيما يلي: للمشاكل الأساسية التي صادفت تطبيق نظام الموازنة والتخطيط والبرمجة في الدول المتقدمة:

1. صعوبة تحديد الأهداف وصياغتها سواء كانت رئيسية أو فرعية وترجمتها في شكل برامج وأنشطة نظراً لتداخل عوامل عديدة سبق ذكرها عند مناقشة صياغة الأهداف وتحديد الأولويات.

2. يعاب على هذا النظام كونه أداة تخطيطية طويلة الأجل تهتم بالدرجة الأولى بالمستوى القومي، وقد ترتب على ذلك:

أ- الاهتمام باتخاذ القرارات المتعلقة باختيار البرامج الحكومية وتحديد حجم المخرجات دون الاهتمام أو الدخول في تفاصيل التخطيط والتنفيذ ومواجهة المشكلات اليومية لعمليات التنفيذ.

ب- اهتمت الإدارة العليا ببحث أساليب التغلب على أو معالجة مشكلات معينة أكثر من البحث في تحقيق أهداف أفضل.

ج- عدم إتاحة الفرصة للمستويات الإدارية الدنيا في التعبير عن آرائهم ورغباتهم ومشاركتهم الفعالة في مراحل الموازنة المختلفة.

د- لا يوفر هذا النظام بديلَ عمل واضحاً للمستويات الإدارية الدنيا يعتبر كمرشد لديهم في ترجمة الأهداف الرئيسية والفرعية في صورة موازنة عملية واقعية.

3. اتسم التطبيق العملي بالفصل بين التخطيط والبرمجة والموازنة واعتبار الموازنة المرحلة الأخيرة وهذا يتناقض مع الوقت العملي الذي يشير إلى أن الكثير من القرارات والسياسات يتم اتخاذها وبلورتها من خلال الموازنة ذاتها.

4. عدم وضوح أساليب التقييم في المستويات الإدارية الدنيا، كما أن عملية التقييم اتسمت بالنظرة الجزئية، حيث إنه في الكثير من الحالات يتم تنفيذ البرنامج في أكثر من وحدة إدارية، لذلك ظهرت المشكلات التي تتعلق بعدم وجود التضافر والتعاون بين الوحدات الإدارية في هذا المجال، يضاف إلى ذلك الشك في قدرة الأجهزة الرقابية المركزية وكفاءتها في القيام بوظيفة التنسيق وتقييم الأداء على أساس شامل.

5. لم يغن هذا النظام عن ضرورة تبويب المصروفات والإيرادات تبويباً نوعياً كأساس لتحديد الاعتمادات وتخصيصها تمهيداً للاعتماد من السلطة التشريعية وما يترتب على ذلك من زيادة الجهد المبذول والتكلفة.

6. اقتصر الاهتمام على تقييم البرامج والأنشطة الجديدة أو المقترحات ودراسة جدواها الاقتصادية والاجتماعية دون مراجعة وتقييم البرامج والأنشطة الحكومية الجاري تنفيذها من الأعوام السابقة والتحقق من مدى جديتها ومنفعتها.

7. لا يناسب هذا النظام جميع أوجه النشاط الحكومي، فهو يناسب على سبيل المثال برامج وزارة الدفاع، برامج الفضاء حيث تعتمد أساساً على العقود الخارجية مع الشركات الخاصة. كذلك يناسب الأنشطة الاقتصادية الحكومية وأنشطة الخدمات التي يسهل فيها تحديد وقياس وحدات أدائها.

8. صعوبة قياس الآثار غير المباشرة للبرامج والأنشطة الحكومية التي تمثل عنصراً مهماً من عناصر التقييم الشامل للتكلفة والعائد من تلك البرامج والأنشطة.

الفائدة من استخدامها:

● تحقيق أفضل استخدام ممكن للموارد المتاحة.

● اختيار البرامج التي تحقق أفضل استخدام ممكن وتتطلب معرفة الأهداف والبرامج الطويلة الأجل وتقييمها وتوفير نظام معلومات شامل، حتى يمكن تحقيق التناسب بين الموارد المتاحة والأهداف المحددة.

فموازنة التخطيط والبرامج تعد وسيلة لاتخاذ القرارات المرتبطة بالمفاضلة بين البرامج البديلة للوصول إلى الأهداف المحددة أو تعديل هذه الأهداف.

فالبرنامج أو النشاط مجرد وسيلة تهدف إلى تحويل عوامل الإنتاج أو الإمكانيات المتاحة إلى منتجات نهائية تمثل الأهداف المطلوب الوصول إليها.

المقارنة بين موازنة البرامج والأداء وموازنة التخطيط والبرمجة:

- الاتفاق على الهدف وهو التركيز على التخطيط والرقابة.

- تستخدم موازنة البرامج والأداء التقسيم الوظيفي، وتحاول تحديد معيار لقياس تكلفة العمل.

أما موازنة التخطيط والبرمجة فتقدم المبررات للقرار المخطط بتقديم البيانات الخاصة بتكلفة وفائدة الأساليب أو البرامج البديلة. كما تقدم وسيلة لقياس المنتج النهائي.

- موازنة البرامج والأداء تستند إلى محاسبة التكاليف والإدارة العلمية.

أما موازنة التخطيط والبرمجة فتستند إلى الاقتصاد وبحوث العمليات والبرمجة الخطية.

- ترتبط موازنة البرامج والأداء بالهيكل التنظيمي والإداري وتحديد خطوط السلطة والمسؤولية حتى يمكن قياس كفاءة الأداء. كما تهتم بالوسائل التي يجب استخدامها لتنفيذ العمل.

أما موازنة التخطيط والبرمجة فتختص بأهداف النشاط. وتقدم البيانات الخاصة بالتكلفة والعائد بالنسبة إلى الأساليب أو البرامج البديلة. ووسائل قياس المنتج النهائي. حيث تهدف إلى توزيع الموارد المحددة على الاستخدامات المتعددة. فهي أداة لخدمة التخطيط.

4) نظام الموازنة الصفرية:

- أسلوب يتم بمقتضاه إعداد الموازنة التخطيطية، حيث ينظر إلى البرامج والمشروعات كافة الجديد منها والقديم على أنها جديدة، حيث يفترض أنها تبدأ من نقطة الصفر حتى تقاس فاعلية كل ليرة يتم إنفاقها.

- يشمل تحليلاً تفصيلياً للبرامج والأنشطة الحالية والجديدة وتقييماً للبدائل المطروحة، مع الدراسة التفصيلية للتكلفة والعائد بالنسبة إلى بديل.

- أسلوب لتحديد ما إذا كان من الضروري الاستمرار في القيام بنشاط معين، أو يجب إلغاء هذا النشاط أو تخفيضه.

وقد يبقى على المستوى الحالي للإنتاج والخدمات، وقد يزيد أو يخفض من الاعتمادات المخصصة للتناسب مع العائد.

- يمثل أسلوباً لإعادة توزيع الموارد المالية على الاستخدامات المختلفة للوصول إلى أفضل استخدام ممكن للموارد المتاحة مع تحديد المسؤوليات وترشيد قرارات التخطيط.

- يمكن استخدامها في المجالات كافة حتى يمكن تطبيقها في:

  - الأنشطة الصناعية.

  - الأنشطة الخدمية.

  - الوحدات الاقتصادية كافة.

  - الموازنة العامة للدولة.

حتى يمكن ترشيد الإنفاق وإحكام الرقابة عليه وتوجيه الموارد إلى الاستخدام الأمثل الذي يحقق الأهداف المطلوبة.

مراحل إعداد الموازنة الصفرية:

يعتمد إعداد الموازنة للأساس الصفري على أسلوب المشاركة، حيث يشترك كل قسم في تحديد ما يحتاج إليه من موارد وما يقوم به من برامج في ضوء الأهداف العامة للمشروع، لذلك يقال أن الموازنة التخطيطية تكون من أعلى إلى أسفل ومن أسفل إلى أعلى نظراً لأن:

أ‌. الإدارة العليا تقوم بتحديد الأهداف.

ب‌. إبلاغ المستويات الإدارية كافة بهذه الأهداف، ويطلب منها تحديد الإمكانات والاحتياجات التي تحقق هذه الأهداف.

لذلك تكون مراحل إعداد الموازنة الصفرية هي:

أ- تقسيم المشروع إلى وحدات تنظيمية صغيرة يطلق عليها مراكز مسؤولية، لذلك كان من الضروري وجود هيكل تنظيمي سليم يوضح فيه خطوط السلطة والمسؤولية ويشتمل على:

– الأنشطة الرئيسية للمشروع (إنتاج-مبيعات) حيث يطلق عليها المستوى الرئيسي- للوحدات القرارية:

حيث يقوم كل مسؤول فيها بالدراسة التحليلية لتقييم الأنشطة والبرامج الموجودة والمستهدفة داخل مسؤوليته، والتنسيق بينها وبين الأهداف الأخرى والأهداف العامة للمشروع.

– تحديد المستويات الفرعية التابعة للمستوى الرئيسي ويطلق عليها المستويات الفرعية للوحدات القرارية، وتمثل فيها وحدة القرار مركز تكلفة أو خدمة أو مجموعة أفراد قائمين بنشاط معين (مهندسين – محاسبين).

ب- تحديد المجموعات القرارية أو الحزم القرارية: وترتبط بتحديد الأنشطة أو الوظائف أو العمليات وتصنيفها وتوزيعها طبقاً للمستويات الإدارية المختلفة. حتى تتمكن المستويات الإدارية من اتخاذ القرارات ووضع نظام للأولويات في ضوء الموارد والأهداف المحددة. ويطلق على الأنشطة أو الوظائف أو العمليات اسم المجموعات أو الحزم القرارية.

لذلك قد تمثل وحدة القرار برنامجاً أو نشاطاً معيناً أو وحدة تنظيمية أو مركز تكلفة ويجب أن ترتبط وحدة القرار بمسؤول معين.

وعند تحديد وحدة القرار لا بد من:

- دراسة النشاط وأهدافه.

- دراسة الفائدة من استمرار النشاط.

- دراسة تكاليف هذا النشاط والعائد منه.

- دراسة الموارد المحددة لتنفيذ النشاط.

- دراسة عقبات التنفيذ.

- دراسة مقاييس الأداء ووضع معايير أداء معينة للأنشطة.

- توضيح البرنامج الذي يمكن من تحقيق الأهداف.

- تحديد الوسائل البديلة لتحقيق أهداف وحدة القرار وتقييمها.

ج- الترتيب التفاضلي للمجموعات القرارية بعد تحليلها وتقييمها.

يتم ذلك طبقاً لأهميتها باستخدام تحليلات التكلفة والعائد، أي طبقاً لتناقض منفعتها، حتى تتمكن الإدارة من تحقيق أفضل توزيع ممكن للموارد المتاحة لها.

وتنقسم المجموعات القرارية (الحزم القرارية) إلى:

● حزم البدائل المتعارضة أو التبادلية المانعة وتمثل تحديد الوسائل البديلة لأداء العمل نفسه، حيث يتم اختيار بديل معين في ضوء دراسة التكلفة والعائد، ويرفض باقي المجموعات. ويطلق على البديل لفظ مجموعة أو حزمة مثل الاختيار بين قرار تدريب داخل الوحدة أو في مركز تدريب معين.

● حزم قرارات مكملة: حيث تدرس القرارات اللازمة لاستكمال قرارات أخرى.

وفي النهائية يتم وضع أولويات للمجموعات القرارية ويتم تخصيص الموارد.

وذلك بأن تجمع المجموعات القرارية من المستويات الفرعية للوحدات القرارية في تسلسل هرمي من أسفل إلى أعلى حتى المستوى الأعلى.

وفي حالة توافر الإمكانيات تقبل جميع الحزم، أو قد يتم تأجيل بعض الحزم في ضوء دراسة التكلفة والعائد.

وذلك حتى يمكن تحقيق أفضل استخدام ممكن للموارد المتاحة وترشيد القرارات الاستثمارية، والطرق المستخدمة في ترتيب المجموعات القرارية هي:

● **طريقة المعيار الوحيد:**

أي تقسيم المجموعات القرارية على أساس معيار واحد ثابت قد يكون:

– العائد على الاستثمار.

– صافي القيمة الحالية.

– التدفق النقدي.

– فترة الاسترداد.

ويتم ترتيب المجموعات تنازلياً.

● **ترتيب المجموعات طبقاً لعدة معايير:**

– الاحتياجات القانونية إلى المشروع.

– الإمكانات الفنية المتاحة.

– صافي العائد على الاستثمار.

– درجة المخاطرة.

د- تخصص الموارد من أجل وضع مشروع الموازنة. لتوضيح ذلك يفترض أن الموارد المقدرة خلال الفترة كانت في حدود 100000 ليرة، وإذا كان ترتيب المجموعات القرارية تبعاً لأهميتها وطبقاً للمبالغ المطلوب تخصيصها على مستوى كل مجموعة كما يلي:

المجموعات القرارية	1	30000 دولار
المجموعات القرارية	2	25500 دولار
المجموعات القرارية	3	24500 دولار
المجموعات القرارية	4	20000 دولار
المجموعات القرارية	5	16000 دولار
المجموعات القرارية	6	10000 دولار

من خلال الترتيب يتضح أن موارد المنشأة خلال الفترة القادمة يمكن تخصيصها حتى المجموعة القرارية الرابعة.

لذلك قد ترفض المجموعة الخامسة والسادسة، وقد تؤجل لحين تدبير موارد أخرى.

هـ- مرحلة التنفيذ وتحديد البيانات الفعلية.

و- الرقابة وإعداد التقارير وتحديد الانحرافات عن المخطط وتحديد المسؤولية عن هذه الانحرافات واتخاذ القرارات المصححة.

مزايا تطبيق إعداد الموازنة وفقا للأساس الصفري:

- تمثل تطويراً واستكمالاً لموازنة البرامج فهي تربط بين التكاليف والبرامج والأنشطة من أجل تخفيض التكاليف دون تأثير على جودة الأداء. حيث تربط التكلفة والعائد في تقييم المشروعات لإمكانية الاختيار مبين البدائل.
- دراسة وتحليل مراكز العمل أو المسؤولية من نقطة الصفر، وبذلك يتقرر ما يجب استمراره وما يتعين استبعاده.
- أكثر فائدة بالنسبة إلى الأقسام الخدمية وبصفة خاصة بالنسبة إلى السياسات الإدارية التي لا يكون فيها علاقة مباشرة بين المدخلات والمخرجات.
- تساوي بين البرامج الجديدة والقديمة من حيث التقييم والتمويل .
- تطبيق أسلوب المشاركة.
- تحقيق التكامل بين الأساليب المستخدمة في إعداد الموازنة وتحقيق الأهداف والرقابة على التنفيذ.
- تحقيق التكامل الأفقي والرأسي بالنسبة إلى المستويات الإدارية كافة مما يزيد من فاعلية الأداء وتحقيق الأهداف المحددة، وتنمية المهارات البشرية، وتبادل الآراء بين الأفراد.

صعوبة تطبيق إعداد الموازنة وفقاً للأساس الصفري:

- صعوبة البدء من نقطة الصفر ولو كان فرضياً وهذا الافتراض قد يتناسب مع المشروعات الجديدة، إلاّ أنه عملياً يتناسب مع المشروعات المستمرة في العمل في إطار خطة شاملة أو برامج متكاملة.
- عدم جدية أسلوب المشاركة.
- وجود مركزية في التنظيم الإداري وعدم تفويض السلطات والمسؤوليات.

- عدم الرغبة في التعاون والتضارب بين الوحدات القرارية وصعوبة تحديد وحدات القرار المناسبة.

- عدم تحمل المسؤولية.

- كبر حجم العمل الإداري وزيادة عدد الحزم القرارية وطول مدة إعدادها.

- نقص الوعي الإداري.

- عدم توافر الخبرات والإمكانات اللازمة للتطبيق.

المبحث الخامس

الموازنة العامة للدولة والحسابات الأخرى

تتميز الموازنة العامة عن غيرها من الموازنات والحسابات المالية الأخرى من ناحية الاسم والمضمون، وإذا ما اتفقت مع غيرها من الموازنات بالاسم، فإنها لا بد وأن تختلف عنها بالمضمون والمحتوى، وتختلف الموازنة العامة عن كل من ميزانية المنشأة، والموازنة القومية والحسابات القومية وموازنة النقد الأجنبي، والحساب الختامي، وسوف نفصّل أوجه الشبه والاختلاف لكل منهم على حدة فيما يلي:

1- الموازنة العامة وميزانية المنشأة ذات الطابع الاقتصادي:

يطلق بعض كتاب الاقتصاد والمالية العامة، لفظ الميزانية العامة على الموازنة العامة للدولة، وهو خطأ شائع ولا تشابه على الإطلاق بين الموازنة العامة للدولة، وميزانية المنشأة، فالموازنة العامة تتضمن تقديراً لأرقام الإيرادات العامة والنفقات العامة، لفترة قادمة هي السنة، ولا تأخذ الموازنة العامة الصفة القانونية والإلزامية للتنفيذ، إلاّ بعد موافقة السلطة التشريعية عليها، وتصدر في أول السنة، أما ميزانية المنشأة ذات الطابع الاقتصادي، فهي تتضمن أرقاماً حقيقية فعلية، عن فترة سابقة هي السنة تبين المركز المالي للمنشأة، وما تملكه من أصول ومالها من ديون، وما عليها من التزامات وخصوم في لحظة معينة، هي آخر السنة، فالأرقام الواردة في ميزانية المنشأة هي أرصدة حسابات في آخر العام، حسابات ختامية التشغيل والمتاجرة والأرباح والخسائر وحسابات الأصول والخصوم وثم ترحيلها إلى الميزانية الختامية التي تبين نتيجة العمليات الجارية التي تمت في السنة السابقة، ولتبين مدى ربح أو خسارة المنشأة، ولا تعرض على السلطة التشريعية لإقرارها.

2- الموازنة العامة والموازنة القومية:

تقتصر الموازنة العامة للدولة، على تقدير الإيرادات والنفقات المتوقعة للحكومة، بينما تتضمن الموازنة القومية، تقديراً لجميع وجوه النشاط الاقتصادي دون تمييز بين الحكومة والأفراد والمشروعات، وفي العلاقات الداخلية والخارجية

بين النشاطات الاقتصادية العامة والخاصة والعالم الخارجي لدولة من الدول خلال فترة معينة هي السنة، وتبدو الحكمة من تحضير الموازنة القومية، في أهمية التعرف على المعطيات الأساسية للاقتصاد القومي من الإنفاق الكلي، الناتج الكلي مما يساعد الدولة في ضوئها على تحديد السياسة المالية المناسبة، وهنا تبرز أهمية العلاقة بين الموازنة العامة والموازنة القومية، إذ تعمل الحكومات جاهدة، على إعداد الموازنة العامة وتحضيرها: النفقات والإيرادات في ضوء الاتجاهات الاقتصادية العامة التي تستخلصها من واقع بيانات الموازنة القومية فإذا كانت هذه البيانات تشير إلى انخفاض حجم الإنفاق الكلي نظراً لميل الأفراد إلى زيادة الادخار، بصور تهدد ببقاء جزء كبير من الموارد دون استثمار فإن الحكومة يجب أن تعمل في هذه الحالة على زيادة الإنفاق العام، بما يكفل المحافظة على الإنفاق الكلي، عند مستوى يحمي الاقتصاد القومي من الانكماش.

يتضح من هذا أن هناك اختلافاً في مضمون كل من الموازنة العامة والموازنة القومية، على الرغم من التشابه بالاسم، وإن أرقامهما تقديرية، ووجه الاختلاف في أن الموازنة العامة تقتصر فقط على الإيرادات والنفقات العامة المتوقعة للحكومة بينما تتضمن الموازنة القومية الإيرادات والنفقات المتوقعة للمجتمع كله، حكومةً وأفراداً ومشروعات.

3- الموازنة العامة والحسابات القومية:

الحسابات القومية هي في جوهرها قياس وعرض نتائج النشاط الاقتصادي لمجتمع معين في مجموعة متجانسة من خلال تسجيل العمليات التي تمت فعلاً في فترة ماضية، تتعلق بحجم الدخل القومي، وتكوينه وتوزيعه وتداوله ومن هنا يظهر وجه الاختلاف بين الموازنة العامة التي تتضمن تقدير الإيرادات العامة والنفقات العامة للدولة، ولمدة مقبلة، والحسابات القومية التي تسجل النشاط الاقتصادي للمجتمع بكامله عن مدة سابقة.

4- الموازنة العامة وموازنة النقد الأجنبي:

تشمل موازنة النقد الأجنبي، تقديراً للإيرادات المتوقع تحصيلها من النقد الأجنبي، الناجمة عن تصدير السلع والخدمات، وتدفق رأس المال الأجنبي إلى داخل الدولة، وتقديراً للاستخدامات المتوقعة لحصيلة الإيرادات لتمويل الاستيراد

والاستثمارات الوطنية في الخارج على مستوى الاقتصاد القومي، وخلال فترة قادمة عادة ما تكون سنة.

ويظهر هذا التعريف أن هناك وجهين للشبه بين الموازنة العامة للدولة وموازنة النقد الأجنبي الأول هو أن كل موازنة منهما تسعى إلى اشباع العديد من الحاجات العامة، باستخدام أفضل وأمثل لموارد محدودة، والثاني أن كلاً منهما يتضمن أرقاماً لإيرادات ونفقات تقديرية خاصة بالدولة تتعلق بمدة قادمة هي سنة، وتختلفان من حيث إن الموازنة العامة للدولة تتضمن إيرادات ونفقات القطاع الحكومي فقط، دون غيره من القطاعات الأخرى، بينما تشمل تقديرات موازنة النقد الأجنبي الإيرادات والاستخدامات من النقد الأجنبي من قطاعات الاقتصاد القومي كافة، وكذلك تختلفان من حيث إن تقدير الإيرادات والنفقات في الموازنة العامة للدولة يتم بالعملة الوطنية، أما موازنة النقد الأجنبي فيتم التقدير بالعملة الأجنبية.

وحتى يزداد مفهوم الموازنة العامة للدولة وضوحاً لا بد من دراسة ومعرفة الموازنات والميزانيات والحسابات الأخرى، وإظهار أوجه الشبه والخلاف بينها، وهو موضوع تهتم به كتب المحاسبة المالية.

المبحث السادس

دورة الموازنة العامة في الأردن

يتناول هذا القسم الإطار التشريعي والمؤسسي لدورة الموازنة في الأردن. كما يتناول الجهات المشاركة في قرارات الموازنة، والقواعد والأساليب المتعلقة بمراحل الموازنة وفقاً لسياقها الزمني، والإجراءات التي تتم في كل مرحلة من مراحل الموازنة.

الإطار الزمني والأطر التشريعية والمؤسسية لدورة الموازنة:

يحدد الدستور الأردني جزءاً من الأبعاد الزمنية والقواعد وبعض الإجراءات والأساليب المتعلقة بإقرار الموازنة والرقابة عليها. وهناك مجموعة من التشريعات التي تحدد الأبعاد الزمنية الأخرى إضافة إلى الأساليب والإجراءات المتعلقة بهذه الدورة. كذلك تحدد التشريعات أدوار الأجهزة والمسؤولين المشاركين في اتخاذ قرارات الموازنة العامة.

1- مرحلة الإعداد والتحضير:

تبدأ مرحلة إعداد الموازنة العامة في الأردن في بداية النصف الثاني من السنة المالية السابقة للسنة المالية المنوي إعداد موازنتها، التي تبدأ عادة في بداية كانون الثاني. وتتضمن هذه المرحلة إعداد تقديرات الإيرادات العامة، والنفقات العامة حسب الأنشطة، والسياسات التي ستتبناها الحكومة. حيث يتم تخصيص النفقات للدوائر الحكومية المختصة للإنفاق على النشاطات والمشاريع والخدمات التي تتولاها، وفقاً للأسس المتبعة في تصنيف عناصر الموازنة وهي الفصول (الدوائر الحكومية) والمواد (أغراض الإنفاق) في حين تصنف الإيرادات حسب أنواع مصادرها الرئيسة والفرعية. أما الإجراءات التي تتم في هذه المرحلة فإنها تسير على النحو التالي:

- يتولى رئيس الوزراء إصدار بلاغ الموازنة الدوري في بداية هذه المرحلة (شهر تموز) يحدد بموجبه التعليمات والتوجيهات والأسس التي سيتم في ضوئها إعداد موازنة السنة المالية القادمة في ضوء تقييمات الوضع المالي،

والاقتصادي، واتجاهاته، والتي يضعها المجلس الاستشاري للموازنة بناءً على توصيات لجنة مختصة من الدوائر المعنية بشؤون المالية، والتخطيط ويقرها مجلس الوزراء والتي ترسم البعد المالي للموازنة الجديدة (قانون تنظيم الموازنة العامة، 1962).

- عندما تتسلم الوزارات والدوائر الحكومية تعليمات إعداد الموازنة، تتولى أجهزتها إعداد مشاريع موازنتها الجارية، والرأسمالية في ظل التوجيهات، والأسس الواردة في تعليمات الموازنة. ويتم دراسة تقديرات النفقات (طلب المخصصات) من قبل لجنة تتألف من كبار المسؤولين في الوزارة أو الدائرة وإقرارها كمشروع لموازنة الدائرة بموافقة الوزير، أو المدير، وحسب النماذج المقررة، والتي تبرر هذه التقديرات كطلبات تخصيص لهذه الوزارة أو الدائرة في موازنة الدولة للعام القادم.

- ثم تقوم جميع الوزارات والدوائر الحكومية بتسليم مشاريع موازناتها إلى دائرة الموازنة العامة في الموعد المحدد. وتتولى دائرة الموازنة ممارسة مهامها الفنية في إعداد الموازنة. حيث تتولى حذف الازدواج الذي يمكن أن يرد في المشاريع المختلفة، ومناقشة طلبات التخصيصات، وكلفة النشاطات. وبالتالي تقرير المخصصات على ضوء تقديرات الإيرادات.

- ثم تتولى دائرة الموازنة إعداد وثيقة الموازنة وطباعتها، وفقاً للنماذج المقررة، وتقديمها إلى مجلس الوزراء للنظر فيها وإقرارها.

- وبعد مناقشة مجلس الوزراء لمشروع الموازنة والمصادقة عليه، يحول المشروع إلى مجلس الأمة لدراسته والموافقة عليه كقانون وفقاً للنظام الداخلي للمجلس، والقواعد الدستورية المقررة.

2- المصادقة على الموازنة:

بعد أن تتم الموافقة على مشروع الموازنة من قبل مجلس الوزراء يتم تحويله إلى مجلس الأمة للمصادقة عليه والإقرار وفقاً للمتطلبات الدستورية حيث تبدأ المرحلة الثانية في دورة الموازنة في نهاية شهر تشرين الثاني، أو بداية شهر كانون الثاني من السنة السابقة للسنة المالية.

وتتضمن هذه المرحلة الإجراءات والاتجاهات الآتية:

- يعقد مجلس النواب جلسة خاصة تقدم فيه الحكومة مشروع موازنة الدولة للسنة المالية القادمة، حيث يتولى وزير المالية في العادة إلقاء خطاب الموازنة والذي يوضح فيه المرتكزات التي بنيت عليها الموازنة،

والسياسات المالية والاقتصادية التي ستحققها، والتحليلات المتعلقة بتقدير الإيرادات والنفقات مقارنة مع السنوات السابقة حيث أن مراجعة الموازنة في مجموعها ومناقشتها في البرلمان تكون عادة مشروطة بالبيان التفسيري الذي يقدمه الوزير.

- ينظر مجلس النواب الأردني في مشروع الموازنة حيث يتم تحويله إلى اللجنة المالية، التي تقوم بدراسته مع كبار مسؤولي الدولة من ذوي العلاقة مثل وزير المالية ومدير دائرة الموازنة وتقدم اللجنة توصياتها بخصوص مشروع الموازنة إلى المجلس. ثم يتولى المجلس مناقشة مشروع الموازنة في ضوء التوصيات التي تقدمها اللجنة المالية، وفي جلسة يحضرها رئيس الوزراء حيث يتولى رئيس الوزراء، أو وزير المالية الرد على المقترحات والملاحظات التي أوردها النواب ويتم التصويت على مشروع الموازنة وإقراره من قبل مجلس النواب.

- يُحول مشروع قانون الموازنة بعد ذلك إلى مجلس الأعيان للنظر فيها وعادة تتبع الإجراءات السابقة نفسها في عملية النظر في مشروع الموازنة وإقراره.

ويتم إقرار الموازنة العامة في الأردن من قبل مجلس الأمة وفقاً للقواعد الدستورية المقررة:

أ- تتم المصادقة من قبل مجلس الأمة على الإيرادات والنفقات المقدرة بالموازنة العامة لتلك السنة بقانون حيث يتم الاقتراع على الموازنة العامة فصلاً فصلاً ويجوز تخصيص النفقات بقانون الموازنة لمدة تزيد على السنة.

ب- يجوز لمجلس النواب تخفيض النفقات إلا أنه لا يحق له زيادتها.

ج- لا يقبل في أثناء مناقشة قانون الموازنة إلغاء ضريبة، أو فرض أخرى، أو تعديل ضريبة مطبقة بالزيادة أو النقصان. وكذلك لا يقبل أي اقتراح بتعديل النفقات أو الواردات المربوطة بعقود. وبعد إقرار قانون الموازنة من قبل مجلس الأمة تصدر الإرادة الملكية بالموافقة عليه وينشر في الجريدة الرسمية.

3- **تنفيذ الموازنة:**

يبدأ العمل من الناحية النظرية في تنفيذ الموازنة في الأردن مع بداية السنة المالية التي تتطابق مع السنة الزمنية. حيث تبدأ هذه المرحلة اعتباراً من

اليوم الأول من شهر كانون الثاني وتنتهي بانتهاء السنة في الحادي والثلاثين من شهر كانون الأول إلا إنه من الناحية العملية لا بد من الفصل هنا بين عنصري الموازنة : الإيرادات والنفقات. ففي حالة الإيرادات تبقى عمليات التحصيل مستمرة بموجب القوانين والأنظمة النافذة. أما نفقات الوزارات والدوائر الحكومية، فتقرر بموجب قانون الموازنة إلا إذا تعذر إقرار الموازنة العامة في موعدها الدستوري، فيتحدد الإنفاق باعتمادات شهرية بنسبة 12/1 لكل شهر حسب مخصصات موازنة السنة السابقة بموجب أمر مالي يصدره وزير المالية. إن تنفيذ الموازنة يعني أن تقوم الدوائر الحكومية المعنية بجباية الإيرادات العامة وصرف النفقات وفقاً للقواعد والإجراءات المقررة في القوانين والأنظمة. كذلك فإن تنفيذ الموازنة يتضمن إعداد التقارير المحاسبية عن عمليات تنفيذ الموازنة. وقبل أن تتمكن الوحدات المحاسبية الحكومية من الإنفاق من المخصصات المقررة في الموازنة العامة لا بد من استكمال الإجراءات الآتية:

أ- صدور الأوامر المالية: يصدر وزير المالية في بداية السنة المالية وبعد إقرار قانون الموازنة، أمراً مالياً عاماً يفوض بموجبه المسؤولين في الوزارات والدوائر بالإنفاق من مخصصات دوائرهم المرصودة في باب النفقات الجارية. أما مخصصات النفقات الائتمانية فتصدر بها أوامر مالية خاصة وفق النماذج المقررة. أما مخصصات الديوان الملكي فيصدر بها أمراً مالياً خاصاً من رئيس الوزراء.

ب- إصدار الحوالات المالية: تصدر الحوالات المالية مصدقة من قبل دائرة الموازنة وفقاً لنماذج مقررة، يبين فيها مخصصات الدائرة الحكومية حسب مواد الإنفاق إلا إذا توافرت أسباب خاصة تستدعي تجاوز النسبة الشهرية، أي أن الحوالات تصدر مرة كل شهر.

ج- تحديد سقف الإنفاق الشهري: يصدر وزير المالية في بداية كل شهر بلاغات يحدد بموجبها للدوائر الحكومية سقف الإنفاق الشهري لكل دائرة وهو يمثل الحد الأعلى من المبالغ التي تستطيع الدائرة أن تنفقها خلال الشهر. وتهدف عملية إصدار الحوالات، وتحديد سقف الإنفاق تنظيم عمليات الإنفاق الحكومي للوزارات والدوائر بحيث تتوزع على مدار السنة، وكذلك تنظيم إدارة السيولة النقدية، والتدفق النقدي فيما يتعلق بالإيرادات العامة، وتغذية حسابات الدوائر.

الفصل السادس

تصنيف حسابات الموازنة

المبحث الأول

مفهوم تصنيف حسابات الموازنة العامة وأهميته

تقوم عملية إعداد الموازنة العامة على أساس التوفيق بين الموارد المتاحة واستخداماتها المتنوعة، لتسهيل تنفيذ مختلف النشاطات والبرامج التي تديرها الدولة. إلا أن التطورات التي حصلت على وظائف الدولة وتغير العوامل البيئية أدت إلى اختلاف أساليب إعداد الموازنة العامة، وتصنيف عناصرها، لتوفير المعلومات الملائمة لمتخذي القرارات في معالجتهم المختلفة لتوزيع الموارد المتاحة بين الطلبات المتزايدة والمتنافسة لتخصيص الموارد المتاحة لتنفيذ الخدمات العامة والبرامج الحكومية.

تتضمن الموازنة العامة تقديرات لإيرادات الدولة واستخداماتها لفترة قادمة من الزمن هي في الغالب سنة. وتصنيف إيرادات الدولة ونفقاتها في وثيقة الموازنة ضمن مجموعات أو أقسام أو فئات أو بنود ليسهل تحليلها والتعامل معها.

فتصنيف عناصر الموازنة العامة يعني أن تبوب الإيرادات أو النفقات بحيث يتم ترتيبها في مجموعات أو فئات وزمر أو بنود أو مواد وبالتالي ربطها برموز معينة ليسهل الإشارة إليها، وبخاصة عند إجراء القيود المحاسبية في الدفاتر والسجلات المحاسبية في مرحلة التنفيذ. وعملية التصنيف هذه تنطوي على أهمية بالغة لغايات النظام المحاسبي، وبخاصة بعد انتشار استخدام الحاسوب في مسك القيود المحاسبية وإعداد التقارير المحاسبية والمالية. وتستند عملية التصنيف إلى أسس أو معايير متنوعة .

وخطة تصنيف حسابات الموازنة العامة يجب أن تتميز بالمرونة والتعددية. المرونة لاستيعاب التطورات المستقبلية في الإيرادات أو النفقات عند ظهور الحاجة إلى ذلك نتيجة للتطور الذي يمكن أن يطرأ على مفردات عناصر الموازنة كأن تلجأ الدولة إلى مصادر جديدة لتمويل نفقاتها، أو أن تحدث مخصصات جديدة لتقديم خدمات للمواطنين.

أما التعددية، فهي ضرورية لخدمة الأغراض المختلفة التي تتوخاها الإدارة من خطة التصنيف. ويرى بيركهيد أن البرامج والخدمات المختلفة التي تقدمها الدولة، والتي تديرها وحداتها الإدارية (الوزارات والدوائر) هي محور النشاطات الحكومية ويجب أن تدار بشكل قانوني. وعلى هذا الأساس فإن خطة تصنيف حسابات الموازنة يجب أن تتصف بالمرونة والتعددية لخدمة عمليات الإعداد والتنفيذ والاعتماد والمراجعة.

المبحث الثاني

تصنيف حسابات الموازنة وتطبيقاته في النظام الأردني

يتضمن تصنيف أو تبويب الإيرادات والنفقات العامة عمليات ترتيب مكونات هذه العناصر في مجموعات أو بنود أو مواد وفق معايير معينة تعتمدها الدولة لهذا الغرض ويعتبر تصنيف هذه العناصر أحد العوامل التي تحدد بنية الموازنة العامة. ويحدد بيركهيد في كتابه الشهير "الموازنة العامة" أربعة أهداف عامة يجب أن تحققها عملية تصنيف عناصر حسابات الموازنة (الإيرادات والمصروفات) كما يلي:

1. إن حسابات الموازنة يجب أن تصنف بطريقة تسهل عملية تنفيذ البرامج والمشاريع الحكومية، حيث أن هذه الحسابات يجب أن تُظهر بوضوح القرارات التي اتخذت بشأن هـذه البرامج، والتغيرات التي طرأت عليها، ووسائل تمويلها.

2. إن حسابات الموازنة يجب أن تصنف بطريقة تسهل عملية تنفيذ الموازنة بكفاءة ملموسة. ولما كانت هذه الكفاءة تحتاج إلى الكفاءة في استخدام الأموال المتاحة للحصول على أقصى المنافع المتوقعة، فإن حسابات الموازنة يجب أن تسهل عمليات المقارنة. ومما هو جدير بالملاحظة كما يؤكد بيركهيد أن عمليات تنفيذ النشاطات والبرامج الحكومية بكفاءة لا يمكن ضمانها بواسطة تصنيف حسابات الموازنة فقط، بل إن هناك أساليب إدارية أخرى يجب مراعاتها مثل: مسك الدفاتر والتقارير الدورية ومحاسبة التكاليف. بالإضافة إلى كفاءة الأشخاص الـذين يقومون بالخدمة العامة.

3. إن حسابات الموازنة يجب أن تبوب بشكل يؤدي إلى إحكام الرقابة المالية، وتحديد مسؤولية الأشخاص الذين يتولون عمليات الجباية وإنفاق المال العام. ولما كان التدقيق هـو الوسيلة المعتمدة لتحقيق هذا الهدف فإن حسابات الموازنة يجب أن تسهل عمليات التدقيق والمراجعة سواء أكانت داخلية أو خارجية.

4. إن حسابات الموازنة يجب أن تنظم بطريقة تسهل عمليـة تحليـل الآثار الاقتصـادية لنشاطات الحكومة.

وأهم أنواع تصنيفات حسابات الموازنة تقوم وفقاً للأسس التالية:

- التصنيف الإداري.

- التصنيف النوعي أو حسب الغرض من النفقة.

- التصنيف الاقتصادي.

- التصنيف الوظيفي.

- التصنيف الجغرافي أو الإقليمي.

- تصنيفات أخرى.

1) **التصنيف الإداري**   Classification by Organizational Units

تدار الخدمات والبرامج والنشاطات التي تقدمها أو تمارسها الدولة بواسطة الحكومة (مجلس الوزراء) وأجهزتها الإدارية المختلفة (الوزارات والدوائر والمؤسسات) وهذا بطبيعة الحال هو أحد متطلبات الشرعية- أن تدار خدمات الدولة بصورة قانونية . كما أن ذلك يحقق وظيفتين تتميز بهما الإدارة العامة، وهما تحقيق المصلحة العامة للمواطنين، وتحقيق المساءلة العامة تجاههم بأن يكون هناك جهة مسؤولة عن الخدمة التي تقدم للمواطنين بشكل ملائم.

والتصنيف الإداري للنفقات يعني أن تقسم النفقات العامة حسب الوحدات الإدارية للدولة التي تتولى إنفاقها. أما التصنيف الإداري للإيرادات فيعني أن تصنف الإيرادات حسب الجهات الإدارية التي تقوم بتحصيلها، وإن مثل هذا التصنيف لا يخدم بصورة فعالة أغراض عملية التصنيف على المستوى العام، لذا فإن الدول لا تلجأ إلى تصنيف إيراداتها حسب الوحدات الإدارية في موازناتها العامة بل على الغالب حسب مصادرها. فالتصنيف الإداري إذن يستخدم لتبويب النفقات، ويعكس الهيكل التنظيمي لوحدات الدولة الإدارية (الوزارات والدوائر المركزية والمؤسسات) ولا يمكن الاستغناء عنه مطلقاً كون هذه الوحدات الإدارية هي الأدوات التي تعكس مشروعية الإنفاق العام.

خصائص التصنيف الإداري للنفقات:

إن أهم الخصائص التي يبرزها التصنيف الإداري للنفقات ما يأتي:

1. أنه يبين تكلفة الوحدات الإدارية في الدولة (الوزارات والدوائر)، حيث أن المخصصات التي تنفقها هذه الوحدات تبين تكلفة إدارة الدائرة الحكومية. إلا أن هذا التصنيف لا يعكس التكلفة الحقيقية للوظيفة التي تباشرها الدولة، إذا كان هناك أكثر من دائرة حكومية تتولى الإنفاق على هذه الوظيفة. فمثلاً المخصصات التي ترصد في الموازنة العامة لوزارة التربية والتعليم تبين تكلفة هذه الوزارة على الدولة، ولكن هذه المخصصات لا تعكس تكلفة إشباع وظيفة التربية والتعليم في الأردن، لأن هناك دوائر أخرى تنفق على هذه الخدمة العامة أو الوظيفة مثل: وزارة الدفاع، ووزارة التنمية الاجتماعية، حيث أن لكل من هاتين الوزارتين مدارس خاصة بها تنفق عليها.

2. إن التصنيف الإداري يسهل عملية تحضير الموازنة، وهذا بطبيعة الحال يعتمد على الأسلوب المتبع في تحديد مخصصات الدوائر حسب أسلوب التقدير المتبع في الدولة، كما أنه يسهل عملية إقرار الموازنة من قبل السلطة التشريعية حيث أن المقارنة بين مخصصات السنوات السابقة والسنة الحالية، يُمكّن من معرفة الزيادة أو النقص الذي طرأ على مخصصات الدائرة، والذي يعكس التغير في سياسات الحكومة. من هنا فإن التصنيف الإداري ضروري، ومعمول به لدى الدول كافة، وتكمن أهميته في أن الدوائر الحكومية هي ذراع السلطة التنفيذية لتنفيذ برامجها وتقديم الخدمات للمواطنين.الأمر الذي يستدعي توفير النفقات لهذه الوحدات الإدارية لتوفير مستلزمات إنجاز الأعمال من أيدي عاملة ولوازم ومكاتب، وآلات، ومعدات، ونظم وغيرها.

ويستند التصنيف الإداري للنفقات أصلاً إلى مبدأ هام في الموازنة هو مبدأ التخصيصات، والذي يعتبر الأداة الرئيسة لإدارة النظام المحاسبي الحكومي على مستوى الوحدة المحاسبية. ووفقاً لهذا المبدأ فإن إيرادات الدولة من مصادرها المختلفة يتم توريدها إلى الخزانة العامة للدولة بغض النظر عن مصدر الإيراد والدائرة الحكومية التي تولت تحصيله (تطبق مبدأ عمومية الإيرادات أو عدم التخصيص). ثم توزع هذه الإيرادات على الدوائر الحكومية عن طريق رصد مخصصات للدوائر الحكومية لإنفاقها حسب أولويات الإنفاق مما يحقق مبدأ ترشيد التوزيع للإيرادات المتاحة. والمخصصات التي ترصد في الموازنة لكل دائرة حكومية تمثل السقف السنوي المسموح إنفاقه من قبل تلك الدائرة الحكومية.

3. ينطوي التصنيف الإداري للنفقات على أهمية بالغة في تنفيذ الموازنة العامة من حيث أنه ينطوي على تحديد مسؤولية الوحدات الإدارية الحكومية عـن تقصيرها في تنفيذ المشاريع أو تقديم الخدمات المسؤولة عنها.فالدوائر الحكومية هي التي تعقد الصفقات، وتجري العمليات المالية، وتقوم بإعداد المستندات والسجلات والتقارير المتعلقة بهذه العمليات، فهي تشكل أصلاً الوحدات المحاسبية التي تقوم بهذه الأعمال .

4. يُمكّن التصنيف الإداري من متابعة التغيرات التي تطرأ على نشاطات الوحـدات الإدارية بـين سنة وأخرى.

5. يؤخذ على التصنيف الإداري أنه لا يخدم غرض الاستخدام بسبب التـداخل في تقديم الخدمات الحكومية أحياناً بين عدة جهات. والتصنيف الإداري وحده غير كاف كما يرى بيركهيد إذ لا بـد أن يردف بنوع آخر هو التصنيف حسب أغراض الإنفاق.

التصنيف الإداري للنفقات في الموازنة الأردنية:

تصنف النفقات في الموازنة الأردنية حسب الوحدات الإدارية التي تدخل موازناتها ضمن موازنة الدولة العامة. ويرمز إلى هذه الدوائر بالفصول وتعطى أرقاماً متميزة (قانون الموازنة العامة 1996) حيث يمثل الفصل الأول (الـديوان الملـكي)، والفصل الثاني (مجلـس الأمـة)، والفصـل الحـادي والثلاثـون (وزارة الخارجية)، والفصل الحادي والسبعون (وزارة التربية والتعليم)، وهكذا.. (انظر الشكل رقم 1).

(2) التصنيف حسب الغرض من النفقة Classification by Object of Expenditure

تصنف النفقات العامة حسب الغرض مـن النفقـة عـن طريـق حصر ـ النفقـات ذات الأغـراض والطبيعـة المتشابهة في مجموعـات متشابهة، وتقسيمها إلى بنود تمثل الصرـف عـلى أغـراض الإنفاق: مثل الرواتب والأجور واللوازم، والبريد، والهاتف، وغيرها. وتمثل هذه البنود أو الأغراض وسائل إنجاز العمل. ولمـا كانـت هـذه الوسـائل متشـابهة لجميـع الوحـدات الإداريـة يمكـن أن تصنف مخصصات الدوائر الحكومية في بنود أو أغراض أو مواد متشابهة.

وتوزع المخصصات السنوية لكل دائرة على كل مادة من هذه المواد التي تشكل أغراض الإنفاق (وسائل إنجاز العمل) بحيث أنه لا يجوز للدائرة أن تنفق على أي غرض إلا من المبلغ المخصص لتلك المادة التي تشكل حساباً مستقلاً . وكذلك لا يجوز لها تجاوز المبالغ المخصصة في تلك المواد. إلا أنه لتوفير قدر من المرونة للدائرة في عمليات الإنفاق قد يسمح بإجراء مناقلات بين بعض المواد بموافقة وزارة المالية. والتصنيف النوعي للنفقات يخدم هدف إحكام الرقابة على النفقات الحكومية من حيث: الأغراض، والمبالغ المخصصة لها على مستوى الوحدات الإدارية الحكومية. فهو يركز الاهتمام على ما تشتريه الدوائر الحكومية من سلع وخدمات، ويسهل عمليات التخصيصات من قبل السلطة التشريعية، إلا أنه لا يوفر المرونة للدوائر الحكومية في الإنفاق على الخدمات والبرامج التي تنفذها. كما أنه لا يؤدي إلى بيان مدى الكفاءة في تقديم الخدمات للمواطنين كونه يركز أساساً على الجوانب الحسابية، ولا يعكس السياسات والأهداف التي تتبناها الحكومة ونتائج الأعمال التي تنفذها الدائرة.

نموذج رقم (1)

نموذج التصنيف الإداري والوظيفي للنفقات العامة في الموازنة العامة الأردنية

الخدمات	الفصل	
	رقمه	عنوانه
الإدارة العامة	1	الديوان الملكي الهاشمي
	2	مجلس الأمة
	3	مجلس الوزراء وديوان الرئاسة
	4	ديوان المحاسبة
	5	وزارة التنمية الإدارية
	6	ديوان الخدمة المدنية
	7	ديوان الرقابة والتفتيش الإداري
الدفاع والأمن والنظام الداخلي	11	وزارة الدفاع
	12	الخدمات الطبية الملكية
	13	المركز الجغرافي الملكي الأردني
	21	وزارة الداخلية
	22	وزارة الداخلية/دائرة الأحوال المدنية والجوازات
	23	وزارة الداخلية/ الأمن العام
	24	وزارة الداخلية / الدفاع المدني
	25	وزارة العدل
	26	دائرة قاضي القضاة
	27	المعهد القضائي الأردني
الشؤون الدولية	31	وزارة الخارجية
	32	دائرة الشؤون الفلسطينية
الإدارة المالية	41	وزارة المالية
	42	وزارة المالية /دائرة الموازنة العامة
	43	وزارة المالية / دائرة الجمارك
	44	وزارة المالية / دائرة ضريبة الدخل
	45	وزارة المالية / دائرة الأراضي والمساحة
	46	وزارة المالية / دائرة اللوازم العامة

التصنيف النوعي في الموازنة الأردنية:

يعتبر التصنيف النوعي أساساً رئيساً في تصنيف النفقات والإيرادات في الموازنة العامة الأردنية. وتمثل أنواع الإيرادات الرئيسة والفرعية، وأنواع النفقات الحسابات التي تقيد فيها العمليات المالية التي تجريها الدوائر الحكومية وبالتالي تقدم عنها المعلومات والبيانات الأساسية.

وتصنف الإيرادات في وثيقة الموازنة الأردنية في مجموعات أربع:

1. الإيرادات المحلية.
2. المساعدات المالية.
3. القروض المستردة.
4. القروض والمساعدات الاقتصادية والفنية.

وتصنف الإيرادات نوعياً حسب الفصول والمواد داخل هذه المجموعات كما هو مبين في النموذج رقم (2) من قانون الموازنة للسنة المالية 1998.

نموذج رقم (2)

شريحة تمثل التصنيف النوعي للإيرادات في نظام الموازنة الأردني

رقمه	الفصل عنوانه	فعلي 1996	مقدر 1997	إعادة تقدير 1997	مقدر 1988
	1- الإيرادات المحلية				
	أ- الإيرادات الضريبية	841166	916500	914700	008100
1	الضرائب على الدخل والأرباح	173048	155000	170000	191300
2	الضرائب على معاملات التجارة الخارجية	589941	492000	472000	514000
3	الضرائب على المعاملات المحلية	78177	269500	272700	302800
	ب-الإيرادات غير الضريبية	589095	714500	675200	696250
4	الرخص	65221	70300	67800	28600
5	الرسوم	158097	180600	180800	217200
6	الإيرادات من المؤسسات	146856	203500	174300	152400
7	إيرادات بدل الخدمات الحكومية	24578	29400	30900	34050
8	الإيرادات المختلفة	194343	230700	221400	264000
	مجموع الإيرادات المحلية	1430261	1631000	1589900	1704350
9	المنح المالية	180066	152000	185000	187000
10	أقساط القروض المستردة	46155	60000	55000	50000
11	منح فنية لتمويل مشاريع إنمائية	0	17000	15000	8650
	مجموع الإيرادات	1656482	1860000	1844900	1950000

التصنيف النوعي للنفقات في نظام الموازنة الأردنية:

بعد أن تقسم النفقات حسب التصنيف الاقتصادي إلى نوعين رئيسيين هما:

أ- النفقات الجارية: وهي النفقات التي تتكرر سنوياً في الموازنة وتعتبر ضرورية لتسيير المرافق العامة كنفقات الرواتب والأجور والقرطاسية وغيرها.

ب- النفقات الرأسمالية: وهي التي تهدف إلى زيادة التكوين الرأسمالي أو أصول المجتمع مثل نفقات إنشاء السدود والمدارس والمستشفيات، تصنف نوعياً بحيث تقسم إلى أربع مجموعات رئيسية:

- المجموعة (100) الرواتب والأجور والعلاوات.
- المجموعة (200) النفقات الأخرى.
- المجموعة (300) النفقات التحويلية.
- المجموعة (400) النفقات الرأسمالية العادية.
- المجموعة (500) النفقات الرأسمالية الإنمائية.

وتتضمن هذه المجموعات مواد الإنفاق المختلفة مرمّزة حسب التصنيف الأحادي والتي تمثل أغراض الإنفاق أو وسائل إنجاز العمل مفصلة على النحو الذي يبينه النموذج رقم (3) المأخوذ من قانون الموازنة لعام 1997.

النموذج رقم (3)

المادة	
رقمها	عنوانها
100	مجموعة الرواتب والأجور والعلاوات
101	الموظفون المصنفين
102	الموظفون غير المصنفين
103	الموظفون بعقود
104	أجور العمال
105	علاوة غلاء المعيشة الشخصية
106	علاوة غلاء المعيشة العائلية
200	النفقات التشغيلية (سلع وخدمات)
201	الإيجارات
202	الهاتف والتلكس والبرق والبريد
203	الماء
204	الكهرباء
205	المحروقات
300	النفقات التحويلية
301	الضمان الاجتماعي
302	المساهمات
400	النفقات الأخرى (غير عادية)
401	الأثاث
402	أجهزة وآلات ومعدات

3) التصنيف الوظيفي Functional Classification

التصنيف الوظيفي هو "أي شكل من أشكال التصنيف يهيئ إمكانية عرض الموازنة لأغراض ملخص الحسابات بالنسبة لأي حكومة. ويقوم على أساس توزيع النفقات العامة حسب الخدمات أو الوظائف الرئيسة التي تؤديها الدولة: مثل التعليم، والصحة، والأمن وغيرها . فالنفقات في مثل هذه الحالة تندرج تحت البند الوظيفي المختص. فمثلاً إنشاء الطرق والجسور تندرج تحت وظيفية النقل والمواصلات، ونفقات إنشاء المستشفيات تدخل ضمن بند وظيفة الصحة أو الخدمات الاجتماعية، وإنشاء المدارس تحت بند التربية والتعليم وهكذا.. (انظر الشكل رقم 1).

فالتصنيف الوظيفي يتناول توزيع الموارد بين الخدمات والوظائف الرئيسة في الدولة، مما يسهل عملية ترشيد اتخاذ القرارات على مستوى الإدارات العليا في الدولة (مجلس الوزراء).

ويصمم التصنيف الوظيفي لتسهيل عملية تكوين البرامج الرئيسة التي تقوم بها الحكومة. فكل بند وظيفي لا بد وأن يتضمن مجموعة من البرامج: فخدمة أو وظيفة التعلم على سبيل المثال قد تتضمن برنامجاً للتعليم الإلزامي وآخر للتعليم المهني، وثالث للتعليم الثانوي ورابع لمحو الأمية.

والبرنامج يتضمن مجموعة من الأعمال والفعاليات المحددة والمترابطة، التي يتوقع تنفيذها ضمن فترة زمنية محددة، وقد تؤدي إلى تحقيق نشاط معين أو ناتج نهائي لذلك البرنامج . والبرنامج قد يتضمن مجموعة من المشاريع. ويمثل المشروع في إطار عملية إعداد البرامج "الجهد المبذول" والذي يسهم في تحقيق الناتج النهائي لهذا البرنامج . وقد يطلق على هذه المشاريع اصطلاح "البرامج الفرعية".

أما النشاط فيمثل مجموعة من الأعمال المتجانسة لتحقيق أهداف البرامج الفرعية، والنشاط قد يحل محل الناتج النهائي في بعض البرامج لتسهيل قياس الأداء أو نتيجة العمل.

خصائص التصنيف الوظيفي:

يتميز التصنيف الوظيفي بالخصائص التالية:

أ- أنه يصنف النفقات حسب الخدمات أو الوظائف الرئيسة التي تؤديها الدولة، ولذلك فإنه يسمح بإجراء التحليلات التي تظهر مدى كفاية

المخصصات التي ترصدها الدولة لمختلف الخدمات الحكومية، وما إذا كانت هذه المبالغ قد صرفت بكفاءة وحققت الأغراض التي تتوخاها والفوائد التي تنشدها. فالتصنيف الوظيفي يفيد في تعرف الأغراض التي يخدمها الإنفاق الحكومي بغض النظر عن الوزارات والدوائر الحكومية التي تقوم بالإنفاق عليها بحيث يظهر ضمن هذا النمط التصنيفي نشاط جميع الدوائر التي ساهمت في إنجازات مهام الوظيفة ومما يؤدي أيضاً إلى إبراز نشاط الدائرة في مختلف الوظائف المؤداة وبالتالي يبين نفقات الوظيفة الواحدة على مستوى الدولة.

ب- يعتبر التصنيف الوظيفي مثالياً وملائماً لتحليل نشاطات الدولة وبرامجها المختلفة والتغيرات التي طرأت عليها من سنة إلى أخرى وذلك بغض النظر عن الأجهزة الإدارية التي تقوم بهذه النشاطات.

ج- يساعد التصنيف الوظيفي على إظهار المعلومات في الموازنة العامة موزعة على الخدمات العامة، وبالتالي يظهر نصيب كل خدمة أو وظيفة من النفقات العامة.

وتبرز المآخذ التالية على التصنيف الوظيفي:

● ضعف الرقابة نتيجة توزيع نفقات الوظيفة الواحدة بين وحدات مختلفة.

● بذل المجهودات الكثيرة لحصر نفقات البند الوظيفي الواحد في حالة قيام أكثر من دائرة حكومية في الإنفاق على تلك الوظيفة.

● التوزيع الاعتباطي لبعض النفقات التي تعود إلى نشاطات قد تدخل ضمن أكثر من بند وظيفي واحد.

نماذج لبنود التصنيف في الأردن والولايات المتحدة وبريطانيا

بنود التصنيف الوظيفي في وثيقة الموازنة الأردنية (1)	بنود التصنيف الوظيفي في الولايات المتحدة (2)	بنود التصنيف الوظيفي في بريطانيا (3)
1. الإدارة العامة	الأمن القومي العام	الدفاع
2. الدفاع والأمن والنظام الداخلي	الشؤون الدولية والتمويل	النقل والمواصلات
3. الشؤون الدولية	مساعدات وخدمات المحاربين القدماء	المكتبات والمتاحف والفنون
4. الإدارة المالية	الزراعة والثروات الزراعية	الطرق والإضاءة العامة
5. خدمات التنمية الاقتصادية	الصحة والتعليم والرفاهية	البرلمان والقضاء
6. النقل والاتصالات	المصادر الطبيعية	الاسكان
7. الخدمات الاجتماعية	التجارة والأيدي العاملة	الشرطة
8. الخدمات الثقافية والإعلامية	الإدارة العامة (السلطات)	خدمات إطفاء الحريق
	فائدة الدين العام*	التعليم
		الصحة
		السجون
		التمويل وتحصيل الضرائب

* لا يعتبر هذا البند من بنود التصنيف الوظيفي كونه لا يمثل وظيفة.

4) التصنيف الاقتصادي Economic Classification

يتم تبويب الإيرادات أو النفقات العامة حسب هذا النوع من التصنيفات وفقاً لأسس اقتصادية تختارها الدولة وتخدم أغراضها مما يؤدي إلى توفير المعلومات والبيانات الضرورية اللازمة لاستخدامها في عمليات التحليل الاقتصادي، وبيان مدى تأثيرها على الاقتصاد الوطني حيث أن التصنيفات السابقة لا توفر المعلومات الضرورية لأداء هذا الغرض بشكل تفصيلي.

والواقع أن هذا النوع من التصنيف يخدم الدراسات الاقتصادية التي ترمي إلى معرفة مدى مساهمة الموازنة العامة (التي هي عبارة عن الخطة المالية التي تعكس سياسات الحكومة) في توزيع الموارد المالية المحدودة، ومدى تأثيرها على استقرار الأسعار، وتوزيع الدخل، والتوظيف. كما أن التصنيف الاقتصادي يسهم في تقديم المعلومات لإعداد برامج الخطط التنموية المختلفة وتنفيذها. والهدف من التصنيف الاقتصادي هو ربط البيانات والمعلومات الخاصة بالقطاع الحكومي بالبيانات والإحصائيات الخاصة بالقطاعات الاقتصادية للمجتمع ككل لإعطائه صورة متكاملة عن العمليات المالية الحكومية، ودورها في الاقتصاد الوطني، أو معرفة دور القطاع العام في الإنفاق الرأسمالي.

ووفقاً لهذا التصنيف يمكن أن تقسم الإيرادات والنفقات العامة إلى: جارية ورأسمالية أو حسب القطاعات الاقتصادية التي تسهم في الإيرادات، أو توجه لها عمليات الإنفاق العامة.

(5) التصنيف حسب الأقاليم Regional Classification

من المعروف أن البنية التنظيمية السياسية في جميع الدول تتكون من مستويين أو أكثر من المستويات التنظيمية وهي: الإدارة المركزية والإدارات المحلية (مجالس المدن أو المحافظات). أما في الدول الفيدرالية فتتكون من ثلاثة مستويات: الحكومة الفيدرالية، وحكومات الولايات، والحكومات المحلية. وتتولى كل من هذه الحكومات في الدولة الواحدة مسؤوليات تحددها الدساتير، أو القوانين النافذة التي تختلف في تصنيف واجبات هذه الحكومات ومسؤولياتها من دولة إلى أخرى.

وعادة يتم توزيع المواد والنفقات العامة بين هذه الحكومات حسب اختصاصاتها وأعمالها كما يحددها الدستور أو القوانين.

أما على مستوى الحكومة المركزية، فيمكن أن تصنف النفقات حسب المناطق الجغرافية (الأقاليم أو المحافظات) بحيث يظهر حصة كل محافظة أو إقليم من الإنفاق الرأسمالي.

6) التصنيفات الأخرى Other Classification

إضافة إلى التصنيفات السابقة، تظهر في الموازنات العامة تصنيفات أخرى منها:

أ- التصنيف حسب البرامج Programs Classification "البرنامج هو مجموعة من الأعمال المحددة والمترابطة التي يتوقع تنفيذها خلال فترة محددة من الزمن لتحقيق غرض معين ذي ناتج نهائي، أو خدمة معينة".

ويستخدم هذا التبويب كي يعكس مسؤولية الوحدات الإدارية ويمثل أيضاً الأنشطة الهامة التي يحتويها البرنامج، وتنفذها الوحدات الإدارية. ويشكل البرنامج أداة لتقييم إنجازات الدائرة الحكومية ضمن نطاق الوظيفة الرئيسة للحكومة التي ينبثق عنها البرنامج.

ويتم تصميم البرنامج على أساس تراكمي من مجموعة من المشاريع أو الأنشطة إذا كان حجم البرنامج يستوعب هذا التشعيب، ليعكس النفقات المالية التي يتم تخصيصها حسب هذه المشاريع والأنشطة في الموازنة العامة والتي بدورها تعكس كلفة البرنامج. ويتعلق البرنامج بمستويات تنظيمية عليا حيث يهدف إلى ترشيد القرارات على المستويات الإدارية العليا في الدولة عن طريق تحديد أهداف البرنامج وتكلفته، والعوائد التي يحققها. والبرنامج يمثل خطة مستقبلية للنشاط والأعمال والمهام التي ستقوم بها الوحدات الإدارية أو ستنتجها الحكومة. فهو يقوم على أساس تحديد عناصر التكلفة التي تستلزمها عملية تنفيذه، بحيث تعتبر كمية الخدمات التي يقدمها البرنامج، ومستوى أدائها، وتكلفة إنجازها أهدافاً يجب أن تحققها الدوائر الحكومية. فهي خطة يسترشد فيها عند التنفيذ. وتواجه عملية تحديد بنية البرامج الحكومية الصعوبات التالية:

- تباين البرامج نتيجة لتباين النشاطات والأعمال الحكومية حيث أن التبويب حسب البرامج يتطلب دراسة المهام والواجبات والسلطات الخاصة لكل دائرة.

- صعوبة تحديد ناتج نهائي لبعض البرامج الحكومية يتميز بخصائص قابلية التحديد، وقابلة القياس، وأن يكون ذا دلالة.

ب- التبويب حسب المشاريع أو البرامج الفرعية (Project Sub-programs or Classification):

بعض البرامج الحكومية تتضمن جوانب متعددة يمكن أن يكون كل منها مشروعاً مستقلاً ضمن إطار البرنامج. فالمشروع جزء محدد من البرنامج "يتصف بخصائص فنية وإدارية محددة، ويتوفر فيه نوع من استقلالية العمل لإنجاز الغرض منه قياساً مع المشاريع الأخرى، وبالتالي فهو يمثل في نطاق البرمجة الجهد المبذول ضمن البرنامج المحدد، ويساهم في تحقيق أهداف البرنامج".

ج- التصنيف حسب النشاط (Activity Classification):

يمثل النشاط جزءاً من البرنامج أو البرنامج الفرعي، ويتميز بمجموعة من الأعمال ذات الطبيعة المتميزة التي تسهم في تحقيق أهداف البرنامج. فهو تبويب لعمل الجهاز المنفذ، ويستخدم كأساس للرقابة على عمليات التشغيل أو موازنات التشغيل. ويرى البعض أن النشاط يعكس مسؤولية تنظيمية محددة ويمكن أن يستخدم كمركز للحسابات التي يحتفظ بها الجهاز التنفيذي. وتشكل حسابات النشاط دعامة أساسية للنظام المحاسبي ونظام التقارير وتخصيص الاعتمادات فهي توفر الأساس للإدارة المالية عند مختلف المستويات. أما بيركهيد فيرى أن النشاط يستخدم كمقياس لناتج الدائرة لعملها أو الوحدات الإدارية التي يصعب تحديد ناتج نهائي لعملها أو يصعب قياسه مثل نشاطات أقسام شؤون الموظفين مثلاً.

د- التصنيف حسب المهمة أو الواجب (Tasks Classification):

يمثل الواجب عملية يقوم بها فرد أو قسم، فهو لا يرتبط بالتقسيم الإداري. وقد لا يستخدم في عمليات التصنيف بسبب التفصيلات والتكلفة التي قد تنطوي عليها عملية الأخذ بهذا التبويب ومع ذلك يمكن أن يكون أساساً لحساب التكلفة.

المبحث الثالث

الوظائف الأساسية للموازنة العامة

Budget Functions

تبرز المعطيات السابقة الوظائف التي يمكن أن تخدمها الموازنة العامة هي:

1. **الرقابة التنفيذية Executive Control:**

أحد الوظائف الأساسية التي تؤديها الموازنة العامة هي رقابة المشروعية، وهـي رقابـة قانونيـة، ومالية، ومحاسبية، وذلك عن طريق إخضاع الموظفين للسياسـات والخطـط المرسومة مـن قـبل السلطة التنفيذية، والسلطة التشريعية. وأهم وسائل الرقابة المختلفـة وإجراءاتها التـي ترتبط بعملية تنفيذ الموازنة تتناول:

- رقابة الأداء الوظيفي التي تتركز في توزيع القيام بالعمليات المالية والمحاسبية بين مجموعـة مـن الموظفين المتخصصين.

- فرض القيود على نقل المخصصات.

- عـدم تجـاوز المخصصات الـواردة في بنود الإنفـاق المختلفـة، وعـدم استعمالها لغـير الأغـراض المخصصة لها.

- التعليمات والقواعد المختلفة المتعلقة بالإنفاق من الموازنة.

- تحديد سقف للإنفاق الشهري أو الربع سنوي من الموازنة.

فالرقابة التنفيذية تركز على أساليب الموازنة وإجراءات التنفيذ وقواعد العمل.

2. **الرقابة الإدارية Management Control:**

وهي الرقابة التي بموجبها تتأكد الإدارة العليـا بـأن الأمـوال العامـة قـد تـم تحصيلها وإنفاقها بصورة فعالة وكفؤة في سبيل تحقيق الأهداف التـي تسعى الحكومـة لإنجازهـا مـن نشاطاتها وأعمالها المختلفة.

فالإدارة عادة تهتم بالقضايا الأساسية مثل:

- ما أفضل أساليب التنظيم لتأدية الواجبات الملقاة على عاتق المؤسسة ؟

– أي البدائل هو الأفضل لتحقيق الأهداف وإقامة العلاقات الجيدة مع المحيط الخارجي ؟

– أي الأساليب أو الإجراءات الإدارية هو الأفضل للحصول على أحسن النتائج ؟

وتعتبر موازنة الأداء الوسيلة الأفعل لتحقيق رقابة الإدارة حيث أن قواعدها تساعد المسؤولين لتقييم إنجازات الوحدات الإدارية العاملة عن طريق:

● تصنيف أقسام النفقات العامة وتحديدها على أساس وظيفي وليس على أساس نوعي (الغرض أو الهدف من الإنفاق).

● تزويد الإدارة بمقاييس تكاليف العمل لتسهيل عملية إنجاز النشاطات المختلفة والمحددة بكفاءة عالية.

3. **التخطيط Planning**

التخطيط هو الوظيفة الثالثة التي تؤديها الموازنة.

وعملية التخطيط تتناول تقرير:

– أهداف المؤسسة.

– المصادر المالية والمادية اللازمة لتحقيق هذه الأهداف.

– البرامج والسياسات الواجب اتباعها لإحراز تحصيل المصادر المالية واستخدامها وتوزيعها.

والتخطيط عادة يركز على قضايا رئيسة مثل:

● ما السياسات والأهداف بعيدة المدى للدائرة ؟ وكيف يمكن ربطها إلى بدائل النفقات المختلفة ؟

● ما المعايير التي يجب استعمالها لتقييم طلبات التخصيص من الوزارات والدوائر المختلفة لنشاطاتها ومشاريعها ؟

والتخطيط يهتم بأهداف العمل التي تسعى المؤسسة لإنجازها. وموازنة البرامج تعتمد أساساً على التخطيط، فهي تحاول ربط الخطط بمصادر التمويل (الموازنة) مع ملاحظة القواعد الأساسية الآتية:

– إن التخطيط يتعلق بالمستقبل، فهو يركز على الأهداف المستقبلية ويربطها بقرارات تتخذ مسبقاً لتحقيقها.

- التخطيط يشمل المصادر والوسائل التي تتضمن تحقيق الأهداف المستقبلية كافة، ويحدد البرامج التفصيلية المتعلقة بتحقيقها.

- التخطيط يتضمن عادة الوسائل والأهداف، حيث أن توزيع المخصصات والمصادر المالية المتوفرة يتم على أساس الأهداف التي يجب تحقيقها.

4. **التقييم والتحليل Evaluation and Analysis:**

يتضمن التقييم عملية تقرير ما إذا حقق البرنامج أهدافه أم لا ؟ والتحليل يتضمن عملية تقدير فعالية البدائل من بين البرامج المختلفة للوصول إلى الأهداف نفسها. ويحاول كل نظام التخطيط والبرمجة والموازنة، ونظام موازنة القاعدة الصفرية الوصول نحو عمليات التقويم والتحليل. فهذه الأنظمة هدفها الأول والأساسي هو ترشيد عملية اتخاذ القرارات عند إعداد الموازنة عن طريق:

أ- تزويد المسؤولين بالمعلومات والبيانات للبدائل المتوفرة على أساس تحليل التكلفة - العائد والأساليب المختلفة والمتوفرة لتحقيق الأهداف التي تسعى لها.

ب- توفير مقاييس لتقويم النتائج لتسهيل عملية تحقيق الأهداف الموضوعة. وعملية التقييم والتحليل تركز عادة على القضايا مثل:

- أي البرامج يحقق الأهداف المرجوة بكفاءة وفعالية ؟

- أي البرامج يجب أن ينتهي ؟ وأيها يجب أن يوسع ؟

الفصل السابع

الحساب الختامي للموازنة العامة للدولة في النظام الأردني

تمهيد :

يتناول هذا القسم مفهوم الحساب الختامي للدولة وأهميته، وأسلوب إعداده.

1. الحساب الختامي: المفهوم العام والأهمية:

الحساب الختامي للدولة بيان إجمالي بالعمليات المالية التي قامت بها المراكز المحاسبية الحكومية كافة خلال السنة المالية السابقة، ونتيجة هـذه العمليـات مـن فائض أو عجز. فهو تقرير سنوي يعكس عمليات تنفيذ الموازنة العامة للدولة، ويتضمن ذلك المبـالغ الفعليـة التي تولت الوحدات المحاسبية الحكومية التي تدخل موازناتها ضمن موازنة الدولة العامة تحصيلها، والمبالغ التي تم صرفها من قبل هذه الدوائر. فهو بيان بإيرادات الدولة واستخداماتها الفعلية خلال الفترة المحاسبية السابقة وما ترتب عليه من فائض أو عجز نقدي.

ويختلف بذلك الحساب الختامي للدولة عن الحسابات الختامية للوحدات المحاسبية التجاريـة من حيث عدم وجود حساب متاجرة أو حساب أرباح وخسائر أو ميزانية عمومية. وتبرز أهمية الحساب الختامي في كونه أداة:

أ– لتقييم مدى التزام الوحدات المحاسبية الحكومية بتنفيذ القوانين المالية مـن ضـمنها قانون الموازنة الذي يحدد مخصصات الـوزارات والـدوائر الحكوميـة التـي يـتم إقرارهـا مـن قبـل السلطة التشريعية.

ب– لمتابعة تنفيذ خطة الموازنة وما تجسده من نشاطات وسياسات.

جـ– للتعرف على مدى ملاءمة طرق تقدير الإيرادات والنفقـات وتحسينها للوصـول إلى أرقـام أقرب ما يكون إلى الدقة.

د– للتعرف على التجاوزات التي تمت على المخصصات.

إن الحساب الختامي للدولة يتعلق بقياس نتيجة تنفيذ الموازنة حيـث يركـز عـلى عمليـات جبايـة الإيرادات وصرف النفقات حيث تبرز مشكلة المبالغ التي تستحق للدولة خلال السـنة الماليـة عـلى شكل ضرائب ورسوم وعوائد ولا يتم تحصيلها فعلياً خلال السنة نفسها. وكذلك ما يتعلق بالمبالغ التي تستحق على الدولة ولا يتم دفعها إلى أصحاب الاستحقاق إلا في السنة الثانية. ومعالجـة هـذا الواقع يعكسه الأساس المحاسبي الذي تتبعه الدولة في احتساب إيرادات الفـترة ونفقاتها وقيـدها المحاسبي والذي يتبلور في الطرق التالية:

- الأسلوب الفرنسي: الذي يقوم على أساس اتباع أساس الاستحقاق في احتساب إيرادات الفترة ونفقاتها. كما أن إيرادات الفترة حسب هذا الأساس تضم جميع ما يستحق للدولة من إيرادات خلال السنة المالية بغض النظر عن تاريخ التحصيل الفعلي.

- الأسلوب الانجليزي: الأساس النقدي ووفقاً لهذا الأسلوب لا يتضمن الحساب الختامي للدولة سوى الإيرادات التي تم تحصيلها فعلاً خلال الفترة سواء كانت تعود للسنة المالية نفسها أو لسنوات سابقة وكذلك النفقات التي دفعت فعلاً خلال السنة المالية بغض النظر ما إذا كانت تخص السنة نفسها أو السنوات القادمة. ووفقاً لهذا الأسلوب فإن الحساب الختامي للدولة ما هو إلا تصوير لحركة التدفق النقدي للخزانة العامة للدولة من مدفوعات ومقبوضات.

2. علاقة الحساب الختامي والموازنة العامة:

يتوافق كل من الحساب الختامي للدولة والموازنة العامة بأن كلاً منهما يتناول الفترة المحاسبية ذاتها، بحيث يتم إعدادهما عن سنة مالية واحدة تبدأ في 1/1 وتنتهي في 12/31 من العام نفسه إذا تم الأخذ بالأساس النقدي في إظهار نتيجة تنفيذ الموازنة العامة. كما تتبع طريقة الإجمال في إعداد الموازنة والحساب الختامي ويتم إعدادهما مركزياً من قبل وزارة المالية ودوائرها المركزية مثل دائرة الموازنة العامة. ويستخدم في إعداد الحساب الختامي للدولة، التصنيف المتبع في إعداد عناصر الموازنة (النفقات العامة وتمويلها). ويعرض الحساب الختامي والموازنة على السلطتين التنفيذية والتشريعية.

إلا أن الحساب الختامي يتمايز عن الموازنة العامة بأن أرقامه فعلية لا تقديرية، وأنه يعد عن السنة المالية المنصرمة لا القادمة كما هو حال الموازنة. والموازنة العامة تصدر بقانون وليس هذا من شروط إعداد الحساب الختامي.

3. إعداد الحساب الختامي:

الحساب الختامي للدولة أو ما يسمى "قطع الحساب السنوي" في الأردن، حساب يمثل بياناً إجمالياً للعمليات المالية التي قامت بها المراكز المحاسبية الحكومية خلال السنة المالية، والنتائج التي ترتبت على هذه العمليات من فائض أو عجز أو تعادل، وبالتالي فهو يظهر المركز المالي

للدولة. ويرفق بالحساب الختامي مجموعة من القوائم والتقارير التفصيلية، بالإضافة إلى مجموعة أخرى من التقارير الإحصائية التي تتضمن معلومات تخرج عن نطاق المحاسبة المالية الحكومية. وأهم هذه التقارير والقوائم تلك التي تمثل:

- الإيرادات الفعلية التي تم تحصيلها من قبل المراكز المحاسبية وفقاً للقواعد القانونية المقررة.

- المصروفات أو النفقات الفعلية التي تم صرفها من قبل الوحدات المحاسبية الحكومية وفقاً لقانون الموازنة والتشريعات النافذة.

- نتيجة تنفيذ الموازنة من وفر أو عجز.

- الوضع المالي للدولة من حيث الالتزامات والأرصدة الدائنة والمدينة.

خطوات إعداد الحساب الختامي في الأردن:

تتضمن مراحل وإجراءات إعداد الحساب الختامي المراحل التالية:

■ مقارنة الإيرادات الفعلية مع الإيرادات المقدرة في الموازنة لمعرفة مدى التفاوت مع تقديرات الموازنة.

■ مقارنة النفقات أو المصروفات الفعلية مع المصروفات المقدرة بالموازنة في أثناء السنة، والهدف من هذه الخطوة هو معرفة التجاوزات على مخصصات الدوائر أو مخصصات المواد.

■ التأكد من معالجة التجاوزات وأنه جرى تصويبها بموجب مناقلات مالية مصدقة.

■ تنظيم خلاصة محاسبية عامة بالنفقات والإيرادات بالإضافة إلى حسابات الأمانات والسلف والنقود المنقولة، والالتزامات للتأكد من توازن الحسابات وصحة القيود.

■ تنظيم جدول لكل فصل ومادة بين المبالغ الفعلية المصروفة والمقبوضة وبالتالي التعرف على بيان العجز/الوفر في هذه الفصول/ المواد ثم يبين إلى جانب كل مادة أرقام المناقلات المالية إن وجدت.

■ تنظيم جدول بالأرصدة النقدية في نهاية السنة المالية.

- تنظيم خلاصة لحسابات الدولة من الموجودات والمطاليب والالتزامات المدورة.
- تنظيم تقرير سنوي يبين نتائج عملية تنفيذ الموازنة.

4. مزايا الحساب الختامي:

تتركز المزايا المستهدفة من إعداد الحساب الختامي للدولة بإبراز النتائج التي تتعلق بإدارة الأموال العامة ومركز الدولة المالي من خلال:

- معرفة مدى الدقة في إعداد تقديرات الموازنة العامة.

- إظهار المركز المالي للدولة، وبيان نتيجة ما تحقق من عجز أو وفر.

- معرفة مدى فاعلية الرقابة المالية من خلال تعرف مدى فاعلية الرقابة في تنفيذ الموازنة العامة والإذعان للقواعد المقررة، وذلك عن طريق التأكد أن عمليات الصرف قد تمت وفقاً للمخصصات المدرجة في قانون الموازنة، وأن عمليات الإنفاق قد تمت على الأغراض المخصصة لها.

- التأكد من عدم تجاوز المخصصات الواردة في قانون الموازنة العامة.

- التأكد من أن التجاوزات التي تمت على بعض المواد قد تمت معالجتها عن طريق إجراء المناقلات المالية بينها وبين المواد التي تحقق فيها وفر وذلك بموجب الأنظمة والإجراءات النافذة.

5. موعد إعداد الحساب الختامي في الأردن:

تنص المادة /21/ من قانون ديوان المحاسبة أنه "على وزارة المالية أن تقدم لديوان المحاسبة حساباً ختامياً عن حسابات كل سنة مالية اعتباراً من السنة المالية 1963/62 خلال مدة لا تزيد عن اثني عشر شهراً من تاريخ انتهاء السنة المالية". كما ينص النظام المالي بأن "تقوم وزارة المالية بإعداد الحساب الختامي لكل سنة مالية وذلك خلال السنة التي تليها ".

6. محتويات وثيقة الحساب الختامي:

يتضمن الحساب الختامي للدولة البيانات التالية:

القسم الأول: ويتضمن:

- قانون الموازنة للسنة المالية التي يتعلق بها الحساب الختامي.

- جدول رقم (1)- خلاصة الموازنة العامة للسنة المالية.

- جدول رقم (2)- إجمالي الإيرادات المقدرة.

- جدول رقم (3)- إجمالي النفقات المقدرة.

- جدول رقم (4)- إجمالي التمويل المقدر للسنة المالية.

القسم الثاني: يتضمن الإيرادات العامة:

- جداول الإيرادات العامة.

- خلاصة الإيرادات العامة.

القسم الثالث: النفقات الجارية:

- جداول النفقات الجارية.

- خلاصة النفقات الجارية.

القسم الرابع: النفقات الرأسمالية الممولة من الخزينة:

- جداول النفقات الرأسمالية الممولة من الخزينة.

- خلاصة النفقات الرأسمالية الممولة من الخزينة.

القسم الخامس: النفقات الرأسمالية الممولة من الخزينة:

- جداول النفقات الرأسمالية الممولة من القروض والمنح.

- خلاصة النفقات الرأسمالية الممولة من القروض والمنح.

- خلاصة النفقات الجارية والرأسمالية.

القسم السادس: موازنة التمويل:

- جداول مصادر التمويل واستخداماتها.

- تفصيلات القروض الخارجية والداخلية.

- جداول تسديد أقساط القروض والالتزامات.

القسم السابع: النفقات الرأسمالية:

- مصادر التمويل.

- جداول النفقات الرأسمالية.

القسم الثامن: ويتضمن الجداول الملحقة التالية:

- جدول (أ)- خلاصة المقبوضات والمصروفات للسنة المالية.

- جدول (ب)- خلاصة الموازنة للسنة المالية.

- جدول (ج)- خلاصة النفقات والإيرادات الفعلية ومصادر التمويل.

- جدول (د)- الحساب الختامي.

- جدول (هـ)- حساب الوفر (الفائض) والعجز المتراكم للموازنة العامة للسنة المالية.

- جدول (و)- بيان المركز النقدي للخزينة العامة في نهاية السنة المالية.

- تفاصيل السلفات المستردة.

- جدول (ز)- جداول بالأرصدة النقدية في نهاية السنة.

- جدول (ح)- جداول مقارنة الإيرادات العامة ومصادر التمويل لست سنوات.

- جدول (ط)- جداول مقارنة النفقات الجارية العامة ومصادر التمويل لست سنوات.

- جدول (ي)- جدول مقارنة النفقات الرأسمالية وتسديد القروض والالتزامات لـ /6/ سنوات.

- جدول (ك)- جدول الإيرادات والنفقات الفعلية ومصادر التمويل خلال عشر سنوات.

7. السجلات:

تستخدم السجلات التالية لإعداد الحساب الختامي إضافة إلى الجداول المعتمدة التي يتم تضمينها تقرير الحساب الختامي:

أ- **سجل الحسابات الختامية للنفقات:** ويحتوي الحقول الآتية:

- الحقل الأول- النفقات منقولة من السجل الإجمالي السنوي للنفقات حسب المواد.

- الحقل الثاني- الالتزامات المدورة.

- الحقل الثالث- المجموع.

- الحقل الرابع- إضافة تسويات.

- الحقل الخامس- المجموع.

- الحقل السادس- تنزيل تسويات.

- الحقل السابع- النفقات الفعلية.

- الحقل الثامن- النفقات المقدرة: تسجل النفقات المقدرة بعد تعديلها بحيث يظهر الحقل الأخير (الزيادة أو النقص) نتيجة تنفيذ الموازنة.

- الحقل التاسع- الزيادة أو النقص (+ -) من واقع مخصصات هذه المواد، والتسويات إضافة /تنزيل المرتبطة بها بحيث يظهر العمود السابع (النفقات الفعلية).

- العمود الأخير- المجموع.

ب- سجل الحسابات الختامية للإيرادات:

يتضمن سجل الإيرادات ، الإيرادات الفعلية حسب مواد الموازنة والتسويات المتعلقة بها سواء بالتنزيل أو الإضافة بحيث يظهر الحقل الخامس من السجل الإيرادات الفعلية (الشكل 4).

- الحقل الأول- يرحل له مجموع الإيرادات للسنة المالية منقولاً من السجل الإجمالي السنوي للإيرادات حسب مواد الإيرادات المختلفة.

- الحقل الثاني- إضافة التسويات.

- الحقل الثالث- المجموع.

- الحقل الرابع- تنزيل التسويات.

- الحقل الخامس- الإيرادات الفعلية.

- الحقل السادس- الإيرادات المقدرة في الموازنة.

- الحقل السابع- الزيادة أو النقص (+-) يُظهر هذا الحقل نتيجة تنفيذ الموازنة من زيادة أو نقص في الإيرادات.

- العمود الأخير- المجموع.

نموذج رقم (4) سجل الحسابات الختامية للإيرادات

المملكة الأردنية الهاشمية

وزارة المالية - مديرية الحسابات العامة

سجل الحسابات الختامية للإيرادات   رقم 100

السنة المالية ... 200   الفصل ....

البيـان	الفصل								المجموع	
	المادة		المادة		المادة		المادة			
	فلس	دينار	فلس	دينار	فلس	دينار	فلس	دينار	فلس	دينار
الإيرادات لسنة 200 المنقولـة مـن سـجـل الإجمالي السنوي										
إضافة التسويات										
المجموع										
تنزيل التسويات										
الإيرادات الفعلية										
الإيـرادات المقـدرة في الموازنة										
الزيادة أو النقص ( )										

ج- سجل الحساب الختامي:

سجل الحساب الختامي سجل ترحل إليه حسابات الإيرادات الفعلية والمقدرة، والنفقـات الفعليـة المقدرة للسنة المالية. ويُظهر هذا الحساب العجز أو الوفر في الفصول والمـواد، وكـما يُظهـر العجـز السنوي والعجز المتراكم لموازنة الدولة. وجميـع الحسـابات والـنماذج التي أوردناهـا تساعد علـى إعداد الحساب الختامي (الشكل رقم 5).

نموذج رقم (5) - سجل الحسابات الختامية

المملكة الأردنية الهاشمية

وزارة المالية - مديرية الحسابات العامة

سجل الحسابات الختامية للنفقات

السنة المالية ... 200 الفصل .... البرنامج......

البيـــان	الفصل								المجموع	
	المادة		المادة		المادة		المادة			
	فلس	دينار	فلس	دينار	فلس	دينار	فلس	دينار	فلس	دينار
النفقات لسنة 200 الالتزامات المدورة										
المجموع										
إضافة التسويات										
المجموع										
تنزيل التسويات										
النفقات الفعلية										
النفقات المقدرة في الموازنة بعد التعديلات										
الزيادة أو النقص ( )										

القيود المحاسبية:

يتم إقفال هذه الحسابات باستخدام دفتر اليومية العامة، ودفتر الأستاذ ونوضح فيما يلي القيـود: لإثبـات المبالغ الفعلية:

أ- بالنسبة للإيرادات الفعلية تجري التسوية التالية:

××× من ح/الخزينة/ البنك المركزي

××× إلى حـ/ الإيرادات العامة (إجمالي)

××× من حـ/ إجمالي الإيرادات

××× إلى حـ/ الحساب الختامي

ب- وبالنسبة للمصروفات الفعلية:

××× من حـ/ النفقات العامة (إجمالي)

××× إلى حـ/ الخزينة/ البنك المركزي

قيود الإقفال في الحساب الختامي:

××× من حـ/ النفقات العامة (إجمالي)

××× إلى حـ/ الخزينة/ البنك المركزي

××× من حـ/ الحساب الختامي

××× إلى حـ/ إجمالي النفقات

منه	حـ/ إجمالي الإيرادات	له	
×××	إلى حـ/ الحساب الختامي	×××	من حـ/الخزينة/البنك المركزي
×××		×××	

ح/ إجمالي النفقات

منه	له

×××	إلى ح/الخزينة/البنك المركزي	×××	من ح/ الحساب الختامي
×××		×××	

ح/ الخزينة/ البنك المركزي

منه	له

×××	إلى ح/إجمالي الإيرادات	×××	من ح/ إجمالي النفقات
×××		×××	

ح/ الحساب الختامي عن السنة المالية.....

منه	له

×××	إلى ح/إجمالي النفقات الفعلية	×××	من ح/ إجمالي الإيرادات الفعلية
×××	الفائض	×××	

المركز المالي كما هو في ....

الموجودات	المطلوبات

×××	الخزينة/ البنك المركزي	×××	الفائض
×××		×××	

نستنتج مما سبق:

- تقفل الحسابات في الوحدات والمراكز المحاسبية في نهاية كل يوم عمل وفي نهاية آخر يوم عمل من كل شهر. ويتم إقفال الحسابات عند انتهاء السنة المالية في بعض الدول وبعد ذلك تقوم وزارة المالية بإعداد الحسابات الختامية وتقديمها إلى الجهات المختصة.

- بالإضافة إلى القوائم المالية الدورية التي يتم إعدادها لتلخيص نتائج النشاط الذي قامت به الوحدة المحاسبية، وبيان مركزها المالي والتي يستلزم النظام المحاسبي تنظيمها، فإن هذا النظام معني أيضاً بإعداد التقارير المحاسبية المختلفة.

- يتطلب النظام المحاسبي الأردني إعداد تقارير على مستوى الوحدات المحاسبية:

  1- الموقف المالي.   2- الخلاصة الحسابية الشهرية.

- بالإضافة إلى هذه التقارير التي تعدها الدوائر والمراكز المحاسبية، تقوم وزارة المالية بإعداد تقارير خاصة عن التدفقات النقدية.

- الحساب الختامي للدولة بيان إجمالي بالعمليات المالية التي قامت بها المراكز المحاسبية الحكومية كافة خلال السنة المالية السابقة، ونتيجة هذه العمليات من فائض أو عجز. فهو تقرير سنوي يعكس عمليات تنفيذ الموازنة العامة للدولة، ويتضمن بذلك المبالغ الفعلية التي تولت تحصيلها الوحدات المحاسبية الحكومية التي تدخل موازناتها ضمن موازنة الدولة العامة، والمبالغ التي تم صرفها من قبل هذه الدوائر. فهو بيان بإيرادات الدولة واستخداماتها الفعلية خلال الفترة المحاسبية السابقة وما ترتب عليه من فائض أو عجز نقدي.

- تُستخدم مجموعة من السجلات مركزياً لإعداد الحساب الختامي للدولة في الأردن من قبل وزارة المالية الذي يقدم لديوان المحاسبة للنظر فيه خلال السنة التالية للسنة التي أغلقت حساباتها.

الملاحـــق

أولاً: تصنيف الحسابات الحكومية وفق النظام المعدل للإحصاءات المالية الحكومية الصادر عن صندوق النقد الدولي GFS عام (2001).

ثانياً: تصنيف الحسابات الحكومية الصادر عن هيئة الأمم المتحدة عام 1993.

ثالثاً: تصنيف الوظائف الحكومية (الصادر عن هيئة الأمم المتحدة) عام 2000.

**أولاً: نظام الاحصاءات المالية الحكومية المعدل (GFS) الصادر عن صندوق النقد الدولي عام (2001)،
بشأن تصنيف الحسابات الحكومية**

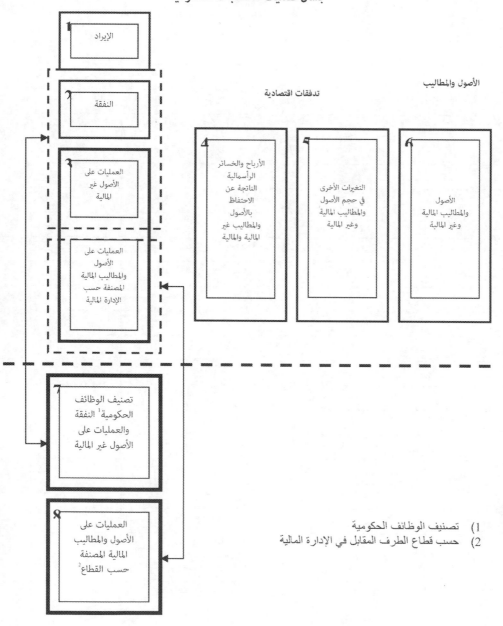

1) تصنيف الوظائف الحكومية
2) حسب قطاع الطرف المقابل في الإدارة المالية

دليل تصنيف الحسابات الحكومية وفق النظام المعدل للإحصاءات المالية الحكومية الصادر عن صندوق النقد الدولي GFS عام (2001).

رمزGFS	الجدول ا الإيراد
ا	**الإيراد**
11	**الضرائب**
111	**الضرائب على الدخل ، والأرباح و الأرباح الرأسمالية**
1111	واجبة الأداء من قبل الأفراد
1112	واجبة الأداء من قبل الشركات والمؤسسات الأخرى
1113	غير موزع بين 1111 و1112
112	**الضرائب على الرواتب والقوى العاملة**
113	**الضرائب على الأملاك**
1131	الضرائب المتكررة على الممتلكات غير المنقولة
1132	الضرائب المتكررة على صافي الثروة
1133	الضرائب على العقارات والتركات والهبات والهدايا
1134	الضرائب على العمليات المالية وعمليات رأس المال
1135	ضرائب أخرى غير متكررة على الأملاك
1136	ضرائب أخرى متكررة على الأملاك
114	**الضرائب على البضائع أو الخدمات**
1141	الضرائب العامة على البضائع أو الخدمات
11411	الضرائب على القيمة المضافة
11412	الضرائب على المبيعات
11413	ضرائب على الإيرادات وضرائب أخرى عامة على البضائع والخدمات
1142	ضرائب الإنتاج الأخرى
1143	أرباح الاحتكارات المالية
1144	الضرائب على خدمات محددة
1145	الضرائب على استخدام البضائع أو على إجازة استخدام البضائع أو أداء النشاطات

الضرائب على الآليات	11451
ضرائب أخرى على استخدام البضائع أو على إجازة استخدام البضائع أو أداء النشاطات	11452
ضرائب أخرى على البضائع والخدمات	1146
الضرائب على العمليات و التجارة الدولية	**115**
الرسوم الجمركية و رسوم الاستيراد الأخرى	1151
الضرائب على الصادرات	1152
أرباح احتكارات الاستيراد و التصدير	**1153**
أرباح فروقات الصرف	1154
ضرائب عمليات الصرف	1155
ضرائب أخرى على العمليات و التجارة الدولية	1156
ضرائب أخرى	**116**
ضرائب أخرى مدفوعة من أصحاب الأعمال التجارية	1161
ضرائب أخرى مدفوعة من جهات أخرى	1162
المساهمات الاجتماعية	**12**
مساهمات الضمان الاجتماعي	**121**
مساهمات الموظفين	1211
مساهمات رب العمل	1212
مساهمات أصحاب المهن الحرة أو غير الموظفين	1213
مساهمات غير موزعة	1214
مساهمات اجتماعية أخرى	**122**
مساهمات الموظفين	1221
مساهمات رب العمل	1222
المساهمات المنسوبة	1223
الهبات	**13**
الهبات من حكومات أجنبية	**131**
الجارية	1311

جدول 2 المصاريف حسب التصنيف الاقتصادي	
رمز GFS	
2621	الجارية
2622	الرأسمالية
263	إلى وحدات أخرى من القطاع الحكومي العام
2631	الجارية
2632	الرأسمالية
27	**المزايا الاجتماعية**
271	**مزايا الضمان الاجتماعي**
2711	نقدا
2712	عينا
272	**مزايا المساعدة الاجتماعية**
2721	نقدا
2722	عينا
273	**المزايا الاجتماعية**
2731	نقدا
2732	عينا
28	**نفقات أخرى**
281	**مصاريف الممتلكات عدا الفوائد**
2811	توزيع الأرباح (المؤسسات الحكومية فقط)
2812	سحوبات أرباح شبه المؤسسات (المؤسسات الحكومية فقط)
2813	مصاريف الممتلكات المتعلقة بحملة بوالص التامين
2814	الإيجارات
282	**إيرادات أخرى متنوعة**
2821	الجارية
2822	الرأسمالية

جدول 3

تصنيفات التدفق و حسابات الأصول و المطاليب

	تصنيف العمليات على الأصول والمطاليب	تصنيف الأرباح الرأسمالية من الحيازة على الأصول والمطاليب	تصنيف التغيرات الأخرى في حجم الأصول والمطاليب	تصنيف حسابات الأصول والمطاليب
صافي الأصول و تغيراتها	3	4	5	6
الأصول غير المالية	31	41	51	61
الأصول الثابتة	311	411	511	611
الأبنية و المنشآت	3111	4111	5111	6111
المساكن	31111	41111	51111	61111
المباني غير السكنية	31112	41112	51112	61112
منشات أخرى	31113	41113	51113	61113
الآليات و المعدات	3112	4112	5112	6112
معدات النقل	31121	41121	51121	61121
آليات و معدات أخرى	31123	41122	51122	61122
أصول ثابتة أخرى	3113	4113	5113	6113
أصول زراعية	31131	41131	51131	61131
أصول ثابتة غير ملموسة	31132	41132	51132	61132
المخزون	312	412	512	612
المخزون الاستراتيجي	3121	4121	5121	6121
مخزونان أخرى	3122	4122	5122	6122
المواد و اللوازم	31221	41221	51221	61221
الأعمال قيد الإنجاز	31222	41222	51222	61222
البضائع الجاهزة	31223	41223	51223	61223

البضائع المعدة لإعادة بيعها [GFS]	31224	41224	51224	61224
الأصول الثمينة	313	413	513	613
الأصول غير المنتجة	314	414	514	614
الأراضي	3141	4141	5141	6141
الأصول الواقعة تحت التربة	3142	4142	5142	6142
أصول طبيعية أخرى	3143	4143	5143	6143
أصول غير منتجة غير ملموسة	3144	4144	5144	6144
الأصول المالية	32	42	52	62
المحلية	321	421	521	621
العملة و الودائع	3212	4212	5212	6212
الأوراق المالية عدا الأسهم	3213	4213	5213	6213
القروض	3214	4214	5214	6214
الأسهم و حقوق الملكية الأخرى	3215	4215	5215	6215
الاحتياطي الفني للتأمين.	3216	4216	5216	6216

أدوات الأسواق المالية	3217	4217	5217	6217
الحسابات المدينة الأخرى	3218	4218	5218	6218
الأجنبية	322	422	522	622
العملة و الودائع	3222	4222	5222	6222
الأوراق المالية عدا الأسهم	3223	4223	5223	6223
القروض	3224	4224	5224	6224
الأسهم وحقوق الملكية الأخرى	3225	4225	5225	6225
الاحتياطي الفني للتأمين	3226	4226	5226	6226
أدوات الأسواق المالية	3227	4227	5227	6227
الحسابات المدينة الأخرى	3228	4228	5228	6228
الذهب النقدي واحتياطات السحب الخاصة	323	423	523	623
المطاليب	33	43	53	63
المحلية	331	431	531	631
العملة والودائع	3312	4312	5312	6312
الأوراق المالية عدا الأسهم	3313	4313	5313	6313
القروض	3314	4314	5314	6314
الأسهم وحقوق الملكية الأخرى (المؤسسات العامة الاقتصادية فقط)	3315	4315	5315	6315
الاحتياطي الفني للتامين [GFS]	3316	4316	5316	6316

أدوات الأسواق المالية	3317	4317	5317	6317
حسابات دائنة أخرى	3318	4318	5318	6318
الأجنبية	331	432	532	632
العملة و الودائع	3322	4322	5322	6322
الأوراق المالية عدا الأسهم	3323	4323	5323	6323
القروض	3324	4324	5324	6324
الأسهم و حقوق الملكية الأخرى (المؤسسات العامة الاقتصادية فقط)	3325	4325	5325	6325
الاحتياطي الفني للتأمين [GFS]	3326	4326	5326	6326
أدوات الأسواق المالية	3327	4327	5327	6327
الحسابات المدينة الأخرى	3328	4328	5328	6328
معلومات إحصائية إضافية				
تشكيل رأس المال الذاتي	1م[3]			
تعويضات الموظفين	11م[3]			
استخدام البضائع والخدمات	12م[3]			
استهلاك رأس المال الثابت	13م[3]			
ضرائب أخرى على الإنتاج ناقص الإعانات الأخرى للإنتاج	3م14			
صافي الأصول				1م[6]
الدين(حسب القيمة السوقية)				2م[6]
الدين (حسب القيم الاسمية)				3م[6]
المتأخرات				4م[6]
التزامات مزايا التأمينات الاجتماعية				5م[6]
التزامات محتمل أن تطرأ				6م[6]
الاحتياطي الدولي و سيولة القطع الأجنبي				7م[6]
الأسلحة العسكرية غير المرسلة و أجهزة نقل وتسليم الأسلحة				8م[6]

جدول 4

تصنيف النفقات بحسب وظائف الحكومات

7	**مجموع النفقات**
701	**الخدمات الحكومية العامة**
7011	المؤسسات التنفيذية والتشريعية ومؤسسات الشؤون المالية والخارجية
70111	المؤسسات التنفيذية والتشريعية
70112	مؤسسات الشؤون المالية
70113	مؤسسات الشؤون الخارجية
7012	المساعدات الاقتصادية الخارجية
70121	المساعدات الاقتصادية للدول النامية والدول السائرة في طريق التحول
70122	المساعدات الاقتصادية من خلال الهيئات الدولية
7013	الخدمات العامة
70131	خدمات الموظفين العامة
70132	خدمات التخطيط والإحصاء العامة
70133	الخدمات العامة الأخرى
7014	الأبحاث الأساسية
7015	البحث والتطوير في مجال الخدمات العامة
7016	خدمات القطاع العام غير المبوبة في مكان آخر
7017	عمليات الدين العام
7018	تحويلات عامة بين المستويات الحكومية المختلفة
702	**الدفاع**
7021	الدفاع العسكري
7022	الدفاع المدني
7023	المساعدات العسكرية الأجنبية
7024	البحث والتطوير في مجال الدفاع

7025	نفقات الدفاع غير المبوبة في مكان آخر
703	**الأمن العام والنظام**
7031	خدمات الشرطة
7032	خدمات الإطفاء
7033	المحاكم
7034	السجون
7035	البحث والتطوير في مجال الأمن العام والنظام
7036	نفقات الأمن العام والنظام غير المبوبة في مكان آخر
704	**الشؤون الاقتصادية**
7041	شؤون الاقتصاد العام والشؤون التجارية وشؤون العاملين
70411	شؤون الاقتصاد العام والشؤون التجارية
70412	شؤون عاملي القطاع العام
7042	الزراعة والغابات والثروة البحرية والصيد
70421	الزراعة
70422	الغابات
70420	الثروة البحرية والصيد
7041	الوقود و الطاقة
7043	الفحم وغيره من الوقود المعدني الصلب
70431	النفط و الغاز الطبيعي
70432	الطاقة النووية
70434	غيره من الوقود
70435	الكهرباء
7043	الطاقة غير الكهربائية
7044	التعدين و الصناعة و الإنشاءات
70441	استخراج الثروات المعدنية غير الوقود المعدني
70442	الصناعة
70443	الإنشاءات

7045	النقل
7045	النقل البري
7045	النقل البحري
70453	النقل بالسكك الحديدية
704	النقل الجوي
7045	الأنابيب ووسائط النقل الأخرى
7046	الاتصالات
7047	الصناعات الأخرى
70471	أعمال التوزيع التجارية و التخزين
70472	الفنادق و المطاعم
70471	السياحة
70474	مشاريع التنمية المتعددة الأهداف
7048	البحث و التطوير في الشؤون الاقتصادية
70481	البحث و التطوير في شؤون الاقتصاد العام و الشؤون التجارية و شؤون العاملين
70482	البحث و التطوير في مجال الزراعة و الغابات و الثروة البحرية و الصيد
70483	البحث و التطوير في مجال الوقود و الطاقة
70484	البحث و التطوير في مجال التعدين و الصناعة و الإنشاءات
70485	البحث و التطوير في مجال النقل
70486	البحث و التطوير في مجال الاتصالات
70487	البحث و التطوير في مجال الصناعات الأخرى
7049	نفقات الشؤون الاقتصادية غير المبوبة في مكان آخر
705	**حماية البيئة**
7051	إدارة النفايات
7052	إدارة مياه الصرف
7053	مكافحة التلوث
7054	حماية الكائنات و المعالم

7055	البحث و التطوير في مجال حماية البيئة
7056	نفقات حماية البيئة غير المبوبة في مكان آخر
706	الإسكان و المرافق العامة
7061	تطوير الإسكان
7062	تطوير المجتمع
7063	توريد المياه
7064	إنارة الطرقات
7065	البحث و التطوير في مجال الإسكان و المرافق العامة
7066	نفقات الإسكان و المرافق العامة غير المبوبة في مكان آخر
707	الصحة
7071	المنتجات والمعدات والتجهيزات الطبية
70711	المنتجات الدوائية
70712	المنتجات الطبية الأخرى
70713	معدات وتجهيزات المعالجة
7072	خدمات الإسعاف
70721	الخدمات الطبية العامة
70722	الخدمات الطبية المتخصصة
70723	الخدمات السنية
70724	الخدمات شبه الطبية
7073	خدمات المستشفيات
70731	خدمات المستشفيات العامة
70732	خدمات المستشفيات المتخصصة
70733	مراكز الخدمات الطبية والتوليد
70734	خدمات بيوت التمريض والنقاهة
7074	الخدمات الصحية العامة
7075	البحث والتطوير في مجال الصحة
7076	نفقات الصحة غير المبوبة في مكان آخر

708	**الترفيه والثقافة والدين**
7081	الخدمات الترفيهية والرياضية
7082	الخدمات الثقافية
7083	خدمات البث والنشر
7084	الخدمات الدينية والخدمات الاجتماعية الأخرى
7085	البحث والتطوير في مجال الترفيه والثقافة والدين
7086	نفقات الترفيه والثقافة والدين غير المبوبة في مكان آخر
709	**التعليم**
7091	التعليم الابتدائي وما قبل الابتدائي
70911	التعليم ما قبل الابتدائي
70912	التعليم الابتدائي
7092	التعليم الثانوي
70921	التعليم للمستوى الثانوي الأدنى
70922	التعليم للمستوى الثانوي الأعلى
7093	التعليم ما بعد المرحلة الثانوية وليس الثالثة
7094	التعليم بالمرحلة الثالثة
70941	المرحلة الأولى من التعليم بالمرحلة الثالثة
70942	المرحلة الثانية من التعليم بالمرحلة الثالثة
7095	التعليم غير المحدد حسب المستوى
7096	الخدمات المرافقة للتعليم
7097	البحث والتطوير في مجال التعليم
7098	نفقات التعليم غير المبوبة في مكان آخر
710	**الحماية الاجتماعية**
7101	المرض والإعاقة
71011	المرض
71012	الإعاقة
7102	الشيخوخة

7103	الناجون
7104	العائلات و الأطفال
7105	البطالة
7106	الإسكان
7107	نفقات الإبعاد الاجتماعي غير المبوبة في مكان آخر
7108	البحث و التطوير في مجال الحماية الاجتماعية
7109	نفقات الحماية الاجتماعية غير المبوبة في مكان آخر

جدول (5) تصنيف العمليات على الأصول والمطاليب المالية حسب القطاع	
8	**تغير صافي الأصول نتيجة العمليات (=82-83)**
82	الأصول المالية (=32)
821	**المحلية (=321)**
8211	الحكومة العامة
8212	المصرف المركزي
8213	مؤسسات الإيداع الأخرى
8214	مؤسسات مالية غير مصنفة في مواضع أخرى
8215	مؤسسات غير مالية
8216	مؤسسات الخدمات المنزلية والمؤسسات غير الربحية للخدمات المنزلية
822	**الأجنبية (=322)**
8221	الحكومة العامة
8227	المنظمات الدولية
8228	المؤسسات المالية عدا المنظمات الدولية
8229	غيرها من غير المقيمين
823	**الذهب النقدي واحتياطات السحب الخاصة (=323)**
83	المطاليب (=33)
831	**المحلية (=331)**
8311	الحكومة العامة
8312	المصرف المركزي
8313	مؤسسات الإيداع الأخرى
8314	مؤسسات مالية غير مصنفة في مواضع أخرى
8315	مؤسسات غير مالية
8316	مؤسسات الخدمات المنزلية والمؤسسات غير الربحية للخدمات المنزلية
832	**الأجنبية (=332)**
8321	الحكومة العامة
8327	المنظمات الدولية
8328	المؤسسات المالية عدا المنظمات الدولية
8329	غيرها من غير المقيمين

ثانياً- تصنيف الحسابات الحكومية الصادر عن هيئة الأمم المتحدة عام 1993

الجدول ألف 4.v التسلسل الكامل لحسابات الحكومة العامة

أولاً-I : حساب الإنتاج

الاستخدامات			الموارد		
p.2	الاستهلاك الوسيط	252	p.1	المخرجات	440
			p.11	مخرجات سوقية	80
			p.12	مخرجات لاستعمال المنتج	0
			p.13	مخرجات غير سوقية أخرى	360
B.1g	إجمالي القيمة المضافة	188			
k.1	استهلاك رأس المال الثابت	30			
B.1n	صافي القيمة المضافة	158			

ثانياً-II : حساب توزيع واستخدام الدخل

ثانياً-II . 1 : حساب التوزيع الأولي للدخل

ثانياً - II . 1 . 1 : حساب توليد الدخل

الاستخدامات			الموارد		
D.1	تعويضات المستخدمين	140	B.1	القيمة المضافة	158
D.11	الأجور والرواتب	87			
D.12	مساهمات أرباب العمل الاجتماعية	53			
D.121	مساهمات أرباب العمل الاجتماعية الفعلية	48			
D.122	مساهمات أرباب العمل الاجتماعية المحتسبة	5			

D.29	ضرائب أخرى على الإنتاج	2			
D.39	إعانات أخرى على الإنتاج	0			
B.2	فائض التشغيل*	16			

الجدول ألف 5.V التسلسل الكامل لحسابات الحكومة العامة

ثانياً II . 1 .2 : حساب تخصيص الدخل الأولي

الاستخدامات			المـــــوارد		
D.1	دخل الملكية	42	B.2	فائض التشغيل *	16
D.41	الفائدة	35			
D.42	دخل الشركات الموزع	0	D.2	الضرائب على الإنتاج وعلى المستوردات	235
D.422	المسحوبات من دخل أشباه الشركات	0	D.21	الضرائب على الإنتاج	141
D.43	عائدات الاستثمار الأجنبي المباشر المعاد استثمارها		D.211	الضرائب من نوع ضريبة القيمة المضافة	121
D.45	الإيجار		D.212	الضرائب والرسوم على المستوردات عدا ضريبة القيمة المضافة	17
		0	D.2121	الرسوم على المستوردات	17
		7	D.2122	الضرائب على المستوردات عدا ضريبة القيمة المضافة والرسوم	0
			D.213	الضرائب على الصادرات	1
			D.214	الضرائب على المنتجات عدا ضريبة القيمة المضافة	2

* يمكن إيراد البند الموازن الافتتاحي والختامي لهذا الحساب بالقيمة الإجمالية أو الصافية. وتمثل القيمة المدرجة هنا القيمة الصافية.

	والضرائب على المستوردات على الصادرات				
94	الضرائب الأخرى على الإنتاج	D.29			
-44	الإعانات	D.3			
8-	الإعانات على المنتجات	D.31			
0	الإعانات على المستوردات	D.311			
0	الإعانات على الصادرات	D.312			
-8	الإعانات الأخرى على المنتجات	D.319			
-36	الإعانات الأخرى على الإنتاج	D.39			
32	دخل الملكية	D.4			
14	الفائدة	D.41			
18	دخل الشركات الموزع	D.42			
5	الأرباح الموزعة	D.421			
13	المسحوبات من دخل أشباه الشركات	D.422			
0	عائدات الاستثمار الأجنبي المعاد استثمارها	D.43			
0	دخل الملكية الذي يعزي إلى حاملي بوليصات التأمين	D.44			
0	الإيجار	D.45			
			197	ميزان الدخول الأولية *	B.5

* يمكن إيراد البند الموازن الافتتاحي لهذا الحساب بالقيمة الإجمالية أو بالقيمة الصافية. وتمثل القيمة المدرجة هنا القيمة المضافة.

الجدول ألف 5.V التسلسل الكامل لحسابات الحكومة العامة

ثانياً II . 1. 2. 1: حساب دخل التنظيم

	الـمـــوارد			الاستخدامات	
16	فائض التشغيل [1]	B.2	9	دخل الملكية [1]	D.4
			2	الفائدة	D.41
4	دخل الملكية [2]	D.4	7	الإيجار	D.45
0	الفائدة	D.41			
4	دخل الشركات الموزع	D.42			
4	الأرباح الموزعة	D.421			
0	المسحوبات من دخل أشباه الشركات	D.422			
0	عائدات الاستثمار الأجنبي المعاد استثمارها	D.43			
0	دخل الملكية الذي يعزي إلى حاملي بوليصات التأمين	D.44			
0	الإيجار	D.45			
			11	دخل التنظيم [1]	B.4

---

[1] يمكن إيراد البند الموازن الافتتاحي والختامي لهذا الحساب بالقيمة الإجمالية أو بالقيمة الصافية. وتمثل القيمة المدرجة هنا القيمة الصافية.

[2] لا يشمل سوى دخل الملكية المتصل بالأنشطة السوقية.

ثانياً II . 1 . 2. 2: حساب تخصيص الدخل الأولي الآخر

	المـــــوارد			الاستخدامات	
11	دخل التنظيم [(1)]	B.4	33	دخل الملكية [(2)]	D.4
			33	الفائدة	D.41
235	الضرائب على الإنتاج وعلى المستوردات	D.2			
141	الضرائب على المنتجات	D.21			
121	الضرائب من نوع ضريبة القيمة المضافة	D.211			
17	ضرائب ورسوم المستوردات عدا ضريبة القيمة المضافة	D.212			
17	رسوم الاستيراد	D.2121	0		
0	الضرائب على المستوردات عدا ضريبة القيمة المضافة والرسوم	D.2122	7		
1	الضرائب على الصادرات	D.213			
2	الضرائب على المنتجات عدا ضريبة القيمة المضافة والضرائب على المستوردات وعلى الصادرات	D.214			
94	الضرائب الأخرى على الإنتاج	D.29			
-44	الإعانات	D.3			
-8	الإعانات على المنتجات	D.31			
0	الإعانات على المستوردات	D.311			
0	الإعانات على الصادرات	D.312			
-8	الإعانات الأخرى على المنتجات	D.319			
-36	الإعانات الأخرى على الإنتاج	D.39			

			D.4	دخل الملكية [2]	28
			D.41	الفائدة	14
			D.42	دخل الشركات الموزع	14
			D.421	الأرباح الموزعة	1
			D.422	المسحوبات من دخل أشباه الشركات	13
B.5	ميزان الدخول الأولية [1]	197			

الجدول ألف 5.V التسلسل الكامل لحسابات الحكومة العامة

ثانياً II . 2 : حساب التوزيع الثانوي للدخل

	الموارد			الاستخدامات	
197	ميزان الدخول الأولية (1)	B.5	0	الضرائب الجارية على الدخل، الثروة...الخ	D.5
			0	ضرائب جارية أخرى	D.59
213	الضرائب الجارية على الدخل، الثروة...الخ	D.5			
204	الضرائب على الدخل	D.51	289	المنافع الاجتماعية عدا التحويلات الاجتماعية العينية	D.62
9	ضرائب جارية أخرى	D.59	232	منافع الضمان الاجتماعي النقدية	D.621
			0	منافع الضمان الاجتماعي الخاصة	D.622
268	المساهمات الاجتماعية	D.61	5	منافع الضمان الاجتماعي غير الممولة	D.623
263	المساهمات الاجتماعية الفعلية	D.611	52	منافع المساعدة الاجتماعية النقدية	D.624
155	مساهمات أرباب العمل الاجتماعية الفعلية	D.6111			
144	مساهمات أرباب العمل الاجتماعية الفعلية الإلزامية	D.61111	139	تحويلات جارية أخرى	D.7
11	مساهمات أرباب العمل الاجتماعية الفعلية الطوعية	D.61112	4	صافي أقساط التأمين على غير الحياة	D.71
76	مساهمات المستخدمين الاجتماعية	D.6112	96	تحويلات جارية ضمن الحكومة العامة	D.73
69	مساهمات المستخدمين الاجتماعية الإلزامية	D.61121	31	التعاون الدولي الجاري	D.74

---

(1) يمكن إيراد البند الموازن الافتتاحي والختامي لهذا الحساب بالقيمة الإجمالية أو بالقيمة الصافية، وتمثل القيمة المدرجة هنا القيمة الصافية.

7	مساهمات المستخدمين الاجتماعية الطوعية	D.61122	8	تحويلات جارية متنوعة	D.75
32	مساهمات الأشخاص الذين يعملون لحساب أنفسهم والأشخاص غير المستخدمين الاجتماعية	D.6113			
22	مساهمات الأشخاص الذين يعملون لحساب أنفسهم والأشخاص غير المستخدمين الاجتماعية الإلزامية	D.61131			
10	مساهمات الأشخاص الذين يعملون لحساب أنفسهم والأشخاص غير المستخدمين الاجتماعية الطوعية	D.61132			
5	المساهمات الاجتماعية المحتسبة	D.612			
108	تحويلات جارية أخرى	D.7			
1	المطالبات على التأمين على غير الحياة	D.72			
96	تحويلات جارية ضمن الحكومة العامة	D.73			
1	التعاون الدولي الجاري	D.74			
10	تحويلات جارية متنوعة	D.75			
			358	الدخل المتاح للتصرف به ⁽¹⁾	B.6

ثانياً- II .3 : حساب إعادة توزيع الدخل العيني :

	الاستخدامات			الموارد	
D.63	التحويلات الاجتماعية العينية	212	B.6	الدخل المتاح للتصرف به [1]	358
D.631	المنافع الاجتماعية العينية	162			
D.6311	منافع الضمان الاجتماعي، تسديد	78			
D.6312	منافع الضمان الاجتماعي العينية الأخرى	65			
D.6313	منافع المساعدة الاجتماعية العينية	19			
D.632	تحويلات السلع والخدمات الفردية غير السوقية	50			
B.7	الدخل المتاح للتصرف به المعدل [1]	146			

(1) يمكن إيراد البند الموازن الافتتاحي والختامي لهذا الحساب بالقيمة الإجمالية أو بالقيمة الصافية، وتمثل القيمة المدرجة هنا القيمة الصافية.

الجدول ألف 5.V التسلسل الكامل لحساب الحكومة العامة

ثانياً- II -4: حساب استخدام الدخل

ثانياً- II -1.4 : حساب استخدام الدخل المتاح للتصرف به

الاستخدامات			المــوارد		
P.3	الإنفاق على الاستهلاك النهائي	368	B.6	الدخل المتاح للتصرف به[1]	358
P.31	الإنفاق على الاستهلاك الفردي	212			
P.32	الإنفاق على الاستهلاك الجماعي	156			
D.8	تعديل نتيجة التغير في صافي حقوق الأسر المعيشية في صناديق معاشات التقاعد	0			
B.8	الإدخار [1]	-10			

(1) يمكن إيراد البند الموازن الافتتاحي والختامي لهذا الحساب بالقيمة الإجمالية أو بالقيمة الصافية، وتمثل القيمة المدرجة هنا القيمة الصافية.

ثانياً - **II** - 2.4 : حساب استخدام الدخل المتاح للتصرف به المعدل

	الموارد			الاستخدامات	
146	الدخل المتاح للتصرف به المعدل [1]	B.6	156	الاستهلاك النهائي الفعلي	P.4
			156	الاستهلاك الفعلي الجماعي	P.41
			0	تعديل نتيجة التغير في صافي حقوق الأسر المعيشية في صناديق معاشات التقاعد	D.8
			-10	الإدخار [1]	B.8

(1) يمكن إيراد البند الموازن الافتتاحي والختامي لهذا الحساب بالقيمة الإجمالية أو بالقيمة الصافية، وتمثل القيمة المدرجة هنا القيمة الصافية.

الجدول ألف 5.V التسلسل الكامل لحسابات الحكومة العامة

ثالثاً: حسابات التراكم

ثالثاً III .1 : حساب رأس المال

التغيرات في الأصول			التغيرات في الخصوم وصافي القيمة		
P.51	إجمالي تكوين رأس المال	37	B.8n	الادخار، صافي	-10
P.511	احتياز الأصول الملموسة الثابتة مخصوماً منه الأصول المتخلص منها	23			
P.5111	احتياز الأصول الملموسة الثابتة الجديدة	24	D.9	التحويلات الرأسمالية المتلقاة	6
P.5112	احتياز الأصول الملموسة الثابتة الموجودة	1	D.91	الضرائب على رأس المال	2
P.5113	التخلص من الأصول الملموسة الثابتة الموجودة	-2	D.92	منح الاستثمار	0
P.512	احتياز الأصول غير الملموسة الثابتة مخصوماً منه الأصول المتخلص منها	12	D.99	التحويلات الرأسمالية الأخرى	4
P.5121	احتياز الأصول غير الملموسة الثابتة الجديدة	12			
P.5122	احتياز الأصول غير الملموسة الثابتة الموجودة	2	D.9	التحويلات الرأسمالية المدفوعة	-34
P.5123	التخلص من الأصول غير الملموسة الثابتة الموجودة	-2	D.91	الضرائب على رأس المال	0
P.513	الإضافات إلى قيمة الأصول غير المالية غير المنتجة	2	D.92	منح الاستثمار	-27
P.5131	التحسينات الكبيرة على الأصول غير المالية غير المنتجة	2	D.99	التحويلات الرأسمالية الأخرى	-7
P.5132	تكاليف نقل الملكية في الأصول غير المالية غير ا	0			

	لمنتجة				
K.1	استهلاك رأس المال الثابت	-30			
P.52	التغيرات في المخزونات	0			
P.53	احتياز النفائس مخصوماً منه التخلص منها	3			
K.2	احتياز الأصول غير المالية غير المنتجة مخصوماً منه الأصول المتخلص منها	2			
K.21	احتياز الأراضي وغيرها من الأصول غير المنتجة الملموسة مخصوماً منه الأراضي والأصول المتخلص منها	2			
K.22	احتياز الأصول غير المنتجة غير الملموسة مخصوماً منه الأصول المتخلص منها	0			
B.9	صافي الإقراض (+)/ صافي الاقتراض (-)	-50	B.10.1	التغيرات في صافي القيمة نتيجة للإدخار والتحويلات الرأسمالية[1]	-38

(1) التغيرات في صافي القيمة نتيجة للادخار والتحويلات الرأسمالية ليست بنداً موازناً ولكنها تقابل مجموع الجانب الأيسر من حساب رأس المال.

الجدول ألف 5.V التسلسل الكامل لحسابات الحكومة العامة

ثالثاً III .2 : الحساب المالي

التغيرات في الأصول			التغيرات في الخصوم وصافي القيمة		
F	صافي احتياز الأصول المالية	120	F	صافي تحمل الخصوم المالية	170
F.1	الذهب النقدي وحقوق السحب الخاصة	0			
F.2	العمل والودائع (1)	7	F.2	العملة والودائع (1)	2
F.21	العملة	2	F.21	العملة	0
F.22	الودائع القابلة للتحويل	4	F.22	الودائع القابلة للتحو يل	2
F.23	ودائع أخرى	1	F.23	ودائع أخرى	0
F.3	الأوراق المالية عدا الأسهم	26	F.3	الأوراق المالية عدا الأسهم	64
F.31	قصيرة الأجل	11	F.31	قصيرة الأجل	15
F.32	طويلة الأجل	15	F.32	طويلة الأجل	49
F.4	القروض (2)	45	F.4	القروض (2)	94
F.41	قصيرة الأجل	1	F.41	قصيرة الأجل	22
F.42	طويلة الأجل	44	F.42	طويلة الأجل	62
F.5	الأسهم وحصص رأس المال الأخرى (2)	36	F.5	الأسهم وحصص رأس المال الأخرى	0
F.6	احتياطيات التأمين الفنية	0	F.6	احتياطيات التأمين الفنية	0
F.62	التسديد المسبق لأقساط التأمين	0	F.61	صافي حقوق الأسر المعيشية في	0

	واحتياطيات تغطية المطالبات القائمة			احتياطيات التأمين على الحياة وفي صناديق معاشات التقاعد	
F.7	حسابات أخرى برسم القبض (2)	6	F.612	صافي حقوق الأسر المعيشية في صناديق معاشات التقاعد	0
F.71	الائتمانات التجارية والسلف	1	F.7	حسابات أخرى برسم الدفع (2)	10
F.79	حسابات أخرى برسم الدفع عدا الائتمانات التجارية والسلف	5	F.71	الائتمانات التجارية والسلف	6
			F.79	حسابات أخرى برسم الدفع عدا الائتمانات التجارية والسلف	4
			B.9	صافي الإقراض (+)/ صافي الاقتراض (-)	-50

(1) تتعلق البنود الآتية بعناصر الفئة F.2 العملة والودائع:

m11 مسماة بالعملة الوطنية

m 12 مسماة بعملة أجنبية

m 21 التزامات على مؤسسات مقيمة

m 22 التزامات على بقية العالم

(2) البند التذكيري: F.m الاستثمار الأجنبي المباشر.

الجدول ألف 5.V التسلسل الكامل لحسابات الحكومة العامة

ثانياً - III. 3: حساب التغيرات الأخرى في حجم الأصول

ثانياً - III . 1.3 : حساب التغيرات الأخرى في حجم الأصول

التغيرات في الأصول			التغيرات في الخصوم وصافي القيمة		
AN	الأصول غير المادية	0	AF	الخصوم	-1
AN.1	الأصول المنتجة	-3	K.7	الخسائر الناتجة عن كوارث	0
K.4	الظهور الاقتصادي للأصول المنتجة	3	K.8	المصادرة بدون تعويض	0
K.7	الخسائر الناتجة عن كوارث	-4	K.10	التغيرات الأخرى في حجم الأصول المالية وصافي الخصوم غير المصنفة في مكان آخر	0
K.8	المصادرة بدون تعويض	1	K.12	التغيرات في التصنيفات والهيكل	-1
K.9	التغيرات الأخرى في حجم الأصول غير المالية غير المصنفة في مكان آخر	0	K.12.1	التغيرات في التصنيف القطاعي والهيكل	-1
K.12	التغيرات في التصنيفات والهيكل	-3	K.12.2	التغيرات في حجم الأصول الخصوم	0
K.21.1	التغيرات في التصنيف القطاعي والهيكل	-3	K.12.22	التغيرات في تصنيف الأصول أو الخصوم عدا تحويل الذهب إلى ذهب نقدي/تحويل الذهب النقدي إلى ذهب	0
K.12.2	التغيرات في حجم الأصول الخصوم	0	منها:		
K.12.21	تحويل الذهب إلى ذهب نقدي/تحويل الذهب النقدي إلى ذهب	0	AF.2	العملات والودائع	0
K.12.22	التغيرات في تصنيف الأصول أو الخصوم عدا تحويل الذهب إلى ذهب نقدي/تحويل الذهب النقدي إلى ذهب	0	AF.3	الأوراق المالية عدا الأسهم	0
منها			AF.4	القروض	-1
AN.11	الأصول الثابتة	-3	AF.5	الأسهم وحصص رأس المال الأخرى	0
AN.12	المخزونات	0	AF.6	احتياطيات التأمين الفنية	0
AN.13	النفائس	0	AF.7	حسابات أخرى برسم الدفع	0
	الأصول غير المنتجة	3			

AN.2		
K.3	الظهور الاقتصادي للأصول غير المنتجة	0
K.5	النمو الطبيعي للموارد البيولوجية غير المفتلحة	4
K.6	الاختفاء الاقتصادي للأصول غير المنتجة	-2
K.61	استنزاف الموارد الطبيعية	-2
K.62	الاختفاء الاقتصادي للأصول غير المنتجة	0
K.7	الخسائر الناتجة عن كوارث	-2
K.8	المصادرة دون تعويض	4
K.9	التغيرات الأخرى في حجم الأصول غير المالية غير المصنفة في مكان آخر	0
K.12	التغيرات في التصنيفات والهيكل	-1
K.12.1	التغيرات في التصنيف القطاعي والهيكل	-1
K.12.2	التغيرات في تصنيف الأصول والخصوم	0
K.12.22	التغيرات في تصنيف الأصول أو الخصوم عدا تحويل الذهب إلى ذهب نقدي/تحويل الذهب النقدي إلى ذهب	0
منها:		
AN.21	الأصول غير المنتجة الملموسة	3
AN.22	الأصول غير المنتجة غير الملموسة	0
AF	الأصول المالية	1
K.7	الخسائر الناتجة عن كوارث	0
K.8	المصادرة بدون تعويض	3
K.10	التغيرات الأخرى في حجم الأصول والخصوم المالية غير المصنفة في مكان آخر	0

K.12	التغيرات في التصنيفات والهيكل	-2			
K.12.1	التغيرات في التصنيف القطاعي والهيكل	-2			
K.12.2	التغيرات في تصنيف الأصول والخصوم	0			
K.12.21	تحويل الذهب إلى ذهب نقدي/تحويل الذهب النقدي إلى ذهب	0			
K.12.22	التغيرات في تصنيف الأصول أو الخصوم عدا تحويل الذهب إلى ذهب نقدي/تحويل الذهب النقدي إلى ذهب	0			
منها:					
AF.1	الذهب النقدي وحقوق السحب الخاصة	0			
AF.2	العملة والودائع	0			
AF.3	الأوراق النقدية عدا الأسهم	3			
AF.4	القروض	0			
AF.5	الأسهم وحصص رأس المال الأخرى	-2			
AF.6	احتياطيات التأمين الفنية	0			
AF.7	حسابات أخرى برسم القبض	0			
			B.102	التغيرات في صافي القيمة الناتجة عن تغيرات أخرى في حجم الأصول	2

الجدول ألف 5.V التسلسل الكامل لحسابات الحكومة العامة

ثانياً- III . 2.3: حساب إعادة التقييم

التغيرات في الأصول			التغيرات في الخصوم وصافي القيمة		
k.11	مكاسب (+)/خسائر (-) الاقتناء الاسمية [1]		K.11	مكاسب (-)/خسائر (+) الاقتناء الاسمية [1]	
AN	الأصول غير المالية	44	AF	الخصوم	
AN.1	الأصول المنتجة	20	AF.2	العملات والودائع	
AN.11	الأصول الثابتة	18	AF.3	الأوراق المالية عدا الأسهم	
AN.12	المخزونات	1	AF.4	القروض	
AN.13	النفائس	1	AF.5	الأسهم وحصص رأس المال الأخرى	
AN.2	الأصول غير المنتجة	24	AF.6	احتياطيات التأمين الفنية	
AN.21	الأصول غير المنتجة الملموسة	.24	AF.7	حسابات أخرى برسم الدفع	
AN.22	الأصول غير المنتجة غير الملموسة	0			
AF	الأصول المالية	1			
AF.1	الذهب النقدي وحقوق السحب الخاصة	1			
AF.2	العملة والودائع	0			
AF.3	الأوراق المالية عدا الأسهم	0			
AF.4	القروض	0			
AF.5	الأسهم وحصص رأس المال الأخرى	0			
AF.6	احتياطيات التأمين الفنية	0			
AF.7	حسابات أخرى برسم القبض	0			
			B.10.3	التغيرات في صافي القيمة الناتجة عن مكاسب/خسائر الاقتناء الاسمية	

الفروقات بين البيانات المتعلقة بالبنود الفرعية مكاسب/خسائر الاقتناء ومجاميعها قد لا تكون متسقة تماماً نتيجة لأخطاء التقريب.

ثانياً- III . 1.2.3: حساب مكاسب/خسائر الاقتناء المحايدة

التغيرات في الخصوم وصافي القيمة			التغيرات في الأصول		
مكاسب (-)/خسائر (+) الاقتناء المحايدة [1]	K.11.1		مكاسب (+)/خسائر (-) الاقتناء المحايدة [1]	k.11.1	
13	الخصوم	AF	32	الأصول غير المالية	AN
2	العملات والودائع	AF.2	20	الأصول المنتجة	AN.1
4	الأوراق المالية عدا الأسهم	AF.3	18	الأصول الثابتة	AN.11
7	القروض	AF.4	1	المخزونات	AN.12
0	الأسهم وحصص رأس المال الأخرى	AF.5	1	النفائس	AN.13
0	احتياطيات التأمين الفنية	AF.6	12	الأصول غير المنتجة	AN.2
0	حسابات أخرى برسم الدفع	AF.7	12	الأصول غير المنتجة الملموسة	AN.21
			0	الأصول غير المنتجة غير الملموسة	AN.22
			7	الأصول المالية	AF
			2	الذهب النقدي وحقوق السحب الخاصة	AF.1
			3	العملة والودائع	AF.2
			0	الأوراق المالية عدا الأسهم	AF.3
			2	القروض	AF.4
			0	الأسهم وحصص رأس المال الأخرى	AF.5
			0	احتياطيات التأمين الفنية	AF.6
			0	حسابات أخرى برسم القبض	AF.7
26	التغيرات في صافي القيمة الناتجة عن مكاسب/خسائر الاقتناء المحايدة	B.10.3			

(1) الفروقات بين البيانات المتعلقة بالبنود الفرعية لمكاسب/خسائر الاقتناء ومجاميعها قد لا تكون متسقة تماماً نتيجة لأخطاء التقريب.

الجدول ألف 5.V التسلسل الكامل لحسابات الحكومة العامة

ثانياً- III . 2.2.3: حساب مكاسب/خسائر الاقتناء الحقيقية

التغيرات في الأصول			التغيرات في الخصوم وصافي القيمة		
k.11.2	مكاسب (+)/خسائر (-) الاقتناء الحقيقية [1]		K.11.1	مكاسب (-)/خسائر (+) الاقتناء الحقيقية [1]	
AN	الأصول غير المالية	12	AF	الخصوم	-6
AN.1	الأصول المنتجة	0	AF.2	العملات والودائع	-2
AN.11	الأصول الثابتة	0	AF.3	الأوراق المالية عدا الأسهم	3
AN.12	المخزونات	0	AF.4	القروض	-7
AN.13	النفائس	0	AF.5	الأسهم وحصص رأس المال الأخرى	0
AN.2	الأصول غير المنتجة	12	AF.6	احتياطيات التأمين الفنية	0
AN.21	الأصول غير المنتجة الملموسة	12	AF.7	حسابات أخرى برسم الدفع	0
AN.22	الأصول غير المنتجة غير الملموسة	0			
AF	الأصول المالية	-6			
AF.1	الذهب النقدي وحقوق السحب الخاصة	-1			
AF.2	العملة والودائع	-3			
AF.3	الأوراق المالية عدا الأسهم	0			
AF.4	القروض	-2			
AF.5	الأسهم وحصص رأس المال الأخرى	0			
AF.6	احتياطيات التأمين الفنية	0			
AF.7	حسابات أخرى برسم القبض	0			
			B.10.32	التغيرات في صافي القيمة الناتجة عن مكاسب/خسائر الاقتناء الاسمية	12

(1) الفروقات بين البيانات المتعلقة بالبنود الفرعية لمكاسب/خسائر الاقتناء ومجاميعها قد لا تكون متسقة تماماً نتيجة لأخطاء التقريب.

الجدول ألف 5.V التسلسل الكامل لحسابات الحكومة العامة

رابعاً- IV : الميزانيات العمومية

رابعاً- 1.IV : الميزانية العمومية الافتتاحية

التغيرات في الخصوم وصافي القيمة			التغيرات في الأصول		
687	الخصوم	AF	1591	الأصول غير المالية	AN
102	العملات والودائع	AF.2	1001	الأصول المنتجة	AN.1
212	الأوراق المالية عدا الأسهم	AF.3	913	الأصول الثابتة	AN.11
328	القروض	AF.4	47	المخزونات	AN.12
4	الأسهم وحصص رأس المال الأخرى	AF.5	41	النفائس	AN.13
19	احتياطيات التأمين الفنية	AF.6	590	الأصول غير المنتجة	AN.2
22	حسابات أخرى برسم الدفع	AF.7	578	الأصول غير المنتجة الملموسة	AN.21
			12	الأصول غير المنتجة غير الملموسة	AN.22
			396	الأصول المالية	AF
			80	الذهب النقدي وحقوق السحب الخاصة	AF.1
			150	العملة والودائع	AF.2
			0	الأوراق المالية عدا الأسهم	AF.3
			115	القروض	AF.4
			12	الأسهم وحصص رأس المال الأخرى	AF.5
			20	احتياطيات التأمين الفنية	AF.6
			19	حسابات أخرى برسم القبض	AF.7
1300	صافي القيمة	B.90			

رابعاً- 2.IV التغيرات في الميزانية العمومية [1]

الخصوم وصافي القيمة			الأصول		
مجموع التغيرات في الخصوم			مجموع التغيرات في الأصول		
176	الخصوم	AF	56	الأصول غير المالية	AN
2	العملات والودائع	AF.2	25	الأصول المنتجة	AN.1
71	الأوراق المالية عدا الأسهم	AF.3	20	الأصول الثابتة	AN.11
	القروض	AF.4	1	المخزونات	AN.12
0	الأسهم وحصص رأس المال الأخرى	AF.5	4	النفائس	AN.13
0	احتياطيات التأمين الفنية	AF.6	30	الأصول غير المنتجة	AN.2
10	حسابات أخرى برسم الدفع	AF.7	30	الأصول غير المنتجة الملموسة	AN.21
			0	الأصول غير المنتجة غير الملموسة	AN.22
			123	الأصول المالية	AF
			1	الذهب النقدي وحقوق السحب الخاصة	AF.1
			7	العملة والودائع	AF.2
			29	الأوراق المالية عدا الأسهم	AF.3
			45	القروض	AF.4
			34	الأسهم وحصص رأس المال الأخرى	AF.5
			0	احتياطيات التأمين الفنية	AF.6
			6	حسابات أخرى برسم القبض	AF.7
	مجموع التغيرات في صافي القيمة الناتجة عن:	B.10			

	الادخار والتحويلات الرأسمالية	B.10.1		
	التغيرات الأخرى في حجم الأصول	B.10.2		
	مكاسب/خسائر الاقتناء الاسمية	B.10.3		
	مكاسب/خسائر الاقتناء المحايدة	B.10.31		
	مكاسب/خسائر الاقتناء الحقيقية	B.10.32		

(1) الفروقات بين البيانات المتعلقة بالبنود الفرعية لمكاسب/خسائر الاقتناء ومجاميعها قد لا تكون متسقة تماماً نتيجة لأخطاء التقريب.

الجدول ألف 5.V التسلسل الكامل لحسابات الحكومة العامة

رابعاً- 3.IV الميزانية العمومية الختامية [1]

الخصوم وصافي القيمة			الأصول		
863	الخصوم	AF	1647	الأصول غير المالية	AN
104	العملات والودائع	AF.2	1029	الأصول المنتجة	AN.1
283	الأوراق المالية عدا الأسهم	AF.3	933	الأصول الثابتة	AN.11
421	القروض	AF.4	48	المخزونات	AN.12
4	الأسهم وحصص رأس المال الأخرى	AF.5	45	النفائس	AN.13
19	احتياطيات التأمين الفنية	AF.6	620	الأصول غير المنتجة	AN.2
22	حسابات أخرى برسم الدفع	AF.7	608	الأصول غير المنتجة الملموسة	AN.21
			12	الأصول غير المنتجة غير الملموسة	AN.22
			519	الأصول المالية	AF
			81	الذهب النقدي وحقوق السحب الخاصة	AF.1
			157	العملة والودائع	AF.2
			29	الأوراق المالية عدا الأسهم	AF.3
			160	القروض	AF.4
			46	الأسهم وحصص رأس المال الأخرى	AF.5
			20	احتياطيات التأمين الفنية	AF.6
			25	حسابات أخرى برسم القبض	AF.7
1302	صافي القيمة	B.90			

(1) الفروقات بين البيانات المتعلقة بالبنود الفرعية لمكاسب/خسائر الاقتناء ومجاميعها قد لا تكون متسقة تماماً نتيجة لأخطاء التقريب.

ثالثاً- تصنيف الوظائف الحكومية (الصادر عن هيئة الأمم المتحدة) عام 2000

أوجه استخدام التصنيف:

15- يهدف أحد أوجه الاستخدام الرئيسية لتصنيف وظائف الحكومة إلى تحديد النفقات على الاستهلاك التي تعود بالفائدة على أسر معيشة افرادية و التي تحول إلى القسم 14 من تصنيف الاستهلاك الفردي حسب الغرض لبيان مجموع استهلاك الأسر المعيشية النهائي الفعلي (أو الاستهلاك الفردي الفعلي) انظر الفقرتين 35 و 36 أدناه) في نظام الحسابات القومية 1993. و يبيّن التصنيف بوضوح الأقسام و المجموعات والفئات التي تغطي هذه النفقات .

16- كما يسمح تصنيف وظائف الحكومة بدراسة الاتجاهات في النفقات الحكومية على وظائف أو لأغراض محددة على مر الزمن . ولا تعد الحسابات الحكومية التقليدية عادة ملائمة لأنها تعكس الهيكل التنظيمي للحكومات و ربما تؤدي التغييرات التنظيمية إلى تشويه التسلسل الزمني ، فإذا قامت حكومة ما ، على سبيل المثال ، بإنشاء إدارة جديدة تجمع بين بعض الوظائف التي كانت تديرها في السابق إدارات عديدة أو مستويات حكومية عديدة ، فلن يكون استخدام الحسابات الحكومية التقليدية ممكنا عادة لمقارنة الإنفاق على هذه الأغراض مع مرور الزمن .

17- و يستخدم تصنيف وظائف الحكومة كذلك لإجراء مقارنات للمدى الذي تشترك فيه البلدان في الوظائف الاقتصادية و الاجتماعية . و مثلما يعمل التصنيف على تحييد أثر التغييرات التنظيمية الحكومية داخل بلد ما ، فإنه حيادي أيضا فيما يتعلق بالفروق التنظيمية بين البلدان . ففي بلد واحد، مثلا، يمكن لوكالة حكومية واحدة أن تضطلع بالوظائف المتعلقة بإمدادات المياه كافة، بينما قد توزع في مكان آخر فيما بين الإدارات التي تعالج شؤون البيئة و الإسكان و التنمية الصناعية . و في تصنيف للإنفاق حسب الغرض ، يمكن جمع مختلف هذه الوحدات تحت وظيفة " إمدادات المياه " واحدة .

وحدات التصنيف :

18- تعد وحدات التصنيف ، من حيث المبدأ ، معاملات فردية . و هذا يعني أن يخصص لكل بند من المشتريات أو سداد الأجور أو التحويل أو دفعات

لقروض أو لأي وجه إنفاق آخر رمز من رموز تصنيف وظائف الحكومة بحسب الوظيفة التي تؤديها المعاملة . و يوصى باتباع هذا المبدأ بدقة فيما يتعلق بتحويلات رؤوس الأموال والتحويلات الجارية و صافي حيازة الأصول المالية . لكنه فيما يتعلق بمعظم المصروفات الأخرى لا يمكن عموماً استخدام المعاملات بوصفها وحدات للتصنيف .

وبدلاً من ذلك ، يتعين تخصيص رموز تصنيف وظائف الحكومة للوكالات و المكاتب ووحدات البرامج و الدوائر الرسمية و الوحدات المتشابهة الموجودة داخل الإدارات أو الوزارات الحكومية . و ستعطى عندئذ جميع مصروفات وحدة معينة (باستثناء التحويلات و صافي حيازة الأصول المالية) رمز تصنيف وظائف الحكومة المخصص لتلك الوحدة .

معاملة نفقات الوزارات و النفقات الإدارية :

23- تعد الوزارات عامة مسؤولة عن وضع السياسات و الخطط و البر امج والميزانيات عموماً و إدارتها و التنسيق فيما بينها و رصدها ، و عن إعداد القوانين التشريعية وانفاذها ، و عن تقديم المعلومات العامة و الوثائق التقنية و الإحصاءات وتوزيعها . ولا تعامل في تصنيف وظائف الحكومة معاملة مطردة ، و تخصص للوزارات المعنية بالشؤون المالية و الخارجية فئة محددة ، و يخصص للوزارات التي تعالج شؤون الدفاع و النظام و السلامة العامين و حماية البيئة و الإسكان و مرافق المجتمعات المحلية ، والصحة ، و الترفيه ، و الثقافة ، و الدين ، و التعليم و الضمان الاجتماعي فئة البنود " غير المصنفة في مكان آخر " الواردة في القسم ذي الصلة .

و لا تصنف الوزارات التي تعالج صناعة ما أو مجموعة من الصناعات في أية فئة . وبالتالي، يتعيّن تقاسم نفقات هذه الوزارات بين الفئات المسؤولة عنها . و يجب ، على سبيل المثال ، تقسيم نفقات وزارة النقل بين النقل البري و النقل المائي و النقل بالسكك الحديدية و النقل الجوي و النقل عبر خطوط الأنابيب ووسائل النقل الأخرى.

24- و ينبغي تصنيف النفقات الإدارية على الخدمات العامة ، مثل خدمات الموظفين، وخدمات التوريد و الشراء ، و خدمات المحاسبة و مراجعة الحسابات، وخدمات الحاسوب وتجهيز البيانات التي تضطلع بها الوزارات أو الإدارات، والوكالات والمكاتب ووحدات البرامج ووحدات المكاتب و الوحدات المتشابهة الموجودة في الوزارات على مستوى يتسم بأكبر قدر

ممكن من التفصيل - أي في فئة الخانات الأربع . و في حال تداخل أوجه الإنفاق الإداري بين فئتين أو أكثر ، ينبغي السعي في جميع الفئات من أجل توزيع النفقات بين الفئات المعنية. و إذا كان هذا النهج غير ملائم، ينبغي توزيع المجموع على الفئة التي تتحمل الجزء الأكبر من مجموع الإنفاق . ويتعيّن إدراج النفقات الإدارية التي لا يمكن توزيعها حسب الفئة في فئة البنود " غير المصنفة في مكان آخر " التابعة لذلك القسم .

المصروفات التي يغطيها تصنيف وظائف الحكومة :

25- يرد في الجدول 2-1 بيان بالمصروفات التي يتعيّن تصنيفها حسب تصنيف وظائف الحكومة .

و يتسم تصنيف إنفاق الاستهلاك النهائي (p3) بالأولوية بما أن نفقات الاستهلاك على الخدمات الفردية ستنقل إلى الجزء 14 من تصنيف الاستهلاك الفردي حسب الغرض بهدف الحصول على الاستهلاك النهائي الفعلي للأسر المعيشية (أو الاستهلاك الفردي الفعلي) . كما يعد تصنيف إجمالي تكوين راس المال(p5) تصنيفاً مهماً .

26- و يمكن أيضا استخدام تصنيف وظائف الحكومة لتصنيف المساهمات الاجتماعية والضرائب التي تؤدي غرضاً محدداً مثل تلك التي تهدف إلى زيادة إيرادات أنماط معينة من الإنفاق الحكومي أو إلى التأثير على السلوك بطرق تُعَدُّ ذات فائدة للمجتمع المحلي ، على سبيل المثال ، خفض استهلاك التبغ أو الكحول أو الحث على أساليب إنتاج غير ملوثة. ويمكن كذلك استخدام أقسام تصنيف وظائف الحكومة من اجل تصنيف العمالة في الحكومة . إلا أن هذه الاستعمالات الإضافية ، في هذه المرحلة ، مقترحة فقط بهدف التجريب على الصعيد الوطني، ولا تعد توصيات للإبلاغ الدولي .

استهلاك رأس المال الثابت :

27- من المحتمل أن تواجه بلدان كثيرة صعوبات معينة في توزيع استهلاك رأس المال الثابت بحسب الوظيفة . و يقدر استهلاك رأس المال الثابت لأغراض الحسابات الوطنية بصورة ثابتة تقريباً عن طريق أسلوب الجرد الدائم . و على الرغم من أن إجراء تقديرات أسلوب الجرد الدائم يمكن أن يكون ، من حيث المبدأ ، لصالح وحدات وظيفة مفصلة ، فإن أغلبية البلدان تقوم ، في الواقع ،

بتجميع الأرقام الكلية لأسهم رأس المال الحكومي و استهلاك رأس المال . و من الضروري في مثل هذه الظروف استخدام أساليب تقريبية لتوزيع استهلاك رأس المال الثابت بحسب الوظيفة . و قد يتمثل أحد الاحتمالات في توزيع استهلاك رأس المال الثابت بحسب انخفاض " القيمة الدفترية " . في حال توافرها بالنسبة إلى الوحدات التنظيمية المفصلة الموجودة في الحكومة . ويتمثل النهج الآخر في توزيع استهلاك رأس المال الثابت بين الوظائف بطريقة تتناسب مع إنفاق إجمالي تكوين رأس المال الثابت التي تم تحديدها على مدى عدد من السنوات السابقة .

الحماية الاجتماعية :

28- تمثل الحماية الاجتماعية ميداناً آخر تصعب على نحو لا مثيل له معالجته ضمن التصنيف . و تكمن المشكلة في طريقة انطباق بعض الاستحقاقات الاجتماعية العينية التي ترد تحت بند " الحماية الاجتماعية " في هذا التصنيف على أجزاء أخرى من تصنيف الاستهلاك الفردي حسب الغرض.فمن الواضح ، على سبيل المثال ، أنه يتعيّن إدراج القسائم التموينية تحت بند " الحماية الاجتماعية ". إلا أنه من المفيد ، بالنسبة إلى بعض التحليلات ، الحصول على بيانات مصنفة بوصفها " أغذية ومشروبات غير كحولية " من أجل تقدير المجموع الفعلي للاستهلاك على الأغذية والمشروبات غير الكحولية . وتتمثل أبسط وسيلة لتوفير البيانات التي يتطلبها هذا النمط من التحليل في إيراد النفقات المهمة تحت بند " الحماية الاجتماعية " بوصفها بنوداً تذكيرية . و يعد التصنيف الذي يستخدم لمثل هذه البنود التذكيرية مماثلاً لأجزاء تصنيف الاستهلاك الفردي حسب الغرض. و يمكن ، على سبيل المثال ، أن ترد القيمة الإجمالية للقسائم التموينية المتاحة بوصفها " أغذية و مشروبات غير كحولية " ضمن " الحماية الاجتماعية "و يتعيّن التأكيد على أن يرد ذلك بوصفه بنداً تذكيرياً ضمن " الحماية الاجتماعية " حتى عندما يصنف الاستهلاك الفردي الفعلي تحت بند تصنيف الاستهلاك الفردي بحسب الغرض . و لا يمثل ذلك نقلاً لتصنيف القسائم التموينية من "الحماية الاجتماعية " الواردة في تصنيف وظائف الحكومة إلى الأغذية و المشروبات غير الكحولية الواردة في تصنيف الاستهلاك الفردي بحسب الغرض .

بعض المصطلحات باللغتين الانكليزية والفرنسية

إنكليزي	فرنسي	عربي
	-A-	
Accountancy	Comptabilité	محاسبة
Accountant	Comptable (le)	محاسب
Accrual account Basis	Base d´écheance	أساس الاستحقاق
Advances account	Comptes d´avances	حساب السلف
Annual report	Rapport annuel	تقرير سنوي
Appropriation account	Cloture Budgetaire	حساب ختامي للموازنة
Assets	Actif	موجودات (أصول)
Auditor	Commissaire aux comptes	مدقق (مراجع)
Administrative classification	Nomenclature administrative	تبويب إداري
Accounting Entity	Unité comptable	وحدة محاسبية
Accounting Principles	Principes comptables	مبادئ محاسبية
Accounting System	Système comptable	نظام محاسبي
Administrative Control	Contrôle administratif	رقابة إدارية
Agency	Organisme	هيئة
Application	Application	تطبيق، طالب
Audit quality	Qualité du contrôle (Audit)	نوعية الرقابة المالية
Activities	Activités	الأنشطة
Action	Action	الفعل
Accounting control	Contrôle comptable	الرقابة المحاسبية
Appropriation	Affectation	التخصيص
Appropriation of funds	Affectation Des crédits	تخصيص الاعتمادات

Acquisition of Capital Assets	Depenses d´investissement	إنفاق استثماري
Annual Balance Sheet	Bilan annuel	الميزانية السنوية
Agreement Value	Valeur Conventionnelle	القيمة الاتفاقية

-B-

Bill	Projet de loi, Facture, Note	مشروع،قانون قائمة الحساب
Balance Sheet	Bilan	ميزانية ختامية (عمومية)
Budget	Budget	موازنة تقديرية
Budgetary operational control	Budget de Fonctionnement	موازنات التشغيل
Balance of payment	Balance de paiement	ميزان المدفوعات
Budget Finance	Budget Financière	الموازنة المالية
Budget Deficit	Déficit Budgétaire	عجز الموازنة
Budget application	Application du budget	تطبيق الموازنة
Budget Reduction	Réduction du budget	تخفيض الموازنة
Budget Funds	Fonds du budget	أموال الموازنة

-c-

Capital expenditures	Dépenses en Capital	نفقات رأسمالية
Cash account basis	Système de la gestion	الأساس النقدي
Credit Note	Avis de crédit	إشعار دائن
Causal relation	Relation de Causes	علاقة سببية
Classification by Function	Nomenclature Fonctionnelle	التصنيف الوظيفي
Central Government	Gouvernement Centrale	الحكومة المركزية
Classification by Activity	Nomenclature d´apris les Actvités	التقسيم بحسب أوجه النشاط
Consolidation Balance sheet	Bilan Consolidé	الميزانية الموحدة
Commercial value	Valeur Commerciale	قيمة تجارية
Cost price	Prix de revient	سعر التكلفة

Capital	Capital	رأس المال
Credit temporary Paralysis	Paralysie temporaire du Crédits	التجميد المؤقت للاعتماد
Department	Administration, Département Ministère	إدارة، دائرة، وزارة
Debit Note	Avis de débit	إشعار مدين
Deficit	Déficit	العجز
Document Control	Contrôle des documents	الرقابة المستندية
Direct Control	Contrôle directe	رقابة مباشرة
Deficit Financing	Déficit Financier	التمويل بالعجز
Day price	Prix du jour	سعر اليوم
Disposable Money	Disponible	الأموال الجاهزة

-E-

Expenditure Structure	Structure des dépenses	بنية النفقات (تبويبها)
Examination phase	Phase d´examen	مرحلة الفحص
Equipment	Equipement	معدات
Economic Accounting	Comptabilité économique	المحاسبة الاقتصادية
Exploitation balance sheet	Bilan déxploitation	ميزانية الاستثمار
Exploitation Budget	Budget déxploitation	موازنة الاستثمار
Extent of Budget reduction	Order de grandeur de la réduction du budget	حجم تخفيض الموازنة
Extra-ordinary budget	Budgé extraordinaire	موازنة فوق العادة
Employees funds	Fonds de Fonctionaire	أموال الموظفين

- F-

Final reports	Rapports définitifs	تقارير نهائية
Fiscal year	Année financière	سنة مالية
Floating Assets	Actifs circulants	موجودات متداولة
Financial Resources	Ressources Financières	موارد مالية

Functional Classification	Nomenclature fonctionnelle	تبويب وظيفي
Fixed assets	Immobilisations	موجودات (أصول) ثابتة
Fiscal Administration	Administration fiscale	الإدارة الضريبية
Funds surplus	Surplus de fonds	فائض الأموال
Flow of fund statements	Flux Financier	التدفقات المالية
Fictitious assets	Actif fictif	الموجودات الصورية
Foundation Balance sheet	Bilan de fondation	ميزانية التأسيس
Fixed Capital	Capital Fixe	رأس المال الثابت
Financial investement	Titres de placement	التوظيف المالي
Financial Balance	Equilibre Financière	التوازن المالي
Financial Structure	Structure Financière	التكوين المالي

-G-

Government Accounting	Comptabilité publique	محاسبة حكومية
Goal	But	هدف
Government Budget	Budget du gouvernement	موازنة الدولة
Gross Profit	Profit Brute	ربح إجمالي

-I-

Internal Audit	Audit Interne	رقابة مالية داخلية
Internal Check	Vérification Interne	ضبط داخلي
Internal Control	Contrôle Interne	رقابة داخلية
Investigation	Enquête	تحقيق
Infrastructure projects	Projets d´infrastucture	مشاريع البنية الأساسية
Investment & Loans	Investissements et Emprunts	استثمارات وقروض
Interest & Dividends	Interéts et Dividendes	فوائد وتوزيعات
Forced Saving	Epargne forcée	الادخار الإجباري
Intermediary budget	Budget intermédiaire	الموازنة الفترية

Intrinsic Value	Valeur Intrinséque	قيمة ذاتية
Illusive Benefits	Benefice illusoires	أرباح وهمية
Immobilizations	Immobilisations	أموال ثابتة
Incedent on budget policy	L´incidence sur la Politique budgétaire	الأثر على سياسة الموازنة
International Monetary fund	Fonds Monétaire International	صندوق النقد الدولي

-J-

Journal	Livre journal	دفتر اليومية
Judiciary	Pouvoir judicaire	سلطة قضائية

-L-

Long term planning	Planification à long terme	تخطيط طويل الأجل
Ledger	Grand liver	دفتر الأستاذ
Liabilities	Passif	مطلوبات (خصوم)
Legislative Authority (Legislature)	Pouvoir Legislatif	سلطة تشريعية
Liquidation value	Valeur de Liquidation	قيمة التصفية
Loans	Emprunts	قروض

-M-

Management accounting	Comptabilité de gestion	محاسبة إدارية
Modified account Basis	Système aménagé (d´éxercice ou de gesting)	الأساس المعدل
Ministry	Ministère	وزارة
Material Resources	Ressources matérielles	موارد مادية
Mony Ecocomy	Economie Monétaire	اقتصاد نقدي
Microaccounting	Comptabilité privé	المحاسبة الخاصة
Macroaccounting	Comptabilité National	المحاسبة القومية

| Market Value | Valeur Marchande | القيمة السوقية |
| Market Price | Prix du marché | سعر السوق |

-N-

| Necessary Depreciation | Amortissement Necessaire | الاهتلاك الضروري |

-O-

Operation	Opération	عملية
Object Classification	Nomenclature par objet	تبويب نوعي
Organizational structure	Organigramme	الهيكل التنظيمي
Opening balance sheet	Bilan d'ouverture	الميزانية الافتتاحية
Occasional budget	Budget occasionnelle	موازنة طارئة
Obligations	Obligations	سندات

-P-

Program & Performance Budget	Budget de programme de performance	موازنة البرامج والأداء
Policy	Politique	سياسة
Perliminary reports	Repports Préliminaires	تقارير مبدئية
Procedures	Procédures	إجراءات
Public Finance	Finance Publique	المالية العامة
Public Authorities	Autorité publique	السلطات العامة
Public works	Travaux publique	المشروعات العامة
Production means	Moyens de production	وسائل الإنتاج
Public Funds	Fonds publiques	أموال عامة
Revenue expenditures	Frais de gestion	نفقات إيرادية
Regional Classification	Nomenclature régionale	تبويب إقليمي
Reserve funds	Reserve publique	الاحتياطي العام
Depreciation	Amortissement	الاهتلاك
Revenue Value	Valeur de Rendement	القيمة الإيرادية
Depreciation Reseve	Réserve d'amortissements	احتياطي الاهتلاك

Reduction Means	Modes de reduction	طرق التخفيض
Retirement Funds	Fonds de retraite	أموال التقاعد
	-S-	
Sectoral classification	Nomenclature sectorielle	تبويب قطاعي
Selective Audit	Contrôle Selectif	رقابة انتقائية
Subsidy, Aid	Aide, subvention	إعانة، مساعدة
Social Science	Sience sociale	علم الاجتماع
Surplus Financing	Surplus financière	التمويل بالفائض
Social accounting	Comptabilité sociale	المحاسبة الاجتماعية
	-T-	
Trusts account	Comptes de dépôts	حساب الأمانات
Taxable capacity	Capacité d'impôt	الطاقة الضريبية
Transactions with others	Transations avec les tiers	معاملات مع الغير
	-V-	
Value added	Valeur ajoutée	القيمة المضافة
Values within enterprise or establishment	Valeurs an sein de L'entreprise ou établissement	القيم داخل المشروع أو المؤسسة
	-W-	
Working Capital	Fonds de roulement	رأس المال العامل

المصادر والمراجع

آ- الكتب العربية:

1- إبراهيم، أحمد علي: المحاسبة الإدارية- تخطيط- رقابة- اتخاذ قرارات، مكتبة عين شمس، الطبعة السادسة، القاهرة 1992.

2- أبو رمان، محمد عبد العزيز: نظرية المحاسبة الحكومية، مكتبة الأنجلو المصرية، القاهرة، 1982.

3- بشادي، محمد شوقي: المحاسبة الحكومية والقومية، الدار الجامعية للطباعة والنشر- بيروت 1982.

4- البطريق، يونس أحمد: المالية العامة، دار النهضة العربية للطباعة والنشر، بيروت 1984.

5- الجمال، محمد رشيد عبده: المحاسبة الحكومية والقومية، الدار الجامعية، 1992.

6- حافظ، عبد اللطيف، آخرون (موريس، إميلي، فؤاد عثمان): النظرية والتطبيق في النظام المحاسبي الموحد.

7- حسين، عمر: المحاسبة الحكومية والقومية، دار الجامعات المصرية، الإسكندرية، 1977.

8- حجازي، محمد أحمد: المحاسبة الحكومية والإدارة المالية العامة، الطبعة الثانية- عمان 1995.

9- خليل محمد أحمد- مرعي، عبد الحي: المحاسبة القومية ونظام حسابات الحكومة، مؤسسة شباب الجامعة، الإسكندرية، 1982.

10- الدوري، مؤيد عبد الرحمن، الجناني، طاهر موسى: إدارة الموازنات العامة، عمان، دار زهران للنشر، 1999.

11- دويدار، محمد: مبادئ المالية العامة الجزء الأول، المكتب المصري الحديث للطباعة والنشر الإسكندرية.

12- لارسن، جوف، موسش -ف- المحاسبة المتقدمة (الجزء الثاني) تعريب وصفي عبد الفتاح أبو المكارم، مراجعة: كمال الدين سعيد: تقديم سلطان الحمد السلطان السعودية، الرياض، دار المريخ، 1992.

13- السقا، حمدي: النظام المحاسبي الموحد، الطبعة الثالثة، كلية الاقتصاد، جامعة دمشق، دمشق (1985 - 1986).

14- شكري، فهمي محمود: الرقابة المالية العليا، دار مجدلاوي للنشر والتوزيع، عمان، الأردن.

15- شرف، حسين عامر: مبادئ المحاسبة الحكومية والقومية، دار النهضة العربية، بيروت، 1975.

16- عواضة، حسن: المالية العامة دراسة مقارنة، الطبعة السادسة، دار النهضة العربية، بيروت، 1983.

17- عطا الله، محمود شوقي: المحاسبة الحكومية والقومية، دار النهضة العربية، القاهرة، 1974.

18- عبد المهدي عبد الجليل، توفيق حسن: المحاسبة الحكومية- الجامعة الأردنية، عمان، طبعة أولى، 2003.

19- قنبرية، كمال: المحاسبة الحكومية، دمشق، 1987.

20- كمال، حسن محمد، نظام المحاسبة الحكومية، دارسة نظرية وعملية، مكتبة عين شمس، القاهرة 1993.

21- المرسي، السيد المتولي: المحاسبة الحكومية، الجزء الأول، مكتبة الجلاء الجديدة، المنصورة 1983.

22- مرعي، عبد الحي: المحاسبة القومية ونظام حسابات الحكومة، مؤسسة شباب الجامعة، الإسكندرية.

23- مرعي، عبد الحي: الموازنة التخطيطية في النظام المحاسبي الموحد ووسائل التحليل الكمي، مؤسسة شباب الجامعة، الإسكندرية 1972.

24- محمد، فاروق عبد العال، شحاته، أحمد بسيوني: المحاسبة القومية والحكومية، الدار الجامعية 1985.

25- المهايني، محمد خالد: المحاسبة الحكومية، منشورات جامعة دمشق، 1996/1995.

26- المهايني، محمد خالد: منهجية الموازنة العامة للدولة في الجمهورية العربية السورية من منشورات وزارة الثقافة، دمشق 1994.

27- المهايني، محمد خالد، الخطيب، خالد شحادة، الحريري ، محمد خالد:اقتصاديات المالية العامة والتشريع الجمركي، منشورات جامعة دمشق (2005-2006).

28- المهايني، محمد خالد، الخطيب، خالد شحادة، : المالية العامة ، منشورات جامعة دمشق،مركز التعليم المفتوح (2004-2005).

29- المهايني، محمد خالد، الخطيب، خالد شحادة، ميالة ،بطرس: المحاسبة الحكومية، منشورات جامعة دمشق (2005-2006).

30- المرار، فيصل فخري: العلاقة بين التخطيط والموازنة العامة، عمان، 1987.

31- محمد، الفيومي محمد: أصول المحاسبة الحكومية والمحاسبة القومية، دار النهضة العربية، بيروت، 1988.

32- موسى، محمد أحمد: تطبيقات في المحاسبة الحكومية، بيروت دار النهضة العربية، 1976.

33- نور، أحمد- عبد العال، أحمد رجب: المحاسبة الإدارية، مؤسسة شباب الجامعة، الإسكندرية، 1992.

34- نمر، حلمي محمود: نظرية المحاسبة المالية، دار النهضة العربية، القاهرة.

35- الناغي، محمود السيد: دروس في نظرية المحاسبة، مكتبة عين شمس، طبعة أولى، القاهرة 1987.

36- الهامي، محمد عادل محمد: الموازنات التقديرية في قطاعي الأعمال والخدمات واستخداماتها في مجالات التخطيط وتقييم الأداء والرقابة، مكتبة عين شمس، طبعة 1989.

ب- رسائل الدكتوراه:

1- السيدة، ليلى فتح الله إبراهيم: دراسة تحليلية لدور المحاسبة في تحقيق الإصلاح المالي والاقتصادي على المستوى القومي، رسالة دكتوراه مقدمة لكلية التجارة، جامعة عين شمس، القاهرة 1976.

2- محجوب، موسى عبد العزيز الشربيني: الموازنة العامة وعلاقتها بالخطة الاقتصادية، رسالة دكتوراه، كلية الحقوق، جامعة عين شمس، القاهرة 1971.

ج- الدارسات والتقارير والدوريات والمنشورات:

1- دليل الاتحاد الدولي للمحاسبين لعام 2001- المعايير المحاسبية الدولية للقطاع العام (IFAC) – المجمع العربي للمحاسبين القانونيين- عمان 2003.

2- دهمش، نعيم: النظريات والأسس المحاسبية ومدى تطبيقها في المحاسبة الحكومية، عمان، المنظمة العربية للعلوم الإدارية 1980.

3- الشافعي، جلال: الموازنة الصفرية كأداة للتخطيط والرقابة، مجال المال والتجارة، تشرين الأول، 1980.

4- د.المرسي، السيد المتولي: التطوير المحاسبي للموازنة العامة قطاع الخدمات باستخدام مفهوم تحليل النظم، المجلة العربية للإدارة، العدد الثاني، المنظمة العربية للعلوم الإدارية، عمان 1987.

5- المنظمة العربية للعلوم الإدارية: الموازنات الحكومية في الدول النامية إدارة البحوث والدراسات في المنظمة العربية للعلوم الإدارية، عمان.

6- المنظمة العربية للعلوم الإدارية: النظام المحاسبي الموحد للدول العربية كما أقرته الندوة العلمية في تونس 1980، عمان، الأردن.

7- موافي، محمد: نظام تبويب الموازنة العامة، برنامج التخطيط المالي، المعهد العربي للتخطيط، الكويت 1989.

8- البنك الدولي: تقرير التنمية الدولية لعام 1988.

9- وزارة المالية في القاهرة، قطاع الموازنة العامة، الإدارة المركزية للموازنة، التقسيم النمطي لاستخدامات وإيرادات الموازنة العامة، القاهرة، 1990.

10- هيئة تخطيط الدولة- دمشق- الجمهورية العربية السورية، وثائق إعداد الخطتين الخمسيتين الخامسة والسادسة للتنمية الاقتصادية والاجتماعية مع النماذج المستخدمة، منشورات هيئة تخطيط الدولة، دمشق 1985.

11- هيئة تخطيط الدولة- دمشق، الجمهورية العربية السورية: مشروع قانون الخطة الخمسية السادسة.

12- الدراسات والنشرات الصادرة عن صندوق النقد الدولي (2001)- النظام المعدل لتصنيف الحسابات الحكومية (GFS) .

13- التقارير الصادرة عن مجلس معايير المحاسبة المالية FASB.

14- النشرات الصادرة عن مجلس معايير المحاسبة الحكومية GASB.

15- منشورات هيئة الأمم المتحدة (تصنيف الحسابات الحكومية والحسابات القومية وتصنيف الوظائف) – الأمم المتحدة- نيويورك عام 2000.

16- معايير المراجعة الحكومية (GAO)- مكتب المحاسبة العام في الولايات المتحدة الأمريكية، إصدار عام 2003.

د- القوانين والمراسيم والبلاغات والقرارات والتعليمات والتعاميم:

1- المملكة الأردنية الهاشمية. النظام المالي رقم (1) لعام1951. الجريدة الرسمية ،رقم 1061 (نيسان، 1951).

2- المملكة الأردنية الهاشمية.تعديل النظام المالي رقم (1) لعام1951. الجريدة الرسمية ،رقم 1234 (نيسان، 1955).

3- المملكة الأردنية الهاشمية. قانون ديوان المحاسبة رقم (28) لعام1952. الجريدة الرسمية ،رقم 1105 (نيسان، 1952)، وتعديلاته.

4- المملكة الأردنية الهاشمية. قانون تنظيم الميزانية العامة رقم (39) لعام1962. الجريدة الرسمية ،رقم 1198 (تشرين أول، 1962).

5- المملكة الأردنية الهاشمية. النظام المالي رقم (38) لعام1978. الجريدة الرسمية ،رقم 2790 (نيسان، 1978).

6- المملكة الأردنية الهاشمية. نظام اللوازم رقم (32) لعام1993. الجريدة الرسمية ،رقم 3898 (أيار، 1993).

7- المملكة الأردنية الهاشمية. النظام المالي رقم (3) لعام1994. الجريدة الرسمية ،رقم 3951 (شباط، 1994).

8- المملكة الأردنية الهاشمية. التعليمات التطبيقية للشؤون المالية رقم (1) لعام1995. الجريدة الرسمية ،رقم 4028 (آذار، 1995).

هـ- الكتب باللغة الإنكليزية:

1- A.H.MARSHALL, FINANCIAL MANAGEMENT IN LOCAL- GOVERNMENT; GEORGE ALAN AND UNWIN LTD, LONDON, 1974.

2- ANTHONY, R.: PLANNINIG AND CONTROL SYSTEMS, A FRAMEWORK FOR ANALYSIS; HARVARD UNIVERSITY PRESS.1977.

3- INTERNATIONAL PUBLIC SECTOR ACCOUNTING STANDARD ISSUED BY THE INTERNATIONAL FEDERATION OF ACCOUNTANTS.

4- LEONE HAY. ESSENTIAL OF ACCOUNTING FOR GOVERNMENTAL AND NOT FOR PROFIT ORGANIZATION. RICHARD. D.IRWIN. INC. 1987

5- ROBERT J.FREEMAN GRAIG D SHOULDERS GOVERNMENTAL. AND NONPROFIT ACCOUNTING (THEORY AND PRACTICES) SIXTH EDITION. PRENTICE HALL UPPER SADDLE RIVER, NEW JERSEY.

6- TOURM, RENES: THE BUDGET/A TRANSLATION; THE BROOKINGS INSTITUTION REPRINT SERIES; PUBLISHED BY APPLETON AND COMPANY; NEW YORK, LONDON.

7- BURKHEAD, JESSE: GOVERNMENT BUDGETING; JOHN WILEY SONS INC.; NEW YORK, LONDON, SYDNEY, 1956.

8- PRENCHAND, A.: PUBLIC EXPENDITURE MANAGEMENT. IMF

9- PRENCHAND,A.:GOVERNMENT BUDGETING AND EXPENDITURE CONTROLS-THEORY AND PRACTICE; WASHINGTON DC 1983.

و- الدراسات باللغة الإنكليزية:

1- LACEY, ROBERT M: MANAGING PUBLIC EXPENDITURE IN EVOLVING PERSPECTIVE; WORLD BANK DISCUSSION PAPERS, THE WORLD BANK.

2- SIDHOM, SAMIR: FINANCIAL PLANNING, DEVELOPMENT PROGRAMME, 1975, UNITED NATIONS ABOUT FOREIGN REFERENCES.

    A. A MANUAL FOR ECONOMIC AND FUNCTIONAL CLASSIFICATION OF GOVERNMENT TRANSACTION. ST/TAA/M/12-ST:ECA. 49. NEW YORK. UNITED NATIONS.

    B. A MANUAL FOR PROGRAMME AND PERFORMANCE BUDGETING ST/ECA/49-ST-TAO/SER.G/75. NEW YORK, UNITED NATIONS.

    C. COVERNMENT BUDGETING AND ECONOMIC PLANNING IN DEVELOPING COUNTRIES. ST/TAO SER/93. NEW YORK, UNITED ATIONS.

    D. REPORT FOR THE SECOND UNITED NATIONS INTER-REGIONAL WORKSHOP ON PROBLEMS OF BUDGETING POLICY AND MANAGEMENT IN DEVELOPING COUNTRIES. VEDBEAK, DENAMARK 4-15 SEPTEMBER, ST/TAO/SER.C/101. NEW YORK. UNITED NATIONS, 1967.

3- U.N.DEP. OF ECONOMIC AND SOCIAL AFFAIRS A MANUAL FOR GOVERNMENT ACCOUNTING (NEW YORK U.N.1970).

ز- كتب ودراسات باللغة الفرنسية:

1- LA PRÉSENTATION DE BUDGET FRANÇAIS- FICHE B, NOMENCLATURE ÉCONOMIQUE.

2- PLAN COMPTABLE GÉNÉRAL-FRANCE, CONSEL NATIONAL DE LA COMPTABILITÉ- PARIS.

3- CODE ÉCONOMIQUE, MINISTÈRE DU BUDGET FRANÇAIS DIRECTION DU BUDGET JUILLET 1980.

4- JACQES MAGNET: COMPTABILITÉ PUBLIQUE P.U.F. PARIS- 1978.

5- L.TROTABAS & COTTERET: DROIT BUDGETAIRE ET COMPTABILITÉ PUBLIQUE . DALLOZ-1972- PARIS.

6- H.LEVY- LAMBART & H.GUILLAUME.

7- LA RATIONALISATION DES CHOIX BUDGÉTAIRES. P.U.F. PARIS-1971.

8- LOUIS LERETAILLE:LES CHOIS BUDGETAIRES P.U.F.1972.PARIS.

T0165123

Printed in the United States
By Bookmasters